河北省疾病预防控制中心年鉴

HEBEISHENG JIBING YUFANG KONGZHI ZHONGXIN NIANJIAN

《河北省疾病预防控制中心年鉴》编委会 编

2014卷

河北科学技术出版社

图书在版编目(CIP)数据

河北省疾病预防控制中心年鉴．2014 卷/《河北省疾病预防控制中心年鉴》编委会编．—石家庄：河北科学技术出版社，2014.11

ISBN 978－7－5375－7367－2

Ⅰ．①河…　Ⅱ．①河…　Ⅲ．①防治中心—河北省—2014—年鉴　Ⅳ．①R197.65－54

中国版本图书馆 CIP 数据核字(2014)第 269620 号

河北省疾病预防控制中心年鉴(2014 卷)

《河北省疾病预防控制中心年鉴》编委会　编

出版发行　河北科学技术出版社

地　　址　石家庄市友谊北大街 330 号(邮编:050061)

印　　刷　河北新华第一印刷有限责任公司

开　　本　880×1230　1/16

印　　张　18.75

字　　数　470 千字

版　　次　2014 年 11 月第 1 版

　　　　　2014 年 11 月第 1 次印刷

定　　价　120.00 元

河北省疾病预防控制中心 2014年大事记

1月 JANUARY

5日，省疾控中心召开中层干部述职述廉测评大会，总结2012年工作及中层正职个人年度述职述廉报告，同时进行民主测评和满意度问卷调查。省疾控中心全体中层干部以及职工代表约110余人参加大会。

11日，省疾控中心召开河北省防控流感媒体沟通会。新华社河北分社、河北电视台、河北电台、燕赵都市报、河北卫生等十余家媒体记者参加沟通会，并进行专题采访。

15日，省政府副省长杨汭在省卫生厅厅长杨新建、省政府副秘书长李璞、省卫生厅副厅长梁占凯、省政府办公厅综合七处副处长陈卯周、省卫生厅疾控处处长翟京波陪同下，到省疾控中心调研我省冬季传染病防控情况。中心副主任陈素良做关于当前我省重点呼吸道传染病防控工作专题汇报。

17日，省委宣传部在保定市涞水县组织开展省直“科技、卫生、文化”三下乡集中服务和大众宣传活动，省疾控中心副主任高立志带队参加活动。

18日，省疾控中心召开2012年度总结表彰大会。中心主任崔泽做“深入贯彻落实党的十八大精神奋力开创全省疾病预防控制工作新局面”的讲话，并表彰2012年先进集体和个人。中心领导班子及全体干部职工参加。

2月 FEBRUARY

2月，省卫生厅成立疾病预防控制专家委员会。下设疾病预防控制管理、艾滋病与性病防治、结核病防治、地方病防治、传染病和寄生虫病防治、免疫规划、慢性病防治、精神卫生与伤害控制等8个专业分委会。各分委会由1名主任委员、4~6名副主任委员和若干名成员组成。省疾控中心主任崔泽、党委书记李琦、副主任陈素良、纪检书记王岩、研究员张建新分别当选主任委员，中心重点部门负责人当选8个分委会的副主任委员和委员。

2日，由省疾控中心主任医师陈素良、朱会宾主编，河北科学技术出版社出版的《新发传染病学》荣获由中国出版协会主办的第四届中华优秀出版物图书类提名奖。

4日，省疾控中心召开博硕士人员座谈会，中心主任崔泽作题为“发挥优势，增长才干，积极为‘二次创业’贡献力量”的讲话，中心领导和有博硕士学历学位的67名干部职工参加座谈会。

18日，省疾控中心召开节后收心动员会，安排部署2013年工作，中心主任崔泽作题为“转作风，抓重点，促整体，确保完成全年工作任务目标”的讲话。

26日，省卫生厅副厅长赵瑜到省疾控中心调研如何进一步做好麻疹、流感等呼吸道传染病防控工作。

27日，由13个省17家医学单位发起组成的我国首家罕见疾病全国性组织——中国罕见疾病防治联盟在山东济南成立。河北省疾控中心是发起单位之一，中心主任崔泽任该联盟理事。我国第一个关于罕见病防治的国家科技支撑计划项目“中国罕见疾病防治研究与示范”同时启动，崔泽主任代表河北省疾控中心签署联合攻关协议。

3月 MARCH

3月，河北省在全省范围内开展春季麻疹类疫苗查漏补种月活动。

同月，省疾控中心被卫生部授予“新疆脊灰防控工作先进单位”、免疫规划所副所长郭玉被卫生部授予“新疆脊灰防控工作先进个人”荣誉称号。

同月，中国疾控中心召开2013年全国艾滋病性病丙肝防治工作年会，省疾控中心获“2012年度艾滋病病毒感染者/病人随访管理和治疗工作质量奖”“2012年度艾滋病高危人群干预工作质量奖”。艾滋病性病防治主要措施落实质量13项考核指标，我省10项指标考评优秀。

同月，河北省疾控中心理化检验所被中华全国妇女联合会、全国妇女“巾帼建功”活动领导小组授予“全国巾帼文明岗”荣誉称号。

同月，河北省疾控中心理化检验所被中华全国妇女联合会、全国妇女“巾帼建功”活动领导小组授予“全国巾帼文明岗”荣誉称号。

5日，省疾控中心在石家庄市组织召开了“新形势下公共卫生面临的机遇与挑战”学术报告会，特邀复旦大学卫生发展战略研究中心主任郝模教授和中国疾控中心首席流行病学专家曾光教授作专题报告。省疾控中心领导班子成员出席会议，省疾控中心全体中层干部和专业技术人员、石家庄市疾控中心及石家庄各县区疾控中心的干部职工300余人聆听了报告。

9日，省疾控中心和石家庄市裕华区园林局、裕华路办事处联合组织在省疾控中心院内开展植树造林、绿化家园活动。中心副主任高立志带领30余名干部职工参加活动。

13~14 日，河北省卫生系统规划财务管理知识技能竞赛在石家庄市举行，省疾控中心荣获团体一等奖。

16 日，省疾控中心妇委会被省直妇工委授予“2011—2012 年度省直先进妇委会”、中心党委被授予“支持妇女工作的党组织”荣誉称号。

21 日，省卫生厅在承德市兴隆县举办由省、市、县卫生部门参加的宣传主题为“你我共同参与，消除结核危害”第 18 个世界防治结核病日现场宣传活动暨“优秀结核病防治志愿者”颁奖仪式，承德市卫生局副局长李连郡主持现场宣传活动。省卫生厅副厅长赵瑜、梁占凯，疾控处处长翟京波，省疾控中心主任崔泽、党委书记李琦、副主任陈素良等参加现场宣传活动。

26 日，省疾控中心荣获 2012 年度河北省“群众满意的医疗卫生机构”，免疫规划管理所所长张振国荣获 2012 年度河北省“我最喜爱的健康卫士”荣誉称号。

同月，河北省疾控中心代表队由党委副书记、工会主席戴明启带队参加全国疾控系统“八桂杯”太极拳邀请赛，被组委会授予“优秀组织奖”。工会副主席鲍文荣获领队友谊赛第四名，性病艾滋病防治所所长赵宏儒荣获“个人展示风采奖”。

4月 APRIL

2 日，省疾控中心组织团员青年到安国药材种植基地烈士陵园扫墓。

3 日，省疾控中心召开人感染 H7N9 禽流感预防知识媒体沟通会。省疾控中心病毒病防治所所长齐顺祥、应急办主任师鉴就相关知识对媒体进行详细讲解。

8 日，省疾控中心病毒病防治所所长齐顺祥、应急办主任师鉴 2 位专家做客长城网，就“如何防控人感染 H7N9 禽流感”为公众解疑释惑。

14~15 日，省疾控中心在定兴县完成“流感病毒裂解疫苗随机盲法临床研究（儿童剂型和成人剂型）”两项疫苗临床试验项目顺利通过国家食品药品监督管理局（FDA）核查。云南省 FDA 专家张晓春、郝青林在中国医学科学院医学生物学研究所廖国阳博士陪同下对进行现场核查，省疾控中心临床试验负责人、病毒病防治所副所长赵玉良等主要研究人员一起到现场接受核查。

16 日，省疾控中心就全省范围内分批对县级疾控中心开展“手拉手对口帮扶”活动召开首批进修学员见面会，中心主任崔泽、党委书记李琦和有关部门负责人，来自全省 11 个设区市 12 个县级疾控中心的 14 名进修学员参加见面会。

同日，省疾控中心召开中层干部会，中心主任崔泽做题为“深入学习贯彻省卫生厅相关会议精神，扎实做好权力运行监控机制建设和人感染 H7N9 禽流感防控工作”的讲话。会议由中心党委书记李琦主持。

截至 18 日，省疾控中心先后针对人感染 H7N9 禽流感防控工作组织召开专题媒体沟通会 2 次，在报纸、网络、电视台、电台等媒体刊登 / 播报稿件 / 视频、音频 70 余篇 / 次，省疾控中心党委书记兼副主任李琦、应急办主任师鉴、病毒病防治所所长齐顺祥等三位专家，先后接受中央电视台新闻联播河北站记者、河北电视台等媒体专访近 30 次。

18 日，省政府副省长许宁在省政府副秘书长李靖、省卫生厅副厅长赵瑜、省政府办公厅综合七处副处长陈卯周、省卫生厅疾控处处长翟京波的陪同下，到省疾控中心调研。会议由中心党委书记李琦主持，中心主任崔泽做工作汇报。

20 日，四川省雅安市芦山县发生 7.0 级地震后，省疾控中心迅速成立由中心主任崔泽担任组长的中心抗震救灾卫生防疫工作领导小组，组建两支抗震救灾应急队伍，准备救灾物资等，做好赴川抗震救灾准备。

21 日，省疾控中心应急专家、党委书记兼副主任李琦应邀做客河北电视台新闻综合频道直播节目，为广大观众现场解读震后卫生防疫及公共卫生工作等问题和措施。

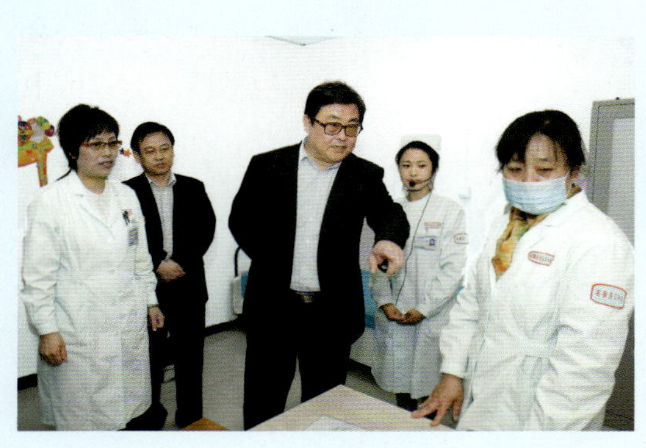

25 日，省疾控中心在宣传主题为“宝宝健康，从接种疫苗开始”第 28 个全国儿童预防接种宣传日，联合石家庄市疾控中心、石家庄市桥西区疾控中心在石家庄市西里社区卫生服务中心门前开展预防接种现场宣传活动。

28 日，由河北省委宣传部、河北省新闻出版局、河北出版传媒集团主办，河北省疾控中心、河北科学技术出版社、河北青年报社、石家庄火车站协办的“科学防控 H7N9 禽流感公益宣传活动”在石家庄新火车站二楼候车大厅举行。主办及协办单位主要领导出席活动。省疾控中心党委书记李琦致辞，应急办公室主任师鉴现场接受石家庄电视台采访。河北电视台新闻中心、石家庄电视台民生关注、河北青年报等媒体现场报道。此外，河北青年报联合河北省疾控中心、河北科学技术出版社制作《防控 H7N9 禽流感健康手册》6 万份，在火车北站、运河桥客运站、南焦客运站、白佛客运站、太和电子城广场等地以及市区内多个居民小区免费发放。

29 日，省疾控中心党委书记兼副主任李琦、省医科大学第二医院呼吸内科教授阎锡新做客河北电视台演播室，就人感染 H7N9 禽流感预防及治疗等相关知识为大家解疑释惑。

5月 MAY

5 月，全国在 31 个省、自治区、直辖市开展居民心血管病流行病学调查，抽取 15 岁以上人群约 50 万人作为调查对象。河北省石家庄晋州市、保定北市区和定州市、沧州新华区、衡水故城县、邢台桥东区和内丘县、廊坊安次区和大城县、唐山玉田县等 7 个设区市、10 个县（区）、20 个乡镇 / 街道被选为样本地区，调查 19000 人。

同月，省疾控中心在全省疾控系统启动疾病预防控制机构服务能力调查工作。22~24 日在沧州市召开的全省市级疾控中心主任工作会议上做动员部署和培训。29~31 日，全省 11 个设区市先后召开辖区县级疾控机构服务能力调查培训会议。

14日，省疾控中心党委副书记、工会主席戴明启带领30名职工组成的代表队，参加省直工会在黄壁庄水库大坝举行的“红牛杯”省直干部职工健步走展示活动。

15日，由省卫生厅主办，省疾控中心、承德市疾控中心、兴隆县疾控中心协办，省、市、县三级供销、盐业、盐务等部门参加的以“科学补碘，保护智力，成就梦想”为主题的河北省第20届“防治碘缺乏病日”宣传活动在承德市兴隆县中心广场举行。省卫生厅副厅长梁占凯、疾控处副处长刘波、省疾控中心主任崔泽、纪检书记王岩，省供销社、省盐业专营集团、省盐务局等领导以及承德市、兴隆县卫生和盐业等部门主管领导80余人参加现场宣传活动。省市县电视台进行了宣传和报道。

17日，省疾控中心组织石家庄、保定两个办公区的全体离退休老同志到沧州市吴桥县“吴桥杂技大世界”参观游览。

20日，省疾控中心在邯郸市永年县举行“疾控服务百姓，共建健康生活”为主题的疾控科技下乡和对口帮扶健康专家巡讲活动启动仪式。启动仪式后，省疾控中心将组织省级疾病防控专家和健康教育专家，分期分批赴全省另外十个对口帮扶县（市、区）开展科普宣传和技术帮扶活动。健康报、河北日报、河北卫生、燕赵都市报、新华网以及邯郸电视台等20多家媒体对活动进行报道。

22~24日，省疾控中心在沧州市召开全省市级疾病预防控制中心主任工作会议。省卫生厅副巡视员朱会宾，省疾控中心主任崔泽，党委书记李琦，中心主任助理、办公室主任蒋东升，沧州市卫生局局长回宝柱，各设区市、华北石油、辛集市和定州市两个省直管县（市）疾控中心的主任、办公室主任，各专业院（所）院长（所长）、办公室主任，以及上述各单位负责全省疾病预防控制机构服务能力调查的技术骨干等60余人参加会议。会议由省疾控中心主任助理、办公室主任蒋东升主持。

23日，省疾控中心工会组织开展“健康促发展、合力攀高峰”职工登苍岩山活动，中心近200名职工参加活动。

同日，省疾控中心选派 8 名离退休老同志参加在省体育馆举办的省直（中直）单位第二十届离退休干部健身运动会。

31 日，省疾控中心参加石家庄市爱卫办在市西清公园组织开展的主题为"禁止烟草广告、促销和赞助"的省会第 26 个"世界无烟日"集中宣传活动。省卫生厅疾控处处长翟京波，省疾控中心党委书记李琦，石家庄市爱卫办相关领导，省人民医院、省二院、市人民医院、市二院、市疾控中心等十几家单位参加现场宣传活动。石家庄市部分民间控烟组织及大学生志愿者在活动现场开展义务宣传。

6月 JUNE

6 月，包括河北在内的全国 32 家参加考核的单位通过由 WHO 组织的 2012 年度各省麻疹实验室麻疹、风疹血清盲样考核和抽样职能考核。这是河北省麻疹实验室自参加职能考核以来连续第 14 年通过该项考核。

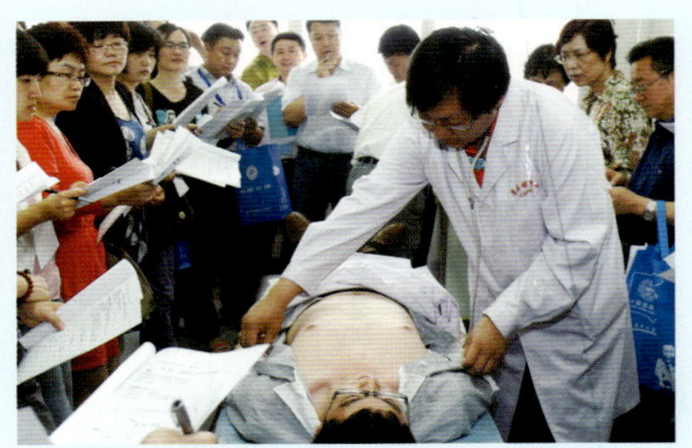

2~4 日，由国家医学考试中心主办、省疾控中心承办的“2013 年全国医师资格实践技能考试（公卫类别）考官培训班”在石家庄市举办，国家医学考试中心主任助理、纪检监察（审计）室主任刘荣，考务与培训处副处长温吉元，河北省卫生厅副厅长赵瑜，医政处处长姜建明，考试中心主任庞永彩，中心主任崔泽，全国 31 个省（自治区、直辖市）考区的 61 名首席考官和总考官、40 余名考务人员参加培训。

14 日，省疾控中心召开夏季肠道传染病和手足口病防控工作媒体沟通会。省疾控中心细菌病防治与消毒所所长孙印旗、病毒病防治所副所长刘京生介绍相关知识、回答媒体提问，河北日报、河北青年报、燕赵都市报、河北电视台、河北电台、中国经济网等 13 家新闻媒体参加媒体沟通会。

14、19 日，河北省首批两个省直管县（市）定州市和辛集市疾控中心领导班子分别率全体中层干部正职到省疾控中心进行工作对接学习，这是继 5 月 21 日和 22 日两个市疾控中心领导班子到省疾控中心对接后首次率领全体中层干部到省疾控中心进行工作对接学习。中心副主任陈素良、高立志、纪检书记王岩、中心主任助理蒋东升和相关科室负责人参加对接学习见面会。

17 日，津巴布韦西马绍纳兰省省长法波·艾德蒙德·池达瑞先生率领省政府经济代表团一行 13 人，在河北省政府外事办公室非大处处长赵一峰、副处长杨玉红，省卫生厅外事处处长张学良等领导的陪同下，到省疾控中心进行参观考察。中心党委书记李琦等领导及相关处室负责人接待代表团。

17~20 日，省疾控中心 11 位专家分别在秦皇岛青龙县、唐山迁安市开展四场健康专家巡讲活动。

6 月 20 日至 7 月 3 日，省疾控中心在石家庄市井陉县、邢台市平乡县、廊坊市安次区和香河县、张家口市张北县等五个县（区）先后举行以“疾控服务百姓，共建健康生活”为主题的疾控科技下乡和对口帮扶健康专家巡讲活动，共有 2000 余名专业技术人员和社区居民参加活动。

21日，省疾控中心举办以“社会共治，同心携手维护食品安全”为主题的食品安全风险监测实验室开放日活动，来自河北日报、河北青年报、燕赵都市报、河北电视台农民频道、河北新闻网、长城网、中国经济网等12家新闻媒体以及公众代表和大学生代表参加了开放日活动。

23~24日，省疾控中心在西柏坡举办全体中层干部高效能团队建设专题培训会，中心主任崔泽，党委书记李琦，副主任李建国、高立志，纪检书记王岩和全体中层干部共104人参加培训。培训会由党委书记李琦主持。

27日，省疾控中心与中国生物技术股份有限公司在中心签订战略合作框架协议。中国生物技术股份有限公司副总裁张利东、营销中心副总经理罗林云，河北省卫生厅副巡视员朱会宾、疾控处副处长刘波，省疾控中心主任崔泽、副主任高立志、纪检书记王岩和办公室、科研培训处、生物制品供应管理所、免疫规划管理所、病毒病防治所等相关科室负责人出席了签约仪式。

同日，省疾控中心团委组织开展迎“七一”赴河北省博物馆参观活动。省疾控中心团员青年、手拉手对口帮扶人员、中心进修实习的研究生、实习生等40余人参加活动。

28日，省疾控中心在“第七届国际癫痫关爱日”组织无极县、满城县、南宫市、宁晋县、泊头市、海兴县、大名县和魏县等8个农村地区癫痫治疗管理项目点开展“‘实现梦想、根治癫痫’从‘遵医嘱、记日志’开始”为主题的宣传活动。

7月 JULY

7月，中心职业卫生与职业病防治所于2012年先后参加的中国疾控中心和国家安全监管总局职业健康司组织的8个考核项目实验室比对工作，考核结果全部获得满意。

同月，省疾控中心按照省卫生厅工作部署，结合疾控工作实际，制定了中心“三好一满意”活动实施方案，突出重点，明确了具体工作内容和量化指标。

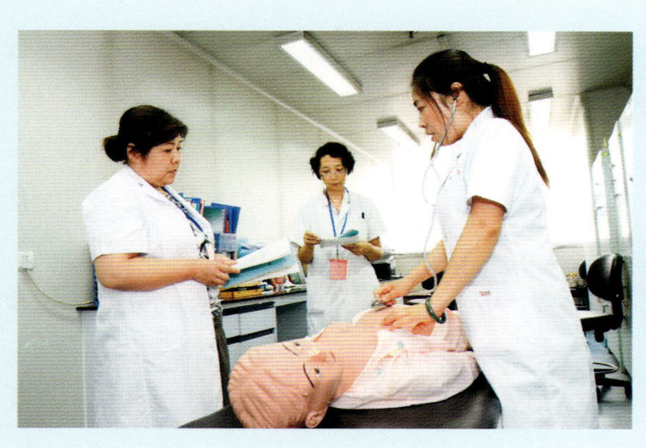

6~7日，2013年国家医师资格考试实践技能考试（公卫类别）河北考区的考试工作在省疾控中心举行，全省各级医疗卫生机构的219名公共卫生从业人员参加考试。

7日，复旦大学团委开展的“卓越思源，服务社会”首批优秀学生培养计划正式启动，省疾控中心主任崔泽应邀参加启动仪式，并被聘为该项目的首批社会导师。

11日，以省卫生厅办公室吕秀英副调研员为组长的省卫生厅档案工作目标管理认定考评组一行4人对中心的档案工作目标管理4A级认定进行现场考评验收，中心主任崔泽、副主任高立志，主任助理、办公室主任蒋东升，部分科室主任和专兼职档案员参加了考评会。经考评组综合评定，达到了4A级标准，通过现场验收。

15日，省疾控中心召开党的群众路线教育实践活动动员大会。会议由中心党委书记李琦主持，党委副书记、主任崔泽作动员，厅综合协调组副组长邢国涛同志代表厅活动领导小组出席会议并作讲话。中心领导班子成员、全体中层和正高职称人员、部分党员、“两代表一委员”、离退休干部、服务对象等特邀代表近200人参加会议，并对中心党委及成员作风情况进行民主评议。

16日，2013年度河北省疾控中心公开招聘工作人员面试工作在中心举行，省疾控中心党委书记李琦担任主考官，特邀省卫生厅人事处卫生监察专员燕建振和中心5位专家一起担任面试考官。来自流行病与卫生统计学、公共卫生预防医学、分析化学、卫生检验等四个专业的28名考生进入此次面试。

17日，省疾控中心组织教育实践活动领导小组及办公室全体人员召开党的群众路线教育实践活动工作协调会，中心党委书记李琦主持会议，党委副书记、主任崔泽作重要讲话。

18日，省疾控中心邀请驻省会主要媒体召开“汛期卫生应急及环境卫生虫媒传染病控制工作媒体沟通会”。

19日，省疾控中心党的群众路线教育实践活动领导小组组织全体党员干部集中学习了省委八届五次全会精神《省卫生厅贯彻落实中央“八项规定”实施办法》和《论群众路线——重要论述摘编》《党的群众路线教育实践活动学习文件选编》，并组织观看纪录片《居安思危》《苦难辉煌》和杨善洲、乞国艳等先进典型事迹录像片。

19~25日，省疾控中心派出专家团队，先后完成对保定高碑店、沧州吴桥、衡水故城三地疾控科技下乡暨对口帮扶健康巡讲工作。至此，省疾控中心对全省11个设区市的12个县（市、区）开展的疾控科技下乡暨对口帮扶健康巡讲工作圆满结束。

20日，我省发现首例人感染H7N9禽流感确诊病例后，省疾控中心在第一时间果断采取措施，紧急部署各项防控工作。省卫生厅副厅长赵瑜，中心党委书记兼副主任李琦，中心专家组赶赴廊坊现场指导相关工作。22日，中心主任崔泽带领应急办主任师鉴赶赴廊坊，现场指导各项防控工作。

同日，省疾控中心在石家庄监狱组织开展了以烟草危害为主题的健康教育活动，这是省级疾控系统与司法系统的第一次合作。

23 日，省疾控中心党委书记兼副主任李琦率中心专家组，陪同省卫生厅副厅长赵瑜、疾控处处长翟京波参加了廊坊市人感染 H7N9 禽流感防控工作领导小组联席会议。当日下午，李琦书记带领中心专家组对廊坊市安次区医院、安次区永华道社区卫生服务中心、广阳区医院的防控措施落实情况进行现场督导。

23~26 日，世界卫生组织全球结核病影响评估小组组长、荷兰籍结核病防治专家 Jaap Frans Broekmans 教授来我省考察指导工作，中国疾控中心结控中心全球基金项目主管王胜芬陪同。Broekmans 教授在省疾控中心见面会上听取结核病防治所所长张联英进行情况介绍后，到石家庄鹿泉市和辛集市考察了基层结核病控制工作落实情况。

25 日，按照许宁副省长在廊坊督导检查人感染 H7N9 禽流感防控工作要求，省疾控中心党委书记李琦陪同省卫生厅副厅长赵瑜到香河县、大厂县、三河市督导检查工作。

7 月 28 日至 8 月 3 日，河北省全球基金艾滋病项目接受了全球基金地方代理机构（LFA）工作组的财务数据检查。省疾控中心副主任陈素良全程陪同。最后，核查组肯定了我省项目工作取得的成绩。

7月31日至8月1日，中国疾控中心实验室管理处处长王子军一行4人到河北省调研，了解实验室生物安全培训质量现状及今后的工作需求。省疾控中心主任崔泽、党委书记李琦、副主任李建国，质检处、病毒病防治所、办公室等相关处所负责人参加调研座谈会。调研组先后到石家庄市、邯郸市和武安市疾控中心调研。

同日，省疾控中心召开“夏季食源性疾病防控知识媒体沟通会”。河北电视台、河北电台、中国经济网、河北新闻网、燕赵都市报、河北青年报等12家媒体参加沟通会。

8月 AUGUST

1日、7日，省疾控中心主任崔泽先后到邯郸市疾控中心、武安市疾控中心和辛集市疾控中心调研党的群众路线教育实践活动。

3~4日，由国家计量认证卫生评审组委派的现场评审组一行4人对省疾控中心的食品检验机构资质认定扩项进行现场评审，评审组一致同意推荐中心通过现场评审。

8日，河北省疾控中心组织全体中层正职以上党员干部到河北省阜平县城南庄晋察冀边区革命纪念馆参观学习。中心党委副书记、主任崔泽和副主任李建国参加。

15日，省疾控中心组织召开全省市级疾病预防控制机构主任工作会，对全省疾控机构服务能力调查工作和大练兵大比武活动进行调度，中心主任崔泽、党委书记李琦、副主任李建国、陈素良，各市、华北石油、辛集市、定州市疾控中心主任、办公室主任，各专业院（所）院长（所长）、办公室主任等40余人参加了会议。

15~16日，中国疾控中心营养食品所党委副书记刘开泰、副所长马冠生、所长助理赖建强等一行5人到省疾控中心，就当前营养监测工作现状、面临的困难、人员队伍情况、今后的发展方向及我省的工作需求等进行了调研。中心主任崔泽作介绍，党委书记李琦、副主任李建国陪同调研。

16日，省疾控中心召开全省疾控机构“弘扬疾控文化打造高效能疾控队伍”培训会。省卫生厅副厅长赵瑜，省疾控中心主任崔泽、党委书记李琦，各设区市、华北石油、辛集市和定州市疾控中心主任、办公室主任，各专业院（所）院长（所长）、办公室主任，省疾控中心全体干部职工，石家庄市疾控中心领导、中层干部，石家庄市辖区（不包含县）疾控中心相关人员等400余人参加了此次培训会。会议特邀管理学教授、硕士生导师、医院管理专家、中央组织部领导干部培训师资库成员、西安交通大学MPA中心副主任、高级公务员培训中心副主任胡书孝教授做专题讲座，省疾控中心聘请胡书孝教授为省疾控中心管理顾问。

22日，国家食品安全风险评估中心党委书记侯培森、风险监测与预警部副主任杨大进、风险评估二部副主任刘兆平、标准二部副主任王君、应急与监督技术部副主任张卫民、人力资源处副处长于波，到河北省疾控中心调研指导党的群众路线教育实践活动。中心主任崔泽、党委书记李琦、副主任李建国及有关处所室负责同志参加了座谈。

23~24日，世界卫生组织专家Steven Oberste博士及中国疾控中心专家檀晓娟、毛乃颖一行对省疾控中心脊髓灰质炎和麻疹/风疹实验室进行现场考核和评审认证。最后，考核组认为省疾控中心的脊髓灰质炎实验室和麻疹/风疹实验室本年度考核合格。至此，河北省脊髓灰质炎实验室已连续23年以优异成绩通过世界卫生组织的职能考核，麻疹/风疹实验室已连续13年以优异成绩通过世界卫生组织和国家麻疹/风疹实验室的职能考核。

27日，省疾控中心在二楼应急指挥中心召开了2013年新聘人员岗前培训会，中心主任崔泽，党委书记李琦，副主任高立志、陈素良，办公室、党办室、人事处、监察室等行政处室的中层干部，今年参加公开招聘的应届毕业生、新调入人员和复转军人等20名新聘人员参加了会议。

27~30 日，省疾控中心副主任李建国带领理化检验所、微生物检验所和营养与食品安全所负责人一行 4 人对西藏自治区疾控中心食品安全风险监测能力进行评估。

28 日，省疾控中心党的群众路线教育实践活动领导小组办公室联合健康教育所启动了“疾控情怀”摄影比赛暨“第三次数码摄影课堂”培训。中心健康教育所全体人员、各部门信息宣传员和摄影爱好者约 30 余人参加了活动。

9月 SEPTEMBER

9 月，中国疾控中心下发了《关于 2013 年全国职业卫生检测能力考核结果报告的通知》，省疾控中心参加的活性炭管中乙苯含量测定、活性炭管中四氯乙烯含量测定、滤膜中锡含量测定三个考核项目的能力考核，结果全部为满意，居全国领先水平。

1~4 日，国家卫生与计划生育委员会在北京召开中央补助地方健康素养促进行动项目 2012 年总结暨 2013 年启动会，对全国执行 2012 年中央补助地方健康素养促进行动项目中制作展播评选出的 10 部优秀公益广告进行了表彰，我省制作上报的“培养健康生活方式，远离心脑血管疾病”“远离烟草、珍爱生命—家庭篇”2 部公益广告在一等奖空缺的情况下分获二、三等奖。会上还对 2012 年全国创建无烟医疗卫生系统暗访评估情况进行通报，对工作优秀单位进行评奖表彰，河北省获三等奖。

2~5 日和 10~13 日，省疾控中心在易县奇峰山训练基地，分两批对省疾控中心、各设区市、华北石油、2 个省直管县（市）疾控中心的 100 余名应急队员进行了野外生存拓展训练。训练期间，中心主任崔泽、党委书记李琦前往基地看望应急队员。

10日，省疾控中心举行“手拉手对口帮扶”活动首批学员结业仪式，代表中心首批“手拉手对口帮扶”活动圆满结束，中心党委书记李琦、负责对口帮扶工作的相关科室负责人和首批手拉手对口帮扶学员参加了结业仪式。

10~11日，中国疾控中心鼠布基地副主任王大力、布病室主任李铁锋对我省布病防治工作进行了调研，对我省布病防治工作给予了肯定。

17日，省疾控中心召开了“迎双节秋季传染病防控和食品安全知识媒体沟通会”。病毒病防治所所长齐顺祥、营养与食品安全所所长朱小波两位专家现场回答了记者提问，河北电视台《民生6号线》和《今日资讯》栏目的记者进行了现场专题采访。

25日，由省卫生厅、省人力资源和社会保障厅、省总工会联合举办的全省疾病预防控制系统大培训大练兵大比武活动在石家庄落下帷幕，中国教科文卫体工会副主席陈晖、卫体部部长刘毅，国家卫生计生委工会副主席杨志媛，省卫生厅副厅长梁占凯，河北省教科文卫工会主席温志国、副主席郑岳云，河北省人力资源和社会保障厅职业能力建设处副处长马永飞，省疾控中心主任崔泽等出席闭幕式并为获奖代表队和参赛队员颁奖。省疾控中心承办了现场流行病学与应急处置、实验室技能操作、免疫规划管理和知识竞答等四场省级决赛，全省11个设区市、辛集市、定州市和华北石油疾控中心共选派市、县两级75支队伍225名队员参加现场总决赛。

同期，省疾控中心工会分别在石家庄、保定两地举办了2013年度职工棋类比赛，近300名职工分别参加了象棋、跳棋两个项目的角逐。

26~27 日，第五次中国居民营养与健康状况监测 0~5 岁儿童乳母监测开平监测点启动会暨技术培训班在唐山市开平区召开，省、市、县级疾控中心有关领导和专家及现场调查队员共 30 余人参加了会议。

9 月 27 日至 11 月 5 日，省疾控中心组织专家评估组对 2013 年第一批申报河北省卫生应急综合示范县（市、区）的承德平泉县、双滦区、丰宁县、围场县，保定安国市，石家庄市桥东区、正定县、高邑县，邯郸永年县和衡水枣强县等 10 个县（市、区）进行了复核评估。结果显示，10 个县（市、区）均达到了省级卫生应急综合示范县（市、区）的标准。

截至 9 月 30 日，全省所有的市县级疾控中心均按要求将疾病预防控制机构服务能力调查表上报省疾控中心，标志着由河北省疾控中心组织开展的全省疾病预防控制机构服务能力现场调查工作结束。

10月 OCTOBER

10 月，中国疾控中心通报了 2013 年全国流感监测网络实验室流感病毒核酸检测能力考核结果：我省 12 家流感监测网络实验室全部以 100% 准确率的优异成绩连续 5 年通过国家考核。

13日，省卫生厅和石家庄市卫生局在省博物馆广场联合开展了“服务百姓健康行动”大型义诊活动。省疾控中心，省人民医院，河北医科大学第一医院、第二医院、第三医院、第四医院，和平医院，武警总医院等23家省市医疗卫生机构参加了现场义诊、咨询和宣传活动。

21日，由国家卫生计生委疾控局监察专员肖东楼一行6人组成的调研组到省疾控中心调研。在调研会上，省卫生厅应急办主任李建法、省疾控中心党委书记李琦分别汇报了河北省、省疾控中心人禽流感防控工作情况。省卫生厅副厅长梁占凯、应急办主任李建法、疾控处处长翟京波、医政处副处长高丽君，中心主任崔泽、党委书记李琦、副主任陈素良，应急办、病毒病防治所负责人和有关人员参加了调研会。

同日，省疾控中心经报请厅党的群众路线教育实践活动办公室批准，在实验楼会议室召开了领导班子专题民主生活会。省卫生厅副厅长梁占凯同志，厅活动办高庆丰、郭军民、沈正先同志到会指导，中心班子全体成员参加，党委书记李琦同志主持，崔泽同志首先代表领导班子进行了对照检查，而后全体成员分别做了对照检查，相互开展了批评与自我批评。

同日，省疾控中心与河北联合大学公共卫生学院在省疾控中心召开对接座谈会，中心主任崔泽、党委书记李琦、副主任李建国、纪委书记王岩，河北联合大学公共卫生学院院长冯福民、党委副书记韩振兰、副院长张艳淑、各专业学科带头人和有关负责同志，省疾控中心科研培训处、办公室等有关部门负责人和各专业所负责人参加了对接座谈会。

22日，河北联合大学与河北省疾控中心预防医学教学基地揭牌仪式暨公共卫生学术报告会在石家庄市举行。河北省卫生厅副厅长梁占凯，河北联合大学校长袁聚祥、校长助理王胜本，河北省疾控中心主任崔泽、党委书记李琦，河北联合大学公共卫生学院院长冯福民、教务处副处长唐启群出席揭牌仪式。

24~26日，由西藏自治区卫生厅副厅长白建斌带队的国家卫生计生委复核评估组一行6人对我省申报的国家卫生应急综合示范县——平泉县进行现场复核评估，省卫生厅副厅长赵瑜、应急办主任李建法，省疾控中心党委书记李琦全程陪同。

24~27日，由中国疾控中心营养与食品安全所副书记刘开泰等一行6人组成的督导组对我省营养监测点——武强县2013年度的营养监测工作进行督导，省疾控中心副主任李建国和营养与食品安全所相关人员陪同。

27~30日，由中国疾控中心有关领导和专家一行6人组成的调研组对河北省性病综合防治工作进行了调研。调研组听取了省疾控中心作的工作汇报，到石家庄市疾控中心、廊坊市疾控中心以及国家级性病监测点区的河北省人民医院、河北医科大学第二医院、廊坊市人民医院、中石油天然气管道局总医院等4家医疗单位进行了现场调研。

11月 NOVEMBER

11月，省疾控中心性病艾滋病防治所被人力资源社会保障部、国家卫生计生委授予“全国艾滋病防治工作先进集体”，中心副主任陈素良被授予“全国艾滋病防治工作先进个人”荣誉称号。

11~13日，国家碘缺乏病参照实验室在北京召开了标准物质定值及全国碘缺乏病实验室外部质量控制网络运行实施细则修订研讨会，授予包括河北省在内的17个省市疾控中心为国家级碘标准物质定值单位。

13日，省疾控中心召开了以“糖尿病教育与预防”为主题的第7个联合国糖尿病日（11月14日）宣传和雾霾监测工作媒体沟通会。中心慢性非传染性疾病防治所所长朱俊卿、副所长孙纪新和张敬一，环境卫生监测与评价所所长刘毅刚分别为公众做详细介绍。

14日，省卫生计生委科教处处长尤殿平、调研员钱卫国等一行9人对省疾控中心生物安全二级实验室进行了现场验收。通过一系列考核，评审组批准中心的P2实验室通过生物安全二级实验室验收。

18日，省疾控中心邀请美国疾控中心华裔专家郑保义博士在石家庄市亚太大酒店举行学术交流会。中心聘请郑保义教授为技术顾问，并颁发了聘任证书。会后，中心领导与郑保义博士在省疾控中心就科学研究、人才培养、信息交流与搭建国内外信息平台等进行了进一步磋商，并达成共识。中心主任崔泽，党委书记李琦，副主任李建国、陈素良及中心200余名专业技术人员参加学术交流会。

19~20日，由国家实验室认可委员会、卫生部卫生监督中心组织的国家实验室认可、实验室资质认定和食品检验机构资质认定“三合一”评审组一行6人对省疾控中心进行了现场评审。评审组最终确认中心通过实验室认可、实验室资质认定、食品检验机构资质认定监督及扩项现场评审。

22日，全省空气污染（雾霾）人群健康影响监测项目启动会在省疾控中心举行。省卫生计生委疾控处副处长刘波，省疾控中心主任崔泽和相关科室负责人及来自该项目城市和农村监测点的石家庄市、唐山市、保定市、辛集市卫生局和疾控中心的代表参加了会议。

12月 DECEMBER

12月，圆满完成了近亿元的2014年度全省扩大免疫规划疫苗及注射器的招标采购工作，为做好全省免疫规划工作提供了保障。

同月，省疾控中心与河北电视台联合制作了一期艾滋病防治宣传讲座和两部艾滋病宣传公益短片，省疾控中心性病艾滋病防治所所长赵宏儒做客《名医来了》栏目，并连续两周在栏目中插播艾滋病防治公益宣传短片。

同月，我省组织对172个县（市、区）开展了免疫规划工作自查，并随机抽取34个乡级单位及所在县、市卫生行政部门和疾控机构进行抽查督导评估，对每个乡再抽取5个村进行接种率调查，以此评估各地落实国家免疫规划政策措施的情况，以及以乡（镇、街道）为单位适龄儿童免疫规划疫苗接种率达到90%的进展情况。评估显示，各地加强部门合作，明确部门职责，建立了较为完善的免疫规划工作新机制，预防接种门诊规范化建设持续推进，保证了免疫规划疫苗的高接种率。至此，我省顺利完成国家免疫规划督导评估工作。

1日，由省防治艾滋病委员会、省卫生计生委主办，石家庄市卫生局协办，省疾控中心和石家庄市疾控中心承办的河北省第26个“世界艾滋病日”大型宣传活动在石家庄市高新技术开发区举行。今年的宣传主题为“行动起来，向‘零’艾滋迈进”（英文主题 Getting to Zero），副标题为“共抗艾滋，共担责任，共享未来”。省卫生计生委主任杨新建、巡视员赵瑜，石家庄市副市长张业、省卫生计生委疾控处处长翟京波、石家庄市卫生局局长李志宏、省疾控中心副主任陈素良等领导出席活动，现场慰问了企业职工，发放艾滋病防治宣传品。河北电视台、河北日报、河北电台、河北新闻网等8家媒体对现场活动进行了报道，省疾控中心艾滋病防治专家赵宏儒现场接受了河北电视台专题采访。

3日，省疾控中心召开中层干部会，传达省卫生计生委有关会议和文件精神，安排部署当前的重点工作，会议由中心党委书记李琦主持。中心领导班子全体成员、中层干部和正高职称专业技术人员等百余人参加了会议。

5日，浙江省疾控中心副主任俞敏带领公共卫生监测与业务指导、慢性病防治、健康教育等部门负责人一行6人，到省疾控中心进行工作交流。中心主任崔泽代表领导班子介绍了中心的基本情况和有关工作，副主任高立志以及办公室、慢病防治、健康教育、食品卫生、职业卫生等部门负责人参加座谈。

9日，省卫生计生委巡视员赵瑜带领新成立的食品安全标准与监测评估处处长陈平等一行6人到省疾控中心调研食品安全风险监测工作，省疾控中心主任崔泽、副主任李建国和相关处所负责人参加了调研座谈会。

23日，省疾控中心组织召开了“高致病性禽流感防控及乙肝疫苗接种相关知识媒体沟通会”，中心免疫规划管理所所长张振国、病毒病防治所所长齐顺祥分别为公众做详细介绍。河北日报、河北电视台、河北电台、长城网、中国经济网、河北卫生、河北青年报、燕赵都市报、燕赵晚报等13家媒体记者参加了此次媒体沟通会。

前言

《河北省疾病预防控制中心年鉴》是记载和传承河北疾病预防控制事业建设发展的年度资料性文献，对保存河北省疾病预防控制工作综合资料的连续性、完整性具有重大意义，对社会各界了解疾病预防控制工作发展，各级领导把握疾病预防控制工作现状，科学决策和管理全省疾病预防控制工作具有重要作用，对传承疾控文化，积累史志资料，具有重要的参考和借鉴价值。

《河北省疾病预防控制中心年鉴》（2014 卷）共分精彩回眸、基本情况、重要会议报告、重要文件选摘及主要发文目录、综合管理工作、主要业务工作进展六个篇目；以专业翔实的数据，全面客观地记录了 2013 年河北省疾病预防控制中心全体干部职工，在省卫生厅的正确领导与大力支持下，以科学发展观为指导，以创先争优活动为动力，围绕中心，服务大局，突出重点，狠抓落实，用力做事、用情做事、用心做事，圆满完成年度任务目标，各项工作取得的新进展、新成绩，是对 2013 年全省疾病预防控制建设发展成果进行的集中展示。

世界瞬息万变，历史亘古永存。一本年鉴虽远不能反映我们为保护人民生命健康、维护社会和谐稳定、推动经济繁荣昌盛以及促进公共卫生事业快速发展所做出的努力、所付出的艰辛，但它客观真实地反映了疾控人努力开拓创新、敢于展现自我的勇气以及积极搭建平台、着力打造品牌的信心和决心。让我们把年鉴的出版作为深入推进疾控文化建设的重要契机，聚人心、鼓斗志，努力把疾控人在防病灭病进程中所形成的精神气质、经验方法世代传递下去，为不断开创疾病预防控制事业发展的新局面贡献一份力量。

此外，《河北省疾病预防控制中心年鉴》（2014 卷）的编撰，得到了各部门及相关人员的大力支持，在此，对所有关心、支持年鉴编撰出版工作的人员表示诚挚的谢意！

河北省疾病预防控制中心主任　崔　泽

河北省疾病预防控制中心党委书记　李　琦

《河北省疾病预防控制中心年鉴》（2014卷）
编　委　会

目　录

基本情况

河北省疾病预防控制中心简介 …………………………………………………………………………………………（2）
河北省疾病预防控制中心获得能力资质清单 ……………………………………………………………………（3）
河北省疾病预防控制中心内部机构设置 …………………………………………………………………………（4）

重要会议报告

求真务实　公开公正　确保年终考核工作健康顺利开展
——省疾病预防控制中心主任崔泽在中层干部述职测评会议上的讲话 ……………………………（6）
发挥优势　增长才干　积极为“二次创业”贡献力量
——省疾病预防控制中心主任崔泽在博硕士人员恳谈会上的讲话 …………………………………（8）
转作风　抓重点　促整体　确保完成全年工作任务目标
——省疾病预防控制中心主任崔泽在2013年春节收心会上的讲话 …………………………………（11）
在“手拉手对口帮扶”进修人员见面会上的讲话 ……………………………………………………………（14）
深入学习贯彻省卫生厅相关会议精神　扎实做好权力运行监控机制建设和人感染H7N9禽流感防控工作
——省疾病预防控制中心主任崔泽在中层干部会议上的讲话 ………………………………………（17）
突出重点　狠抓落实　确保完成全年工作任务目标
——省疾病预防控制中心主任崔泽在全省疾病预防控制工作调度暨管理培训会议上的讲话 ………（21）
深入贯彻省委八届五次全会精神　努力开创疾病预防控制工作新局面 ………………………………（24）
在河北省疾病预防控制中心党的群众路线教育实践活动动员大会上的讲话 …………………………（26）
立成才之志　务创业之实
——省疾病预防控制中心主任崔泽在新聘人员岗前培训开班仪式上的讲话 ………………………（34）
在中层干部会议上的讲话 ……………………………………………………………………………………（38）
在中心领导班子专题民主生活会情况通报会上的讲话 ………………………………………………………（44）
坚持科学发展　加快“二次创业”　不断开创全省疾病预防控制工作新局面
——省疾病预防控制中心主任崔泽在省疾病预防控制中心2013年度总结表彰大会上的讲话 ………（46）
2013年度领导班子述职述廉报告 ……………………………………………………………………………（51）
加快“二次创业”步伐　再谱建设发展新篇 …………………………………………………………………（54）

重要文件选摘及主要发文目录

关于 2012 年河北省职业病危害监测情况的报告 …… (58)
关于表彰二〇一二年度先进处室先进工作者和单项工作的决定 …… (59)
河北省 2012 年伤害监测调查分析报告 …… (61)
关于 2012 年度全省市级疾病预防控制机构疾病预防控制工作考核结果的通报 …… (66)
关于做好 2013 年手足口病监测工作的通知 …… (68)
2012 年各部门新闻信息采纳情况通报 …… (69)
2012 年档案管理工作通报 …… (70)
2012 年河北省艾滋病检测实验室质量考评结果通报 …… (72)
关于成立人感染 H7N9 禽流感防控工作领导小组的通知 …… (74)
河北省 2012 年碘盐监测通报 …… (75)
关于调整中心领导班子成员分工的通知 …… (77)
关于成立加强脊髓灰质炎监测项目专家组的函 …… (77)
关于调整中心学术委员会的通知 …… (78)
关于调整突发公共卫生事件应急处置工作领导小组的通知 …… (79)
关于下发 2013 年综合考评内容及指标的通知 …… (81)
关于下发考核管理办法及 2013 年综合考评内容及指标的通知 …… (81)
关于印发中心信息宣传考评管理办法的通知 …… (84)
关于调整中心档案管理工作领导小组的通知 …… (88)
关于调整中心领导班子成员分工的通知 …… (89)
关于调整安全生产工作领导小组的通知 …… (90)
关于印发中心卫生应急队伍管理办法的通知 …… (91)
关于印发“三好一满意”活动实施方案的通知 …… (93)
关于成立“三公”经费专项检查和“小金库”清理检查工作领导小组的通知 …… (96)
关于调整实验室生物安全管理委员会的通知 …… (96)
关于中心伦理委员会换届的通知 …… (97)
关于调整“三好一满意”活动领导小组的通知 …… (102)
关于印发为民服务提质提效专项行动实施方案的通知 …… (102)
关于印发供应商诚信度管理办法（试行）的通知 …… (104)
全省职业健康检查机构与职业病诊断机构质量考核工作情况报告 …… (109)
关于进一步加强全省流脑防控工作的通知 …… (118)
关于河北省 2013 年全国地方病防治机构实验室氟测定质量考核结果的通报 …… (121)
关于印发突发公共卫生事件应急处理预案的通知 …… (125)
河北省 2013 年国家碘缺乏病参照实验室外质控考核情况通报 …… (131)
关于启用国家免疫规划信息管理系统的通知 …… (132)

河北省疾病预防控制中心主要发文目录（选摘） …… (134)

综合管理工作概述

河北省疾病预防控制中心2013年工作思路与要点 …… (138)
河北省疾病预防控制中心2013年工作总结 …… (144)
中共河北省疾病预防控制中心委员会2013年工作要点 …… (152)
中共河北省疾病预防控制中心委员会2013年工作总结 …… (155)
河北省疾病预防控制中心2013年党风廉政建设工作总结 …… (158)
中共河北省疾病预防控制中心委员会2013年中心组及党员、干部、职工理论学习安排 …… (161)
河北省疾病预防控制中心工会2013年工作总结 …… (163)
河北省疾病预防控制中心团委2013年工作总结 …… (165)
河北省疾病预防控制中心妇委会2013年工作总结 …… (166)
河北省疾病预防控制中心党的群众路线教育实践活动总结 …… (167)
科研及学科建设工作综述 …… (170)
附 2012年省疾控中心获奖成果情况 …… (172)
2013年省疾控中心立项课题 …… (172)
2013年省疾控中心公开发表论文统计 …… (174)
2013年省疾控中心继续医学教育执行情况 …… (179)
2013年省疾控中心参加学术会议情况 …… (180)
2013年省疾控中心外出进修情况 …… (184)
2013年省疾控中心接收进修人员情况 …… (184)
2013年省疾控中心发表著作情况 …… (186)
2013年省疾控中心外出交流情况 …… (186)
2013年省疾控中心主要来访情况 …… (187)
人力资源管理工作综述 …… (187)
附 省疾控中心组织机构及科室设置情况 …… (187)
省疾控中心人员构成情况 …… (190)
省疾控中心党委及基层党组织机构情况 …… (191)
省疾控中心2013年评优评先情况 …… (191)
省疾控中心离退休及2013年离退休、去世人员情况 …… (191)
疾病预防控制绩效考核工作综述 …… (193)
疾控信息与新闻宣传工作综述 …… (193)
实验室质量控制与管理工作综述 …… (194)
仪器设备采购供应工作综述 …… (196)
附 省疾控中心万元以上仪器设备统计表 …… (197)
安全保卫工作综述 …… (232)

后勤服务管理工作综述 …… (233)
内部审计工作综述 …… (235)
老干部管理工作综述 …… (235)
省疾控中心 2013 年获得荣誉统计 …… (237)
省疾控中心 2013 年个人获得荣誉统计 …… (238)
省疾控中心 2013 年职工在省级以上社会团体、专家委员会任职情况统计 …… (241)

主要业务工作进展

公共卫生信息管理 …… (252)
附　全省传染病疫情情况 …… (253)
突发公共卫生事件应急处置 …… (262)
生物制品供应管理 …… (264)
免疫规划管理 …… (264)
性病艾滋病防治 …… (266)
病毒病防治 …… (268)
细菌病防治与消毒 …… (269)
结核病防治 …… (272)
寄生虫病防治 …… (274)
有害生物防治 …… (275)
地方病防治 …… (275)
慢性非传染性疾病防治 …… (278)
职业卫生与职业病防治 …… (279)
环境卫生监测与评价 …… (280)
放射卫生防护 …… (282)
学校卫生防病 …… (282)
理化检验 …… (283)
卫生微生物检验 …… (285)
健康教育 …… (287)
卫生毒理 …… (288)
河北省中医药学会 …… (289)
河北省中西医结合学会 …… (290)
河北省针灸学会 …… (291)
河北省护理学会 …… (291)
河北省地方病协会 …… (293)
河北省防痨协会 …… (293)

基本情况

河北省疾病预防控制中心简介

河北省疾病预防控制中心是根据国家和河北省卫生体制改革总体部署，在撤并原省卫生防疫站、省地方病防治所、省职业病防治所、省放射卫生研究所、省结核病预防中心、省医学科学院等6家单位基础上组建成立的省卫生厅直属事业单位，2001年8月正式挂牌运行。主要承担：疾病预防与控制；突发公共卫生事件应急处置；疫情报告及健康相关因素信息管理；健康危害因素监测与干预；实验室检测分析与评价；健康教育与健康促进；技术管理与应用研究指导等7项职责，是全省疾病预防控制工作的业务技术指导中心。加挂有河北省卫生检测中心、河北省医学科学院、河北省职业病防治院、国家食品安全风险监测河北中心四块牌子。

中心现设40个处（所）室，挂靠有省防痨协会、地方病协会和中医、中西医、针灸、护理6个省级学会；共有高级专业技术人员171人，博、硕士学位108人，省管专家、省中青年专家和享受政府特殊津贴等人员21人，国家和省级劳模2人。

河北省疾控中心建有生物安全三级实验室，脊髓灰质炎、艾滋病确认、病毒学检验、消毒、毒理学检验等10余个实验室。有医学病毒学、食品安全风险监测实验室、心脑血管病防治3个省级医学重点学科。拥有超高效液相—四级杆质谱/质谱联用仪、超高效液相色谱仪、ICP－MS、DNA合成仪、定量PCR仪、液—质—质联用仪、气—质联用仪、原子吸收分光光度计、气相色谱仪、离子色谱、氨基酸分析仪、全自动微生物鉴定/药敏分析系统等大型及高精仪器设备500余台件。具有以国家实验室认可和计量认证为代表的国家和省以上相关部门认证的资质17项，是全省公共卫生领域开展检测项目范围最广的检测机构，涉及食品、保健食品、化妆品、水与涉水产品、农药、各种病原微生物等卫生检验检测项目737项，检验检测结果得到国际五十多个国家和地区的认可。

中心成立后，连续四次被评为全国卫生系统先进集体，连续五届被评为省级文明单位，先后获得了全国抗震救灾重建家园工人先锋号、全国抗震救灾医药卫生先进集体、全国卫生应急先进集体、全国结核病防治先进集体、全国消灭脊髓灰质炎工作先进集体、全国地方病防治先进集体、全国精神文明建设工作先进单位、全国医药卫生系统创先争优活动先进集体、河北省“7·21”和10号台风抗洪抢险救灾先进集体、河北省五一奖状等各种荣誉150余项。

当前，全省正努力由经济大省向经济强省、从文化资源大省向文化强省跨越，中心全体职工将以更加饱满的热情、更加务实的精神，为建设和谐河北经济强省、维护社会稳定、保障人民健康做出新的更大的贡献而不懈努力！

河北省疾病预防控制中心获得能力资质清单

（截至2013年12月31日）

序号	资质名称	所属部门	有效期限	颁发证书/认证机构	备注
1	实验室认可证书	中心	2012年11月14日至2015年11月13日	中国合格评定国家认可委员会	国家级
2	实验室资质认定证书	中心	2012年11月23日至2015年11月22日	国家实验室认证认可监督管理委员会	国家级
3	食品检验机构资质认定证书	中心	2012年11月23日至2015年11月22日	国家实验室认证认可监督管理委员会	国家级
4	国家食品复检机构资质	中心	国家认监委关于首批食品复检机构名录的公告（2011年第26号）2011年9月16日发（无限期）	国家实验室认证认可监督管理委员会、卫生部、农业部	国家级
5	国家保健食品功能学检验机构资质	中心	卫生部文件卫监发【1997】第58号（无限期）	卫生部（未颁发证书）	国家级
6	公共场所集中空调通风系统卫生学评价机构技术评估资质	中心	2010年12月31日至2014年12月30日	中国疾病预防控制中心	国家级
7	国家农药毒理学检验鉴定机构资质	毒理	农业部公告第1876号2012年12月19日发布，有效期5年	农业部、卫生部	国家级
8	国家建设项目职业病危害评价（职业卫生）甲级资质	职业卫生	2012年10月29日发，有效期至2014年4月18日	国家安全生产监督管理局	国家级
9	国家卫生杀虫剂登记药效试验资质	有害生物	2010年3月19日发有效期至2013年3月18日	农业部	暂未发证
10	保健食品注册检验机构	中心	2013年底已批准，尚未发证	国家食品药品监督管理总局	未发证
11	河北省健康相关产品检验机构资质	中心	参照执行卫监发【1997】第58号（无限期）	河北省卫生厅（未颁发证书）	省级
12	河北省消毒鉴定实验室资质	消毒	1999年8月发（无限期）	河北省卫生厅	省级
13	河北省职业卫生技术服务机构资质	放射	2013年7月28日至2017年7月27日	河北省卫生厅	省级
14	河北省职业健康检查机构资质	职业卫生	2013年7月28日至2017年7月27日	河北省卫生厅	省级
15	河北省职业病诊断机构资质	职业卫生	2013年7月28日至2017年7月27日	河北省卫生厅	省级
16	河北省新药临床前药理毒理研究资质	药研	2004年5月10日发（无限期）	河北省食品药品监督管理局（证明信）	省级
17	河北省实验动物使用许可资质	毒理	2010年12月22日至2015年12月21日	河北省科技厅	省级

河北省疾病预防控制中心
内部机构设置

河北省疾病预防控制中心
（河北省卫生检测中心）
（河北省医学科学院）
（河北省职业病防治院）
（国家食品安全风险监测河北中心）

14个行政和业务管理处

- 办公室（项目管理办公室）
- 人事处
- 监察室
- 党办室
- 老干部管理处
- 财务处
- 内部审计处
- 科研培训处
- 后勤服务中心
- 保定后勤服务中心
- 安全保卫处
- 质量检验管理处/实验室管理处
- 药械供应管理处

26个业务所（室）

- 性病艾滋病防治所（艾滋病高危人群干预工作队）
- 病毒病防治所（疫苗临床研究所）
- 免疫规划管理所
- 细菌病防治与消毒所
- 结核病防治所
- 微生物检验所
- 理化检验所
- 慢性非传染性疾病防治所
- 环境卫生监测与评价所
- 健康教育所
- 学校卫生防病所
- 放射防护所
- 有害生物防制所
- 职业卫生与职业病防治所
- 卫生毒理所
- 营养与食品安全所
- 医学研究所
- 药物研究所
- 寄生虫病防治所
- 地方病防治所
- 生物制品供应管理所
- 公共卫生信息所
- 突发公共卫生事件应急办公室
- 学会办公室

重要会议报告

求真务实　公开公正
确保年终考核工作健康顺利开展

——省疾病预防控制中心主任崔泽在中层干部述职测评会议上的讲话

（2013 年 1 月 5 日）

同志们：

一元复始，万象更新，新的一年已拉开帷幕。为全面、客观、公正、科学地评价各部门 2012 年的工作实绩，了解全体干部职工一年来的政治业务素质和履行职责情况，领导班子研究决定，从今天开始，利用五天左右的时间，对中心全体干部职工进行年度考核和测评。下面，根据领导班子研究决定，我就今年的年终考核讲三点意见。

一、提高认识，明确意义

年度考核是一项常规性的工作，年年都要搞，同时，也是一项敏感、严肃的重要工作，对于我们加强内部管理、加强作风建设和加强干部队伍建设具有重要的意义和作用：

（一）开展年度考核，是加强干部队伍建设的有效途径。通过对各部门和各位中层干部进行考核，一是可以帮助我们全面掌握各部门的“小班子”和“小班长”能力的优劣，达到发现人才，培养干部的目的，让想干事的人有机会、能干事的人有舞台、干成事的人有前途；二是能够促进对党风廉政建设责任制的深入落实，起到警钟长鸣、防患未然的效果，促进党员干部廉洁自律。三是可以调动和激发全体干部职工干事创业的积极性，有利于建设一支团结统一、奋发向上、廉洁高效的干部职工队伍。俗话说得好：“是骡子是马，拉出来溜溜”。这次集中述职和测评，就是对大家特别是中层干部综合能力的一次检查和考验。

（二）开展年度考核，是提升管理水平的重要基础。通过对全体干部职工的工作质量、工作效果进行综合考核和测评，可以帮助我们及时发现存在问题，明确改进方向，为增强管理能力，推动工作发展起到有力的促进作用。同时，也可以充分调动全体干部职工的积极性和创造性，促进大家“不待扬鞭自奋蹄”。

（三）开展年度考核，是改进工作作风的有力举措。“空谈误国、实干兴邦”。不断改进工作作风，永远是我们干事创业谋发展的“指挥棒”和“助推器”。我们今年开展年度考核的重要目的之一，就是考察大家的作风状况怎么样，能不能把中央新出台的“八条规定”落到实处。一要看大家是不是求真务实，讲实话、办实事、求实效，力戒形式主义、官僚主义；二要看大家是不是心系群众，是不是真正把各项服务人民群众的工作和举措落到了实处；三要看大家是不是勤俭节约，能不能严格遵守廉洁从政有关规定。努力在单位形成以实战论英雄、凭实绩看干部、不让老实人吃亏的良好氛围，切实达到激励先进，鞭策后进的目的。

二、严格标准，保证质量

年度考核是一项十分严肃、认真的工作，事关人心，事关大局。各考核组都要坚持高标准、严要求，抱着对单位、对同志、对个人高度负责的态度，排除各种干扰，切实做好每个环节的工作。

（一）统一领导，强化责任。一是中心成立考核领导小组（由我任组长，李琦书记任副组长，成员为其他班子成员），负责本年度工作人员、业务工作、党风廉政等各项考核工作的总调度。领导小组下设考核办，负责考核工作的具体组织实施，考核办设在办公室（由李琦书记任主任）。二是考核办组建三个中心考核组，分别由办公室、监察室、党办室、人事处及部分业务部门的人员组成。按照分工指导各部门的考核小组完成述职总结，并进行民主测评和绩效检查，掌握内部考核的全面情况，为综合评议提供依据。三是各部门自行组建“内部考核小组”，负责本部门工作人员考核。内部考核小组由部门负责人、职工代表组织成立。组长由部门正职担任，人数较少的部门根据实际情况可合并成立，组长在合并部门的正职中推荐产生，职工代表由民主推荐产生，职工代表人数不少于考核小组总人数的三分之一。

（二）创新模式，注重实效。今年的考核依旧分为中层干部考核、一般工作人员考核和部门考核三部分，但考核模式有所变化。一是中层干部的考核分层次进行，主要包括两个方面：一方面是集中测评（占总测评结果的70%）。今天的测评就是集中测评，参加人员有班子成员、所有中层干部及职工代表。一会儿中层正职要进行部门工作总结及个人述职述廉，在总结述职过程中，同时进行满意度调查和民主测评。考核重在交流与提高，因此，总结述职要言之有物，拒绝套话、大话，杜绝假话；要严格限时，力求精简，突出重点和实际，每人不超过10分钟。另一方面是部门测评（占总测评结果的30%）。由中心考核组根据分工指导各部门的内部考核小组完成。各部门正职负责组织本部门中层干部述职述廉和职工总结。最后，中心考核领导小组将根据中层干部的述职述廉、民主测评结果以及全年履行岗位职责的情况，经综合评议产生考核等次。二是一般工作人员的考核，由部门内部考核小组综合个人总结、民主测评及日常工作表现等情况确定考核等次，并在规定时间和分配的指标数额内在推荐“先进工作者”人选。三是部门考核，由中心的考核组按照《中心考核管理办法》分组进行绩效分析和综合评分，再由中心考核领导小组综合部门总结、满意度测评等情况进行综合评议后，确定考核等次。

（三）奖优惩劣，有效激励。考核就要考出真成绩、真水平，做到干好干坏不一样、干多干少不一样，切实达到激励先进、鞭策后进的目的。通过考核，中心要在考核排名的基础上，评选出本年度“先进集体”、“先进个人（先进工作者、优秀党团员、工会积极分子）”以及“在年度工作中成绩突出的单项工作”并给予表彰和奖励（对评为“先进集体”的部门，中心将分别给予“1000～8000元”不等的奖金；对评选出的“在年度工作中成绩突出的单项工作”，分别给予“800～6000元”不等的奖金）。对于评为“优秀”的先进个人，除给予相应的物质奖励外，还将上报卫生厅和人社厅备案，并在以后的职务晋升、岗位聘任、外出学习、培训等过程中给予优先考虑。同时，对于成绩较差的部门科室和个人，要查找不足、认真整改，争取在下一年度的考核中迎头赶上。

三、严肃纪律，强化责任

这次年终考核，是领导班子对各部门工作成果的整体检阅，也是对全体中层干部的一次全面评价。希望考核组的同志们充分认识自己所肩负的责任，以扎实的作风、饱满的精神投入工作，确保考出真成绩、考出好效果、考出“正能量”、考出我们的“疾控 style”。

一是要加强纪律性。年终考核不仅是对被考核对象的考验，也是对考核工作人员的集中考验。参加考核的干部一定要有很好的纪律性，力争做到“三个坚持”：一要坚持规定不走样，在考核的过程中要敢讲真话、讲公道话，讲正派话。力争做到执行标准不降低、履行程序不随意。二要坚持原则不动摇，在考核的过程中，考核组的同志要严格按照考核工作的要求办事，认真履行职责，该坚持的一定要坚持，不准凭个人好恶了解和反映情况，不准借考核之机谋取私利。三要坚持真实不做假，被考核对象和被推荐对象不能凭个人感情提供情况，要多用欣赏的眼光多看人的长处，不能故意夸大、隐瞒或歪曲事实，不能弄虚作假。确保全面、准确、细致认真，公开、公平、公正地进行考核。

二是要力求公正性。考核，就其本身来说就是对一个结果的评判。结果出来了，这个事物就成了一个客观实在，如果脱离了客观评价，考核本身就可能偏离准确和公正。考核组同志要做到“三不”：一是不夸大成绩，一年来，各部门及全体干部职工付出了很大努力，也取得了较好的成绩，我们的评价一定要客观公正，这是很重要的一点。二是不以点盖面，对被考核对象缺乏全面深入的了解，就会失去公平，影响积极性。考核组必须要坚持实事求是、公道正派，严格按照要求标准真查实核，客观评价工作，识真伪、鉴优劣，不要被假象迷惑。三是不掩盖问题，发现问题要及时上报，不掩、不藏。尽量减少主观臆断，防止和克服要求不严、标准不高的现象。

三是要保障实效性。考核的目的是鼓励先进，鞭策落后，我们要竭尽全力地考出实效性，做到：“一论二看三严”，“论”：就是以“实绩”论英雄，一切要按照实事说话；“看”：就是要以“公论”看结果，注重听取职工群众的评论；“严”就是要严字当头地考，对待任何一项工作和任何一名干部，都要敢于较真。要把考核与实际紧密结合，绝不能停留在说“原则”、做“样子”上，不能浅尝辄止，要杜绝“板子”高高举起、轻轻打下这种不敢负责，不敢严格管理的问题。要公正、公开、公平地考出水平、考出正气、考出实效。

四是要讲究包容性。年度考核不仅仅是对干部的考核，也是对广大职工的考核。一定要本着实事求是、客观公正的原则，以严肃认真的态度，正确对待本次考核工作。一定要本着对组织、对个人认真负责的态度，客观辩证的对待和评价领导干部，既要看问题和不足，更要看工作，看成绩，看成效，立足于实事求是。

同志们，新的一年已经到来，我们应该在2012年基础上有新的发展，新的进步。希望全体干部职工继续以长远眼光谋划发展，以全局意识统筹发展，以科学态度抓好发展，再接再厉，务实进取，不断开创各项工作新局面。

谢谢大家。

发挥优势　增长才干
积极为“二次创业”贡献力量

——省疾病预防控制中心主任崔泽在博硕士人员恳谈会上的讲话

（2013 年 2 月 4 日）

同志们：

在中华民族传统佳节——春节即将来临之际，我们大家欢聚一堂，共叙友谊、共话发展、共迎新春。借此机会，我代表中心领导班子，向大家致以新春的祝福！

今天我们召开这次博硕士人员恳谈会，主要目的有三个：一是和大家单独见见面、聊聊天、谈谈心，加强认识，拉近距离，增进友谊；二是给大家定定位，打打气儿，鼓鼓劲儿，提提神儿；三是向大家提几点希望和要求。

目前，中心共有博士及硕士 100 人，其中：博士 15 人（男 4 人，女 11 人），硕士 85 人（男 40 人，女 45 人），占在职职工总数的 19%；平均年龄 39 岁，35 岁以下 40 人，占博、硕士总数的 40%，拥有高级职称 53 人，中级职称 15 人。分布在除人事处、老干部处、内部审计处、后勤服务中心、保定后勤服务中心、信息所及学会办等 7 个部门以外 30 个部门，大部分在业务部门。大家当中，既有流行病学专业，也有生化和分子生物学、微生物、药理学、化学分析和动物学等专业，这些都为预防医学提供了很好的补充，促进了学科交叉、拓展了研究方向。

刚刚过去的2012年，是新班子组建的第一年，在厅党组的正确领导下，我们坚持解放思想，创新管理，真抓实干，务实进取，有效应对了“7·21”特大暴雨和10号台风，疾病防控、应急处置和技术服务能力不断提升，先后荣获了卫生部“全国医药卫生系统创先争优活动先进集体”、河北省委省政府“省级文明单位”等国家级和省级荣誉称号24项。这些成绩的取得，归功于全体干部职工的团结奋斗，同时，也是在座大家辛勤付出的结果。

大家都是高学历人才，是中心的技术中坚和骨干力量，多年来为中心的建设与发展付出了许多心血，奉献了许多智慧，作出了许多贡献，在业务工作和科学研究方面取得了很好的成绩和不错的成就。近两年来，中心由博硕士带头研究厅级及以上课题21项，获得厅级及以上奖励5项。特别是我们的老书记建新同志，曾在国内外重要学术刊物上发表论文100余篇，多项成果的研究水平已达国内领先水平甚或国际先进水平，产生了较大社会效益和经济效益。李琦、齐顺祥、赵玉良等同志分别在《公共科学图书馆》《美国热带医学和卫生杂质》、《疫苗》等国内外很有影响力的杂志上发表论文多篇，产生了较大反响。近3年来，百余名博士、硕士作为通讯作者和第一作者的论文有130余篇，占中心全部论文的50%以上，在科研领域发挥了重要作用。这些成果，都有力提升了中心的形象和学术地位，提高了疾控工作的技术含量。

目前，我们的博硕士队伍总体上是好的，是经受住了困难和挑战的考验的。许多同志在各自的工作岗位上，很好地完成了工作任务，以过硬的素质、能力和作风，为中心出了力、争了光、添了彩。但是，根据领导班子了解和干部职工反映的情况，在个别人员身上，还存在这样或那样的问题和不足：一是纪律性不够强。表现在对自己的工作重视不够，做一天和尚撞一天钟，特别是一些新进来的年轻人：好处没学到，毛病添不少；自由散漫，上班迟到，下班早退，特别对部门领导的要求执行不到位。二是主动性不够强。大事干不了，小事不愿干。不是立足本职埋头苦干，而是一见到别人做出了成绩，就感到“英雄无用武之地”。好像没有成就，不是自己不努力，而是岗位不合适。三是进取性不够强。表现在原地踏步，停滞不前，总是“吃老本儿、啃老底儿”。在工作上敷衍了事或者交差了事，简单应付，确乏应有的闯进和干劲，特别是在业务工作和科学研究方面，没有发挥出“传帮带”和模范带头作用。总之，这些现象，与高学位、高学历人才应该具备的素质、能力和作风很不相称，尽管只是发生在个别人身上，但是影响较大，群众反映也比较强烈。在此，我有四点想法和大家共勉：

第一，扬长补短，和谐共事。中心作为省内疾病预防控制机构的龙头单位，无论是发展势头，还是发展能力，都是地市级疾控机构无法比拟的，这也为人才的发展、干部的提升带来了广阔的发展空间。目前中心正处于“二次创业”的起步阶段，正是迫切需要你们助推发力的时候。大家大都年轻，都拥有活跃的思维和高端的知识，但是却存在阅历少、经验不足的问题，要认清自己的优势和劣势，把优势放大，把短板补齐，用己之长避己之短。同时要培养宽容的心态和品格，学会包容，正确认识自己，尽快地融入集体，客观地对待同志，对他人的过失、缺点多一份包容，多一份关心，积极与领导和同事们和谐相处，建立良好的人际关系，创造和谐工作局面。我相信，只要大家充分发挥自己的优势，带着一股激情、一股冲劲、一股闯劲，扑下身子，扎实工作，就一定能够取得成绩和成就。

第二，脚踏实地，积极作为。“非淡泊无以明志，非宁静无以致远”。古今中外，凡是能够成就一番事业者，开始都是默默无闻，然后才能厚积薄发。温家宝总理在甘肃地质队工作了14年，才有机会进入地矿部、中央办公厅。当今社会，浮躁之风盛行，十年寒窗，无人探究；一朝成名，人人向往。但是，社会潮流越是这样，我们越要冷静下来，最终能够走得高，走得远的，还是属于那些志存高远，宁静淡泊的人。我们大家都是学富五车的博学之人，观念新、思路明、有激情、有干劲、有潜力，只要能够静下心来，踏踏实实干几年，就一定会有成绩。希望大家摆正心态，做到稳中求进，切忌浮躁彷徨；做到正视现实，切忌好高骛远；做到胸怀坦荡，切忌钻牛角尖。特别是在工作上要不耻下问，多向老同志学习，多向领导学习，勤于总结，善于思考，通过学习，进一步优化知识结构，创新工作思路，不断丰富阅历，提升能力。希望大家通过辛勤努力证明自己的能力，体现自己的价值，用实绩赢得领导的信任，同事的认可。

第三，加强磨炼，厚积薄发。“宝剑锋从磨砺出，梅花香自苦寒来”。万里长征是一步步走出来的，万里长城是一块块砖累出来的，一个人成绩的取得不是一蹴而就，更不是一帆风顺的，都必须经过必要的打磨和锤炼。大家虽然都是博士、硕士，可学历不等于能力，文凭不等于水平，工作是一个熟悉磨炼的过程。但是，大家学历高、基础好、见识广、观念新，在具体工作中，往往比其他同志上手早，进步快。在这里，希望大家放下身段，从小事做起，从基础学习，扎扎实实做好每一项工作，稳扎稳打，一步一个脚印地走下去、干起来，争取在科研上有所突破、在业务上有所建树，使我们的学历、能力，文凭和水平相一致，成为名副其实的高层次人才。

第四，注重科研，当好表率。我们要继续把科教工作作为面向未来的“战略工程”。大家要坚持把个人的前途与中心的发展密切联系起来，不在乎钱财荣誉，不计较个人得失。一方面，要发挥中流砥柱作用，在推进学科建设、促进科研能力的进一步发展中当好排头兵。工作目标始终着眼于促进发展，工作任务始终致力于促进发展，工作措施始终围绕着发展，充分发挥知识、技术、智力和人际等优势，努力推动中心的科学发展、和谐发展、跨越发展。另一方面，努力发挥学科带头人的表率作用。一名学科带头人就是一面旗帜，就是我中心的一名“院士”。我们要继续强化学科带头人的表率作用，积极鼓励和支持学科带头人参加国内外学术交流与合作，参与高等院校的教学带教工作，积极撰写科研论文，承担高层次的科研课题，承办高级别的继教项目，千方百计提高我们科研水平。

在此，我代表中心领导班子表态：我们将始终秉承尊重知识、尊重人才、尊重创造的原则，以一颗爱才、惜才、用才之心，积极为大家搭建发挥作用、施展抱负的平台，努力创造良好的工作环境、学术环境、人际环境和生活环境，使大家创业有机会，干事有平台，发展有空间，真心诚意地为大家办实事，尽心竭力解难事，坚持不懈办好事，努力帮助解决干事创业过程中遇到的各种困难和问题，积极营造一种宽松、温馨的良好氛围，让大家有用武之地而无后顾之忧，有苦练“内功”的动力而无应付“内耗”的压力，有专心“谋事”的成就感，而无分心“谋人”的疲惫感。去年，我们专门出台了科技奖励办法，大幅提高了奖励标准并如期兑现，对 76 名同志进行了奖励。今后，我们还要继续加大奖励力度。同时，尽可能地为大家创造出国进修、外出培训的机会，让大家拓宽眼界，开阔视野。领导班子永远是大家的“服务员”“知心人”，让大家干有所得、成有所奖，苦有所诉、难有所解。

同志们，事业催人奋进，责任促人自强。如果把发展比作修路，大家就是基石；如果把单位比作一座大厦，大家就是栋梁。希望大家以“二次创业”为动力，继续艰苦奋斗、团结拼搏、开拓进取，努力在工作中争先，不断在业务上创优，在科研上进位，奋力开创中心更加辉煌灿烂的未来！在实现疾控梦想的舞台上展现自己的价值！原打算和大家一起聚聚餐，但是政策上有限制，我们就取消了。我相信，我们不聚餐比聚餐的效果还要好。

再过一周就是新春佳节了。我代表领导班子向大家拜个早年，祝大家新春快乐，身体健康，事业兴旺，阖家欢乐！

谢谢大家。

转作风　抓重点　促整体 确保完成全年工作任务目标

——省疾病预防控制中心主任崔泽在2013年春节收心会上的讲话

（2013年2月18日）

同志们：

龙飞蛇舞贺新春，疾控事业气象新。今天是春节假期后开始上班的第三天，正月初九，年味儿还很浓。按照上级要求，今年春节一切从简，我们不再举行团拜活动，不再燃放鞭炮，也不再电话拜年。借此机会，我代表领导班子，给大家拜个晚年，祝愿同志们在新的一年：事业有成、身体健康、阖家幸福！同时，向节日期间坚守值班岗位的同志们致以崇高的敬意！

在过去的一年里，我们坚持解放思想，创新管理，真抓实干，务实进取，经过全体干部职工的共同努力，各项工作取得明显成效，疾病防控、应急处置和技术服务能力不断提升，先后荣获各项荣誉称号24项。省政府杨汭副省长先后三次到中心视察，对我们的工作给予了充分肯定。这些都有力地体现了我们全体干部职工团结一致、攻坚克难、拼搏进取的精神风貌和工作能力。在这里，对大家所付出的艰辛和努力表示衷心的感谢！

今天，我们专门召开春节收心会，这在中心还是头一次。这既是一个团结鼓劲、调整状态的收心会，也是一个明确目标、强力启动各项工作的部署会，更是一个转变作风、强化任务落实的动员会。下面，我代表领导班子讲两点意见：

一、突出重点，全面启动各项工作

今年是学习贯彻十八大精神的第一年，是我们实施“二次创业”的开局之年，意义重大，任务繁重。大家忙碌了一年、辛苦了一年，只放7天假，确实不多，许多干部职工还没有休息过来。但是，形势和任务要求我们，要尽快从节日的喜庆气氛中走出来，迅速把舒展开来的心思收起来，立即进入到工作状态，力争高标准、高质量、高水平的完成年度工作任务目标。

关于今年的工作任务，中心已经制订了工作思路与要点，近日即将下发，同时，领导班子还责成办公室制订了任务分解和责任分工，希望大家能认真负责地对待并努力完成。在今天这个会上，只说说大事儿和重点。简要来说，就是要把2013年作为希望之年、实干之年、突破之年、和谐之年，“力争在四个方面保持先进、努力使四个方面工作跨入先进、确保在八个方面取得新进展”：

“四个方面保持先进”：一是继续巩固“城市日接种、农村周接种”制度，完善儿童预防接种信息管理系统，维持无脊灰成果、加强疑似预防接种异常反应监测和处理，保持免疫规划管理工作国内先进。要有针对性地采取应急接种、查漏补种等举措，遏制麻疹病例增加趋势。二是进一步扩大监测检测、宣传教育、综合干预覆盖面，推广“四位一体”医疗救治、加大艾滋病抗体筛查、强化数据质量、开展效果评估、落实艾滋病病毒感染者和病人救治救助政策，保持艾滋病防治工作国内先进。三是加强结核病疫情监测，加快结核病生物安全实验室建设，进一步加大病人发现力度，用足用好国家免费治疗政策，着力健全防治服务体系和效果评估体系，推动结核病防治各项指标达到或超过国家要求，继续保持先进。四是加强地方病协作机制和实验室建设，关注碘盐浓度整体下调后，重点人群的碘营养动态变化，以及停供碘盐人群的碘营养状况，保持实验室水平国内先进，巩固消除碘缺乏病为主的地方病防治成果。

“四方面工作跨入先进”：一是积极建设我省传染病和突发公共卫生事件监测预警系统，健全突发事件公共卫生风险评估机制，大力推进市、县风险评估试点和卫生应急综合示范县（市、区）创建工作，力争将我省国家级卫生应急综合示范县建设成为全国的明星、全省的样板。二是充分发挥中心省级医学重点学科——医学病毒病学科的作用，加强流感、手足口、流行性出血热、病毒性肝炎、病毒性腹泻等各类病毒性疾病监测，掌握流行规律，加强病毒性疾病防治研究，力争培养出在全国有知名度的专家、拿出有影响力的研究成果。三是进一步健全食品安全风险监测网和食源性疾病主动监测网，提高实验室检验检测能力，突出抓好疑似食源性异常病例、异常健康事件和食源性疾病主动监测，开展食物营养成分监测分析，力争我省食品安全风险监测预警以及居民膳食营养指导工作跨入国内先进行列。四是大力推进慢病综合防控示范区建设和全民健康生活方式行动，进一步健全慢病综合监测系统，加强以高血压、糖尿病、心脑血管疾病、肿瘤等为主的慢性非传染性疾病监测，力争各项工作指标达到或超过国家要求，跨入先进行列。

“八个方面取得新进展”：一是加大沟通协调，尽早开工建设中心物资库房和职工食堂；加快重点实验室仪器设备更新速度；加快筹建全省公共卫生数据中心，大力推进公共卫生信息化建设，力求基础设施建设开创新局面。二是加强人才培养和队伍建设，继续组织干部职工“走出去”，到兄弟省市开阔视野、学习经验；扎实推进基层疾控机构大练兵活动，组织省市专家对口支援基层，切实加强技术指导和业务培训，力求疾控系统人才队伍建设取得新成效。三是进一步健全绩效考核、岗位聘用、管理规章等制度，完善综合管理体系，加大监督检查和考核奖惩，力求中心管理工作迈上新台阶。四是进一步整合资源、发挥优势，积极筹建河北省卫生政策研究学会，开展公共卫生体系基线调查，同时，加强对外交流与合作，聘请国内外专家为技术顾问，大力开展学术活动，加大派出进修力度，调整和充实学术委员会，适时举办科技总结表彰大会，扎实提高科研水平和创新能力，以省级医学重点学科为基础，努力打造省级疾控机构科研创新“拳头”品牌，争取在重大课题申报立项中有新突破。五是认真做好以霍乱为主的肠道传染病、流脑、布病、寄生虫病、虫媒传染病等其他重点传染病监测和防控，防止暴发和流行，力争其他各类重点传染病防控工作取得新业绩。六是加强协作，完成职业病健康状况调查，提高职业病报告质量，开展大型医用设备检测和工作场所监测，认真抓好生活饮用水、农村环境卫生监测，加强学生健康危害因素监测，如期完成国家保健食品注册检验机构遴选核查整改，力求各类公共卫生服务能力得到新提升。七是建立省级健康教育专家库，扩大健康教育覆盖面；深入开展控烟工作，力争取得突破性进展；继续抓好与河北日报的“疾控之窗”以及与健康报的宣传专栏的合作，通过各种媒介传播“疾控好声音”，树立“疾控好形象”，赢得“疾控好口碑”，力求健康教育与卫生宣传工作新局面。八是切实将学习贯彻十八大与加强精神文明与行风建设、“创先争优”和“修强铸”主题教育活动紧密结合，抓好党员教育、加大权力监控；继续深入推进文化建设，重新设计制作工作服装，组织开展赴兄弟省市及韶山参观学习、座谈研讨和拓展训练，继续改善福利待遇，提高应急队员信息补助，落实节假日值班国家3倍工资政策，不断为职工群众办好事、办实事，进一步增强中心及全省疾控人员的归属感与荣誉感，不断提升凝聚力和战斗力，大力推进疾控文化品牌建设，尽快跨上全国文明单位这个新高度。

二、转变作风，切实抓好工作落实

今年的工作很重、任务很多、难度很高、责任很大。需要大家拿出“咬定青山不放松、任尔东南西北风”的精神和作风，拿出“踏石留印，抓铁有痕”的决心和勇气。在这里，向大家提几点希望和要求：

一要鼓好“四股劲儿”。一是拼劲儿。困难面前勇者胜。要想取得优异的成绩，只有勇往直前、顽强拼搏才有可能成功，稍有松动，就可能前功尽弃。特别是我们年初谋划的亮点、重点工作，一定要有千辛万苦、千方百计的精神，做工作上的“拼命三郎”，抓住一切可能，变希望为现实。二是闯劲儿。只有敢闯才有出路。希望大家在实际工作中，积极克服因循守旧、安于现状的思想，增强“无功即是过”的意识，善于用灵活的办法、创新的思路，创造性地解决和处理工作中遇到的各种问题。要敢于第一个去吃螃蟹，并且能够吃到螃蟹。三是韧劲儿。对安排的事情，就要决心大、信心足、办法多、措施硬，不管遇到什么困难和问题，都一如既往，坚持连续抓、经常抓、持之以恒、一抓到底，不达目标，决不罢手。四是狠劲儿。工作上要敢于较真，在工作落实的各个环节要动真的、来实的、碰硬的，进一步提高工作落实的执行力，提高疾控队伍的对外影响力。

二要做到“四个步”。也就是要“走稳步、迈大步、高半步、早一步”。“走稳步”，就是各项工作都要脚踏实地、求真务实，一步一个脚印的去努力、去争取、去耕耘，使各项工作更加稳固，取得实实在在的成果。“迈大步”，就是希望大家都要有锐意进取、勇往直前、逢先必争、见优思齐的信念，工作上要有大手笔、大举措、大动作，力争创出大的成效，能够拿得出、叫得响。“高半步”，就是要求大家要不断开阔视野、拓宽思路，坚持高站位、高出手、高品位，看远一点，想深一些，想细一些。“早一步”，关于这个问题，我想对大家说一句话，“挨了鞭子过河叫愚笨，不待扬鞭自奋蹄是明智”，干工作就是这样，必须干的事要早走一步，规律性的事要早谋一步，苗头性的事要早抓一步，为自己赢得时间和主动。

三要追求“四个度”。一是思想有高度。高度，就是要讲大局、顾整体。坚持全局工作一盘棋的思想，眼睛不能只盯在自己和本部门这个小团体的利益和得失上，不能有利的就上、没利的就让，见任务就推、遇困难就躲，要坚决保证政令畅通，切实做到令行禁止。二是为人要大度。大度，就是要讲团结、能包容。“懂团结是大聪明，会团结是大本事，能团结是大智慧”。要自觉做到多看别人的长处和优点，多看自己的不足和缺点，低调做人，包容为人，不要在个人利益、权力大小、鸡毛蒜皮上斤斤计较，努力营造一个团结干事的好氛围。三是干事有力度。干事儿是价值之体、作为之现、成果之标，只有干事儿才有出路，只有干事儿才有地位，只有干事儿才有前途。我们要在全中心大力弘扬干事创业、无私奉献的良好风气，向上级和组织部门推荐并重用和奖励那些肯干事儿、能干事儿、干成事儿的人，使他们得到精神、前途和物质实惠。四是工作讲制度。从现在开始，全体干部职工特别是中层干部要严格各项工作纪律，尤其是要严格上下班、请销假纪律。班子成员不但要从自身做起，带头树立榜样，而且要管好分管部门，带领一班人，切实将思想和精力放到当前各项工作上来。综治办要发挥作用，人事处要加强纪律检查，发现问题及时报告，切实保证中心正常的工作秩序，促进各项工作高效有序运转。

同志们，“一年之计在于春”。做好第一季度的工作非常关键和重要。今天已经是 2 月 18 日，除去双休日，能够真正利用起来的工作时间还不到 1 个月，可以说时间紧、任务重。各班子成员要有全年工作时间表，做到心中想全年，突出抓首季，致力保开局，凝聚正能量，确保各项工作全面推进、富有成效；各部门都要立足于本职工作，科学摆布，认真谋划，合理安排，迅速展开，努力实现各项工作首季开门红，为全面完成年度工作任务打好基础、起好步，为中心实施“二次创业”做出积极贡献！

谢谢大家。

在“手拉手对口帮扶”进修人员见面会上的讲话

省疾病预防控制中心主任　崔泽

（2013 年 4 月 16 日）

同志们，各位学员们：

大家上午好。

为贯彻“保基本、强基层、建机制”的十八大卫生工作精神，落实“修医德、强医能、铸医魂”的主题实践活动要求，由我中心发起的面向全省县级疾控中心的“手拉手对口帮扶”活动，今天正式开始实施。首先我代表省疾控中心全体干部职工对在座各位县级疾控中心的进修人员的到来表示热烈的欢迎。从今天起的半年时间内今，你们将成为省疾控中心大家庭的一员，我的同事。我非常高兴，能够和大家在这里见面交流，希望我们能够畅所欲言，成为无话不说的朋友，并为了实现“疾控梦”，这个共同的目标而努力奋斗。

大家基本上都是刚来到中心，对中心的情况还不是很了解。下面，我向大家简要介绍一下中心的基本情况：

中心是在撤并原省卫生防疫站、省地方病防治所、省职业病防治所、省放射卫生研究所、省医学科学院和省结核病防治中心等 6 家单位的基础上组建的省卫生厅直属事业单位，于 2001 年 8 月成立。主要职责共有 7 项：（1）疾病预防与控制；（2）突发公共卫生事件应急处置；（3）疫情报告及健康相关因素信息管理；（4）健康危害因素监测与干预；（5）实验室检测分析与评价；（6）健康教育与健康促进；（7）技术管理与应用研究指导。

中心内设 37 个处（所、队、中心）室。其中，行政科室 12 个，包括办公室、党办室、监察室、人事处、内部审计处、财务处、科培处、老干部管理处、药械供应管理处、质量检验管理处、后勤服务中心和保定后勤服务中心；业务科室 25 个，包括生物制品供应管理所、公共卫生信息所、突发公共卫生事件应急办公室、免疫规划管理所、细菌病防治与消毒所、病毒病防治所、性病艾滋病防治所、艾滋病高危人群干预工作队、寄生虫病防治所、有害生物防治所、地方病防治所、结核病防治所、慢性非传染性疾病防治所、医学研究所、药物研究所、营养与食品安全所、环境卫生监测与评价所、学校卫生防病所、健康教育所、职业卫生与职业病防治所、放射防护所、理化检验所、微生物检验所、卫生毒理所和学会办公室。

目前，中心共有在职职工 532 人，其中：博、硕士研究生 74 人（占在职职工总数的 14%），本科学历 236 人（占在职职工总数的 44%），专科及以下学历 232 人（占在职职工总数的 42%）。在职职工中，专业技术人员 406 人（占在职职工总数的 76%），其中：高级职称 179 人（占专业技术人员总数的 44%），中级职称 116 人（占专业技术人员总数的 28%），初级 111 人（27%）。有省管专家、省中青年专家和享受政府特殊津贴等人员 22 人。

中心占地面积 32314 平方米，建筑面积约为 25691 平方米，其中实验室面积达到 15996 平方米（占建筑面积的 62%），其中微生物检验用房面积 7573 平方米（占实验室总面积的 47%），理化检验用房面积 5816 平方米（占实验室总面积的 36%），毒理实验室面积 1145 平方米（占实验室总面积的 7%）。

仪器设备总资产达到 8000 万元，其中万元以上仪器设备 472 台（套），拥有气相色谱—质谱—质谱联用仪、液相色谱—质谱—质谱联用仪、等离子耦合发射光谱—质联用仪、气相色谱—质谱联用仪、高效液相色谱仪、离子色谱、气相色谱仪、原子吸收分光光度计、全自动微生物鉴定/药敏分析系统、流式细胞仪、氨基酸分析仪、DNA 合成仪/纯化仪等大型及高精仪器设备。建有符合国家实验室认可和资质认定要求的生物安全三级、脊髓灰质炎、艾滋病确认、病毒学检验、保健食品功能学检验与评价、消毒鉴定、杀虫鉴定、毒物鉴定和药物鉴定、碘缺乏病尿碘盐碘、职业卫生（放射卫生）监测检验与职业病鉴定等10余个实验室，3个省级重点学科——医学病毒学科、心脑血管病防治学科、食品安全风险监测实验室；具有以国家实验室认可、计量认证为代表的国家和省以上相关部门认证的资质16项，涉及检验检测项目702项。

中心成立12年来，先后承担各类科研课题253项，取得厅级以上科研奖励105项次，其中23项获省部级科技进步奖，发表论文1108篇，出版专著113部。连续三次被评为全国卫生系统先进集体，连续五届被评为省级文明单位，先后获得了全国抗震救灾重建家园工人先锋号、全国抗震救灾医药卫生先进集体、全国卫生应急先进集体、全国结核病防治先进集体、全国消灭脊髓灰质炎工作先进集体、全国地方病防治先进集体、河北省“7.21”和10号台风抗洪抢险救灾先进集体、河北省五一奖状等各种荣誉120余项，300余人次受到上级部门表彰。

我中心作为省内疾控机构的龙头单位，要从“大疾控”着眼，肩负起自身的职责，带领省内各级疾控机构共同提高、共同进步、共同开创全省疾控工作新局面。此次由我中心发起的面向全省县级疾控机构的对口帮扶活动，在全国尚属首次，也是我省首创。本次活动的开展更是全省疾控工作的实际需要：

一是当前工作形势需要。非典等重大公共卫生事件之后，国家加强了疾控体系建设，省、市、县三级疾控机构加快建设，得到了上级部门的支持和重视。但是我们的人员素质和业务能力与当前的严峻形势和人民期盼还有很大差距，尤其是县级疾控机构，专业技术队伍不能满足工作需要，甚至成为全省疾控工作的短板，如何弥补，形势非常迫切。面对我们的基本职责以及严峻的疾病预防控制形势和公共卫生管理现状，要求我们必须努力提高全省疾控人员尤其是基层疾控人员专业技能和业务水平，这样才能切实落实中央对卫生工作提出的预防为主的工作方针，提高省、市、县三级疾控机构的协作水平，进一步提升突发公共卫生事件应对能力和疾病防治水平，确保全省疾控工作目标的实现。

二是基层疾控机构的实际需求。相对而言，基层疾控机构是全省疾控工作的薄弱环节，但却面临着繁重的一线工作压力。在经费、人员、物资缺乏的情况下，依然要完成众多的疾病防控任务。此外，国家基本公共卫生服务均等化工作要求县级疾控机构要适应需要，强化能力，强化自身建设，建立一支适应发展需要、服务一线需要的、具有创新精神和指导能力的，一专多能的复合型人才，并发挥技术指导、培训督导检查、考核评估的职能作用。这就要求县级疾控机构大力加强人才培养和能力建设，满足不断提高的工作要求，这需要当地政府的大力支持，也需要省、市疾控中心的对口帮助和扶持。

三是省疾控机构的职责所在。我中心是全省疾控系统业务和技术指导中心，拥有较强的技术实力和较高的业务水平。开展对县级疾控机构的帮扶和支持，是我们今后一段时期的一项重点工作。当前，包括技术练兵等多项工作在内，均将县级疾控机构作为工作的核心，将县级疾控人员作为提升能力的重点。我们开展此项活动，正是体现了省对县的支持，我们希望通过帮扶活动，在省、县两级疾控机构之间建立有效的联系机制，深入开展双向交流与合作，带动全省县级疾控机构的人才培养和能力建设，为全省疾控事业发展注入新的活力，并提供坚实的技术和人员保障。

在各位学员到来之前，已经填报了培训意向，我们为大家安排的科室都符合大家的要求，申报多个专业的，我们将根据实际学习情况定期轮岗，尽量满足大家的学习需求。培训的总体安排是下科室前进行集中培训，学习必要的基础知识，集中培训结束后，将直接进入科室学习。在此我要求中心各科室负责人做到以下三点：

一要高度重视此项工作。人员进修培训是帮扶工作的一项重要内容，学员毕业时的业务水平与能力是我们带教水平和进修效果的直接体现。这些学员将成为我省县级疾控机构的重要人才储备和技术骨干力量，各科室负责人一定要深刻理解中心开展帮扶工作的重要意义，从全省疾病预防控制工作大局出发，站在全省疾控队伍建设和人才培养的高度，全力做好学员带教和培养工作。

二要全力完成教学要求。各科室要尽力创造条件，为学员提供各类业务资料，让学员充分参与各项工作，像对待亲人般，毫无保留地传授知识和技能，不敷衍、不塞责、不走过场，只重实效。中心各项工作，如无特殊情况，一律让学员参与，使学员开阔眼界，拓宽视野，增长见识。充分发挥中心各方面优势，让学员尽可能多的接触各类工作信息，挖掘潜力，积累经验，为今后工作打下良好基础。科室负责人要直接负责或指定专人负责带教工作，但不论是何人带教，一定要第一时间掌握学员的学习及生活情况，及时解决存在的问题和困难。

三要大力加强后勤保障。相关部门要在现有条件下尽全力保证学员工作和生活所需，安排专人负责后勤保障，解除学员后顾之忧，专心学习。中心将成立“手拉手对口帮扶”活动领导小组，由我任组长，李琦书记和各位业务主管主任为副组长，科培处总牵头，各有关科室积极配合，共同做好此项工作。同时，科培处要做好培训管理和培训效果评价，编制相关制度和管理文件，制订详细工作计划和任务分解，统筹兼顾，合理安排，确保人员培训和其他帮扶工作顺利开展。

各位学员，中心将尽最大努力为大家创造良好的条件，但是由于办公空间紧张，经费有限，以及其他方面的一些限制，工作和生活条件难以尽善尽美。希望各位学员能够理解，毕竟我们的首要目的是学习，而不是享受，对于不便，请大家尽量克服。在此我也给各位学员提六点要求：

一要服从安排。严格遵守中心各项规章制度，服从科室工作安排，到哪个岗位，什么时候开始，什么时候结束，都要服从安排，听从指挥。业余时间如外出探亲、会友必须告知科室负责人，做好登记。同时，要积极参加中心的各项活动。

二要认真学习。对于各位学员来说，这是一次很好的学习和实践机会，能比在本单位接触到更多的信息和工作内容，有些对于大家可能是全新的知识。大家要集中精力，心无旁骛的学习和工作。由于各科室工作繁忙，希望大家能够主动请教、主动承担，把自己作为科室一员，利用这半年时间，切实提高自己的专业知识和业务水平。

三要注意安全。外出期间要确保安全，尤其是人身安全，防止意外伤害。同时要严格按照实验室相关要求及生物安全等级进行生物安全防护，牢记以往实验室感染事件教训，坚决杜绝实验室感染事件发生。

四是严守秘密。传染病疫情信息和突发公共卫生事件疫情信息要严格保密，严禁发布和传播任何相关信息。不要向他人甚至亲人泄露任何敏感的容易引起负面效应的信息和工作内容。

五是维护形象。大家要牢记自己是中心的一员，在外出或对外联系时，要时刻注意自己的言行，自觉维护中心形象，展示所在单位的优良作风。

六是善始善终。大家进修时间为半年，除去周末假期，满打满算也就是四个半月，时间不长，我希望大家都能做到善始敬终。这段时间，大家干得好，可能就会成为自己人生之路上的一笔财富；干得不好，也许就会留下遗憾。是财富还是遗憾，决定权掌握在大家手中，相信大家都能做到、做好。

各位学员，在大家即将开始一段新生活之际，预祝各位能在省疾控中心过一段难忘、充实、快乐而又有意义的美好时光。

谢谢大家。

深入学习贯彻省卫生厅相关会议精神 扎实做好权力运行监控机制建设和人感染 H7N9 禽流感防控工作

——省疾病预防控制中心主任崔泽在中层干部会议上的讲话

（2013 年 4 月 16 日）

同志们：

下面，我就传达和贯彻省卫生厅相关会议精神，讲两点意见：

一、深入推进权力运行监控机制建设，不断健全腐败惩防体系

4 月 10 日下午，省卫生厅召开全省卫生系统深化监控机制建设会议。厅党组书记、厅长杨新建出席会议并做了重要讲话。

会议要求，全省卫生系统要以踏石留印、抓铁有痕的精神，深入推进权力运行监控机制建设。一要统一思想、坚定信心。开展监控机制建设，不是一个想不想干的问题，而是一个必须要干、还必须干好的问题。我们要采取一系列实招，保障权力在阳光下运行。全省卫生系统各单位要开展大讨论，统一思想，坚定干部职工信心。二要率先垂范，身体力行。重视不重视，关键在认识；搞好搞不好，关键在领导。在一个单位，“一把手”就是一面旗帜，一种工作导向。正所谓，职工看干部，干部看领导，领导看“一把手”。“一把手”一定要切实负起责任，做到“一把手”抓“一把手”，层层建立责任体系；“一把手”直接抓，班子成员分工负责，领导班子要明确一名成员主抓，并建立组织协调机构；5 月底前，“一把手”不直接分管人事、财务、基建和采购工作。三要明确任务，突出重点。各医疗卫生事业单位监控机制建设要登上新台阶，要建立健全决策、执行和监督机制，进一步强化对基建、事业性收费、资金管理使用、物资采购、公务接待等领域的监控。四要严肃纠风、强力治贿。在全系统深入开展一次行风整顿活动，建立医德档案和医务人员个人信用体系；加大案件查处力度，开展供应商诚信度管理，落实各项防控制度，从根本上治理商业贿赂。五要严明纪律，改进作风。纪律是执行路线的保证。要严明政治纪律，全系统广大干部必须在党言党、姓党爱党、一心向党，忠诚党的卫生事业，切实做到不利于党的卫生事业的话儿不说，不利于党的卫生事业的事儿不做，始终与党中央关于医疗卫生事业的工作部署一个声音，一个步调；要一身正气、两袖清风，时时修身、处处戒贪、事事尚俭，不为“金钱”所动、不为“灯红”所迷、不为“酒绿”所醉，不为“嘴馋”所伤；全力营造清正清廉清明之风，以锤子钉钉子的劲头抓好落实。开展权力运行监控机制建设，也必须在营造“三清”之风、弘扬“锤子钉钉子”精神上下功夫，真正从思想上支持监控机制建设，坚持把开展监控机制建设作为检验思想的试金石，陶冶情操的净化器，实现人生价值的助推剂，真正在思想上大力支持监控机制建设，在行动上自觉践行监控机制建设。同时要强化对卫生行政部门、医疗卫生单位和单位内部考核，建立考核奖惩机制，推进监控机制建设深入持续健康发展。新建厅长的讲话，高屋建瓴，思路开阔，有很强的指导作用，我们一定要认真学习、深刻领会。

应该说，我们省疾控中心一直高度重视权力运行监控机制建设。从 2009 年 6 月以来，通过成立领导小组，全面查找风险点，实施风险分级，对 A 级权力设置“内控点”，以及制定权力运行规则等举措，不断深入推动监控机制建设纵深发展，有力加大了外部监督力度，也有效保障了干部职工的知情权、参与权、监督权，在有效预防腐败，抵制不正之风方面发挥了重要作用，也得到了各方的好评。卫生部、国家疾控中心、中国医学科学院、广东疾控中心、上海卫生局相继来中心参观考察。我们还曾经受邀专门派人到国家疾控中心介绍经验和做法。可以说，我们的权力运行监控机制建设，迈入了厅直单位的前列，走在了全国疾控系统的前头。

但是，新形势、新任务给我们提出了更高的要求。党的十八大强调，要健全权力运行制约和监督体系，提出要“防控廉政风险”、“形成比较完善的权力运行监控机制”。习近平总书记在十八届中央纪委二次全会上的重要讲话，以“把权力关进制度的笼子里”的思路谋划反腐败制度建设。前不久，省委、省政府出台了《关于进一步加强廉政风险防控，深化权力运行监控机制建设的意见》，省卫生厅专门印发了实施意见，就深入推进权力运行监控机制建设作出安排部署。在这些新形势、新任务面前，一些干部的思想作风和工作举措还存在差距。新建厅长在讲话中，不客气地指出：省纪委八届三次全会，指出的“不正、不勤、不公、不实、不廉”问题，在卫生系统也同样存在。“不正”：就是有的干部忘记了党的宗旨，遇事先想着自己或小集体利益，总认为搞监控机制建设影响发展，是和自己过不去。有令不行、有禁不止，对行业文件合意的就执行，不合意的就变通甚至不执行。“不勤”：是指有的干部疏于学习、不思进取，做工作从来不深入、不研究，不是自己推着工作动，而是工作推着自己动，对监控机制建设工作不是不闻不问，就是一问三不知。“不公”：就是有的干部从内心反感监控机制建设，对本部门执行的重要事项，不愿公开，不想公开。“不实”：是指少数干部热衷于做表面文章，对监控机制建设喊在嘴上，写在纸上，就是落实不到行动上，力度不够、效果不够。“不廉”：就是个别干部想方设法为个人捞取好处，搞工程、购药品、买设备暗箱操作，讲排场、比阔气公款报销，最怕权力公开透明运行。这样的情况虽然只发生在少数人身上，但却阻碍了监控机制建设进程，败坏了系统风气，影响了全系统形象。

尽管我们在权力运行监控机制建设方面，做了一些工作，取得了一些成绩，但是对照新建厅长的讲话精神，进行认真反思，我们也还存在一些问题和不足：一是一些部门对监控机制建设认识不深，认为自己没什么权力，监控是多余的；二是有的部门敷衍塞责，在公开环节上偷工减料，应付了事；三是中心的考核机制还不到位，“体制机制制度加入科技融入文化”的监控模式还没有形成；四是作为省级疾控机构，我们在打造省内同专业监控机制建设样板，加强对市、县疾控机构的工作指导方面，做得还远远不够。下一步，我们要以踏石留印、抓铁有痕的精神，重点抓好以下四个方面的工作：

（一）进一步查找廉政风险点。首先，要找对。监察室牵头，在过去工作的基础上，围绕权力这个核心，认真查找岗位廉洁风险，确定权力行使、制度机制等方面可能出现廉洁问题的关键环节。其次，要定准。认真分析评估每个风险点，依据权力的重要程度、自由裁量权的大小、腐败现象发生的概率以及危害程度等因素，重新进行风险等级划分。三是，要规范。进一步优化权力运行流程，科学绘制权力运行流程图，特别是对重点环节、重点岗位加强监督，对属于A级权力的要全程网上动态监控，保证权力规范运行。

（二）进一步健全各项防控制度。省委、省政府2号文件提出，各单位主要负责人不直接分管人事、财务、基建和采购工作。我们严格落实省委规定，昨天已经对班子分工进行调整，人事工作由李琦同志分管，财务工作由立志同志分管。但是，不直接分管绝不等于不管，关键是怎么管。要通过集体决策去管；通过发现问题、解决问题去管；通过建章立制、规范机制去管；通过发挥专门机构的监督作用去管。下一步，一要进一步健全完善“三重一大”事项集体讨论决定制度，着手修订“三重一大”有关制度，包括基建、物资、设备采购、资金管理使用、干部人事、公务接待等事项的管理制度。二要研究确定“三重一大”事项的范围，做到既明确具体，避免事项确定的随意性，又科学合理，防止影响正常工作效率。三要严格执行防控制度，该集体决策的必须集体决策，该单位集中采购的必须集中采购，该经专门委员会论证的必须经专门委员会论证，切实防范各种廉洁风险。

（三）进一步强化供应商诚信管理。坚持治理受贿、行贿“两手抓”，认真落实《医疗卫生单位供应商诚信度管理办法（试行）》，对供应商实施诚信准入、诚信承诺、诚信评估管理。一是对和中心建立相对稳定联系的供应商，建立诚信档案，主要包括供应商企业名称、法人代表、经营许可证、营业执照、企业资质等相关内容，在监控网公示。在同供应商签订合同的同时，必须签订廉洁协议书。二是严格规范供应商行为，对违规的供应商，该降价的要降价，该淘汰的要淘汰，该经济赔偿的索要赔偿，该列入“黑名单”的要坚决列入“黑名单”。三是积极开展商业贿赂“共防共建”活动，加强与裕华区检察院等部门的协作与配合，有效震慑商业贿赂行为。

（四）进一步提升监控水平。一方面，要结合疾控工作实际，积极探索具有疾控特点的权力运行动态预警和监控，积极打造全省同专业监控机制建设样板。另一方面，要树立“大疾控”意识和全省疾控“一盘棋”的观念，要发挥表率作用，采取有效举措，进一步加强对市、县疾控机构的工作指导，共同营造风清气正、干事创业的疾病预防控制行业形象。

开展权力运行监控机制建设，必须在弘扬“锤子钉钉子”精神上下功夫，使大家真正在思想上重视、行动上支持、工作上服从。这次会后，各部门要开展一次“整肃思想和作风”大讨论，查找是否存在新建厅长指出的五个方面的问题，检查自己是否存在观望、等待和敷衍的态度，是否存在理解不够、重视不够、支持不够的问题。监察室要加紧制定监控机制建设专项考核方案，把监控机制建设纳入年度考核、党风廉政建设责任制考核之中，把考核结果作为评先评优的重要依据。

二、密切关注人感染 H7N9 禽流感态势，积极做好应急准备工作

截至4月15日，全国共报告人感染H7N9禽流感确诊病例63例，死亡14例，疫情分布在上海、安徽、江苏、浙江、北京、河南六省市，其中，上海24例，死亡9例；浙江16例，死亡2例；江苏17例，死亡2例；安徽3例，死亡1例；北京1例；河南2例。疫情已经严重危害公众健康，引发了国际国内的广泛关注。

党中央、国务院对此高度重视，习近平总书记和李克强总理分别作出重要指示，要求做好病人救治和疫情防控工作。经国务院同意，启动了由国家卫生和计划生育委员会牵头、多部门参加的应对人感染H7N9禽流感疫情联防联控工作机制，统筹协调和指导各相关部门和地区落实各项防控措施。同时，国家卫计委成立了人感染H7N9禽流感疫情防控工作领导小组，协调部署全国卫生系统的疫情防控工作。

省委、省政府十分重视，庆伟省长作出重要批示，省政府下发了通知，对做好全省人感染H7N9禽流感防控工作提出了明确要求。省卫生厅于4月10日召开了全省卫生系统人感染H7N9禽流感防控工作视频会议，新建厅长做了重要讲话。他强调：一要密切关注全国疫情形势，及时掌握疫情发展变化。同时，指出了人感染H7N9禽流感疫情的三个特点：动物不发病，对人致病性和毒力较强，以及传染源和传播途径还不明确。二要切实增强做好防控工作的责任感和紧迫感，充分认识到做好人感染H7N9禽流感防控工作，是维护当前安全稳定局面的重要任务，同时，也要充分认识到我省的严峻防控形势和防控工作的复杂性和长期性。三要认真落实人感染H7N9禽流感各项防控措施，重点从疫情监测、医疗救治、完善预案、加强培训、物资储备以及沟通宣传等方面做好准备。四要以优良的工作作风，加强领导，明确责任，强化督导，确保防控工作顺利开展。今天，我们召开这次会议，就是贯彻落实上级部门有关人感染 H7N9 禽流感防控工作的部署和要求，督促全体干部职工进入临战状态，切实做好各项防控工作。

虽然我省至今尚未发现疫情，但是国内首起疫情发生后，我们积极打主动仗，下先手棋，提前应对，未雨绸缪，迅速启动应急措施，采取了多项应对举措：一是高度重视，迅速安排部署。成立人感染 H7N9 禽流感防控工作领导小组，切实加强组织领导，同时要求各地各级疾控机构高度重视、积极应对，强化领导、落实责任，全方位做好应对准备。二是完善预案，加强技术培训。协助省卫生厅制定了《河北省人感染 H7N9 禽流感应急预案（试行）》；对中心应急队员进行了强化培训；并从疫情监测报告、流行病学调查、实验室检测和健康教育等方面，在全省范围内对有关医疗卫生机构提出了明确要求。三是科学研判，开展风险评估。组织专门力量对疫情形势及时进行专题分析和研判，并对我省疫情输入和传播的公共卫生风险进行评估，向上级部门提出了防控建议。四是积极准备，保障应急所需。对现有应急物资进行了全面清点和补充，全方位做好了防护用品、消杀药械、试剂耗材等应急物资和后勤、车辆等方面保障。五是启动专报，做好应急值守。先后刊发疫情信息专报 10 期，及时报送卫生厅领导、相关处室和中心领导，供领导决策参考。同时，实行 24 小时应急值守，确保第一时间接报疫情。六是加强宣传，做好媒体沟通。先后两次召开媒体沟通会，并积极利用报纸、网站等媒体开展健康教育，积极引导正确的舆论导向，提高公众自我防护意识和能力。

目前，人感染 H7N9 禽流感疫情已经在 6 个省市出现，病例持续增多，特别是与我省毗邻的北京市、河南省相继出现确诊病例后，使我省的防控形势更加严峻。作为疫情防控的主力军，我们必须以高度的政治敏锐性、强烈的责任感和为人民健康负责的态度，拿出抗非典、战甲流、保奥运、抗震灾的精神和作风，未雨绸缪，积极应对，切实加强各项应急和防控工作：

（一）加强组织领导。目前，中心已成立人感染 H7N9 禽流感防控工作领导小组，由我总牵头，李琦同志总负责，素良同志总协助，其他班子成员分工配合，全面加强 H7N9 禽流感防控工作。领导小组办公室设在应急办，并专门成立了五个专业组。各工作组组长是第一责任人，各组之间要密切合作，相互配合，形成默契，狠抓措施落实。要按照“依法、科学、规范、统一”的工作原则和“早发现、早报告、早处置、早控制”的防控策略，积极应对、科学应对，突出重点，抓住关键，确保做到“有力、有序、有效、有度”。

（二）加强监测研判。早发现、早报告是疫情防控的关键。一要严格按照有关规定，做好不明原因肺炎监测和流感样病例监测报告工作，对监测病例要逐一筛查。二要组织各级疾控机构关口前移，重心下移，既要做好疫情防控，又要指导诊疗环节做好防控。要把防疫重点放在基层，主动深入医疗机构，开展病例搜索。三要充分调动县区级疾控机构的力量，指导医疗机构规范采样，及时将病例样本送市级疾控机构进行排查，同时，组织乡镇卫生院和乡村医生主动加强对四类高危人群（禽类饲养、屠宰、储藏、运输人员；禽类交易经营人员；公园禽鸟养殖人员；动植物保护和候鸟监测人员）的健康监测，掌握高暴露人员底数和分布情况，指导做好防护工作。如果出现发热等症状，立即督促他们到医疗机构进行排查。四要组织各市流感网络实验室要充分做好试剂、耗材等准备及监测病例的实验室检测工作。病毒所要 24 小时处于准备状态，接到送检样本立即开展实验室检测，并对各市监测工作进行督导、检查和质量控制。

（三）加强应急准备。一要采取多种形式组织人员开展人感染 H7N9 禽流感防控知识培训。重点针对人感染 H7N9 禽流感监测报告、流行病学调查、实验室检测与生物安全、个人防护、消杀处理等疫情防控知识的培训，提高应急处置能力。二要进一步做好相关检测试剂、耗材、消杀药械和防护用品的储备，应急、药械、后勤和流感网络实验室等部门要加紧盘点，足量储备。三要加强实验室生物安全管理，严格按照规定要求，进行标本的采集、包装、运送和检测工作，防止发生生物安全事故。

（四）加强部门协作。要加强与上级部门和兄弟省市同行的信息沟通，特别是加强与北京、天津、河南等周边7省市的合作，及时沟通疫情信息，联防联控。同时，要加强与气象、农业、出入境检验检疫、教育等部门的联系和沟通，及时掌握相关信息，打有准备之仗。

（五）强化宣传沟通。要积极与新闻媒体配合，做好疫情防控知识宣传和风险沟通。同时，要密切关注舆情动态，做好舆情监测和正面舆论引导，及时回应社会关切，避免社会公众恐慌，营造有利防控工作的氛围。

（六）加强工作纪律。应急、疫情浏览、安全保卫等部门要严守值班纪律，决不允许脱漏岗现象的发生；所有应急队员以及药械、后勤和相关实验室等值班人员必须保证24小时通讯畅通；应急队员必须按照中心统一安排参加培训、演练和疫情处置，应急队员所在部门要积极支持应急队员参与应急工作，不得以任何理由推诿、拖延和妨碍。从现在起，所有应急队员及相关人员原则上不准请假外出，如有特殊情况，必须报请相关领导批准，并在应急办备案。

（七）加强督导检查。要重点对各地疾控机构的组织领导、应急预案、应急队伍、培训演练、疫情监测和报告、预检分诊等防控措施的落实情况，进行督导、检查和指导，及时发现问题和不足，提出整改建议，确保各项防控措施落到实处。

同志们，做好人感染H7N9禽流感防控工作，事关人民群众健康，事关经济发展和社会稳定大局。我们一定要按照上级部门关于防控工作的决策部署，积极做好应对准备工作，扎实落实各项防控措施，坚决打好这场硬仗，为保护人民身体健康和生命安全，保障经济社会发展做出积极贡献！谢谢大家！

突出重点　狠抓落实
确保完成全年工作任务目标

——省疾病预防控制中心主任崔泽在全省疾病预防控制工作调度暨管理培训会议上的讲话

（2012年5月23日）

同志们：

我们利用一天时间，传达贯彻了全国省级疾控中心主任工作会议精神，安排部署了人感染H7N9禽流感防控工作、技术练兵活动和疾控机构服务能力调查工作，并请付老师为我们做了精彩的管理专题培训。大家普遍反映，这次会议日程充实、内容重要、效果很好、收获很大。这次会议达到了预期目的，马上就要结束了。下面，根据会议安排，我再讲两点意见：

一、高度重视，积极配合，切实做好全省疾病预防控制机构服务能力调查

疾控机构是公共卫生安全保障体系中的重要机构。2003年的“非典”危机，暴露出我国疾控体系存在的诸多问题，随后，党中央、国务院做出了加强疾控体系建设的决定。近十年来，随着国家对公共卫生领域的投入不断加大，以及医疗卫生体制改革的持续深入，我省各级政府对疾控工作的重视程度也不断提高，投入了大量的人力、物力和财力，加强疾控系统的软硬件建设，疾控体系建设取得了显著的阶段性进展，整体服务能力得到明显提高。但是，我们的“家底儿”究竟如何，能力到底怎样？目前还没有可靠的底数和可信的评价指标。我们开展这次疾控机构服务能力调查，一方面，是要掌握全省疾控机构的资源信息，为我省今后继续加强疾控体系建设提供决策依据，另一方面，是要正确评价自身的综合实力，帮助大家科学制定今后的发展规划。一句话：就是要摸清家底儿，挖掘问题，找准对策，提出建议。

这次调查工作涉及面广，工作量大，要求很高。大家一定要高度重视，尽职尽责，确保调查取得预期效果。“上面千根线，下面一根针”。能不能搞好这次调查，重点在基层，主要靠大家。在这里，我向负责和参与这次调查工作的同志，提四点要求：一要认识到位。本次调查的结果，不影响今后对疾控机构建设的支持，不涉及机构间工作成绩的评比，要本着认真负责、实事求是的态度，确保调查数据真实、可信。二要落实到位。本次调查是我省疾控系统首次大范围普查，涉及全省所有疾控机构，包括四个专业所在内，共计 188 家单位。涉及面广、难度大、标准高，能不能达到预期效果，关键在于加强组织领导。各级疾控机构都要加强领导，主要负责人亲自抓，办公室负责收集数据资料，严格按照方案要求，统一组织安排，高质量完成调查任务。三要培训到位。这次调查工作技术性很强，大家务必要掌握调查方法，吃透填写要求。上午，我们已经开展了专题培训，会议结束后，各市一定要抓好县级调查负责人和数据录入人员的培训，帮助基层吃透精神、掌握方法，同口径解决调查中碰到的疑问，切忌出现返工现象。四是督导到位。调查过程中，一定要严把数据质量关，确保数据准确性。我们将抽调专人到各市开展帮助和指导，各市也要派出专人深入基层，亲临现场，把检查和督导贯穿到整个调查的全过程，对各个环节的工作实施严格的质量监控，确保整个调查工作顺利开展。

总之，本次调查意义重大、作用深远。希望大家讲大局、重责任，统一思想，加强协作，共同完成好本次调查任务。我相信，通过大家共同的努力，我们一定能够完成好本次调查，“摸清楚自己的家底儿”。

二、突出重点，统筹兼顾，确保完成全年工作任务目标

今年以来，在省卫生厅和各级卫生行政部门的正确领导下，全省疾控系统群策群力、狠抓落实，整体工作呈现出良好态势，各项重点工作取得了较好成效。主要体现在以下五个方面：一是免疫规划工作保持国内先进。常规五苗接种率保持 95% 以上，无脊髓灰质炎得到巩固，儿童预防接种信息化建设县乡覆盖率继续保持 100%。预防接种疑似异常反应（AEFI）病例报告 3144 例，较去年同期下降 5.04%。二是重大传染病防治工作成效明显。艾滋病疫情继续保持低流行态势，位居全国第 22 位；今年新增报告艾滋病病人和感染者 282 例，较去年同期增加 16%；监测检测各类人群 110 万人次，较去年同期增加 7.9%；干预各类人群 50.5 万人次，有效干预措施覆盖率以县为单位达到 100%。以县为单位 DOTS 策略覆盖率继续保持 100%，涂阳肺结核患者治愈率 96%，系统管理率 98%，均超出国家要求 85% 和 95% 的目标。此外，流脑监测敏感度大大提高，首次发现 B 群流脑聚集性疫情和 W135 群病例。从 5 月 1 日起启动全省霍乱等重点肠道传染病监测工作，目前尚未发现霍乱病例。出血热疫情总体处于较低水平。手足口病防治工作成效明显，截至 5 月 20 日，全省累计报告手足口病病例数 11172 例，其中重症 40 例，分别较去年同期下降 50.82% 和 75.00%。三是突发公共卫生事件应急处置迅速高效。截至 5 月 20 日，全省共报告突发公共卫生事件 7 起，发病 169 人，发病数较去年同期下降 58.68%，无死亡病例，有效处置率保持 100%。四是地方病和慢性病防治工作稳步推进。1～4 月份，全省监测碘盐批质量合格率为99.21%，省市县三级实验室盐碘合格率均达到100%，省市级尿碘实验室全部合格。慢病登记、死因监测和伤害监测系统高效灵敏。高血压、糖尿病患者健康管理项目进展顺利，全省共建立档高血压病人537.84万人、糖尿病患者155.28万人，规范管理率分别达到89.90%和89.08%，均超出国家目标。五是公共卫生技术支撑作用有力发挥。食品安全风险监测力度不断加大，11个设区市100%或超额完成监测任务，一季度全省共完成监测计划的122.6%。此外，不断加强职业病哨点监测工作，进一步加大饮用水卫生监测，为政府部门提供了及时有力的技术支撑。

总之，今年以来我省疾控工作保持了良好势头，也取得了一定成绩，为实现全年任务目标奠定了坚实基础。但是，我们也要清醒地看到，一些问题和不足仍然存在，主要有：消除麻疹形势不容乐观，截至5月20日，全省共报告麻疹病例190例，报告发病率2.62/100万，是去年同期（18例）的10.5倍；性病、结核病、布病发病率仍然居高不下，特别是H7N9新型人感染禽流感病毒的出现，给我省传染病防控带来很大压力。此外，地方病分布广泛、慢性病负担沉重，食品安全、环境污染、饮水安全、职业安全等问题也比较突出，亟待在下一步的工作中加以解决。

各级疾控机构一定要立足本地，着眼全局，突出重点，统筹兼顾，确保完成全年工作任务目标，力争难点工作实现新突破，重点工作迈出新步伐，常规工作打开新局面：

（一）进一步完善应急处置体系，加强监测、提升能力。着力强化疫情和突发公共卫生事件报告管理，乡级网络直报系统必须保持100%畅通和正常运行。严格落实领导带班和网络直报24小时专人浏览制度，密切监控传染病疫情发展态势，禁止迟报、漏报、漏审和零缺报。要充分利用视频会议系统，坚持每月召开一次疫情动态分析，及时掌握疫情发展态势。同时，各地要结合本地实际，完善重点传染病疫情处置预案体系，补充输入性传染病、饮水污染、食品中毒等应急预案和技术方案，规范应急处置工作程序；定期组织应急队员开展应急处置培训和演练，全方位，多层次提高应急处置能力。

（二）认真抓好重点传染病防治，科学研判、严防暴发。一是继续保持免疫规划管理国内先进水平，要继续保持基础免疫高接种率水平，加强乙肝防治，保持和巩固无脊灰状态，努力降低麻疹发病水平。二是争取艾滋病防治工作稳中有升，进一步扩大综合干预覆盖面、监测检测以及宣传教育覆盖面，提高综合干预人数，同时，不断健全防治网络，完善工作机制，确保各项指标继续在全国继续保持先进水平。三是不断加强结核病防治工作，进一步提高病人发现率和涂阳病人治愈率，力争全省60%的县完成生物安全实验室建设，认真做好全球基金结核病流动人口、TB/HIV双感、耐多药项目的收尾工作。四是全力做好夏季重点传染病防控，目前夏季已经来临，随着气温不断升高，夏季肠道传染病进入了高发期，手足口病疫情也将处于上升阶段。这一时期，必须全力加强霍乱、手足口病等疫情监测以及疟疾、乙脑等虫媒传染病监测，认真分析和掌握夏季传染病流行的危害因素和重点问题，周密部署，制定预案，明确责任，落实措施，严防大面积暴发流行。同时，积极与新闻媒体沟通，加大夏季常见传染病防治知识的宣传力度，着力提高群众的自我防护能力。

（三）进一步加强非传染性疾病防治管理，健全网络、抓好项目。继续做好慢病登记、死亡登记、死因监测和全国伤害监测干预工作，提高报告质量；积极开展慢性病综合防治，抓好项目工作，提高项目管理质量。稳步推进地方病防治工作，以项目为依托，进一步加强各级地方病能力建设，重点抓好碘缺乏病、地方性氟中毒、克山病及大骨节病的防治、监测和健康教育工作。

（四）切实加强食品污染物、食源性致病菌、生活饮用水监测，加大频次、保障质量。不断健全监测网络，加强专业人员培训，全力提高检验检测技术水平，及时完成各类检验检测任务和工作，保证检验报告及时率均达到95%以上，确保食品安全风险监测任务达到或超过国家计划要求，并充分利用监测数据，加强结果分析，做好食品隐患识别、排查和预警、报告、控制工作。进一步加强饮水安全及水性疾病监测，及时分析监测结果，为保障全省饮水安全提供技术支持。完善职业病报告网络，加大重点职业病监测，开展职业健康风险评估和预警。

（五）严格做好绩效考核填报工作，强化责任、确保无误。绩效考核工作我们已强调多次，但成绩却总不尽如人意，这不是技术层面的问题，也不是人员方面的问题，根本就是责任方面的问题。在此，我再强调一下六点：一要进一步提高认识，认真学习《2012 年版评估指标》中每一个指标的解释说明，力争做到真正理解每一个指标。二要严格按照《2012 年版评估指标》要求，收集、填报数据时，严把质量关，确保数据的真实性及相关数据的一致性，同时加大对下级上报或填报数据的督导、审核力度。三要加大绩效考核规范管理力度，健全长效机制、规范工作程序，实行常态管理，注重日常工作数据和资料的收集、归档、备份等工作，切实做到数据真实、可信、可溯源，佐证资料齐全，管理规范。四要注重创新工作方法，变被动接受为主动服务，对于无政策或经费支持、无指令性任务但绩效考核指标要求必须开展的工作，不等不靠，主动谋划，寻求突破。五要完成基本信息收集表数据的收集、填报，确保与绩效考核系统录入的数据一致，以备随时上报国家。六要趁绩效考核系统提交按钮尚未开放，抓紧时间做好两个年度的自评工作，务必认真核对所填报的数据，确保两个年度绩效考核系统所填报的数据准确、无误，避免因为系统不稳定导致两个年度数据的交叉录入，影响系统评分和最后的全国排名。

另外，今年是新中国卫生防疫 60 周年，也是抗击“非典”胜利 10 周年。按照国家和我省转变作风的相关规定，我们不再搞大规模的庆祝活动。是不是能够搞一些具有纪念意义的学术活动和文化活动，请大家动动脑筋，给我们提出一些好的意见和建议。

总之，今年以来我们取得了一定的成绩，但也要看到下半年工作任务的艰巨。大家一定要进一步增强责任感和紧迫感，干字当头、敢字为先、拼字求胜，紧盯年初制定的各项目标任务，再鼓干劲、再振士气、再举新措，不断开创全省疾控工作新局面，奋力推动全省疾控工作提速发展、抢位争先。

谢谢大家。

深入贯彻省委八届五次全会精神
努力开创疾病预防控制工作新局面

省疾病预防控制中心主任　崔泽

（2013 年 6 月 26 日）

通过前一阶段的学习、讨论和思考，我们深刻体会到：省委决定开展“解放思想、改革开放、创新驱动、科学发展”大讨论活动，非常及时、十分必要。通过这次大讨论活动，我们进一步深刻认识到当前工作存在的问题、不足和差距。主要表现在三个方面：

一是硬件条件相对落后。尽管“非典”之后，国家和省对疾控系统加大了投入力度，硬件条件得到明显改善，但与国家《疾病预防控制中心建设标准》相比，仍有不小差距。如：省疾控中心的仪器装备仅达到标准的63%；人均建筑面积为49平方米，仍有30%的缺口；而11个设区市中6个建筑面积不达标。二是队伍素质整体偏低。具体表现在，基数大、学历低，人才少，能力差。如：省疾控中心专科及以下学历占到54%。市县两级疾控队伍人员不足，素质更是偏低，工作起来顾此失彼，捉襟见肘。三是管理机制不够完善。精细化管理的意识和能力比较欠缺，管理制度不够健全，绩效考核机制不够完善，激励措施不够有力，各部门之间忙闲不均的问题比较突出，“管理出效率，管理出效益，管理出人才”的作用还没有充分发挥出来。

这些问题和不足的产生，固然有历史欠账过多、经费投入不足等客观因素的影响，但也与我们自身主观因素有很大关系。一是思想解放不够。思想解放，必开先风之气。但少数干部职工存在职业倦怠的症状，因循守旧，不思进取；墨守成规，按部就班；命令拖沓，行之无果；吃老本儿，唱老调儿；缺乏思变意识和进取精神，找不到前进的动力和方向。二是开放意识不强。意识开放，创新之源。有的干部职工“眼睛只向内看”，视野狭窄，闭关自守；走不出去，引不进来；喜欢“纵比”，不愿“横比”；看不到差距，找不到问题，弄不清自己在全国的位置，找不准对外合作交流的合理路径和有效方法。三是创新精神不足。实践无止境，创新无边际。一些同志缺乏干事创业的激情，“20岁的身体，60岁的心态”；一味效仿，人云亦云；唯书唯上，小成自满；缺乏“杀出一条血路”的闯劲和魄力，不敢根据事实和自己的思考，大胆质疑老经验、老做法，创新不足，能够在国内拿得出手的创新成果还不是很多。

在深刻认识问题和深入剖析原因的基础上，我们适时提出了“二次创业”发展战略，按照本顺书记“无中生有、有中生新”的创新要求，在解放思想中继续解放思想，在更新观念中继续更新观念，积极用新思维、新举措来化解老难题和老问题，努力实现科学发展、赶超发展，力争利用3到5年的时间，使我们的综合实力和服务能力得到显著提高。

一、创新理念，完善发展思路。

事业要发展，思想是先导。“解放思想，黄金万两”。我们坚持把解放思想作为工作突破的“总阀门”，牢固树立“大疾控”“大公卫”意识，摆脱“等靠要”思想的束缚，进一步强化自力更生、多方联合、合作共赢的发展理念，在争取财政投入的同时，积极寻求更多的切入点和合作点，“非禁即可”“多管齐下”，争取在更大范围和更广领域开展外部合作以及系统内部协作，吸收外部资源，整合内部资源，搞活存量资源，补足缺失资源，努力实现互惠共赢，不断强化综合实力和服务能力。

二、创新模式，改善硬件条件。

事业要发展，硬件是基础。只有模式的创新，才能打开发展所需的不竭源泉。虽然我们的硬件设施还相对薄弱，但穷则变、变则通、通则久。我们不断转变单纯依赖财政投入的思路，积极探索以财政投入为主导、以外部资金为辅助的融资模式，不断改善硬件条件。一方面，要“借力”。重点是密切与相关大专院校、社会组织的业务合作，联合开展科研攻关和实验基地建设，充分利用自身的人员优势和技术优势，争取对方的资金投入。另一方面，要“搞活”。加大与企业疫苗生产合作力度，成立疫苗临床评价机构，建立疫苗临床评价基地，争取外部资金投入；加大项目管理，成立项目管理办公室，在制定项目实施方案时，统筹考虑全省疾控系统仪器设备需求，有计划、按年度、分步骤地列入项目内容，用足用好项目资源，逐步改善仪器装备。

三、创新举措，加强能力建设。

事业要发展，能力是根本。只有加强能力建设，才能铺平发展的康庄大道。按照杨厅长“抓公共卫生就是抓经济、抓项目、抓发展、抓稳定”的“四抓”要求，我们不断加强队伍建设，狠抓应急演练，完善应急储备，努力提升传染病防控、突发公共卫生事件应急处置等各项业务能力。一是积极开展全省疾控机构服务能力大调查，深入全省，摸家底、探虚实、找不足、寻出路、求对策。二是继续开展技术大练兵活动，不断推动活动向常态化、规范化和实战化发展。并通过外学内训，沉下去、拉上来，“手拉手对口帮扶”等新形式，不断提高自身和基层疾控队伍素质。特别是“手拉口对口帮扶”活动，我们准备进一步拓宽帮扶面，从帮扶每市1县区扩大到每市2到3个，对帮扶对象继续实行免费食宿、多岗轮训。三是不断加大内部科研奖励力度，提高科技创新积极性，提升我省疾控工作技术含量和工作水平。进一步拓宽外部科研合作渠道，探索与中国生物技术股份有限公司签订战略合作协议，建立长期科研合作关系，促进双方成互惠之形，造互利之势，创双赢之局，享双益之果。四是实施“候鸟计划”，聘请一些国内外知名专家和院士担任“技术顾问”，进一步提升学术交流合作的广度和深度。五是坚持走出去、引进来，组织各级疾控机构开展先进对标活动，积极学习借鉴兄弟省市先进经验和做法。近期，将组织部分市级疾控机构到南方先进省份开展对标学习，拓宽眼界，增长经验。六是在继续加强与河北医大、河北大学、河北联合大学联合教学基础上，跨出省门，拓宽视野，积极争取与山西医大的联合，建立实习和带教基地，提升中心业务指导能力和教学水平。同时，继续加强与河北日报“疾控之窗”、健康报“宣传专栏”的合作，传播“疾控好声音”，树立“疾控好形象”，提高“疾控知名度”。

四、创新机制，提升管理水平。

事业要发展，管理是关键，只有加强管理，才能破除发展脚下的冰点羁绊。我们以制度改革为重点，以精细化为目标，不断强化科学管理，努力破除忙闲不均、好坏一样等现象，不断加快中心发展步伐。一是创新绩效考核机制，进一步加大“过程管理”力度，健全考核指标体系和权重分配，突出民主性和公平性，切实形成激励先进、客观公正的绩效评价导向；二是创新分配激励机制，切实绩效考核结果同评先选优、奖优罚劣和晋职晋升结合起来，以实绩论高低，凭实绩论成败，切实把大家的聪明才智和实干精神调动起来；三是创新责任追究机制，进一步加强责任分解，做到人人身上有担子、个个身上有目标、项项任务有责任，追踪问效，严格问责，确保我们的发展思路和各项创新性举措，转化成实实在在的发展成果。

总之，我们决心以这次大讨论为契机，以“二次创业”为动力，以建设高效能团队为目标，干字当头，敢字为先，拼字求胜，努力破解难题，缩短差距，推动全省疾控工作科学发展，进一步强化疾病“防控网”，筑牢健康“金钟罩”，以实际行动为打好“四个攻坚战”做出积极贡献。

在河北省疾病预防控制中心党的群众路线教育实践活动动员大会上的讲话

省疾病预防控制中心主任　崔泽

（2013年7月12日）

同志们：

这次大会是按照省委和省卫生厅关于党的群众路线教育实践活动统一部署和有关要求召开的，是在深化政府机构改革、医改攻坚阶段和中心“二次创业”深入实施的关键时期召开的一次十分重要的会议。大会的主要任务是，贯彻落实省委和省卫生厅关于党的群众路线教育实践活动的要求，对中心开展教育实践活动进行动员部署，统一思想，提高认识，以强烈的责任感和使命感，强力推进教育实践活动顺利开展，确保取得实效。

围绕保持党的先进性和纯洁性，在全党深入开展以为民务实清廉为主要内容的党的群众路线教育实践活动，是党的十八大作出的一项重大决策部署。今年5月，中央下发了关于开展教育实践活动的4号文件，明确这次活动中央政治局带头开展，从今年下半年开始自上而下分两批进行，明年7月基本完成。6月18日，中央召开党的群众路线教育实践活动工作会议，习近平总书记发表重要讲话，深刻阐释了教育实践活动的深远意义，明确提出了教育实践活动的指导思想、目标要求和推进措施。6月22～25日，中央政治局召开专门会议，紧扣中央八项规定、聚焦作风问题、联系思想和工作实际，开展批评和自我批评，为全党作出了表率。

中央领导把河北作为教育实践活动联系点，充分体现了中央对河北的关心和重视。今年元旦前夕，习近平总书记到阜平县视察，对河北工作作出重要指示。1月14日，中央政治局委员、中央书记处书记、中组部部长赵乐际同志到河北专题调研教育实践活动，要求我省不等、不靠，扎实搞好“预热升温”。6月30日，赵乐际同志再次来河北调研指导工作，明确提出河北要努力走在全国前列，成为密切联系群众的示范、落实总要求的示范、解决“四风”问题的示范、贯彻整风精神的示范、领导干部带头的示范、建章立制的示范，发挥带动作用。

省委对本次教育实践活动高度重视，先后三次召开常委会议，研究部署相关工作。本顺书记到河北工作后，深入基层调查研究，亲自研究谋划教育实践活动，亲任省委教育实践活动领导小组组长，并从总体把握到工作细节都提出重要指导意见。特别是狠抓“八项规定”的贯彻落实，深入开展了“解放思想、改革开放、创新驱动、科学发展”大讨论活动，为教育实践活动做了思想准备、工作准备、制度准备。7月1日，我省召开教育实践活动动员大会，本顺书记作了动员讲话，为全省开展好教育实践活动提供了重要遵循。为确保活动有效有序推进，省委领导小组向省直部门派出了11个督导组。7月8日，省卫生厅召开教育实践活动动员大会，省直部门教育实践活动第六督导组组长郑广富出席会议并作出重要指示。厅党组书记、厅长杨新建作了动员讲话，对全省卫生系统开展好教育实践活动做出了统一部署。我们一定要把思想和行动统一到中央、省委和省卫生厅的决策部署和工作要求上来，在省卫生厅教育实践活动领导小组的正确领导下，扎实开展教育实践活动，努力走在厅直单位的前列，为实现我省“六个示范”的目标作出贡献。

下面，我讲四点意见：

一、提高思想认识，深刻理解开展教育实践活动的重要意义

群众路线是我们党的生命线和根本工作路线。党的十八大一闭幕，中央政治局就制定并带头执行改进工作作风、密切联系群众的八项规定，在全党全社会产生了强烈反响。现在又以此为切入点，深入开展党的群众路线教育实践活动，体现了党要管党、从严治党的坚定决心，具有深刻的现实意义和深远的历史意义。

（一）深刻认识开展教育实践活动是实现全面建成小康社会奋斗目标的必然要求。习近平总书记深刻指出：“小康不小康，关键看老乡。”全面建成小康社会，就是要让广大人民群众共享社会进步的成果，共享幸福的生活。同时，人民群众是小康社会建设的主体和主力，没有人民群众的共同奋斗，建成小康社会的目标只能是空中楼阁。历史告诉我们，水能载舟，亦能覆舟；党群同心，其利断金。党的执政根基在人民、血脉流通在人民、力量之源在人民。人民拥护和支持，党的事业就兴旺发达；人民反对和背弃，党的事业就寸步难行，甚至重蹈原苏联、东欧等国家政党衰亡的覆辙。开展教育实践活动就是要使全体党员干部牢记并恪守全心全意为人民服务的根本宗旨，以优良的作风把人民群众凝聚在一起，齐心协力，同甘共苦，不断前进。

（二）深刻认识开展教育实践活动是解决群众反映强烈的突出问题的必然要求。党员干部队伍中存在的形式主义、官僚主义、享乐主义和奢靡之风，是当前群众深恶痛绝、反映最为强烈的问题，严重损害了党的威信，严重削弱了政府的公信力。中央决定，这次教育实践活动的主要任务就是聚焦和集中解决“四风”问题。具体到疾控系统，就是要通过学习教育、找准靶子、有的放矢、正风肃纪，集中解决省委常委集体梳理的省直厅局和领导干部存在的18 种突出问题，集中解决行业中存在的服务能力差、服务水平低、态度生冷硬、“收红包”“吃回扣”等突出问题，对以上作风之弊、行为之垢来一次大排查、大检修、大扫除，做到真转真改、立改立行，切实加强疾病控制队伍，特别是党员领导干部队伍建设，实现自我净化、自我完善、自我革新、自我提高。

（三）深刻认识开展教育实践活动是促进疾控事业科学发展的必然要求。十八大对卫生工作提出“提高人民健康水平”的总体要求，强调坚持为人民健康服务的改革方向。这是党对人民群众的承诺，也是每一位疾控工作者肩负的历史责任。疾控部门是服务和窗口行业，如何全面提高疾病预防控制工作的服务水平和公共卫生保障能力始终是人民群众最关心、最直接、最现实的利益问题。当前，疾控事业现状与人民群众日益增长的健康需求存在一定差距，发展不平衡、不协调、不可持续问题比较突出。这既是人民群众不满意的地方，也是推进疾控事业改革发展的内在动力。开展教育实践活动，就是要把为民务实清廉的价值追求，植根于广大党员干部的思想中，针对影响和制约全省疾控事业科学发展的“五低一大”问题（思想解放程度低、资源合理配置率低、公共卫生保障水平低、基层公共卫生服务能力低、开放合作程度低，建立健全疾病预防控制管理新机制压力大），持续提升工作标准，持续提升创新能力，持续提升服务水平，着力解决好人民群众最关心、最直接、最现实的利益问题，切实办好群众满意的疾控事业。

总之，全体党员干部职工要深刻理解开展教育实践活动的“三个必然要求”，牢固树立“群众工作不全在疾控部门，但疾控部门的工作全都是群众工作”的理念，牢固树立“群众利益无小事”的理念，牢固树立“没有落后的群众，只有落后的领导”的理念，切实增强贯彻群众路线、改进工作作风的自觉性，以时不我待、抓铁留痕的精神，不折不扣地搞好教育实践活动。

二、突出六大重点，扎实推进教育实践活动有序开展

按照省委部署，省直部门教育实践活动从 7 月中旬开始，年底结束。根据省委和省卫生厅的统一要求，本次教育实践活动要聚焦解决“四风”问题、开展“四个专项行动”、建立四项重点制度，这三项任务是省委和省卫生厅确定的规定动作。此外，我们还结合疾控工作实际，把深入推进“修医德、强医能、铸医魂”活动、深化权力运行监控机制建设、着力打造服务惠民阳光和谐疾控作为拓展动作。这六大重点任务是本次教育实践活动的核心内容，要按照“规定动作不走样、拓展动作出亮点”的要求，切实抓紧、抓实、抓好、抓出成效。

（一）聚焦解决“四风”问题。党员干部队伍中存在的形式主义、官僚主义、享乐主义和奢靡之风，严重违背我党的性质和宗旨，是当前群众深恶痛绝、反映最为强烈的问题，也是损害党群干群关系和衍生其他问题的重要根源。反对“四风”、聚焦解决“四风”问题，就是干部群众的关注点和教育实践活动的关键点、着力点。

本顺书记在全省教育实践活动动员大会上，严厉指出省直厅局和领导干部在“四风”方面存在的 18 种具体表现。（1）理想信念不坚定，精神空虚，缺乏正确的世界观、人生观、价值观；（2）对上级决策合口味就执行，不合口味就拖着不办，自己决策则拍脑袋，不倾听群众和基层的意见，导致决策或者侵犯群众利益、引发矛盾，或者与实际不符、无法实行，或者政策打架、无所适从；（3）热衷于开会、搞活动、办论坛，不注重解决实际问题，几十页的讲话、十几页的文件、长时间发言，找不到一条真正解决实际问题的管用措施；（4）官本位思想严重，把心思用在搞关系上，不是用在干事业上，考虑的是怎么发展自己，不是怎么发展事业，对官场消息灵敏，对项目信息闭塞，甚至跑官要官；（5）只怕领导不高兴，不怕群众不高兴，只干为自己长脸的事，不干对群众、对长远有利的事；（6）考核、检查、评比、培训名目繁多、花样百出，很多根本起不到促进工作的作用，还导致基层疲于奔命；（7）调查研究走马观花，听听汇报，看看转转，几句大而化之的指导，回来时车屁股后面还装了一大堆东西，不但没有帮忙，而且增加基层负担；（8）对实际中急需解决、群众要求迫切的问题，只是简单搬条文说“不”，不从实际出发找“行”的办法；（9）对法律政策规定应该办的事久拖不办，立项、办证，半年、一年甚至更长时间杳无音讯；（10）很多本来很简单的可以办的事情，卡在一个环节上，谁也不去深究是怎么回事，谁也不买谁的账，都要显示自己的存在，任由问题摆在那里卡着、拖着；（11）对下面来办事，依然门难进、脸难看，不抬头、不让座、不倒茶，与上面的人到下面去形成强烈反差；（12）不抓队伍建设，对下要求不严、护短放纵，导致“小鬼难缠”，借执法、管理之名，吃拿卡要，不给好处不办事，给了好处乱办事，甚至给了好处也不办事；（13）把人民赋予的权力视为己有，该放的权不放，该转的职能不转，放了、转了的变着法子明放暗不放、明转暗不转；（14）怕苦怕累，精神萎靡不振，不愿到艰苦、权小的地方和部门工作，不学习、不想事、不干事，工作无激情、低标准，得过且过；（15）对喝年份酒、吃高档菜、玩高档娱乐习以为常，甚至外出带着老板埋单，吃喝玩乐“一条龙”；（16）不比发展，不比民生，比衙门排场威风，比生活奢华，办公室、用车、住房超标建造、超标配置；（17）把部门利益、干部福利看得高于发展、高于民生，向老百姓伸手，向企业索取，巧立名目收费，不知尔俸尔禄，民脂民膏；（18）借婚丧嫁娶敛财，或利用权力参股企业，或收受各种消费卡、会员卡、红包礼金，甚至贪污受贿。

这18个方面的问题，在疾控系统党员干部中不同程度地存在，有的可能占1条，有的可能占几条，有的可能更多。全体党员干部职工、各处（所）室要认真对照、查找，什么问题突出就着重解决什么问题，什么问题紧迫就抓紧解决什么问题。要通过教育实践活动，反对形式主义，着重解决工作不实的问题；反对官僚主义，着重解决在人民群众利益上不维护、不作为的问题；反对享乐主义，着重克服及时行乐思想和特权现象；反对奢靡之风，着重狠刹挥霍享乐和骄奢淫逸的不良风气，引导党员干部职工真正把心思用在干事业上，把功夫下到察实情、出实招、办实事、见实效上。

（二）开展“四个专项行动”。按照省卫生厅统一部署，有针对性地开展“四个专项行动”，达到“转作风、见行动、惠民生、聚民心”的目的。

一是领导干部正风肃纪行动。从现在开始，要利用1个月时间，围绕解决15个方面的问题，开展正风肃纪行动。（1）治理文山会海，坚决取消一切没有实质内容、不解决实际问题的会议、活动和文件。（2）集中清理各类评比考核培训表彰，制定管理办法，严格报批程序。（3）对干部职工履职情况进行专项检查，整治推诿扯皮、办事效率低下等问题。（4）纠正行业不正之风，治理不作为、乱作为、侵害群众利益等问题。（5）整治管理上不公、不廉等问题。（6）规范公务接待，按照八项规定的要求，完善和落实相关制度。（7）纠正违反规定配备秘书的问题。（8）整治领导干部超标准使用办公用房、多占住房问题。（9）清查和治理超编制、超标准配备公务用车问题。（10）清理“小金库”问题。（11）全面审计和检查“三公”经费使用情况。（12）坚决制止铺张浪费，严厉查处以各种名义用公款互相宴请、大吃大喝和安排高消费娱乐活动。（13）整治变相旅游问题。（14）治理违反规定搞楼堂馆所建设等问题。（15）加强对联系群众工作的检查，重点解决干部脱离群众、对待群众简单粗暴、联系群众工作制度不落实等问题。

解决这 15 个方面的突出问题，要坚持以“亮剑”精神抓整治，既抓大的反面典型，也抓小的反面典型。要实行台账管理，明确牵头部门、任务要求、完成时限和工作标准，进行深入督查、集中整改。中心各部门整改情况将在内部通报并及时向厅活动领导小组报告。

二是提质提效行动。我中心是面向社会、服务群众的民生部门和窗口单位，要围绕优化发展环境、整治推诿扯皮、办事效率低下等问题，纠正行业不正之风。重点抓放权、公开、限时、便捷几个要素，重点抓提高服务质量和工作效率，规范和公开服务内容、办事程序，并在时限上公开承诺。要从群众身边的腐败现象抓起，重点整治吃拿卡要和监管不到位的问题。要教育引导党员干部职工恪守职业道德，自觉抵制各种干扰和诱惑，强化法律监督和群众监督，处理好涉法涉诉问题，以良好的作风和优质高效的工作维护社会公平正义。

三是大气污染综合防治行动。大家知道，大气污染是当前我省面临的一个非常严重和备受群众关注的问题，石家庄更是位当其首。生活在这样的环境中，每个人都深受其害。作为保障人民群众身体健康的疾病防控部门，我们有责任、有义务配合有关部门，落实大气污染防治行动计划实施方案和 50 条具体措施，完成国家和省下达的目标任务。全体党员干部职工都要发扬主人翁精神，结合自身实际，加强节能减排管理，倡导绿色出行、绿色办公、绿色生活，为我省大气质量根本好转作出应有贡献。

四是农村面貌改造提升行动。大力支持省卫生厅和厅直单位驻村工作组，全力帮助解决有关帮扶村的道路硬化、民居改造、饮水安全、厨房改造、厕所改建、垃圾处理、污水排放等方面的问题。按照职责分工，在充分调研的基础上，制定农村改厕方案，推动改厕工作顺利实施。要加快推进村卫生室建设，确保实现年底前全省标准化村卫生室建设全面完成。

（三）建立四项重点制度。一是公开承诺制度。要联系自身工作实际，围绕群众反映的突出问题和本部门工作中的重要问题，向社会作出公开承诺，接受人民群众监督，一诺千金，言必信、行必果。二是直接联系群众制度。领导班子成员要联系与自己业务直接相关的党支部、处（所）室、服务对象，了解政策落实情况，帮助解决实际问题。要定期开展民意调查，亲自接待群众来访、阅批群众来信，倾听群众意见和建议，加强对干部服务群众的监督。三是干部考核选拔任用制度。建立健全体现改革、发展、稳定、环境、作风等主要内容的干部政绩考核体系，完善有利于优秀人才脱颖而出、有利于激发干部干事创业热情的选拔任用机制，让作风好的干部得到重用，让作风不好的干部受到警醒和惩戒。把不让老实人吃亏落到实处，改变跑官要官、拉票贿选的不良风气。四是领导干部工作生活待遇制度。在领导干部办公用房、住房、配车、公务接待、福利、休假、出境出国、基层调研等方面，要制定明确具体的办法，严格标准、规范管理，定期检查报告。制度一经形成，就要严格遵守，执行制度不搞例外、不能变通、不打擦边球，坚决纠正有令不行、有禁不止的行为。教育实践活动期间，没有特殊情况，领导干部不安排出国、出境、出省考察。

（四）深入推进“修医德、强医能、铸医魂”活动。“修、强、铸”活动的根本目的就是为人民群众提供更好的医疗卫生服务。要把“修、强、铸”活动作为教育实践活动的载体和抓手，发扬“钉钉子”精神，一项项抓好，一项项做实。要始终抓住“修医德”这个关键，不断提高党员干部职业的道德水平，着力构建和谐医患关系；要始终立足“强医能”这个重点，广泛开展“三基三严”训练，加大对外开放合作、城乡对口支援和人才培养力度，做大做强重点学科，全面提升服务能力和水平；要始终朝向“铸医魂”这个目标，大力弘扬白求恩精神，积极汇入新理念、选树新典型、凝练新精神，把河北疾控服务和文化建设的品牌进一步做大做亮。

（五）深化运行监控机制建设。要按照习近平总书记“把权力关进制度的笼子里”的要求，继续大力推进以监督“两权”、提升“两度”为核心的权力运行监控机制建设。紧紧围绕广大人民群众普遍关注的卫生行业反腐纠风问题，大力推进“体制机制制度加入科技融入文化”的权力运行监控机制建设。继续强化职务权力监控，促进管理干部规范用权。加快推进职业权力监控，规范行业服务行为。

（六）着力打造服务、惠民、阳光、和谐疾控。以贯彻落实十八大精神为契机，结合“解放思想、改革开放、创新驱动、科学发展”大讨论活动，大力推进中心“二次创业”的深入实施。一是服务疾控。坚持以服务大众、保障人民健康为宗旨，以疾病防控和应急处置为重点，切实抓好免疫规划管理、艾滋病防治、结核病防治以及重点传染病防控，深入推进慢病和地方病防治工作，扎实提高公共卫生健康危害因素监测和技术服务能力。二是惠民疾控。秉承“公益性”和“专业性”基本理念，认真落实艾滋病防治“四免一关怀”、常规免疫接种、结核病防治、改水降氟等各项国家惠民政策，创新服务管理，促进实现基本公共卫生服务均等化。三是阳光疾控。进一步加强权力运行监控，优化发展环境，强化科学管理，提高服务质量。严查损害发展环境、侵害群众利益行为，努力树立“团结高效、务实创新、文明诚信、无私奉献”的良好社会形象。四是和谐疾控。把疾控文化建设作为凝聚力量、鼓舞干劲的重要载体，不断增强全体干部职工的归属感、荣誉感和幸福感，提升人文素养和团队意识，不断激发和凝聚“二次创业”的强大动力，力争早日实现“疾控梦”。

三、把握总要求，切实贯穿教育实践活动的始终

这次教育实践活动的总要求，就是习近平总书记强调的“照镜子、正衣冠、洗洗澡、治治病”。这四句话、12 个字生动形象、简洁明了、鞭辟入里，是指导我们干什么、怎么干、达到什么效果的纲领，是开展教育实践活动必须把握好的重要遵循，必须一句句做实，贯穿到活动的全过程、各环节并不断深化。

（一）照镜子。知人者智，自知者明。要敢照镜子、勤照镜子，在镜子面前把自己的不足和毛病找出来，改正缺点、修正自己，做到“五照五看”。一是以党章为镜，检查自己的思想和行为；二是以中央和省委要求为镜，特别是八项规定的要求，检查自身存在的问题；三是以廉政准则为镜，对照廉洁从政各项纪律规定，检查自己在哪些方面做得不够；四是以群众期盼为镜，根据群众的意见和反映，检查自己的缺点和过失；五是以焦裕禄、谷文昌、杨善洲和刘琼芳、余文丽、乞国艳等先进典型为镜，对标先进，检查自身在哪些方面需要加强和改进。通过照好“五面镜子”，摆问题、找差距、明方向。

（二）正衣冠。在照镜子的基础上，按照为民务实清廉的要求，正视缺点和不足，正视矛盾和问题，从自己做起，从现在改起，端正行为，自觉把党性修养正一正、把党员义务理一理、把党纪国法紧一紧。要始终在思想上自警、自醒，在行为上自律、自重，不避讳缺点差距，不放纵细枝末节，勇于解决存在的问题，防微杜渐，举一反三，避免“千里之堤，溃于蚁穴”。在活动中，全体党员要结合工作实际，围绕克服“四风”问题，向社会作出公开承诺，主动接受群众监督。要围绕着力改进学风文风会风、着力控制“三公”经费支出等“八个着力”，处、科级领导干部要搞好自查自纠，写出专题报告。中心活动办将根据个人申报、组织掌握和群众反映的情况，开展随机核查，发现问题，立即整改。

（三）洗洗澡。主要是以整风的精神开展批评和自我批评，清洗思想和行为上的污垢，保持共产党人的政治本色。人每天都要接触灰尘，经常洗澡十分重要，可以保持洁净卫生、神清气爽。同样，我们的思想和行为也会沾染灰尘，也会受到各种“灰尘”甚至“病菌”的侵扰，需要经常“洗澡”，做到一身干净、一身正气。毛主席说过，“扫帚不到，灰尘不会自己跑掉”，必须主动采取措施。为了“洗好澡”，每位班子成员都要广泛征求意见，做到“五见面”，即与上级有关领导见面、同级班子成员相互见面、与下级分管部门负责同志见面、与“两代表一委员”见面、与基层群众见面。在此基础上，通过善意、真诚的谈心活动，认真开展“五提醒、五批评”，即纪委机关提醒、组织部门提醒、审计部门提醒、巡视组提醒、广大群众提醒；主要领导批评、督导组批评、相互批评、自我批评、对下级批评。在对每个同志自我批评什么问题、相互之间批评什么问题、主要负责人点评什么问题等进行相互沟通、形成共识后，各党支部召开民主生活会，开展批评与自我批评，达到提高认识、统一思想、改进提高、团结鼓劲的目的。

（四）治治病。有病就要及时医治，该吃药的吃药，该打针的打针，该开刀的开刀。要按照惩前毖后、治病救人的方针，区别情况、对症下药。中医认为，医学的最高境界是“治未病”，没病时要保健防病；得了小病要及早治疗，防止拖成大病甚至病入膏肓；病好了还要防止复发。这种“预防为主”的疾病防治理念也同样适用于思想行为病症的防治。开展教育实践活动，就是要让广大党员干部职工不犯错误、少犯错误，对存在问题的党员干部职工教育提醒，对问题严重的予以查处，对不正之风和突出问题进行专项治理。全体党员要针对生活会查摆出的问题，制定整改任务书、时间表，切实加以改正。各党支部要采取有力措施，帮助有问题的党员干部职工断准“病症”、对症施治。要针对“四风”方面的突出问题，搞好 15 个方面的正风肃纪，一项一项认真查摆，一项一项制定措施，一项一项完善制度，务求取得扎扎实实的成效。

中央反复强调，这次活动一定要落实整风精神。我们要通过自我批评，真正触及问题、挖到思想深处，防止避重就轻；通过相互批评，敢于指出问题，真诚帮助提高，防止好人主义。总之，既要尖锐批评，又要促进团结，不搞无原则的一团和气，也不搞整人的无情打击。

四、加强组织领导，确保教育实践活动取得实效

此次教育实践活动，时间紧、任务重、要求高，采取的方法是中央带头、自上而下，重点抓好处、科级以上领导班子、领导干部。各党支部、处（所）室要切实增强责任感和紧迫感，在思想上重视起来，在政治上严肃起来，在精神上振作起来，在工作上统筹起来。

（一）在思想上重视起来。重视不重视，关键在认识；搞好搞不好，关键在领导。同时，认识决定态度，态度决定力度，力度决定效果。我们党员干部既是活动的组织者、推进者、监督者，更是活动的参与者，特别是一把手，一定要以普通党员身份把自己摆进去，力争认识高一层、学习深一步、实践先一着、剖析解决问题好一筹。全体党员干部特别是领导干部，一定要在思想上高度重视起来，把教育实践活动作为当前党员干部改造思想、提高觉悟、改进作风最紧迫、最重要的政治任务，切实抓紧、抓好、抓出成效。为确保活动取得实效，中心成立了由李琦任组长、我任副组长，其他班子领导为成员的活动领导小组，组建了活动办，分别制订了实施方案、推进方案和流程图。要按照活动要求，积极作为、主动作为，自我对标、自我加压，努力成为厅直系统教育实践活动的示范单位。

（二）在政治上严肃起来。中央高度重视教育实践活动，中央政治局制定并认真落实八项规定，为活动开了好头。按照中央要求，在推进教育实践活动过程中，要始终坚持“五个贯穿始终”，即把活动总要求贯穿始终、把反对“四风”贯穿始终、把整风精神贯穿始终、把领导带头贯穿始终、把制度建设贯穿始终。其中，整风是我党解决自身问题的一大创举。要利用批评和自我批评这个有力武器，开展积极健康的思想斗争，体现“认真”二字，不能轻描淡写、一般性谈认识；要正视问题、触及问题、解决问题，敢于揭短亮丑，让党员干部红红脸、出出汗、排排毒。

（三）在精神上振作起来。广大党员干部职工要积极行动起来，以饱满的工作热情，主动作为，深入谋划，抓好落实，切实见行动、见成果、见实效。要把省委和省卫生厅的要求与疾控工作实际结合起来，规定动作要扎实到位，拓展动作要突出特色，防止简单套用一个标准、一个模式。要重点抓好群众意见大、转变作风惠民生的实事，让群众看到改进和变化，看到教育实践活动的初步成效。

（四）在工作上统筹起来。近年来，根据省委、省政府和省卫生厅的统一部署，我们先后开展了保持共产党员先进性、解放思想大讨论和贯彻落实科学发展观等学习教育活动，这一系列活动一脉相承，相互关联，逐步深入。此次党的群众路线教育实践活动既是对这些教育活动的延伸和具体化，又是对这些教育活动成效的一次检验。而教育实践活动的根本目的归根到底是要转变工作作风，强化工作能力，推动工作开展。一是切实抓好夏季重点传染病防治工作，当前已进入盛夏时节，随着气温不断升高，霍乱、伤寒、痢疾等肠道传染病进入了高发期，手足口病疫情也正处于上升阶段，我们必须周密部署，制定预案，明确责任，落实措施，严防大面积暴发流行；二是切实做好汛期卫生应急工作，目前我省正处在七下八上的主汛期，也到了我们防汛卫生应急保障的关键时期，我们要强化责任意识，加强应急值守，各部门正副职及应急队员必须保持24小时手机畅通，确保随叫随到；严格落实24小时应急值班、疫情值班及领导带班制度；严格落实请销假制度和登记备案制度，应急队员不得擅自离开本市，接到指令后，必须保证在半小时之内赶到单位整装待发。三是切实做好北戴河暑期服务工作，不断健全监测网络，加强专业人员培训，全力提高检验检测技术水平。认真做好常见细菌性食物中毒致病菌的应急检验准备，确保能准确识别危险因素，及时采取有效措施。进一步完善生活饮用水污染应急处置方案，切实提升应急处理能力。四是切实统筹好重点工作与日常工作，继续巩固免疫规划以及艾滋病、结核病等重点传染病防治工作在全国的先进地位，切实做好流感和群体性不明原因肺炎的监测、报告和排查；进一步加大慢性病防治力度，以落实基本公共卫生服务项目为重点，抓好高血压、糖尿病患者的建档和规范化管理，加强慢性病和死因监测，掌握全省慢性病发病和死亡情况。及时调整防治策略，保证碘盐监测率100%，不断巩固全省消除碘缺乏病成果；积极开展氟中毒、克山病、大骨节病监测和防治，普及健康教育知识，确保地方病各项指标达到国家控制标准。同时，要有效强化安全生产管理，重点加强实验室安全、生物安全、消防安全和安全保卫工作，切实加强各种危险化学品和菌（毒）株管理，深入排查调处纠纷矛盾，确保不发生各类安全事故。

受多种因素影响，我们的年度工作任务目标目前有的刚刚过半，有的尚未过半，疾病防控任务艰巨而繁重。因此，我们既不能因为工作任务重而不认真，也不能脱离当前工作孤立地开展主题活动，必须做到四个结合：一是与正在开展的“修、强、铸”和“解放思想、改革开放、创新驱动、科学发展”大讨论活动相结合；二是与中心实施“二次创业”相结合；三是与落实全年各项工作任务目标相结合；四是与贯彻落实‘十二五’规划相结合；切实做到“两不误、两促进”。

同志们，从今天开始，中心的群众路线教育实践活动就正式开始了，省委、省卫生厅以及全省人民群众都在关注着我们的这次活动。我们一定要在省卫生厅的正确领导和活动督导组的精心指导下，一招不落、严肃认真地推进教育实践活动，努力成为厅直乃至全省教育实践活动的示范，不辜负省委、省卫生厅的信任和厚望。

立成才之志　务创业之实

——省疾病预防控制中心主任崔泽在新聘人员岗前培训开班仪式上的讲话

（2013 年 8 月 27 日）

同志们：

参加今天培训的有：今年新来的 15 名毕业生（2 名博士、9 名硕士、4 名本科），以及去年刚进来的 5 名同志（1 名博士、2 名复转军人、2 名调入人员），还有中心领导班子成员和各个职能部门的负责人。首先，我代表中心领导班子以及全体干部职工向各位新同志表示热烈欢迎！大家的到来，给中心带来了新的活力、增添了新的动力、输入了新的血液。

刚才，通过大家的自我介绍，以及中心领导和职能部门负责人介绍，我们相互之间有了初步的认识和了解。下面，我向大家简要介绍一下中心的基本情况，并提出几点希望和要求，作为这次培训的第一课。

一、基本情况

关于中心的基本情况，我归纳了一下，基本上可以用“7、6、5、4、3、2、1”这七个数字概括。

“7”：是指中心承担着七大职能。一是疾病预防与控制；二是突发公共卫生事件应急处置；三是疫情报告及健康相关因素信息管理；四是健康危害因素监测与干预；五是实验室检测分析与评价；六是健康教育与健康促进；七是技术管理与应用研究指导。

“6”：就是中心是在撤并原省卫生防疫站、省地方病防治所、省职业病防治所、省放射卫生研究所、省医学科学院和省结核病防治中心等 6 家单位的基础上组建的省卫生厅直属事业单位，于 2001 年 8 月成立。

“5”：是指中心目前有 500 多名职工。确切地说，目前共有 526 人，其中：拥有硕士以上学位人员 104 人（占在职职工总数的 20%），其中拥有博士学位 15 人；本科学历 210 人（占在职职工总数的 40%），专科及以下学历 212 人（占在职职工总数的 40%）。在职职工中，专业技术人员 401 人（占在职职工总数的 76%），其中：高级职称 179 人（占专业技术人员总数的 45%），中级职称 119 人（占专业技术人员总数的 30%），初级 103 人（25%）。有省管专家、省中青年专家和享受政府特殊津贴等人员 22 人。

“4”：是指中心的内设机构即将达到 40 个。目前，中心内设 39 个处（所、队、中心）室。其中，行政科室 14 个，包括办公室、党办室、监察室、人事处、项目管理办公室、内部审计处、财务处、科培处、老干部管理处、药械供应管理处、安全保卫处、质量检验管理处、后勤服务中心和保定后勤服务中心；业务科室 26 个，包括生物制品供应管理所、公共卫生信息所、突发公共卫生事件应急办公室、免疫规划管理所、细菌病防治与消毒所、病毒病防治所、性病艾滋病防治所、艾滋病高危人群干预工作队、寄生虫病防治所、有害生物防治所、地方病防治所、结核病防治所、慢性非传染性疾病防治所、医学研究所、药物研究所、营养与食品安全所、环境卫生监测与评价所、学校卫生防病所、健康教育所、职业卫生与职业病防治所、放射防护所、理化检验所、微生物检验所、卫生毒理所和学会办公室。疫苗临床评价所正在筹建之中，不久也将正式成立。

“3”：是指中心目前拥有医学病毒学科、心脑血管病防治学科、食品安全风险监测实验室 3 个省级重点学科。

“2”：就是由于特殊的历史原因，中心目前在石家庄市和保定市两地分区办公。保定办公区还有保定后勤服务中心和生物制品供应管理所两个部门。

“1”：是指中心的仪器设备价值达到了一亿多元，其中万元以上仪器设备达到508台（套）。

中心成立12年来，在省卫生厅正确领导和大力支持下，取得了显著的建设与发展成绩。目前，占地面积48.5亩，建筑面积25691平方米，其中实验室面积达到15996平方米（占建筑面积的62%）。具有以国家实验室认可、计量认证为代表的国家和省以上相关部门认证的资质16项，涉及检验检测项目702项。建有符合国家实验室认可和资质认定要求的生物安全三级、脊髓灰质炎、艾滋病确认、病毒学检验、保健食品功能学检验与评价、消毒鉴定、杀虫鉴定、毒物鉴定和药物鉴定、碘缺乏病尿碘盐碘、职业卫生（放射卫生）监测检验与职业病鉴定等10余个实验室。共计承担各类科研课题253项，取得厅级以上科研奖励105项次，其中23项获省部级科技进步奖，发表论文1108篇，出版专著113部。先后经受住抗击非典、防控甲流、抗震救灾、奥运安保、抵御洪灾等一系列大事、难事的考验，体现了疾控人特别讲政治、顾大局，特别讲奉献、能吃苦，特别讲担当、守纪律，特别讲务实、勇开拓的精神。中心曾三次被评为全国卫生系统先进集体，连续五届被评为省级文明单位，先后获得了全国抗震救灾重建家园工人先锋号、全国抗震救灾医药卫生先进集体、全国卫生应急先进集体、全国结核病防治先进集体、全国消灭脊髓灰质炎工作先进集体、全国地方病防治先进集体、河北省“7·21”和10号台风抗洪抢险救灾先进集体、河北省五一奖状等各种荣誉150余项，300余人次受到上级部门表彰。

当前，随着医改工作的不断深入，我们正在面临着前所未有的机遇和挑战。总体上看，机遇大于挑战。一方面，党和政府重视疾控工作的程度越来越高。近年来，国家和省政府相继制发一系列促进疾控事业发展的文件，初步建立了“政府领导、部门合作、社会参与、联防联控”的工作机制。同时，国家不断加大了对疾病防控事业的投入力度，社会各界和广大群众也逐步认识到疾控工作的重要性。一个关注疾控工作、支持疾控事业的良好局面正在形成，疾控工作又一个春天即将到来。另一方面，疾控工作面临的挑战还很严峻。由经济快速发展所带来的人流物流速度加快、流动人口数量剧增、跨国经贸和交流活动频繁、境内外旅游活动增多等因素，都使我省发生食品污染、环境污染和职业危害转移转入，以及发生疾病暴发流行、食物中毒、环境污染、职业中毒等突发事件和生化恐怖暴力事件的可能性大大增加；传染病防治任务依然艰巨，性病、狂犬病、布病等一些已被基本控制的传染病死灰复燃，结核病发病率居高不下，新发传染病构成了严重威胁，艾滋病正由高危人群向普通人群扩散。地方病广泛流行，覆盖全省93%的县（市、区）。心脑血管、恶性肿瘤、糖尿病等慢性病危害严重，占城乡居民死亡原因和疾病负担的80%以上。食品安全、环境污染、饮水安全、职业安全等问题的危害日益凸现。

在这些机遇和形势面前，中心还存在一些亟待解决的问题，主要是经费投入不足，人才短缺，设备不齐，服务能力和工作水平与国内先进省市相比，还有不少差距。为此，今年年初，我们在综合分析内外形势的基础上，正式提出了“二次创业”，争取利用3~5年的时间，使中心的综合实力和服务能力得到显著提高。“二次创业”，核心要求是“创新、升级、进位”，各项工作必然会有一个大的进步和发展，不仅给大家带来了更多的学习机会、实践机会，也给大家提供了更为广阔的干事舞台和发展空间。希望大家能够抓住机遇，迎接挑战，在“二次创业”中当好排头兵，争当领头雁。

举办正式的新聘人员岗前培训，在中心还是第一次，也算是给大家吃点儿偏饭。在接下来的几天里，既给大家准备了管理制度、单位文化、科研培训、安全防护等方面的基础培训，也为大家准备了礼仪礼节和拓展训练等方面的实用培训，可以说，内容很丰富，也很有针对性。培训结束后，我们将组织大家赴鹿泉市疾控中心现场参观，同时，中心将根据各科室的工作情况让大家轮转科室，熟悉工作。

二、几点希望和要求

近几年来，中心先后进入一些新人。总体上看，绝大部分人员表现出色，较好地完成了各项工作任务，但个别人员令人失望。为了帮助大家做好今后的工作，尽快成为一名合格的中心职工，不辜负家人和中心的期望，我给大家提出几点希望和要求：

一要爱惜岗位，服从安排。只有爱岗，才会敬业；只有敬业，工作才会有动力，才能尽职尽责地完成各项工作任务。一是树立正确的事业观，积极进取，不浮躁、不取巧、不自满，认真对待每一项具体工作，兢兢业业，埋头苦干，在自己的岗位上做出应有的贡献。岗位的性质有不同，但同样一个岗位会因人的因素而改变其在人们心目中的分量和位置。二是服从组织分配，不管被分配到哪个岗位，都要正确对待，珍惜和热爱自己的岗位，潜心钻研、专心做事，以实际成绩取得大家的肯定与认可。三是善于从小事做起，大家刚刚走上工作岗位，可能会有很多不起眼的琐碎小事交给你们去做，大家不但不能嫌弃，反而一定要认真做好。从一点一滴作起，从基础工作做起，做到小事不嫌弃，大事不畏惧，凡事不计较。

二要敢于担当，积极负责。负责是一种人生态度，是一种价值追求。一方面，大家要时刻谨记责任心是一个人干事的基础，是干成事的前提，是干好事的根本。富有责任感的人无论承担何种工作任务，都能比那些没有责任感的人更容易取得成功；另一方面，我们的中心是一个有强烈责任感的集体，职工对中心讲责任，中心对职工和社会讲责任。对工作负责就是敬业，对中心负责就是忠诚。中心的工作关系到人的身体健康和生命安全。生命之托，重于泰山。我们要高度认识到工作的重要和责任的重大，树立强烈的责任意识，以高尚的品德、精湛的技术做好每一项具体工作。同时，在工作中要多思考、多研究、多实践、多积累，认真履行岗位职责，积极融入中心“二次创业”中，敢于突破、敢于超越、敢于创新，努力争当排头兵。

三要搞好团结，加强协作。一个人的能力是有限的，只有尊重领导、尊重同事，与同事、领导合作好、配合好，才能最大限度地发挥团队的力量。每个人的成功只有在团队的成功中才能得到体现。希望大家做到以下三点：一是多一点大气少一点小气，多一点雅气少一点俗气，多一点洋气少一点土气，大气代表气势，雅气代表理念，洋气代表状态，大家要努力维护好自身良好形象；二是处理好同事之间关系，学会沟通，做到相互理解、相互尊重、相互欣赏、相互照应，保持谦虚真诚，不自以为是、不盲目自大，与同事形成和谐融洽的关系，以团结形成合力，靠合力干好工作；三是多看到自己的短处，多借鉴别人的长处，一步一个脚印地做好工作，真正做到干一行、爱一行、钻一行、精一行，在平凡的岗位上创造出不平凡的业绩。

四要脚踏实地，把握细节。细节积淀成功，细节决定未来，细节铸就伟业。希望大家无论做人做事，都应脚踏实地，从点滴做起。一是把重视细节培养成一种习惯，把做细小事培养成一种作风，把做精细事培养成一种标准。二是克服好高骛远的心态、漫不经心的作风和不思进取的状态，低调做人，踏实做事，少说多干。三是扎扎实实地做好本职工作，说好每一句话，接好每一个电话，办好每一件事，做好每一天的工作。敢干事、能干事、干成事、还能不出事，用扎扎实实的工作作风和认真严谨的工作态度为疾控事业增砖添瓦。

五要严守纪律，高效执行。国有国法，家有家规。只有严格要求自己，遵守各规章制度，才是成就事业的开始，才能顺利达到成功的彼岸。一个单位只有纪律严明，管理严格，才能保证工作的正常开展，一支军队如果没有铁的纪律就没有顽强的战斗力，作风涣散，自由散漫是不可能打胜仗的。执行就是不折不扣、保质保量地完成工作和任务。执行高于一切，执行力就是生产力。对于执行而言，有用的不是借口，而是解决问题的方法；关键的不是做事，而是把事情做成；复杂的不是问题，而是看待问题的角度；最怕的不是困难，而是缺少解决的办法。一方面，要做到遵纪守法。严格遵守国家的法律法规，遵守中心的规章制度和劳动纪律，是对一名职工的最低要求。党员、团员要遵守政治纪律和组织纪律，履行好自己的职责和义务，坚决服从中心的统一领导，积极工作，多作贡献。在这里我就不多赘述了，下来中心办公室、人事处会给大家详细讲解中心的各项规章制度。另一方面，要不断提高工作能力。不仅要掌握好本职岗位的理论知识和操作技能，更要逐步锻炼与人合作的能力，以满腔热忱的状态、尽职尽责的作风去执行，把每项工作都当成事业去做，服从组织决定，追求精益求精。

六要勤奋学习，注重实践。知识改变命运，学习成就未来。学习永远是一个人的看家本领，人的任何成就都是学习的结果。目前，个别年轻同志存在不愿学、不好学、不勤学现象，基础知识不牢，专业知识不多，工作差错不断，给领导和同事留下了不求上进的印象，最终会害人害己，贻误了大好青春。希望大家：一是丰富知识储备，积极学理论、学专业、学技能，尽快掌握工作所需的业务知识，打牢业务功底。中心现在每周都会举办一堂继续医学教育课堂，大家要积极响应，踊跃参与。二是学会融会贯通，有文凭不见得有水平，有学历不代表有能力。要能够通过学习有所思、有所悟、有所得，不断提高自己的综合素质和工作能力，达到由拥有学历向拥有能力转变，由拥有文凭向拥有水平转变。三是坚持学以致用，无论大家今后在什么岗位工作，都应立足岗位，钻研业务，养成独立思考的习惯，锻炼干好工作的能力，培养开拓创新的本领。

七要心怀感恩，快乐工作。感恩是一种美德，是一种态度，是一种信念，是一种情怀，也是人生的一种使命。心怀感恩，一是感谢国家的培养之恩。祖国的安定、发展，以及改革开放带来的好形势，为大家这代年轻人提供了良好的教育基础，助力了你们的成长，为大家成才铺平了道路。二是感谢父母的养育之恩。父母把我们养育成人，一直供到参加工作，非常不容易，一定要记着去报答。这不需要惊天动地，用你的第一份工资，送父母一份礼物，哪怕是一张明信片他们就会很感动和知足。三是感谢单位的立业之恩。单位是职工安身立命的根本，它不仅满足了我们衣食住行的生存所需，也为我们提供了实现人生价值的最好平台。心怀感恩去工作，一定会获得更多的收获，也会尽快走上成功之路。中心这份工作对大家来说，也许不那么尽善尽美，工资不算高，福利不算好，工作条件不算强，但却是一份纯公益性工作，更需要我们怀揣一颗感恩的心，用有限的精力投入到无限的为人民健康服务中，有一分光，就发一分热，肝胆相献，奋斗不止，让青春在这里发光，让梦想在这里飞扬。

我代表领导班子向大家表个态，在今后的工作中，我们将尽力为大家提供机会、搭建平台，使大家在中心工作心情舒畅、踏实干事，真正让干得好的有奖励，能力强的上得去，作风实的出得来。我们允许大家有失误，但不许大家不干事。总之，希望大家要尽快熟悉中心的工作，跟上中心的节奏，了解中心的制度，融入中心的文化，立志成才、珍惜岗位、勤奋工作，早日成为一名合格的“疾控人”和优秀的“疾控人”，为早日实现“疾控梦”助推“中国梦”奉献青春，为中心的“二次创业”贡献力量！

在中层干部会议上的讲话

省疾病预防控制中心主任　崔泽

（2013年9月13日）

同志们：

近期，省卫生厅召开了多项专题会议，涉及党的群众路线教育活动、“三好一满意”活动开展、项目预算执行、纠风、整治“吃空饷”及医改等多项内容，下面，我就省卫生厅相关会议精神进行传达并根据中心实际情况提出安排意见：

一、关于有关会议精神的传达

（一）9月4日下午，省卫生厅召开全省卫生系统纠风与民主评议工作推进会议，对深入开展卫生系统政风行风建设与民主评议工作进行了动员部署。厅党组书记、厅长杨新建出席并讲话。杨新建指出，大力培树正面典型，发挥先进人物带动作用；坚持改革创新，在全国卫生系统率先探索和推行具有河北特点的“体制机制制度加入科技融入文化”的权力监控机制建设模式，得到各级领导的高度评价。他强调，卫生纠风和民主评议工作要研究新情况，把握新方法，采取有效措施，切实搞好行政审批、行政执法、服务收费、行业监管，进一步提升群众满意度。

（二）9月5日，省卫生厅、省计生委召开推进教育实践活动党组扩大会议。会议传达了9月4日省委召开的省直单位教育实践活动交流推进会精神，就省卫生厅、省计生委推进查摆问题、开展批评环节的工作进行安排部署。厅党组书记、厅长杨新建出席并讲话。

会上，新建厅长传达了省委书记周本顺在省直单位教育实践活动交流推进会上的重要讲话精神，要求学习领会好、贯彻落实好习近平总书记最近一系列重要批示精神，扎实深入推进全省教育实践活动，做到对照检查要真，相互谈心要诚，整改措施要实，领导督导要严，确保活动取得群众满意的成效。

新建厅长指出，自8月13日转入查找问题、开展批评环节。总体上看，省卫生厅、省计生委，厅、处两级党员干部在认真完成自学和集中学习之后，重点开展了蹲点调研、公开承诺、警示教育、正风肃纪自查自纠、广泛征求意见、第一环节回头看、查摆问题、立改立行、开展四项专项行动，以及搞好活动宣传等十个方面的工作。绝大多数单位和处室对活动比较重视，氛围也比较浓，能够按照活动办的安排完成规定动作，部分单位和处室结合业务工作还自选了特色活动，做到了立改立行。

他强调，对取得的成效不能估计过高，还存在着一些需要注意和警惕的问题。主要表现在：一是存在上热下冷现象；二是存在前紧后松现象；三是个别处室和单位仍存有应付心理。对这些问题，必须引起高度重视，今后工作中要在思想认识上再提高，在聚焦问题上下真功，在立行立改上出实招。

（三）9月9日，省卫生厅召开驻石省直医疗卫生单位预算执行调度会议。厅党组副书记、副厅长李建国同志出席并讲话。会议指出，加快卫生预算执行是贯彻落实省委、省政府医药卫生体制改革和卫生事业快速发展决策部署的重要基础，是提高财政资金运行效率和使用效益的重要途径。能否如期完成卫生预算支出任务，不仅是对厅机关和省直医疗卫生单位执行力的重大考验，也事关党和政府的公信力；也将对今后出台新的政策、争取政府更大的支持产生重大影响。厅党组对预算执行工作高度重视。会上指出了我们现在预算执行所面临的严峻形势。

建国副厅长指出，对预算执行重视不够，预算执行责任体系不完善，预算执行措施不得力，个别单位及处室对新的财政管理模式不适应，监督检查不够等五方面是造成预算执行进度缓慢的根源，他要求各单位要从努力上找差距，从措施上抓落实。

（四）9月10日上午，省卫生厅组织全省卫生系统收听收看了2013年全国“三好一满意”活动视频会议。会后，厅副巡视员江建明同志就深入落实李斌主任会议讲话精神、推进我省医疗卫生系统“三好一满意”活动进行具体部署。他要求，将“三好一满意”活动与“修强铸”活动和群众路线教育活动相结合，不断丰富和拓展活动内涵，全力落实好各项工作任务，让人民群众真正体会到活动取得的实效。今年，根据国家统一部署，我省也将各级疾控、监督和妇幼机构纳入到“三好一满意”活动中。作为卫生行业展示良好作风的重要窗口，这些单位结合实际，开展了一系列卓有成效的工作，细化了传染病防控、卫生监督、母婴保健等业务工作及相关公共卫生服务项目，对“三好一满意”活动进行了有益拓展和补充。

（五）9月10日上午，卫生厅召开了厅直属单位主管领导、人事部门、纪检监察部门和财务部门负责人参加的“吃空饷”专项治理工作会议，李建国副厅长出席并作了重要讲话。会议对厅直单位“吃空饷”专项治理工作做出全面具体部署。会议指出：这次“吃空饷”专项治理工作清理人员范围为2013年6～8月份，以财政性资金发放工资福利和对个人家庭补助的人员。清理对象共包括八类人员：一是，在编职工离职、开除、辞职、辞退、非组织选派自行离岗学习、长期病事假、长期旷工、已故或失踪、违规停薪留职，但未办理核销（减）工资手续，仍在原单位正常领取工资福利人员；二是，按规定应办理而未办理退休手续，以及已办理了退休手续，但仍按在编职工领取工资人员；三是，离休、退休、退职职工已故或失踪，其家属或利害关系人仍代领离休费、退休费或退职生活费人员；四是，离休、退休职工从社会保险机构领取养老保险金，又同时从财政领取离休费、退休费人员；五是，受党纪政纪处分、被司法机关羁押和受到刑事处罚未按规定进行工资核销（减）人员；六是，享受遗属补助的人员已不具备享受补助规定条件，仍继续领取补助人员；七是，虚报多领、冒领职工工资福利和对个人家庭补助的单位和人员；八是，其他已经不具备直接从财政领取补助条件、仍继续领取补助的人员。

会议指出，在“吃空饷”人员清退处理上，有关部门和单位要立即停止“吃空饷”人员领“饷”行为，核销（减）“吃空饷”人员的工资福利和补助；核实“吃空饷”人员多领财政资金情况，单位必须负责追回，并缴入本级财政部门指定的银行账户；结合“吃空饷”人员是否主动自查上报或是被动查出情节，依据相关政策规定，提出具体处理意见。

本次专项治理工作，自2013年9月1日开始，至2013年12月20日结束，分为：部署动员，自查自纠，集中核查，清退处理，总结提高五个阶段进行。

（六）9月11日上午，全省2013年医改工作电视电话会议召开。许宁副省长出席并做了重要讲话，会上，栾城县、三河市和南皮县做了交流发言。许宁副省长要求，医改任务到了强力推动落实阶段，各地各单位要做到“四要”，一要加强组织领导，二要强化财力保障，三要鼓励试点创新，四要深入宣传引导。为深入推进医改工作营造良好的社会氛围。

以上就是卫生厅近期召开的六个会议精神，希望大家认真学习，抓好贯彻落实。

二、提高认识，狠抓落实，全面做好各项工作

下面我根据中心的工作实际情况，结合各项会议精神，讲七点意见：

（一）抓好贯彻落实，扎实做好纠风工作

结合中心工作实际，我对下一步纠风工作的开展提三点要求：一是加强领导，明确责任。各处所负责人对管辖范围的纠风和民主评议工作负总责，必须高度重视纠风工作，严格禁止损害群众利益的行为。二是加强制度建设。以党风廉政建设责任制为统领，大力推进权力运行监控机制建设、供应商诚信度管理，落实五级承诺制度，坚决抵制商业贿赂，尽快下发《河北省疾病预防控制中心内部招标、采购管理办法》和《河北省疾病预防控制中心供应商诚信度管理办法（试行）》。三是加大宣传力度，利用宣传日，进农村、企业、社区，宣传知识、听取意见，增进社会和群众对疾控工作的理解、信任和支持，加强政风行风建设、不断改进工作作风。

（二）深入推动党的群众路线活动，务必取得实效

应该说，我们省疾控中心一直高度重视党的群众路线活动的开展，在活动开展的前一阶段，不但完成了相应的规定动作，还做出了拓展动作（手拉手帮扶活动），得到了卫生厅党组及各方面的一致好评，活动走在了厅直单位的前列。

尽管我们在活动开展方面，取得了一些成绩，但是对照新建厅长的讲话精神，认真反思，也还存在一些问题和不足：一是没有完全做到三个摆进去，个别部门存在蒙混过关、敷衍塞责、偷工减料，应付了事的现象；二是仍有认识不到位的问题，聚焦问题不够深入；三是作为省级疾控机构，我们在打造省内卫生系统活动开展的样板，加强对市、县疾控机构的工作指导方面，还有较大差距。下一步，我们要紧紧围绕活动的要求，完善工作举措，严格工作标准，力争做到四个“更加”，确保活动取得实效：

1. 思想认识要更加到位，学习教育作为第一环节的主要任务已告一段落，但这项任务永不能终结。在以后活动开展中，我们都要始终把加强学习教育作为首要任务，牢牢抓住不放松。要坚决防止“形式主义走过场”和克服“老生常谈”“与己无关”等思想偏差，进一步振奋精神，激发斗志，一招不落、一丝不苟、环环紧扣地落实这个阶段的各项任务要求。

2. 活动开展要更加扎实，查摆问题、开展批评是搞好教育实践活动的关键阶段。这个阶段重点抓好三项工作：一是坦诚谈心，部门正职与副职之间、支部书记与所属党员之间，要广泛开展谈心活动。二是深入剖析，真正把自己摆进去，认真反思，以敢于揭短亮丑的勇气和态度，搞好自查自纠，把自身在作风建设方面的问题找准找实，以闻谏不怒、闻过则喜的胸怀，把问题一一梳理出来，为整改做好基础准备。三是动真批评，要拿起批评和自我批评的武器，每个党员同志都要抛开面子，动真碰硬，真正触及灵魂深处、触及问题实质，做到红红脸、出出汗，达到“洗洗澡”“排排毒”的目的。

3. 活动氛围要更加浓厚，要进一步加大舆论宣传力度，充分利用电子屏、宣传栏、网络、简报等，报道活动动态、交流学习体会、宣传先进典型，让活动氛围进一步浓厚起来。

4. 组织领导要更加有力，在今后的活动中，我们在座的要进一步做好表率作用。一方面，要求普通党员做到的，中层干部和支部书记要先做到、先做好，给广大党员干部做出榜样、形成示范。通过一级做给一级看、一级带着一级干，共同把活动引向深入。另一方面，中心教育实践活动领导小组和活动办要切实履行职责，细致筹划、积极主动、加强协调，把握好各个节点和各项要求，保证教育实践活动有序开展。

第二阶段即查摆问题、开展批评阶段，是整个教育活动的关键性阶段。抓好这一阶段的活动，是巩固第一阶段学习动员成果的需要，也是为第三阶段整改落实、建章立制奠定良好基础的需要。中心要在厅教育活动领导小组的指导下，保持良好的学习风气和精神状态，将查摆问题、开展批评阶段的各项活动抓实、抓细、抓好，确保取得实实在在的成效。

（三）切实加快预算执行进度，保证项目工作质量

我中心的预算执行情况很不乐观。目前，中心

的基建项目、艾滋病所、结核病所及设备购置等项目需要加快执行。预算执行进度缓慢，固然有这样那样的客观原因，但关键还要从主观上找根源，我认为中心预算执行进度缓慢的原因有以下四点：

1. 部分业务部门重视程度不够。在实际工作中，部分业务科室存在重业务工作，轻专项资金执行进度的思想，甚至个别处所有“舍不得”花钱的想法，影响了资金执行进度。

2. 总体协调力度不够。在实际工作中，预算资金的执行需要相关部门配合，需要加强协调，强化责任。比如有的专款支出需要采购部门执行，但资金属于其他业务处所，这时就需要强化协调力度（比如业务所要和药械处沟通）。

3. 抓重点处所力度不够。中心的专款多，影响支出进度的项目主要是政府采购和直接支付，其中基建、设备购置及结核、艾滋病项目药品购置资金数额大。

4. 部分专项资金到账较晚。

针对以上问题，我们要在今年后期加大执行力度，采取有力措施，加快专项资金执行进度：

1. 成立领导小组。建立以“一把手”为组长的“项目管理工作领导小组”，相关处所长为成员，及时协调沟通相关情况，解决预算执行中存在的问题，为预算资金的执行提供制度保障。

2. 强化协调力度。要在中心内部明确资金执行部门，处所明确责任人员，做到责任明晰。制订工作计划的同时制订资金执行计划。

3. 强化抓重点工作。对于基建、设备购置及结核、艾滋病项目药品购置等资金数额较大的项目，主管领导必须亲自抓，一级抓一级，层层抓落实。

4. 项目办公室要加大管理力度。要归口项目管理工作，明确各项目相关部门主要负责人为本部门项目工作的第一责任人，项目办制订和协调实施项目计划、方案，协调解决项目执行中存在问题和争议，提高项目执行效率和效益。

5. 加强内容控制、质量控制和进度控制，保障预算资金的执行进度。

（四）以群众路线为契机，深入开展三好一满意活动

在今年 7 月份，中心监察室已经印发了 2013“三好一满意”活动实施方案，明确了具体工作内容和量化指标，涵盖了中心所有的业务工作，细化到现场专业技术人员下基层指导天数、传染病监测完成率、实验室检验报告及时率，以及艾滋病、结核病、地方病、生活饮用水监测、卫生宣传等各个方面。一方面，在政风、行风建设上强化服务意识和行业作风建设。各处所一定要认真组织学习活动实施方案，对照工作任务分解量化指标要求，全面查找工作中存在的问题和不足，逐项整改，做好迎接上级部门督导检查的准备工作。另一方面，调整“三好一满意”活动领导小组分工，由李琦同志担任组长，抓实这项工作，努力做到“服务好、质量好、医德好，群众满意”，让人民群众真切地感受到疾控服务的新变化。

（五）全面动员，大力开展“吃空饷”专项治理工作

为认真贯彻落实省委、省政府决策部署和省卫生厅专项治理工作会议精神，扎实有效做好中心的专项治理工作，我讲三点意见：

1. 要统一思想，统一行动，充分认识开展“吃空饷”专项治理工作的重要意义。“吃空饷”的现象是影响党和政府公信力的顽疾，严重影响了干部队伍作风建设，影响了党和政府在人民群众心目中的形象，影响了党风廉政建设的深入开展。开展“吃空饷”专项治理，既是一项政治任务，也是一项民心工程。深入开展“吃空饷”专项治理，一是解决群众反映强烈问题、扎实推进群众路线教育实践活动的重要举措。“吃空饷”问题在各地广泛存在，群众反映十分强烈。全面开展“吃空饷”治理工作，是省委深入推进群众路线教育实践活动、以实际行动取信于民的一项重要举措，是对各级、各部门和各单位政治意识、大局意识、组织意识和执行力的考验。二是严肃组织人事纪律。用制

度制衡、规范权力运行，把权力关进制度的笼子里，是深入推进反腐倡廉建设的必然要求和有效途径。全面开展“吃空饷”专项治理工作，系统建立完善各项人事管理制度，既可以进一步严肃组织人事纪律，又能够规范和约束领导干部用权行为，对于推进和深化党风廉政建设具有重要意义。三是加强干部队伍建设、促进单位提质提效的客观需要。坚强有力的干部队伍是推动疾控事业蒸蒸日上的力量源泉，是推动疾控事业科学发展的重要组织保证。扎实开展好“吃空饷”专项治理工作，把那些占着位置不干事的人加以清理，既是保证财政供养人员只减不增的客观需要，也是腾出编制、引进急需人才，保证疾控事业科学发展的迫切要求。

2. 要吃透政策要求，理清工作的思路和方法，扎实推进专项治理工作。正确的思路和方法是做好工作的重要保证，我们必须深入分析“吃空饷”问题的成因和背景，认真理清工作思路，找准重点，抓住关键，努力提升专项治理工作效果。工作中，要做好三个“准确”：一是，准确把握政策。一方面，“吃空饷”专项治理工作政策性强、关注度高，直接涉及个人利益，处理不当，可能引发人事纠纷，影响工作顺利开展。因此，必须要深入研究政策，明晰有关规定，保证专项治理工作始终在政策法规框架内、沿着正确的方向有序推进。另一方面，处理“吃空饷”问题要充分体现宽严相济、区别对待；规范操作，保证用相同标准处理“吃空饷”问题，防止关系硬的轻处理、没关系的重处理，造成新的矛盾和问题；要有利于单位稳定，既要充分考虑特殊时期、特殊背景下的遗留问题，又要区分组织行为还是个人原因，将政策与实际结合，做到既有法可依、有章可循，又合情合理、易于接受。二是，准确保证领导干部要重视。领导重视，是“吃空饷”专项治理工作的关键，有两层含义。第一层含义，从“吃空饷”问题的成因看，“吃空饷”现象是因为一些领导干部卖人情、谋私利、不讲原则造成的。治理“吃空饷”问题，在一定意义上就是治理一些领导干部的问题。第二层含义，既然是治理领导干部的问题，阻力肯定大，专项治理工作能否取得实效，就取决于工作力度大小，而工作力度大小的关键要看领导。按照新建厅长提出的“在思想上重视起来，在政治上严肃起来，在精神上振作起来，在工作上统筹起来”，认真开展“吃空饷”专项治理工作，积极赢得群众的信任和支持，确保治理工作取得实效。三是准确保证干部职工监督到位。群众的眼睛是雪亮的，哪个单位存在“吃空饷”问题，谁在“吃空饷”，广大干部职工心知肚明。要充分发挥群众监督作用，让广大干部职工参与到专项治理工作中来，让群众看到厅党组治理“吃空饷”问题的决心和信心，才能让广大干部职工既对结果满意，又对过程满意。这也是我们走群众路线，坚持一切依靠群众，尊重和发挥群众主体作用的具体体现。

3. 要加强领导，严格要求，确保专项治理工作取得扎实成效。按照省卫生厅专项治理“吃空饷”工作要求，参照厅里的做法，中心将成立“吃空饷”专项治理工作领导小组，由我担任组长，李琦同志、王岩同志担任副组长，其他班子人员为成员，办公室设在人事处，李琦同志为办公室主任，人事处、监察室、财务处的负责同志为办公室成员，负责专项治理日常工作。我对单位的“吃空饷”专项治理工作负总责，人事、财务和纪检监察部门要认真履行职责，相互支持配合，形成工作合力，要认真分析问题现状，研究梳理有关政策规定，细化政策措施，提出对策建议，及时做好政策咨询答复工作，扎实有序推进专项治理工作。一是保证专项治理工作全覆盖，不留死角。中心起草下发《“吃空饷”专项治理工作实施方案》，治理的对象主要是《实施方案》中明确的 8 类人员，要不折不扣地执行，对专项治理范围内的人员逐一清理、逐一核查。范围可以扩大绝不能缩小，对明确的各类清理对象，要全面清理，做到横向到边、纵向到底，确保全面覆盖、不留死角。二是统一步骤要求，按照省厅的规定协调推进。这次“吃空饷”专项治理，要按照统一的时间节点，按时完成各项任务，确保专项治理工作能够环环相扣、层层衔接、有序推进。同时充分做好宣传动员工作，要让全体干部职工充分认识专项治理工作的意义、了解政策和要求。三是准确把握政策，积极稳妥处理“吃空饷”问题。“吃空饷”专项治理工作的政策性、敏感性都集中体现在处理“吃空饷”问题上。要积极稳妥做好“吃空饷”人员的处理工作，要边查边改、按程序处理。四是健全完善制度，积极构建专项治理长效机制。按照省卫生厅要求，要进一步严格组织、编制、人事、财务制度，严格请销假审批和报告制度，严格规范财政拨款人员的工资发放审核制度，要实行在职职工自动离职、因故死亡、失踪等情况的定期报告制度，受党纪政纪处分、受行政刑事处罚等人员信息共享制度，从源头堵住发生“吃空饷”问题的漏洞。要充分发挥“制度+科技”的综合效果，积极探索用技术手段加强人员管理的方法和途径，用“程序”来管住人。要建立组织人事、财务和纪检监察职能部门协调联动机制，从源头上防止“吃空饷”问题的发生。

开展“吃空饷”专项治理工作，责任重大、时间紧迫、意义深远。我们要认真贯彻落实好省委、省政府的决策部署，卓有成效地做好专项治理工作。

（六）继续抓好安全生产大检查活动，确保做到万无一失

安全的重要性不言而喻，9月2日省卫生厅转发了省委省政府《关于贯彻落实习近平总书记重要讲话和全国安全生产工作视频会议精神的通知》，在这里我再次对安全生产工作进行强调：

（一）组织开展安全生产“回头看”。各处所要建立完善安全生产长效机制，有效防范安全生产事故。安全保卫处要对中心的安全生产开展情况进行“回头看”，做到不留死角、不留盲区，切实做到“全覆盖、零容忍、严执法、重实效”。

（二）深入开展安全生产大检查各项工作。中心是石家庄市安保重点单位、市反恐重点单位、市消防安全重点单位。安全生产大检查活动已开展两个多月，总的看，多数处（所）室都能高度重视，工作扎实，排查消除事故隐患。但存在的问题也很突出，落实隐患问题整改情况缓慢。下一步，各处所要在深入上下功夫：一是要求单位广大职工积极遵守安全保卫制度。目前由于中心实习、进修人员较多，我们要积极配合保安做好大门、大楼出入的讯问、安检工作，维护好门卫安全管理制度。二是各处所要做好每日安全巡查记录，做好水、电、仪器的安全检查。三是消除消防安全隐患，严禁私自挪用消防器材，保证消防安全。四是实验大楼有个别存放实验仪器堵塞消防通道现象，弱电井内存放大量书籍资料，单身宿舍内有私拉电线现象，个别使用电磁炉、微波炉等大功率电器，经常有不切断电源现象，要坚决杜绝与整改。

（三）严格落实责任制，严肃对待事故查处工作。各处所主要负责人作为本部门安全生产第一责任人，必须把安全生产工作列入日常工作中常态化管理，管业务必须管安全，一岗双责。发现问题，要及时上报，认真整改，对发生责任事故后采取倒查方式，严格按照“四不放过”原则，认真调查核实，在规定时间内依法依律严肃追责，并在单位通报。

（七）严格落实中央八项规定，确保做好双节期间各项工作

在中秋、国庆佳节来临的重要节点，一是中心各处所要提前做好应急值守准备，应急队员务必24小时开机，如无特殊情况不要出市。二是严格遵守请销假制度。中层干部如需外出必须和主管领导请假并到办公室登记备案。三是全体干部职工严禁接受，特别是基层单位的各种土特产品，消费卡以及各种有价证券等，另外全体干部职工不准到上级单位走访、探望，尤其是在当前的敏感时期，任何人都不要触碰高压线，以免给单位和个人带来不必要的麻烦。四是双节期间严禁公车私驾、公车私用，坚决杜绝用公车接送子女上学等行为，后勤部门一定要管好司机。

还有三个月的时间就要到年底了，我们各科室要对照年初制订的计划，对 1～9 月份的工作进行一次“回头看”“大检查”，认真梳理，查找差距，寻求不足，制订措施，统筹安排，合理部署，争取圆满完成全年工作任务目标。

最后，提前预祝大家节日快乐！谢谢！

在中心领导班子专题民主生活会情况通报会上的讲话

省疾病预防控制中心主任　崔泽

（2013 年 10 月 28 日）

同志们：

这次领导班子专题民主生活会开得很成功，我认为，主要有以下三个特点，一是叫好地坚持贯彻了民主集中制。民主集中制是我们党的根本组织制度和领导制度，会前，我们充分发扬民主，广泛征求意见，会上实行了正确的集中，保证了会议效果。二是充分运用了批评和自我批评武器。批评和自我批评是一剂良药，是对同志、对自己的真正爱护。大家本着对自己、对同志、对班子、对单位和对党的事业高度负责的精神，大胆使用了这一武器，达到了明显的效果。三是坚持了党性原则基础上的团结。党性原则基础上的团结，是领导班子出战斗力、凝聚力、创造力的重要基础。作为单位领导核心，每名班子成员只要掏心见胆、并肩奋斗的真团结，不要表面一团和气、实际上相互较劲设防的假团结，就能营造心往一处想、劲往一处使的生动局面。就能做到大事讲原则、小事讲风格，不断把班子团结提高到新的水平。

根据上级的要求和中心党的群众路线实践活动方案安排，下一步中心还要进一步修订完善班子整改方案和个人整改措施，并将整改方案进行目标责任分解，建立台账，挂账督办。各党支部在 11 月底前也要召开一次专题组织生活会，会后一周内将会议情况报告中心活动办，下面结合中心实际讲几点意见和要求：

一、坚定理想信念，树牢宗旨意识

坚定共产主义和社会主义理想信念，树牢全心全意为人民服务的宗旨，具有历史的、客观的必然性。作为党员领导干部，这一点，我们必须充分认识到，千万不要认为一谈远大理想就认为是“高谈阔论”，这个要求是很实在的，是最基本的。因为胸无大志就会眼前迷茫。所以要不断增强党性锻炼和党性修养，带头弘扬理论联系实际的作风，做到扎实理论功底，学以致用，丰厚实践积累，勤奋工作。理想信念并不是一蹴而就的，而是一项长期的、艰苦的任务，是一辈子的自觉养成和实际行动。

我们的疾病控制工作直接面向人民群众，我们的工作好不好，群众能够直接感受得到，群众自有评判和公论，要求我们必须把党和人民的利益摆在高于一切的位置，在疾病防控工作研究谋划和狠抓落实的过程中，都要把群众的根本利益放在首位，一切从群众的利益出发，切实地为群众做好事、办实事、解难事。

二、树立正确的世界观、权力观、政绩观

一要树立正确的世界观。世界观是方向盘，是“管”方向的，世界观出故障，一定会偏离方向；世界观是方法论，是“管”方法的，世界观对了，就有了办法；世界观是思维方式，是“管”思维的，思维方式上的差异，都源于世界观的差异；世界观是人生观，是“管”人生的，健康的人生来

源于健康的世界观，扭曲的人生就会产生扭曲的世界观。二要树立正确的权力观。我们中心虽是事业单位，但有许多行政、业务管理职能的公共权力，对权力，我们必须心存敬畏，正确对待。权力来源于谁，必然要对谁负责，我们的权力来源于人民，就要对人民负责，在疾病防控的复杂问题和急难险重任务面前，必须看重责任，勇于担当。权力的性质属于人民，就要全心全意为人民服务，必须做到在矛盾面前敢抓敢管，敢于碰硬，在困难面前敢闯敢试，敢为人先。作为党员、领导干部，要经常提醒和约束自己，一是当官不要想发财，二是为民不要做虚功，三是干事不要图回报，四是工作不要带私心。三要树立正确的政绩观。正确的政绩观和科学发展观紧密相连。疾病控制工作的布局是符合科学发展，还是凭经验、凭想象决策？我们谋划的政策是以人为本，还是单纯以完成任务、做做样子为目的？我们的策略、措施、新技术的应用推广，是坚持了全面、协调、可持续，还是存在急功近利和急于求成的思想？等等，都是对正确政绩观的考验。

三、用好批评与自我批评这一有力思想武器

这次教育主要任务是集中解决“四风”问题。各支部召开专题组织生活会，开展批评与自我批评，必须破除思想认识上的障碍。一是要触及灵魂，找准问题，转变作风，防止对上放礼炮、对人放哑炮、对己放空炮。二是要开出治病良方，杨新建厅长在厅领导班子专题民主生活会通报会上提到的“功利病、软骨病、冷热病、浮躁病、享乐病、贪腐病、懒散病”我们都有不同程度的存在，要认真查找，对症下药，放下身子，掏心见胆。三是要高标准，严要求，时间服从质量，活动办严格把关。要解决一个“怕”字，怕批评上级引起报复，批评同级引火烧身，批评下级丢失选票；要注意一个“深”字，按“像、深、准、诚”四字要求，直奔主题，开门见山，防止工作总结，避实就虚；要体现一个“通”字，主动沟通，相互交谈，开诚布公，化解矛盾；要突出一个“实”字，要有深度，要够分量，不歌功颂德，不穿鞋戴帽。达到了“红红脸、出出汗”的目的。

四、开展年前冲刺，圆满完成全年工作任务

从今天算起，到年底只有65天的时间了。能不能如期完成全年目标，不仅是对领导班子践行群众路线的考验，也对对各位中层干部执行力的考验。习近平总书记最近强调，“把实干兴邦落实到方方面面的工作中去。要时刻牢记目标，统一思想、一致行动，踏石留印、抓铁有痕，过了一山再登一峰，跨过一沟再越一壑。”从现在起，全体干部职工要在思想上重视起来，在政治上严肃起来，在精神上振作起来，在工作上统筹起来，扎实奋战两个月，全力把各项工作往前面赶、往上头推、往实里做，确保全年任务目标圆满完成：

（一）既定目标不放松。对于年初确定的任务目标，必须以咬定青山不放松的狠劲，不折不扣地加以完成，一定要避免虎头蛇尾。各部门要组织一次“回头看”，对今年以来的各项工作任务目标，特别是重点工作的完成情况，进行一次全面认真的对照检查，对照年初工作安排和要求，逐一进行梳理，看看主要任务完成了多少，没有完成的还有那些，分析主要原因是什么，下一步应该采取哪些措施。各部门主要负责人既要当指挥员，又当战斗员，树立不完成任务绝不收兵的信心和决心，切实把各项工作安排部署到位，确保如期完成年度任务目标。

（二）重点工作不含糊。在统筹推进各项工作的基础上，要注重突出重点，紧盯那些影响我省在全国排位靠前的业务工作，不留回旋余地，保证如期完成。概括说，就是切实做到“三个继续，五个确保”：“三个继续”，一是继续保持常规疫苗高接种率水平，全力做好全省免疫规划检查工作，无脊灰状态得到巩固；二是继续保持我省艾滋病疫情低流行态势，各项指标都要达到或超国家要求；三是继续保持全省肺结核患者治愈率达到85%以上。“五个确保”：一是确保做好迎接“十二五重大专项”督导的各项工作；二是确保抓好以手足口病、流感、不明原因肺炎等为主的冬季传染病防控工作，严防大面积暴发流行；三是确保慢病各项目指标达到或超国家水平；四是确保地方病防治工作达到国家控制标准；五是确保年度食品安全风险监测任务如期完成。

（三）薄弱环节不松劲。对于一些工作进展缓慢、距离目标差距较大的工作，各部门必须要重视重视再重视，抓紧抓紧再抓紧。要切实强化交账意识，对进度慢的工作，进行再动员、再部署、再推动、再鼓劲，自觉做到白加黑，五加二，迎头赶上。总之，要用进度说话，用数据说话，用成绩说话。要确保完成食品中化学污染物和有害因素常规监测年度任务，积极遏止布病疫情高发势头，切实提高县级病媒生物监测点设置完成率，同时，要加快《纪念河北卫生防疫 60 年纪念邮册》的制作速度，做好运动会筹备等工作。

（四）落实责任不松懈。确保如期实现年度任务目标，要求我们必须进一步增强“慢不得”的紧迫感和“松不得”的责任感，以更大的力度和过硬的措施，毫不松懈地抓落实，特别是在推动项目执行进度和 P2 及 P3 实验室验收工作更要抓紧落实。同时，严格落实责任制和责任追究制，加大奖惩力度，干好的有褒奖，干不好的有说法，不干的有处罚，保证工作任务执行到位，落实到底。

同志们，完成全年的工作，既是挑战，又是考验。我们要以“党的群众路线”实践活动为动力，携起手来，鼓起劲儿来，抓住重点不动摇，咬紧“任务”不放松，确保全年工作任务目标如期完成！

谢谢大家。

坚持科学发展　加快“二次创业”
不断开创全省疾病预防控制工作新局面

——省疾病预防控制中心主任崔泽在省疾病预防控制中心 2013 年度总结表彰大会上的讲话

（2014 年 1 月 21 日）

同志们：

今天，我们在这里隆重召开 2013 年度总结表彰大会。刚才，我们对 20 个先进处室、17 项单项工作奖、3 个单项工作特别奖、78 名先进工作者；3 个先进党支部、10 个先进党小组、3 名优秀党务工作者、36 名优秀党员、2 名优秀团员；以及 3 个先进工会分会、5 名先进工会工作者和 48 名工会积极分子进行了表彰奖励。首先，我代表中心领导班子，向受表彰的先进集体和先进个人表示热烈的祝贺！向一年来为中心的建设与发展做出积极贡献和辛勤努力的各个部门和全体干部职工，表示崇高的敬意和衷心的感谢！

2013 年，是全面深入贯彻党的十八大精神的开局之年，是落实全省卫生事业“十二五”规划承前启后的关键一年，也是我们实施“二次创业”的起步之年。一年来，在省卫生计生委的正确领导和大力支持下，我们以践行群众路线为核心，以改革创新为动力，围绕大局谋发展，脚踏实地抓落实，务求实效转作风，夺取了能力建设和文明建设的双丰收。总的来说，主要体现在六个方面：

一、坚持精心谋划，周密组织安排，党的群众路线实践教育活动取得实效。

一年来，我们深入贯彻中央、省委和委党组的安排部署，按照“照镜子、正衣冠、洗洗澡、治治病”的活动总要求，扎实推进教育实践活动各个阶段的工作，做到了“四个坚持”，确保了“四个到位”。一是坚持学习教育的连贯性，确保认识到位，认真做到"四要"、"三坚决"，即："认识要到位、问题要找准、剖析要深刻、整改要落实"，"坚决带着问题学、坚决在实践中学、坚决边学边改"，切实把学习的过程转化为提高思想认识的过程，转化为解决"四风"问题的过程，转化为破解发展难题的过程。二是坚持征求意见的客观性，确保查摆到位，始终紧扣"四风"问题，多形式、多渠道听取征求全体党员干部及群众的意见和建议，找准存在的突出问题，先后收集到180多条意见和建议，并进行了认真梳理、分析汇总，加以整改。三是坚持开展谈心的深入性，确保沟通到位，大家敞开心扉，坦诚相见，直面不足，沟通思想、增进了解、化解矛盾、达成共识，聚焦5个方面突出问题，制定整改措施17条。四是坚持对照检查的针对性，确保整改到位，针对群众反映的问题、上级点明的问题，以及班子成员查摆的问题，专门制发整改方案，坚持立改立行、动真碰硬，从解决"四风"问题入手，从改进工作作风抓起，努力建立长效机制、严格压缩会议、简化公务接待、严禁公车私用，并腾退办公用房60余平方米，清退吃空饷人员7名。

目前，教育活动已进入整改阶段，但贯彻群众路线只有进行时，没有完成时。我们取得的活动成果不容易，但巩固和发展更重要。今后，必须要在巩固中继续坚持，在坚持中不断巩固。

二、坚持未雨绸缪，强化应对能力，突发公共卫生事件应急处理工作迅速有力。

一年来，我们坚持强烈的忧患意识和责任意识，把应急处理作为核心工作重点来抓，上下协力、防患未然，努力达到"两早""一升"的目标。力争做到早发现，继续加强传染病疫情和突发公共卫生事件网络直报管理，县级及以上和乡级网络直报率继续保持100%，严格实行24小时浏览制度，确保了及时性和灵敏性，全年全省共报告法定传染病286088例，发病率较去年同期下降9.55%；坚持做到早准备，进一步加强应急预案体系建设，主动充实应急处理组织、健全疫情监测体系、完善疫情分析预报机制，并对国家级和省级应急预案、各类技术方案等进行审校，形成预案体系汇编；进一步推进卫生应急综合示范县创建，全年全省共有10个县（市、区）通过省级卫生应急综合示范县评估，其中平泉县顺利通过国家卫生计生委复核评估，我省国家级卫生应急综合示范县达到5个；分期分批组织全省疾控系统应急队员开展野外生存拓展训练，参加防汛防震减灾卫生应急拉练，有力地锤炼了队伍，应急处置能力不断提升。一年来，全省累计报告突发公共卫生事件18起，有效处置率继续保持100%。由于思想到位、认识到位、工作到位，我们的应急处理工作在面临四川雅安地震、人感染H7N9禽流感疫情等多重威胁的情况下，切实做到了反应迅速，处置妥善。有力保障了人民群众的生命安全，维护了社会稳定。

三、实施重点防控，狠抓措施落实，计划免疫和重大传染病防治工作成效显著。

一年来，我们坚持以计划免疫为切入点，以重大传染病防治为突破口，有主有辅，有轻有重，有先有后地开展工作，努力在常规工作上创造亮点，在难点工作上打造看点，积极为全省人民群众的身体健康保驾护航。一是计划免疫工作持续在全国保持领先水平。做到了两个保持，两个连续，两个超出，两个顺利。常规11种疫苗接种率继续保持在98%以上，新增乙脑、甲肝、流脑等疫苗接种率保持在90%以上；脊灰实验室连续23年以优异成绩通过世卫组织考核，无脊髓灰状态得到有效保持；麻疹实验室连续13年通过世卫组织考核，麻疹疫情高发态势得到明显遏制；AEFI（预防接种异常反应）监测范围已覆盖全省所有乡镇，系统监测的灵敏性、完整性和及时性均超过95%，大幅超出世卫组织>80%的指标要求；儿童预防接种信息管理系统，县、乡两级实施率全部达到100%，大大超出国家90%和80%的目标；顺利完成了免疫规划疫苗、注射器采购、储运及分发工作，做到了：疫苗出入库及时、手续齐全，库存完好率100%；顺利保证了全省扩大免疫规划工作的实施，全年共分发注射器 2100 多万支，疫苗 2978 万余支。此外，国家疾控中心对我省免疫规划信息化建设给予了“两有五化”的高度评价。即：有创新、有亮点，全面实现了儿童信息搜集的源头化、接种通知的便捷化、接种实施的质控化、接种记录的真实化、接种证查验的网络化。二是艾滋病防治工作继续保持国内先进水平。首先，保持了一个态势：2013 年全省新发现艾滋病感染者和病人 978 例，艾滋病报告感染者和病人数量继续处在全国第 22 位，有效保持了低流行态势；第二，实现了两个突破：在全国艾滋病/性病防治年会上，我省艾滋病/性病防治工作荣获随访管理和治疗工作奖、高危人群干预工作质量奖等 12 项殊荣；所有考核指标均达到或超过国家要求，并以满分成绩通过国家性病参比实验室组织的考评；第三，强化了三方面能力：建立省市县三级疫情报告管理网络，国家级监测哨点增至 70 个；完善实验室网络，由 2004 年时的 242 家增加到 2013 年的 556 家；“四免一关怀”政策得到全面落实，累计开展抗病毒治疗 1980 人次，抗病毒治疗工作的县，由 2012 年的 154 个扩展到 162 个。三是结核病防治工作成绩显著。全省以县为单位 DOTS 覆盖率保持 100%。全年共发现活动性肺结核病人 3.3 万多例，涂阳肺结核患者密切接触者筛查率达到 99.7%，治愈率达 96.4%，5 项指标均超过“十二五规划”要求。四是其他重点传染病防治工作深入推进。手足口病报告病例较去年同期降低 31.72%，重症病例较去年同期下降 71.47%。12 家流感监测网络实验室连续 5 年以 100% 准确率全部顺利通过国家考核。实验室检测首次发现流脑 W135 群病例，向国家送检菌株数量位居全国第一，细菌病原监测实验室顺利通过中国细菌性传染病分子分型实验室监测网络认可。加强不明原因发热病人疟原虫血检，完成全年任务的 122%，57 例输入性疟疾病例全部得到规范处置。全年没有霍乱病例报告，出血热、乙脑等均未发生大规模暴发疫情，有害生物监测能力有了新的提升。

四、健全监测网络，加大工作力度，慢性病和地方病防控成效突出。

一年来，我们坚持一张蓝图干到底，一步一步地健全监测网络，一项一项地分解任务，一件一件地落实措施，积极有效地做好各项非传染性疾病防控工作。一方面，全省慢病、伤害和死因三大监测网络高效运转，数据质量持续提高。高血压患者健康管理项目，基层卫生服务机构综合防治覆盖率达到 99.87%，高血压和Ⅱ型糖尿病分别建档 573.22 万人和 166.97 万人，较去年分别增加 14.57% 和 13.95%。综合干预控制示范区建设、儿童安全教育干预、全民健康生活方式行动、农村地区癫痫防治等项目均完成或超额完成国家下达的任务目标，我省的慢性病防治综合实力跨入国内先进行列。另一方面，顺利通过全国地方病防治“十二五”规划中期考核评估。省级和 11 个市级尿碘及盐碘实验室、42 个县级盐碘实验室，省级和 13 个市级及 25 个县级氟实验室均以 100% 反馈率和合格率通过国家考核。国家碘缺乏病参照实验室，授予我中心为国家级碘标准物质定值单位。在 167 个县开展了居民食用盐监测，各项监测指标均达到国家标准。7 个大骨节病病区疫情继续保持平稳态势。

五、加大监测力度，强化工作质量，公共卫生和技术服务能力大幅增强。

一年来，我们坚持保持力度、保持韧劲，驰而不息地加强能力建设，扩大监测网络，发挥技术优势，积极主动地为卫生行政部门做好技术支撑。一是食品安全风险监测能力显著提高。首次与河北医大合作，共同完成我省瘦肉精风险评估报告。食品安全风险监测网络覆盖扩大到 11 个设区市、86 个县（市、区）。一年来，共监测食品中化学污染物和有害因素样品 10647 份，完成率达 108%；监测食品中微生物及其致病因子样品 4354 份，是国家计划的 2.9 倍。顺利完成我省 3 市 22 县农村义务教育学生，营养改善计划监测数据审核，监测学校 620 所，共计 16.746 万人。二是职业卫生与职业病防治工作全面加强。全年共报告各类新发职业病

689例，其中尘肺病645例。初步建立起了哨点县职业病防治模式。职业卫生技术服务甲级资质续展顺利。三是放射防护工作稳步推进。开展了“辐射危害控制与核辐射卫生应急处置关键技术研究及其应用”项目，放射诊断患者典型剂量测量完成1861例，完成率达103%。开展放射诊疗设备质量控制检测111台，完成率达到100%。四是环境卫生和学校卫生工作逐步增强。制定了《河北省2013年生活饮用水卫生监督监测工作方案》，监测网络覆盖面扩大到11设区市和68个县，监督监测范围扩大到全省50%的县。启动了河北省空气污染（雾霾）人群健康影响监测项目。同时，全省中小学生视力低下、患龋、营养不良及肥胖状况专项调查取得阶段性成果。五是卫生检验检测水平不断提升。顺利通过国家三合一评审和国家保健食品注册检验机构遴选核查，获得了国家保健食品注册检验机构资格。至此，我中心国家和省级技术服务资质达到17大类737项，较去年提高5%，特别是食品检验项目达到238个，较去年提高14%，中心的检验检测能力迈出了新步伐，跨上了新台阶。六是健康教育和宣传力度不断加大。控烟工作荣获“全国创建无烟医疗卫生系统优秀单位奖”，“培养健康生活方式，远离心脑血管疾病”、“远离烟草、珍爱生命—家庭篇”2部公益广告分获国家二、三等奖。选派20个专业36名公共卫生专家，先后奔赴12个市（县区）开展“疾控服务百姓，共建健康生活”健康大巡讲，5000多人参加培训，发放健康传播材料1万多份。同时，密切关注社会舆情，全年共举办媒体沟通和情况通报会9次，接受专访150次，及时回应政府关心、媒体关注、群众关切的社会公共卫生问题，先后在健康报、河北日报、河北电视台等多家媒体刊登宣传报道220余篇，收到了良好的效果。

六、强化综合管理，加快发展步伐，内涵建设再创佳绩。

一年来，我们坚持以“二次创业”为动力，以开展党的群众路线活动为契机，跳出形式主义、事务主义的圈子，减少迎来送往，集中力量抓大事、立足本职干实事，不断让中心的管理机制活起来，科教氛围浓起来，干部队伍强起来，文化底蕴厚起来。一是强化内涵建设，提高管理水平。年内，我们新成立了项目管理办公室、安全保卫处和疫苗临床研究所，中心科室达到40个，调整充实中层干部13名，进一步健全了管理机制。首次组织开展了全省疾控机构服务能力调查，摸清了家底儿，掌握了实情，进一步提高了决策部署的科学性和实效性。此外，继聘请法律顾问后，又相继聘请国内外有关专家为技术顾问、管理顾问，持续提高中心管理工作的科学化、规范化、精细化、程序化和法律化。二是强化基础建设，提高服务水平。坚持多措并举，上下一心，克服困难，推动物资库房和职工食堂顺利开工，目前负一层已经封顶，整个工程预计今年九月底交付使用；全年，共计投入1900余万元采购各种仪器设备134台（套）。目前，中心共拥有万元以上设备587台（套），其中10万元以上大型仪器设备192台（套），仪器设备总价值达1.1亿元。三是强化合作交流，提高科研水平。首先，科研成果取得新突破。18项科技立项资金全部到位，总计资助经费141.15万元，达到历史最高水平。先后获得科技奖励6项次，其中省科技进步奖二等奖1项，省医学科技奖一等奖2项，二等奖3项。共计发表论文91篇，其中SCI期刊4篇，CSCD期刊18篇，科技核心期刊67篇，论文数量和质量较往年有了大幅提升。第二，学术交流取得新突破。我们先后派出业务骨干160余人次赴国内外疾控研究机构学习参观、参加学术交流和学术会议，提高专业技术水平。同时，聘请北京、上海、美国等知名专家学者来中心讲授管理、疾病预防控制和公共卫生等相关专业知识，开创了中心对外交流的新局面。第三，带教能力取得新突破。继续加大预防医学和公共卫生专业人才的培养，作为河北医科大学、河北大学、河北联合大学和山西医科大学等四所高校的教学基地及国家食品安全风险评估中心河北中心，我们不断加大软硬件建设投入，强化教学管理，圆满完成50余名专科生、本科生及研究生的实习带教工作，这是中心成立以来带教学生数量最多的一年。四是强化多管齐下，提高队伍素质。一方面，我们站位全局帮练结合，协助委疾控处举办全省疾控系统大比武大练兵活动，89支代表队，共267人次参加竞赛，取得了预期的结果；继续深化“手拉手对口帮扶”活动，全年共两批36人次到中心相关科室进行为期1~6个月进修学习，强化了基层疾控机构的业务能力。另一方面，我们立足中心内外结合，积极引贤纳才，全年公开招聘博士2名，硕士10名，本科5名，成为中心多年来引进人才最多的一年。同时，与中生集团签署了战略合作协议，在科研、培训等多方面展开合作。先后举办了高效能团队建设、礼仪、摄影等培训班；首次分批分次组织中层干部走进清华大学进行封闭式培训，努力使大家的思想更解放、思路更开阔、工作更高效。五是强化品牌效应，提高社会影响。我们坚持以文铸魂，让文化成为全体职工的力量源泉；坚持以文塑品，让文化成为对外宣传的窗口和阵地。一年来，我们在《河北日报》健康周刊开辟了“关注疾控”专栏，塑造疾控好形象，传播疾控好声音。同时，我们更新了宣传橱窗、电子屏幕等文化载体，筹备建设文化长廊，创作了《河北疾控文化手册》，积极打造疾控特色文化品牌，用文化凝聚人心，靠品牌扩大影响。六是强化综合服务，提升保障质量。继续加强石家庄和保定两地办公区的后勤服务和安全保卫工作，不断提升药械供应、财务审计、老干部及工团管理，努力让中心亮起来，美起来。

总之，过去的一年，是我们在“二次创业”的道路上取得丰硕成果的一年，也是工作亮点纷呈的一年。许宁副省长和委领导先后多次到中心视察，对我们的工作给予了高度评价。一年来，中心先后被全国妇联授予“全国巾帼文明岗”，被国家卫生计生委、人社部评为“全国艾滋病防治工作先进集体”，被省卫生厅评为“群众满意的医疗卫生机构”，工会被省总工会授予“全省工会系统财务工作先进单位”，档案管理被省档案局评为“河北省机关档案工作目标管理4A级”等各项荣誉20余项，达利亚同志荣获国家卫生计生委“无偿献血金质奖”，张振国同志被评为河北省“我最喜爱的健康卫士”。

回顾一年来的工作，我们深刻体会到：要推动中心在“二次创业”中砥砺前行，就必须做到“好中求快、稳中求变”。“好”：是目标、是方向，就是质量要好、服务要好、品德要好；“快”：是期望、是追求，就是决策要快、执行要快、发展要快；“稳”：是基础、是前提，就是心神要稳、步伐要稳、大局要稳；“变”：是手段、是方法，就是思路要变，方法要变，措施要变。总之，就是要“好”字当头、“稳”字保底、“变”贯其中、越“快”越好！

在总结成绩、盘点收获的同时，也要清醒地认识到，我们的工作与上级的要求还有差距，与干部职工的期盼还有距离，与日益复杂的公共卫生形势的挑战还不相适应，主要表现在：一是科研水平不够高，优势的学科不够强，科技成果不够多，特别是高质量、高水平的论文偏少；二是队伍结构不合理的问题还没有得到有效解决，特别是缺少高层次专业人才；三是管理机制还存在疏漏，一些规章制度和工作任务的落实力度不够到位，一些干部职工的纪律性、积极性和创造性没有得到充分调动。这些问题，我们今后要高度重视起来，并认真加以解决。

同志们，凝望过去，我们手携手，激情澎湃，令人欢欣鼓舞；望眼未来，我们肩并肩，信心百倍，更感重任在肩。再过10天，就是我们传统的马年春节了，马年意味着一马当先，马到成功，寓意着超越和领先。在新的一年里，让我们策马扬鞭，快马加鞭，深入贯彻落实党的十八届三中全会精神，在委党组的正确领导下，努力做到改革要有新突破，工作要有新局面，创新要有新举措，切实做到思想不能疲、劲头不能松、措施不能软，鼓干劲、求突破、“敲钉子”、抓落实，推动各项工作再上新台阶。

人们说“2013是爱你一生，2014就是爱你一世，让我们紧密团结在中心这个大家庭中，将一生一世的爱和正能量”凝聚起来，传承下去，再谱华章。

最后，祝大家新春愉快，工作顺利，身体健康，阖家欢乐!

谢谢。

2013年度领导班子述职述廉报告

省疾病预防控制中心主任　崔泽

（2014年1月22日）

2013年，是我中心实施“二次创业”的起始之年，也是中心发展史上十分关键的一年。一年来，在委党组的正确领导下，在全体干部职工的大力支持下，我们以党的群众路线教育活动为契机，以业务建设为保障，立足自身强素质，立足全局强管理，立足实效干事业，立足整改转作风，解放思想，真抓实干，在“二次创业”前进的道路上迈出了坚实步伐，各项工作呈现出良好的发展局面。下面，我代表领导班子，就一年来的主要工作情况和党风廉政建设情况简要汇报：

一、立足自身强素质，班子合力与能力双增强。

实践证明，领导班子是一个单位发展的风向标和“定盘星”。一年来，我们狠抓班子建设，立足自身，励志“强身”，追求“转身”，努力打造一个政治坚定、思想解放、团结进取、群众认可的领导班子。一是注重学习，提高领导能力。认真落实中心组学习制度，紧紧围绕十八大报告、党章、十八届三中全会精神和习近平同志系列讲话精神等重要理论，以及法律法规和管理艺术等必备技能，坚持个人主动学、班子例会集中学、组织活动交流学，积极用新理论、新知识武装头脑，指导实践，领导班子干事创业的热情更高了，驾驭全局的能力更强了，解决难题的招数更多了。二是求同存异，增进班子团结。“维护团结就是党性，搞好团结就是水平，巩固团结就是政绩”。我们始终坚持民主集中制和民主生活会制度，在沟通中化解分歧，在交流中达成共识，在批评和自我批评中共同进步，班子的团结力、凝聚力和向心力得到进一步强化。三是注重服务，凝聚发展动力。我们为职工真心诚意办实事，坚持不懈做好事，尽心竭力解难事，努力提高领导班子的亲和力、向心力和影响力。一年来，我们想方设法帮助职工解决子女入学、两地往返等问题，多方位筹措资金为全体干部职工更换工装，尽最大努力对办公区、实验区和生活区进行整修改造，不断改善工作环境和生活条件，不断增强全体干部职工的认同感、归属感和幸福感。

二、立足全局强管理，综合实力与品味双提高。

“单位要发展，管理是关键。”一年来，我们坚持“硬件”借外力，“软件”练内功，着力实施科学管理，提高综合实力，增强发展后劲。一是建章立制，提高综合管理水平。一年内，我们新组建了项目管理办公室、安全保卫处和疫苗临床研究所，中心的科室达到40个，全年调整充实中层干部13名，进一步健全了管理机制。同时，不断加强规章制度建设，继聘请法律顾问后又聘国内外有关专家为技术顾问、管理顾问，管理工作的科学化、规范化、精细化、程序化和法律化程度持续提高。二是加大投入，改善基础设施条件。千方百计克服了各种困难，推动物资库房和职工食堂顺利开工，共计投入资金1900余万元采购各种仪器设备

134台（套），进一步夯实了发展基础，截至目前，中心拥有10万元以上大型仪器设备192台（件），总价值达1.1亿元。三是寻求合作，强化科研教学能力。继续加大预防医学和公共卫生专业人才的培养，先后与国内外多所高校开展了教学、科研及公共卫生等专业领域的技术合作，先后成为河北医科大学、河北大学、河北联合大学、山西医科大学等四所高校的教学基地，成立国家食品安全风险评估中心—河北中心，并与中生集团签署战略合作协议，在科研、培训等多方面开展合作。当前，中心拥有省级医学重点学科3个，具备了全面的预防医学科研、人才培养、技能培训和技术推广等能力。全年，18项科技立项资金全部到位，总计资助经费141.15万元，获得科技奖励6项次，其中省科技进步奖二等奖1项，省医学科技奖一等奖2项，二等奖3项；共计发表论文91篇，其中SCI期刊4篇，CSCD期刊18篇，科技核心期刊67篇，数量和质量较以往大幅提升。四是外学内训，提升疾控队伍素质。一方面，协助省卫计委承办了全省疾控系统大培训、大练兵、大比武活动，89支代表队共计267人次参加竞赛，取得了预期的结果；继续深化“手拉手对口帮扶”活动，全年共分两批36人次到中心相关科室进行为期1~6个月进修学习，有效强化了基层疾控机构的业务能力；同时，还首次组织开展了全省疾控机构服务能力调查，摸清了家底儿，掌握了实情，进一步提高了决策部署的科学性和实效性。另一方面，坚持“走出去开阔视野，请进来加强交流”，先后邀请国内外知名专家学者来中心授课，举办了高效能团队建设、礼仪、摄影等培训班，开展了疾控系统应急队员野外生存拓展训练；同时，首次分批分次组织全体中层干部走进清华大学进行封闭式培训，努力使大家的思想更解放、思路更开阔、工作更高效。五是提升品质，加强疾控文化建设。我们继续加大疾控文化建设力度，更新了宣传橱窗、电子屏幕、手提袋等文化载体，筹备建设文化长廊，创作了《河北疾控文化手册》，积极打造疾控特色文化品牌，用文化凝聚人心，靠品牌扩大影响，为中心“二次创业”汇聚起强大的正能量。

三、立足实效干事业，服务水平和能力双提升。

俗话说：“念念不忘，必有回响”。一年来，领导班子始终把事业放在心上，把心放在事业上，坚持“挂出牌子、就要干出样子”的理念，始终把疾病防控和应急处置为重中之重，把各项工作抓到根子上，干到点子上，不图虚名，拧干水分，努力推动整体工作再上新台阶：

（一）卫生应急处置及时高效。我们在完善应急预案体系、加强应急储备等日常工作的基础上，秉承“训练开虚花，打仗尝苦果”的原则，扎实开展卫生应急实战拉练和拓展训练，组建4支防震减灾卫生防疫队，有效锻炼和提升了应急队伍的处置能力。一年来，全省共报告突发公共卫生事件18起，有效处置率100%。尤其是对人感染H7N9禽流感疫情的高效处置，再次印证了我们在大事面前的反应速度和应急能力。

（二）疾病预防控制成绩明显。我们在省卫计委的正确领导下，统筹兼顾，投入主要精力和重点保障，积极有效地提高了中心的综合服务水平。一是全省共报告法定传染病286088例，发病率较去年同期下降9.55%。二是常规11种疫苗接种率保持在98%以上，脊灰实验室连续23年、麻疹实验室连续13年以优异成绩通过世卫组织考核。三是艾滋病疫情继续保持低流行态势，处全国第22位，实验室认证连续5年以优异成绩通过国家质量考评。四是结核病防治5项指标全部超过“十二五规划”要求，其中涂阳肺结核患者治愈率达到96.4%。五是手足口病疫情总体处于低发水平，乙肝监测工作在全国名列前茅，流感实验室连续5年以100%的准确率通过国家考核，全年没有霍乱病例报告。六是慢性非传染性疾病扎实有效，基本公共卫生服务项目——高血压、糖尿病规范管理率分别达到90.94%和88.98%，大幅超过国家60%的要求。七是地方病防治工作顺利通过全国地方病防治“十二五”规划中期考核评估，碘盐监测指标全部达到国家标准，重点地方病病情稳定。

（三）公共卫生技术支撑能力稳步提高。顺利通过国家三合一评审和国家保健食品注册检验机构遴选核查，获得了国家保健食品注册检验机构资格。截至目前，中心国家和省级技术服务资质达到17大类737项，较去年提高5%，其中食品检验涵盖4个领域238个项目，较去年提高14%；食品安全风险监测样品数量大幅超过国家要求，职业病防治在全国职业卫生检测能力考核中位居前列，先后开展医用设备性能检测147台次，积极参与处置了山西苯胺污染致邯郸停水事件，对165所学校近10万名学生开展了健康调查。此外，我们历时三个月，选派20个专业的36名在专业领域有着丰富经验的省级专家，先后在全省11个设区市的12个市（县、区）进行健康大巡讲，全省共有卫生专业骨干和社区居民5000余人参加培训，2000余人接受健康知识普及，现场发放健康传播材料1万余份，现场接受义诊咨询500余人次。

2013年，许宁副省长和委领导先后多次到中心视察，对我们的工作给予了充分肯定。一年来，我们先后被全国妇联授予“全国巾帼文明岗”，被中国疾控中心评为“全国艾滋病防治工作先进集体”，被省卫生厅评为“群众满意的医疗卫生机构”等荣誉20余项，张振国同志被评为河北省“我最喜爱的健康卫士”。

四、立足整改转作风，勤政廉政双加强。

一个单位的工作，成也在作风，败也在作风；一个班子的形象，好也在作风，坏也在作风。一年来，我们牢记权力的本质是责任，权力的本色是为民，围绕党的群众路线教育实践活动，从自身做起，从小事做起，不虚、不偏，不空，不断整惰气、树正气、提士气，努力改进工作作风，强化反腐倡廉能力。一是抓思想整改，认真学习了十八大报告、“八项规定”等文件，撰写了心得体会、自查自纠报告、对照检查材料、个人整改方案，努力从思想深处挖原因，从自我剖析中找问题，真正形成了“领导有正气，队伍有士气，工作有锐气、中心有生气”的良好局面。二是抓工作整改，我们进一步修订细化了《行风建设公开承诺》等制度，完善了权力运行监控机制，将“体制、机制、制度融入文化”，着力打造“阳光疾控”。一年来，我们严格贯彻民主集中制和“三重一大”制度，对重大项目及仪器设备、疫苗采购等进行了全程监控，对中层干部选拔任用、人员招聘等及时进行了公开、公示，让权力在阳光下运行。同时，我们按照相关要求清退吃空饷人员7名，核减班子成员办公用房面积60余平方米。三是抓生活整改，班子成员能够认真落实“一岗双责”，严格遵守廉政准则相关规定，学会在约束中工作，习惯在监督下干事，带头抵制铺张浪费，自觉回避个人宴请及公务接待，不赶浪头，不出风头，切实把心思花在了抓落实上，把劲头放在了干事业上，把精力用在了促发展上。

回顾2013年工作，我们深深体会到，一个合格的领导班子，必须坚持和谐共事，打出“团结牌”，形成“真合力”；必须坚持解放思想，打出“创新牌”，形成“新局面”；必须坚持尽心尽责，打出“奉献牌”，形成“一盘棋”。

一年来，我们取得了一定的进步和成绩，是委党组正确领导的结果，是各有关部门和社会各界大力支持的结果，是全体干部职工务实奋斗的结果。在总结成绩的同时，我们清醒地看到，中心的工作与上级要求和群众的期待还有不小差距，中心的服务能力与当前经济社会快速发展的形势还不相适应，主要表现在：一是管理体系还不够顺畅，管理漏洞比较多，特别是部门之间、科室工作人员之间忙闲不均的问题比较突出；二是科技创新氛围不浓，分量重，影响大的科研成果不多；三是制约中心和全省疾控工作科学发展的瓶颈问题和深层次问题仍然存在。我们将高度重视这些问题，继续认真加以解决，以“朝受命、夕饮冰”等不起的紧迫感，“昼无为、夜难寐”敢作为的责任感，提速提质，加快发展。

发展永无止境，未来更加精彩。2014 年是贯彻落实十八届三中全会精神、全面深化改革的开局之年，是省疾控中心继续实施“二次创业”的关键之年。在委党组的坚强领导下，我们要继续团结和带领全体干部职工，忠于职守，勤政廉政，以改革创新、务实重干的精神，不争论、不空谈、不动摇、不减力，以实际行动向委党组和职工群众交上一份合格的答卷！

谢谢大家。

加快“二次创业”步伐　再谱建设发展新篇

省疾病预防控制中心主任　崔泽

为贯彻落实十八大精神，继续深入推动“修医德、强医能、铸医魂”主题实践活动，今年年初，中心领导班子审时度势，提出要全方位开展以“继承、创新、升级、进位”为主旨的“二次创业”活动。所谓“二次创业”，是指争取利用今后三到五年的时间，在继承中创新，在创新中发展，使中心的综合实力和服务能力实现一个新的跨越，迈入一个新的发展阶段。

中心自 2001 年成立以后的十年里，以会宾同志和建新同志为首的领导班子，积极克服白手起家、分区办公、机构磨合等诸多困难，带领全体干部职工艰苦奋斗，务实进取，迎非典、战甲流、抗震灾、保奥运，抓机遇、搞建设、强能力、谋发展，经过十多年的努力，实现了基础设施大变样、综合能力上台阶、重点业务跨先进、文明建设结硕果，在建设“国内一流省级疾控中心”的道路上迈出了坚实的步伐，取得了显著的成效。我们可以把这一历史阶段，叫做“一次创业”时期。经过这个时期的积累和沉淀，中心已经积累了一定的组织基础、硬件基础、业务基础和经验基础，也具备了一定的综合实力，为我们加快发展打牢了基础。

但是，与十八大对卫生工作提出的新任务相比，与建设经济强省、和谐河北，全面建成小康社会对我们提出的新要求相比，与日益严峻的疾病流行新形势相比，我们还有比较大的差距。必须清醒地看到，我省的疾病预防控制服务能力仍然滞后于经济社会发展和人民群众需求，中心无论是从硬件装备、队伍素质，还是从科技实力和业务能力等方面，都与国内先进省份的兄弟单位存在一定差距。同时，在中心发展的进程中，我们还面临不少困难，还会不断出现这样或那样的新问题、新矛盾。面对所有这些制约发展的问题和矛盾，我们的出路只有一条，那就是用发展的办法看待问题、化解矛盾、应对困难，从今年开始，全面开展“二次创业”，不断加快中心建设发展步伐。

创业，即创立基业。何谓“业”？据我国最古老的字书《尔雅》解释：“大版谓之业”，此即“筑墙版也”。古代造房子用的是版筑法，把两块板夹起来，当中填上土，夯结实，就成了墙。板上带有锯齿，一块板一块板的按上去，这样，墙就可越筑越高。造房子之前，先要制造这个“业”，有了“业”，才能“更上一层楼”。从这个意思扩展引申开去，可以说“二次创业”是在中心前十几年创的“业”的基础上，筑上新的“墙”，再领新的风骚。

“二次创业”，言简意赅，内容丰富。概而言之，就是创实力之业，创发展之业，创领先之业，创特色之业。从这个意义上讲，“二次创业”比第一次创业更加艰巨，更加任重道远，绝不是嘴上说一说，喊一喊口号，便能够一蹴而就的事情，这需要全体干部职工树立长期的恒心、攻坚的决心、拼搏的信心和敢胜的雄心，继往开来，开拓创新。

思想观念要创新。思想是行动的先导，观念是行动的指南。一方面，要破除因循守旧、故步自封、小进即满的保守思想，牢固树立“不创先就落后、不争优就退步”的意识，敢闯敢试，敢于突破，力争做到“人无我有、人有我优、人优我特”。另一方面，要强化“大疾控”“大公卫”观念，树立勇争一流、合作共赢的发展意识，积极在更大范围和更广领域开展技术合作与竞争，真正实现为我所用，互惠共赢，不断壮大综合实力。

管理机制要创新。管理出效益，出生产力。加强科学管理，是我们永恒的主题和不懈的追求。要因时而异、因地而异、因事而异、因人而异，持续改进和完善综合管理机制，把宏观管理精细化，把精细管理特色化，不断建立健全科学合理、效率优先、兼顾公平的绩效考核机制和奖励激励机制，切实把全体干部职工的聪明才智和实干精神激发出来，调动起来，确保各项工作任务落到实处，把创业的蓝图变成即将诞生的现实。

能力建设要创新。能力是生存的基础，是发展的目的，是创业的目标。要科学统筹硬件与软件、当前与长远的关系，不断增强综合实力和服务能力。一要大力改善硬件条件。“巧妇难为无米之炊”，要坚持公益性质，积极寻求政策支持、资金支持和物资支持，不断改善工作环境和优化设备水平，力争每年一大步，尽快达到国家标准要求，满足工作需要。二要切实加强科技研究。不断建立健全科研管理机制和奖励机制，巩固重点学科，扶持薄弱学科，营造起浓厚的科研氛围，切实让科研和业务紧密结合起来，力争拿出一批响当当的成果。三要积极加快人才培养。每年拿出一定的专项经费，专门加强队伍建设。以流行病学、应急处置和实验室检测为重点，通过外引内训、走出去、请进来等方式，不断提高队伍素质，夯实发展基础。

工作举措要创新。“世间万物，变动不居”；成绩有限，创新无涯。要积极顺应新环境，紧跟新形势，将开放的思想、谦虚的心态和强烈的自觉，不断调整策略，完善举措，积极推动各项业务工作晋位升级，努力做到重点工作排序进位，薄弱工作有效强化，优势工作继续保持，亮点工作不断呈现，努力在单位形成“见优思齐、遇先敢争、逢旗勇抗、锐意进取”的工作氛围。

文化建设要创新。文化是单位的灵魂，是发展的动力源泉，是谋求发展的强大力量和实施管理的最高境界。要把文化作为凝聚力量、鼓舞干劲的重要载体，不断加强学习文化、团队文化、精神文化、执行文化、学术文化、制度文化、品牌文化和廉政文化建设，不断增强全体干部职工的归属感、荣誉感和幸福感，提升人文素养和团队意识，努力打造富有特色的疾控文化，不断激发和凝聚“二次创业”的强大动力，力争早日实现我们的“疾控梦”。

“空谈误国，实干兴邦。”经过多年的拼搏，多年的奋斗，中心已经站在了一个新的起点上。现在，“二次创业”的冲锋号已经吹响，进位赶超的动员令已经下达。让我们承载起几代疾控人的愿望和梦想，承担起历史赋予我们的任务和使命，再一次立足新起点，迈上新征程，戮力同心，开拓创新，共同打造更加美好的明天！

重要文件选摘及主要发文目录

关于2012年河北省职业病危害监测情况的报告

省卫生厅：

河北省职业病报告网络专报系统统计分析显示，2012年我省共报告各类新发职业病765例，农药中毒2159例。2414家企业开展职业性健康检查，514家企业开展职业病危害因素监测。现将有关情况报告如下：

一、各类职业病发病情况

（一）尘肺病发病情况

2012年，全省确诊尘肺病669例（同比增加287例），占新发职业病的87.45%。其中矽肺520例（占77.72%），煤工尘肺

107例（占15.99%）。截至2012年底，累计尘肺病32765例，尘肺病死亡12713例，年终现患尘肺病20052例，年内晋期病例49例。按地区分布，病例主要集中在张家口、承德、唐山市等地区，分别为217人（占32.44%）、179人（占26.76%）、132人（占19.74%）。按行业分布，主要集中在有色金属、冶金及煤炭行业，有色金属所属企业196例（占29.29%），冶金所属企业185例（占27.65%），煤炭所属企业179例（占26.76%）。按经济类型统计，公有经济所属企业425例（占63.53%），非公有经济244人（占36.47%）。按企业规模统计，小型企业336例（占67.10%），大型企业178例（占18.89%）、中型企业134例（占11.73%）。从发病工种统计，矿山主要工种540例（占80.72%0），工厂其他工种67例（占10.01%）。小于5年工龄的79例（占11.81%0），5～9年工龄的188例（占28.10%）。从年龄上看，25～35岁12例（占1.79%），35～45岁157例（占23.47%），发病工龄短，年龄偏小仍是值得注意的问题。

（二）职业中毒等职业病发病情况

截至2012年底，全省报告急性职业中毒1起1例，慢性职业中毒病例11例，其中苯中毒8例、铅及其化合物2例（不包括四乙基铅）、二硫化碳中毒1例。生物因素所致职业病45例，均为布氏杆菌病，其中承德24例，张家口21例。职业性耳鼻喉口腔疾病38例，均为职业性噪声聋，职业性眼病1例。

二、农药中毒情况

全省报告农药中毒2159例，死亡78例，病死率3.61%，其中因生产性农药中毒204例（占9.45%）。引起生产性农药中毒的主要农药品种是杀虫剂（占81.86%）。引起非生产性农药中毒的主要农药品种是杀虫剂类的有机磷（氧乐果、敌敌畏、甲胺磷和其他有机磷类等），占41.17%。应关注的是停止生产、流通、使用的甲胺磷和对硫磷（含甲基对硫磷）高毒农药未得到有效控制，2012年甲胺磷和对硫磷（含甲基对硫磷）中毒病例232例，死亡8例。

三、职业性健康检查情况

全省开展职业性健康检查企业2414家409817人，均为在岗体检，体检人数较多的是唐山、邯郸地区及石家庄地区，分别为119171人（占29.08%）、58870人（占14.37%）、55387（占13.58%）。按企业类型分，大型企业209024人（占51.00%），中型企业119708人（占29.21%0），小型企业78369人（占19.12%）。按危害因素分，粉尘作业164209人，接触化学毒物108076人，物理因素作业144166人。检出疑似职业病人1151人，职业禁忌证1771人。

四、职业病危害因素监测情况

截至2012年底，全省实际检测514家企业，

实测点数8800个，合格点数8119个，合格率92.26%。其中粉尘作业实测点数1790个，合格点数1597个；化学毒物作业实测点数4098个，合格点数4017个；物理因素作业实测点数2912个，合格点数2505个。

河北省疾病预防控制中心
2013年1月9日

关于表彰二〇一二年度先进处室先进工作者和单项工作的决定

各处（所、中心、队）室、安国药材种植场：

2012年，在省委、省政府和省卫生厅的正确领导下，中心全体干部职工认真学习党的十八大精神，深入贯彻落实科学发展观，扎实推进“修医德、铸医魂、强医能”活动，不断拓展工作思路，改革工作方法，强化工作能力，提升工作效率，凝心聚力，锐意进取，圆满完成了全年各项工作任务，为促进中心的建设与发展，推动全省疾病预防控制工作健康开展做出了积极贡献。

为鼓励先进，激励后进，进一步激发全体干部职工的责任感和使命感，按照《河北省事业单位工作人员考核实施办法》，经中心党委研究，决定对办公室等18个处室授予“先进处室”荣誉称号；对蒋东升等84名同志授予“先进工作者”荣誉称号；对“7·21暴雨抗洪救灾防疫工作”授予单项工作特别奖，对“全球基金项目财务管理成效显著”等18项工作授予“单项工作优秀奖”。

希望受到表彰的先进集体和先进个人，珍惜荣誉，再接再厉，不断创造新业绩、做出新贡献。各部门和全体干部职工要以先进为榜样，进一步解放思想，团结奉献、振奋精神，开拓进取，以更加饱满的精神状态和更加务实的工作作风，努力开创全省疾病预防控制工作的新局面。

附件：1. 2012年度先进处室名单
2. 2012年度先进工作者名单
3. 2012年度单项工作奖励名单

河北省疾病预防控制中心
2013年1月15日

附件1

2012年度先进处室名单

办公室、人事处、党办室、监察室、药械供应管理处、突发公共卫生事件应急办公室、免疫规划管理所、病毒病防治所、性病艾滋病防治所、艾滋病高危人群干预工作队、地方病防治所、结核病防治所、营养与食品安全所、职业卫生与职业病防治所、放射防护所、药物研究所、卫生毒理所、理化检验所、微生物检验所

附件 2

2012 年度先进工作者名单（共计 84 人）

蒋东升、李文俊、邸凤莲、王　喆、李少华、刘树力、秦跃洲、师　鉴、赵保刚、张振国、郭　玉、孙印旗、韩艳淑、刘洪斌、齐顺祥、赵宏儒、张玉琪、赵　勇、马　景、张联英、朱俊卿、朱小波、刘长青、刘毅刚、袁树华、赵春香、周开建、张勤增、徐　颖、常凤启、申志新、孙　帆、申悦霞、袁　浩、武　洁、陈　晨、王　昀、李素肖、齐士伦、祝胜芝、齐红岩、刘伟生、张金良、陈光正、刘继敏、达利亚、石丹莹、井建华、周　然、王　强、张俊棉、刘　岩、贾肇一、王　茜、韩　旭、魏亚梅、韩光跃、张　新、路新利、朱远生、贾丽辉、樊利红、徐　华、曹亚景、陈　磊、张瑞琦、吕淑珍、刘惠田、李增敏、张京战、于　洁、王　坤、李国风、王惠娟、洪丽华、卢振敏、付志斌、杨立新、韩艳青、杨　健、杨英杰、王　海、荆立峰、王爱辉

附件 3

2012 年度单项工作奖励名单

单项工作特别奖

7.21 暴雨抗洪救灾防疫工作

单项工作优秀奖

1. 财务处：全球基金项目财务管理成效显著；

2. 老干部管理处：老干部精神文化生活得到充实提高；

3. 内部审计处：建章立制，严格依制度办理审计事项；

4. 科研培训管理处：圆满完成省疾控机构现场流行病学和实验室技能大培训大练兵比武活动；

5. 后勤服务中心：全年安全行驶无事故；

6. 保定后勤服务中心：《医药前沿》杂志社顺利完成转企改制工作；

7. 质量检验管理处：顺利完成国家“三合一”现场评审工作；

8. 生物制品供应管理所：加强质量管理建立健全疫苗冷链系统环境质量监管体系；

9. 公共卫生信息所：24 小时疫情和网络直报值班工作成绩显著；

10. 有害生物防治所：我省病媒专业技能培训覆盖范围实现新突破；

11. 细菌病防治与消毒所：按时保质完成健康相关消毒产品抽检任务，成绩显著；

12. 寄生虫病防治所：我省消除疟疾试点县顺利通过达标考核，成为我国首批消除疟疾达标县；

13. 医学研究所：圆满完成省科技厅课题“老年肾脏缺血再灌注损伤的易感机制及防治研究”；

14. 慢性非传染性疾病防治所：河北省慢性病综合防治工作成绩显著；

15. 健康教育所：以优异成绩通过卫生部第二

次创建无烟医疗卫生系统交叉督导评估；

16. 环境卫生监测与评价所：生活饮用水卫生监督监测工作取得突出成效；

17. 学校卫生防病所：开展中小学生视力低下和患龋情况专题调查成绩显著；

18. 学会办公室：圆满协办第九届海峡两岸中医药论坛大会。

河北省2012年伤害监测调查分析报告

依据《卫生部办公厅关于开展全国伤害监测工作的通知》（卫办疾控发［2005］189号）和《河北省伤害监测实施方案》要求，我们继续对国家监测点藁城市和秦皇岛市进行伤害监测，并对藁城市卫生局、秦皇岛海港区疾控中心和6家监测医院进行了工作督导，现将2012年所收集的伤害监测数据进行分析总结。

一、数据分析

2012年1月1日至2012年12月31日，我省共收集伤害病例21615例，其中秦皇岛市第一医院10008例（占全部伤害病例46.30%），藁城市中西医结合医院5663例（占全部伤害病例26.20%），秦皇岛市公安医院2246例（占全部伤害病例10.39%），其他秦皇岛市海港医院、增村中心卫生院、常安乡卫生院分别上报1920例、975例和803例。

（一）人口学特征

1. 性别、年龄构成　2012年所收集的21615例伤害病例中，男性14049例，女性7566例，男女性别比为1.86:1，性别分布差异有统计学意义（$\chi^2=323.09$，$P<0.01$）。除65～岁年龄组女性多于男性，性别比接近1:1外，其余每个年龄组都是男性多于女性。年龄范围0～103岁，平均年龄（36.29±18.93）岁，其中以25～64岁年龄段的病例为主，占63.94%。不同年龄组间比较可见，在45～岁之前伤害病例数随年龄增加大致呈上升趋势，然后下降，呈中间高两头低的图形（见图1）。

2. 文化程度构成　按文化程度进行分类，初中占41.61%，高中或中专占35.11%，小学占10.27%，不同年龄组的伤害患者文化程度不同，在65～岁年龄组有52.88%的人文化程度是文盲、半文盲或小学。

3. 职业构成　农村居民中伤害发生前3位的职业是农牧渔水利业生产人员、家务、在校学生，所占比例为48.61%，24.85%，6.96%；城市居民中生产运输设备操作人员及有关人员（53.10%）、在校学生（10.53%）、离退休人员（10.13%）为发生伤害前3位职业。

（二）伤害事件的基本情况

1. 伤害发生时间　由图2、图3、图4可发现，伤害发生的时间分布无论是按月、按星期、按小时都有一定的波动。通过对数据的分析，发现存在一定的集中趋势。所收集城市伤害病例在9～10月份较多，构成比分别为10.15%和10.41%；农村伤害的高发月为7月和9～10月，构成比分别为9.06%、9.65%和9.46%。

从每周时间分布看，城市居民伤害病例以星期一较多（14.84%），农村居民伤害病例以星期日和星期四较多，构成比分别为15.48%和14.89%。

从每日时间分布看，城市居民的伤害发生具有两个高峰，第一个高峰发生在11点，构成比为6.38%，第二个高峰发生于18～19点，构成比为9.81%和9.22%，于20点开始下降，至凌晨4时降至最低点（构成比为0.54%），以后又逐渐上升至18点为一天中的最高点；农村也出现两个高峰，分别是10点，17～18点，从晚上21点开始下降直到次日凌晨4点，凌晨5点开始逐渐增多直至一天中的最高峰即10点，至晚上22点前都处于较高发状态。

2. 伤害发生原因　就诊的前5位伤害原因依次是跌倒/坠落、机动车车祸、钝器伤、非机动车车祸、中毒，构成比分别为36.97%、21.11%、15.54%、7.73%、7.51%。按性别分析，由表1可看出，男性女性的伤害原因各有不同。

表1　2012年河北省居民伤害原因性别分析

伤害原因	男		女		合计	
	人数	百分比（%）	人数	百分比（%）	人数	百分比（%）
机动车车祸	2879	20.49	1683	22.24	4562	21.11
非机动车车祸	998	7.10	672	8.88	1670	7.73
跌倒/坠落	5096	36.27	2895	38.26	7991	36.97
钝器伤	2602	18.52	757	10.01	3359	15.54
刀/锐器伤	768	5.47	187	2.47	955	4.42
中毒	828	5.89	796	10.52	1624	7.51
其他	878	6.25	576	7.61	1454	6.73
合计	14049	100.00	7566	100.00	21615	100.00

所收集的伤害病例中，不同年龄组病人伤害原因是不同的（表2）。跌倒/坠落是城市各年龄组最主要的伤害原因；在农村有所不同，农村男性0～14岁第一位伤害原因是跌倒/坠落，钝器伤是15～19岁第一位伤害原因，机动车车祸是20～岁第一位伤害原因，农村女性0～14岁和65～岁年龄组第一位伤害原因都是跌倒/坠落，15～64岁第一位伤害原因是机动车车祸。中毒是城市女性20～24岁的第二位伤害原因（16.88%），在农村老年人中也较常见，是农村老人65～岁年龄组前三位伤害原因（男性21.82%、女性35.01%）。

3. 伤害发生地点　伤害经常发生的地点为公路/街道（42.23%）、家中（25.08%）、工业和建筑场所（13.78%）、贸易和服务场所（8.59%）、公共居住场所（7.00%）。

4. 伤害发生时的活动　休闲活动时发生伤害的比例最大（49.38%），其他依次为驾乘交通工具（25.17%），有偿工作（15.32%），家务/学习（5.96%）。城市与农村居民伤害均常发生于休闲活动、驾乘交通工具、有偿工作。

表3　2012年河北省伤害病例伤害意图分析

伤害意图	男性		女性		合计	
	人数	构成比（%）	人数	构成比（%）	人数	构成比（%）
非故意	11880	84.56	6663	88.07	18543	85.79
自残或自杀	242	1.72	326	4.31	568	2.63
故意	1904	13.55	569	7.52	2473	11.44
不清楚	23	0.16	8	0.11	31	0.14
合计	14049	100.00	7566	100.00	21615	100.00

5. 伤害意图　由表3可看出，无论男性女性，伤害类型以非故意伤害（意外事故）为主，均占80%以上；其次是故意（暴力、攻击）（11.44%）；自残或自杀的伤害病例（2.63%）占少数，女性多于男性；故意（暴力、攻击）的伤害病例男性多于女性。各种伤害类型之间的男、女构成比差异有统

计学意义（$\chi^2=289.75$，$P<0.01$）。

钝器伤病例中，故意伤害比例较高，为61.74%；中毒病人伤害类型中自残/自杀比例为30.42%。

（三）伤害相关临床特征

1. 伤害性质　从性质构成情况来看，挫伤或擦伤、锐器伤、骨折、器官系统损伤和烧烫伤位居前五位，分别占61.00%、11.93%、9.34%、8.58%、2.78%。

2. 伤害部位　从伤害部位看，头部、上肢、下肢、多部位、躯干占据前五位，分别占33.54%、16.57%、15.15%、14.67%、9.91%。

3. 伤害严重程度　所收集的病例严重程度构成比由高到低为轻度、中度、重度，其构成比分别为56.32%、41.93%、1.74%。不同伤害原因中，非机动车车祸、火器伤、刀/锐器伤、溺水和中毒造成的伤害程度较重，多为中度及重度伤害，都占到50%以上。

4. 伤害结局　伤害病例结局为治疗后回家（占50.37%）、观察或转院（占48.97%）、死亡（0.30%）。自残/自杀造成的伤害病例86.09%需观察或住院或转院，0.70%的病例发生死亡。

二、产品伤害监测

作为我国产品伤害监测扩大试点之一，藁城从2012年1月1日开始产品伤害监测工作。2012年1月1日至2012年12月31日藁城共收集伤害病例7441例，其中产品伤害病例5804例，占全部伤害的78.00%，典型案例共369例，占全部伤害的4.96%，占产品伤害的6.36%。按国家要求每周审核、上报一次产品伤害监测数据，如发现典型案例，次日将扫描件上报国家疾控中心慢病中心。从上报资料分析，道路交通工具是最主要的产品类型，占61.01%，其次是其他产品，占35.69%，第三位是农用机械产品，占2.76%。

三、工作督导情况

依据《全国伤害监测质量控制方案》和《河北省伤害监测实施方案》的要求，我们于2012年3月、9月对藁城市伤害监测工作进行督导检查，2012年10月对秦皇岛海港区伤害监测工作进行督导检查。听取了汇报，并进行了定性和定量调查。对藁城卫生局和秦皇岛海港区疾控中心分别进行了1~6月报告卡录入情况进行了抽查，分别抽查了300张，漏录率分别为2.00%、0.00%、错录率分别为1.00%、3.33%。对各监测点进行抽查，藁城市总漏报率0.33%、错报率为3.67%，秦皇岛海港区总的漏报率0.33%、错报率为7.00%，错报原因为个别医生有漏填现象，伤害发生的时间存在逻辑错误，以及伤害临床诊断填报错误，伤害发生的原因与地点填报错误等。

在藁城我们也对产品伤害监测进行督导，主要存在的问题是涉及产品伤害的案例，没有登记具体产品名称与型号/品牌，比如只写汽车，不知是哪种汽车，什么型号；许多案例漏填产品分类；典型案例扫描件卡片有的没有编号；产品伤害中产品名称填写不规范，用当地的俗称，比如面包车，写为“面包”。对此，我们已提出整改意见。

四、存在的问题和建议

（一）问题　总体来说，我省城乡伤害原因主要是跌倒/坠落、机动车车祸、钝器伤、非机动车车祸、中毒，构成比分别为36.97%、21.11%、15.54%、7.73%、7.51%。伤害高发人群以25~64岁年龄段的病例为主，占63.94%。不同年龄组病人伤害原因是不同的，与往年不同的是，跌倒/坠落已取代机动车车祸成为各年龄组最主要的伤害原因，提示我们要对全人群采取相应措施，预防跌倒/坠落的发生。伤害时的活动主要以休闲活动、驾乘交通工具、有偿工作为主。伤害发生的地点主要为公路/街道（42.23%）、家中（25.08%）、工业和建筑场所（13.78%）、贸易和服务场所（8.59%）、公共居住场所（7.00%）。

从督导的结果来看，报告卡的填写存在着缺项、逻辑错误、姓名和诊断的填写字迹潦草；性质填写不明确，个别存在错填的问题，有一定程度的漏报情况，且工作量大，经费不足，尤其产品伤害监测是近期开展的工作，有关人员的理解、接受程度存在一定问题，填卡质量有待提高。

（二）建议　我省伤害的防治工作重点应放在前面所述的突出伤害原因、人群、职业、活动和地点上。具体意见：

1. 政府应加大投入，加强对伤害预防的组织领导，建立多部门合作机制，社会、家庭和个人共同努力，减少伤害的发生。

2. 卫生行政部门进一步重视伤害监测工作，给予经费支持和政策保证。

3. 各医院出台相应的政策规范，制定具体的工作目标和考核方案，加强督导，将监测工作纳入医院考核内容。建立有效的奖惩制度，提高工作人员的工作积极性，按要求积极主动及时完成报告卡的填报工作。

4. 强烈呼吁各个哨点医院在建立电子病例系统时加入伤害报告卡模块，实现对伤害监测的信息化管理，从根本上实现信息采集的准确性、真实性、完整性，进而达到国家伤害综合监测的要求。

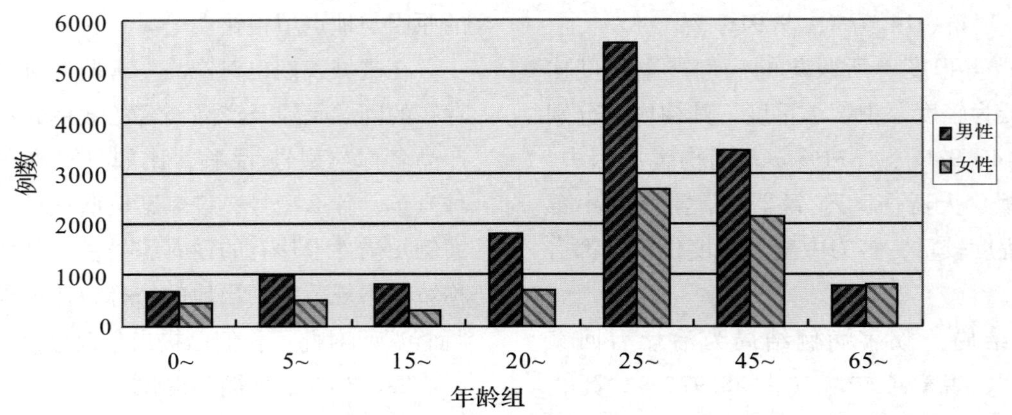

图 1　2012 年河北省城乡居民伤害病例按年龄性别分布

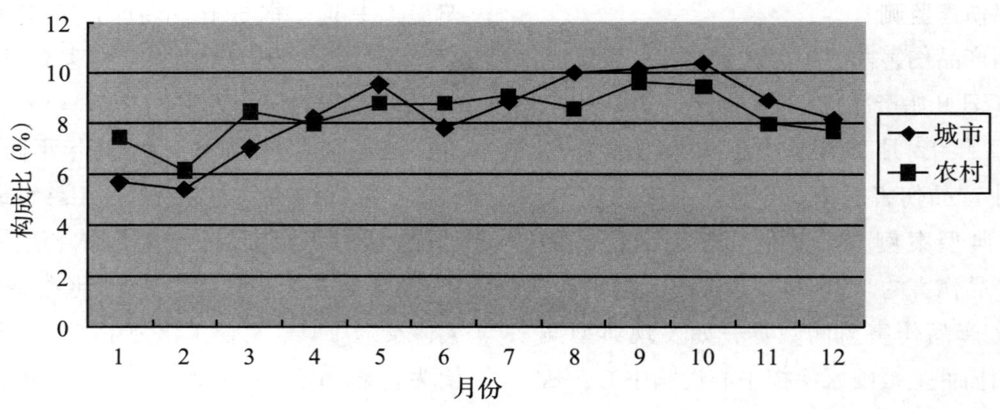

图 2　2012 年河北省城乡居民伤害病例时间（月）分布

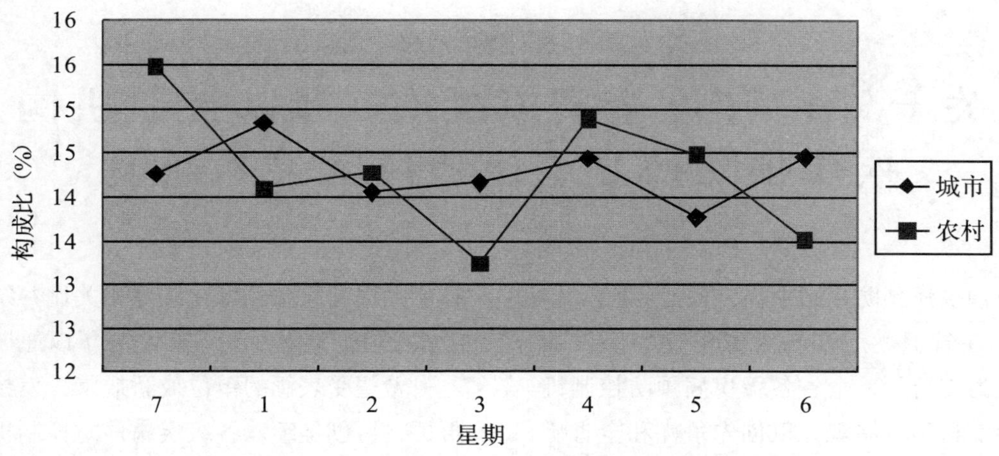

图 3　2012 年河北省城乡居民伤害病例时间（星期）分布

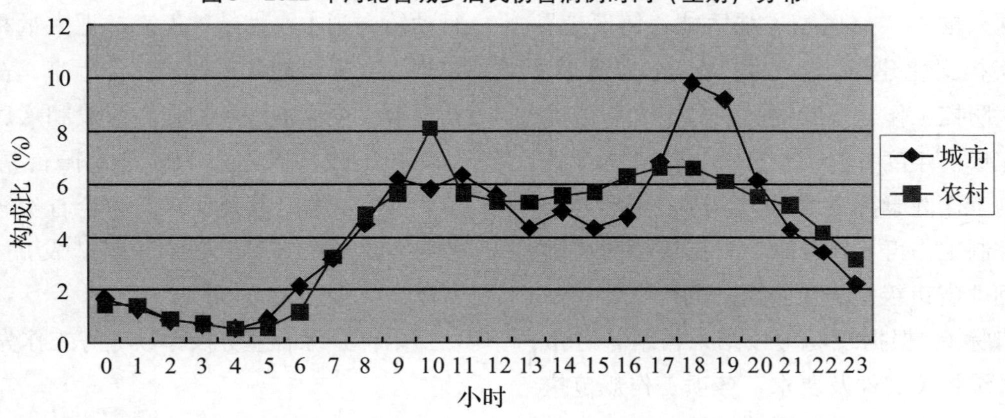

图 4　2012 年河北省城乡居民伤害病例时间（小时）分布

表 2　2012 年河北省不同年龄人群伤害发生的原因

年龄组	机动车车祸		非机动车车祸		跌倒/坠落		钝器伤		刀/锐器伤		中毒		其他		合计	
	人数	（%）	人数	（%）	人数	（%）	人数	（%）	人数	（%）	人数	（%）	人数	（%）	人数	（%）
0～4	44	3.96	44	3.96	689	61.96	25	2.25	10	0.90	18	1.62	282	25.36	1112	100.00
5～14	175	11.99	94	6.44	908	62.23	85	5.83	27	1.85	19	1.30	151	10.35	1459	100.00
15～19	190	16.95	100	8.92	416	37.11	227	20.25	61	5.44	69	6.16	58	5.17	1121	100.00
20～24	539	21.62	161	6.46	726	29.12	494	19.82	209	8.38	239	9.59	125	5.01	2493	100.00
25～44	1903	23.08	662	8.03	2557	31.01	1558	18.90	436	5.29	648	7.86	483	5.86	8247	100.00
45～64	1405	25.21	537	9.63	1886	33.84	876	15.72	191	3.43	388	6.96	291	5.22	5574	100.00
65～	306	19.02	72	4.47	809	50.28	94	5.84	21	1.31	243	15.10	64	3.98	1609	100.00
合计	4562	21.11	1670	7.73	7991	36.97	3359	15.54	955	4.42	1624	7.51	1454	6.73	21615	100.00

河北省疾病预防控制中心

2013 年 1 月 28 日

关于 2012 年度全省市级疾病预防控制机构疾病预防控制工作考核结果的通报

各市、华北石油疾病预防控制中心，各专业所：

2012 年，在省卫生厅和各级卫生行政部门的正确领导和大力支持下，全省各级疾病预防控制机构认真贯彻落实科学发展观，以创先争优和全省疾病预防控制机构开展的大培训大练兵大比武竞赛活动为动力，深入推进“修医德、强医能、铸医魂”活动，注重疾控文化建设，齐心协力，奋力拼搏，抓实重点疾病防控工作，不断提高公共卫生服务能力，较好地完成了年度各项工作任务，推动了全省疾病预防控制工作健康持续发展。为进一步推动全省疾病预防控制工作再上新台阶，省疾病预防控制中心按照《河北省市级疾病预防控制机构二〇一二年综合考评指标》，根据现场考核结果，结合各市落实国家和省级相关文件及要求，各项工作规范执行情况、全年工作和指令性任务完成情况、日常督导、全省疾病预防控制机构现场流行病学和实验室技能大培训大练兵大比武等相关比赛结果以及绩效考核工作，现将综合评价结果予以通报（见附件）。

希望受表彰的单位戒骄戒躁，发扬成绩，再接再厉，再创佳绩。各级疾病预防控制机构在新的一年里，要认真学习贯彻党的十八大精神，把思想和行动统一到十八大精神上来，把力量和智慧凝聚到实现十八提出的各项战略任务上来，奋发有为，开拓进取，全面推进疾控能力建设和疾病预防控制绩效考核工作，以先进为榜样，振奋精神，凝聚力量，务实工作，攻坚克难，为全省疾病预防控制事业科学发展、创新发展、和谐发展做出更大的贡献。

附件：综合业务及单项业务工作先进单位名单

河北省疾病预防控制中心

2013 年 2 月 22 日

附　　件

综合业务工作先进单位

石家庄市疾病预防控制中心

唐山市疾病预防控制中心

廊坊市疾病预防控制中心

保定市疾病预防控制中心

承德市疾病预防控制中心

沧州市疾病预防控制中心

邯郸市疾病预防控制中心

邢台市疾病预防控制中心

单项工作先进单位

一、免疫规划工作先进单位

石家庄市疾病预防控制中心

保定市疾病预防控制中心

沧州市疾病预防控制中心

承德市疾病预防控制中心

廊坊市疾病预防控制中心

唐山市疾病预防控制中心

二、性病艾滋病防治工作先进单位

石家庄市疾病预防控制中心

邢台市疾病预防控制中心

廊坊市疾病预防控制中心

唐山市疾病预防控制中心

承德市疾病预防控制中心

衡水市疾病预防控制中心

三、结核病防治工作先进单位

石家庄市疾病预防控制中心

承德市疾病预防控制中心

沧州市疾病预防控制中心

唐山市疾病预防控制中心

保定市疾病预防控制中心

邯郸市疾病预防控制中心

四、病毒病防治工作先进单位

唐山市疾病预防控制中心

邯郸市疾病预防控制中心

承德市疾病预防控制中心

石家庄市疾病预防控制中心

廊坊市疾病预防控制中心

保定市疾病预防控制中心

五、突发公共卫生事件应急处置工作先进单位

保定市疾病预防控制中心

承德市疾病预防控制中心

邯郸市疾病预防控制中心

石家庄市疾病预防控制中心

廊坊市疾病预防控制中心

沧州市疾病预防控制中心

六、食品安全风险监测（食品污染物、食源性致病菌、食源性疾病监测）工作先进单位

石家庄市疾病预防控制中心

唐山市疾病预防控制中心

廊坊市疾病预防控制中心

邯郸市疾病预防控制中心

秦皇岛市疾病预防控制中心

保定市疾病预防控制中心

七、传染病及突发公共卫生事件网络直报工作先进单位

石家庄市疾病预防控制中心

承德市疾病预防控制中心

唐山市疾病预防控制中心

保定市疾病预防控制中心

邯郸市疾病预防控制中心

廊坊市疾病预防控制中心

八、细菌病防治和消毒工作先进单位

石家庄市疾病预防控制中心

保定市疾病预防控制中心

邯郸市疾病预防控制中心

承德市疾病预防控制中心

秦皇岛市疾病预防控制中心

唐山市疾病预防控制中心

九、慢性非传染性疾病防治工作先进单位

石家庄市疾病预防控制中心

沧州市疾病预防控制中心

保定市疾病预防控制中心

唐山市疾病预防控制中心

邢台市疾病预防控制中心

廊坊市疾病预防控制中心

十、地方病防治工作先进单位

石家庄市疾病预防控制中心

保定市疾病预防控制中心

沧州市疾病预防控制中心

邯郸市疾病预防控制中心

廊坊市疾病预防控制中心

承德市疾病预防控制中心

十一、有害生物防制工作先进单位

石家庄市疾病预防控制中心

秦皇岛市疾病预防控制中心

唐山市疾病预防控制中心

邯郸市疾病预防控制中心

保定市疾病预防控制中心

承德市疾病预防控制中心

十二、职业卫生与职业病防治工作先进单位

石家庄市职业病防治院

廊坊市疾病预防控制中心

唐山市疾病预防控制中心

保定市职业病防治院

邢台市疾病预防控制中心

承德市疾病预防控制中心

十三、放射卫生防护工作先进单位

石家庄市职业病防治院

保定市职业病防治院

廊坊市疾病预防控制中心

唐山市疾病预防控制中心

沧州市疾病预防控制中心

秦皇岛市疾病预防控制中心

十四、健康教育工作先进单位

石家庄市疾病预防控制中心

唐山市疾病预防控制中心

邯郸市疾病预防控制中心

保定市疾病预防控制中心

沧州市疾病预防控制中心

廊坊市疾病预防控制中心

十五、环境卫生监测工作先进单位

石家庄市疾病预防控制中心

唐山市疾病预防控制中心

邢台市疾病预防控制中心

秦皇岛市疾病预防控制中心

邯郸市疾病预防控制中心

廊坊市疾病预防控制中心

关于做好 2013 年手足口病监测工作的通知

各市疾病预防控制中心：

为切实落实卫生部《手足口病预防控制指南（2009 版）》和省卫生厅 2013 年中央财政专项资金手足口病等肠道传染病防治项目工作要求，现就做好我省手足口病监测工作通知如下：

一、流行病学调查

（一）重症（死亡）病例调查

各市疾控中心必须对所有手足口病重症病例、死亡病例进行流行病学个案调查，详细了解病例的基本信息、临床症状、发病就诊治疗过程、感染传播情况、病原检测结果，以及引起重症及死亡病例的主要危险因素等，填写手足口病重症或死亡病例个案调查表，并录入 Epidata 数据库。

（二）聚集性和暴发疫情调查

县（区）级疾控机构接到聚集性或暴发疫情报告、或在主动搜索或进行网络直报信息审核时，发现聚集性或暴发疫情时，应及时按照《手足口病聚集性和暴发疫情处置工作规范（2012 版）》要求进行调查处置，并做好记录，填写《手足口病爆发疫情调查主要信息登记表》，撰写调查处置报告或结案报告。

二、病原学监测

（一）各市以县（区）为单位，每月最少需采集 5 例首次就诊的普通病例标本，当月县（区）病例总数少于 5 例时，全部采样，所有重症和死亡病例均需采样，每人份病例标本应包括咽拭子、肛拭子（粪便），每起暴发疫情至少采集 5 例病例标本开展病原学检测。

（二）所有标本采集后 4℃ 暂存并在 12 小时内送达实验室，－20℃ 以下低温冷冻保藏，需长期保存的标本存于－70℃ 冰箱。

（三）各市疾控中心自行对手足口病病例标本进行检测，填写手足口病病例临床标本检测结果登记表（见附件 1）。

（四）病例标本采集、送样及检测参考《手足口病预防控制指南 2009 版》“肠道病毒标本的采集、运送、保存和实验室检测指南”。

三、血清学监测

各市全年采集 5 例（3 例 EV71，2 例 CA16）以上重症或住院病例的血清，采集急性期和恢复期双份血清（相隔 2～4 周）送我中心用于抗体检测。标本采集时填写手足口病病例血清标本登记表（见附件2）。

四、标本和相关信息上送

（一）各市于每月5日前将上月所有采样检测病例的“手足口病病例临床标本检测结果登记表”（Excel电子表格）、“手足口病重症或死亡病例个案调查表”Epidata3.02数据库（每月累增数据）、手足口病聚集性和暴发疫情一览表（见附件3），以电子邮件形式报我中心病毒所。

邮箱地址：

yuqiuli@126.com（附件1、2、3上报邮箱）

szkyqz2009@163.com（数据库上报邮箱）

（二）各市要按季度上送手足口病普通病例标本和重症病例标本用于标本核酸复核及病毒分离，其中普通病例标本每个季度35份，（EV71阳性10份，CoxA16阳性10份，其他肠道病毒阳性10份，实验室检测均阴性5份）。重症病例和死亡病例的标本需全部送检，并填写手足口病病例临床标本送检表（见附件4），随标本上报纸质版送检表。同时报电子版式。

邮箱地址：yuqiuli@126.com

五、结果反馈

各市在完成检测后要及时将检测结果以正式报告形式反馈至当地疾控中心以及医疗机构，医疗机构收到正式反馈结果后立即对已报告病例进行订正，并注明肠道病毒的型别。

联 系 人：于秋丽　刘莹莹

联系电话：

0311-86573420（传真）　86573424

附件：

1. 市手足口病病例临床标本检测结果登记表
2. 市手足口病病例血清标本登记表
3. 市手足口病聚集性和暴发疫情一览表
4. 市手足口病病例临床标本送检表

河北省疾病预防控制中心

2013年3月8日

2012年各部门新闻信息采纳情况通报

各处（所、中心、队）室：

为进一步推动中心新闻信息宣传工作，中心对各部门2012年提供并被《河北疾控报》、《河北疾病预防控制信息》以及各级各类媒体采纳的信息稿件进行了统计汇总（见附件1）。现通报如下：

一、信息采纳情况

全年在《河北疾控》报、河北疾控网等中心信息刊物和网站上登载各类疾病防控信息469篇1073条，在《河北日报》、《健康报》、《燕赵都市报》、河北电视台等各种新闻媒体刊发各类信息和动态608条，有效增强了新闻信息宣传功能，及时反映了全省疾控工作动态以及好的经验和做法，切实提高了疾控机构的社会影响力，也为各级领导决策提供了有力服务和参考。

二、信息撰写上报情况

（一）按类别进行了排序，疾控信息采用稿件数量较多的部门，A类分别是：办公室、性病艾滋病防治所/高危人群干预工作队、健康教育所、营养与食品安全所；B类分别是：突发公共卫生应急办公室、科研培训管理处、寄生虫病防治所、质量检验管理处；C类分别是：理化检验所、后勤服务中心、药物研究所、老干部管理处；D类分别是：学会办公室、人事处、财务处。

（二）稿件质量较好的部门有：办公室、营养与食品安全所、地方病防治所、性病艾滋病防治所/高危人群干预工作队、细菌病防治与消毒所。

（三）工作动态类信息上报及时性较好的部门有：办公室、细菌病防治与消毒所、地方病防治所、营养与食品安全所。

（四）工作主动性明显增强的部门有：理化检验所、药物研究所。

（五）在各大新闻媒体刊登宣传稿较多的部门有：病毒病防治所、性病艾滋病防治所、健康教育所。

三、存在的问题

（一）个别部门对新闻信息宣传工作仍然重视不够，主动抓新闻、写信息的意识不强，全年仅有几篇信息，与中心的要求相差甚远。

（二）信息总量虽有所增加，但深度挖掘不够，反映中心特色、亮点和工作经验、先进事迹、文化建设的信息宣传不多。

（三）信息稿件质量不高、层次不够清晰、语言仍需锤炼、报送不及时的问题依然存在。

（四）反映疾控人员精神风貌、文化素养等的心得体会、诗歌散文、感想随笔等体裁的稿件仍然很少。

（五）新闻图片使用不多，忽略弱化了图片符号的传导力。

希望各部门积极总结经验，强化精品意识和宣传意识，在选材上密切联系工作，进一步开拓思路，深入挖掘思想，多选取具有典型性、经验性、思考性的题材；在写作上进一步凝练语言、精炼内容、丰富体裁；及时撰写上报，在实效范围内宣传我省疾病预防控制工作的特点、成就以及工作进展。

附件：

1. 2012 年中心各处（所、中心）室信息采纳情况统计汇总表

2. 2012 年中心各处（所、中心）室信息采纳情况统计表（《河北疾控报》《河北疾病预防控制信息》等）

3. 2012 年中心各处（所、中心）室疾控工作新闻宣传报道统计表

（附件 2、3 登录中心办公内网“通知公告”栏目下载）

河北省疾病预防控制中心

2013 年 2 月 28 日

2012 年档案管理工作通报

各处（所、中心、队）室：

根据《河北省疾病预防控制中心档案工作考核评比办法》（冀疾控字〔2006〕号），中心对 2012 年各部门档案管理工作完成情况进行了统计和考评（见附件）。现通报如下：

总体上看，各部门对档案管理工作非常重视，全部在年度内完成了档案资料的整理归档工作，尤其是健康教育所、办公室、性病艾滋病防治所/艾滋病高危人群干预工作队、财务处、地方病防治所、细菌病防治与消毒所、免疫规划管理所等部门，领导重视、兼职档案管理员工作积极主动、认真负责，材料齐全完整、分类科学、归档及时。

存在的问题是：仍有部分科室对档案管理工作重视程度不够，预立卷制度执行不够好、材料不够齐全完整、迟迟不能归档，影响了中心整体档案管理工作进度。

为保证 2012 年度档案材料的收集归档工作顺利推进，各种文件资料齐全完整，希望各处（所、室）主管档案管理工作的有关领导及档案管理人员，高度重视档案工作，积极配合中心档案室严格

按照时间要求做好相关文件材料的收集、整理和归档工作。

附件：2012 年各处（所、中心）室档案工作考评情况

河北省疾病预防控制中心

2013 年 3 月 1 日

附件

2012 年各处（所、中心）室档案工作考评情况

序号	科室名称	有分管领导及兼职管理员、工作重视（10 分）	执行预立卷制度、材料分类科学（20 分）	微机录入（20 分）	归档时间（2012 年 8 月底前完成 30 分）	归档材料齐全完整（20 分）	合计	归档数量（件、卷）
1	健教所	10	20	20	2012.08（30 分）	20	100	照片 375 张，业务 226 件
2	办公室	10	20	20	2012.03（30 分）	20	100	387
3	性艾所/高干队	10	20	20	2012.08（30 分）	20	100	340
4	财务处	10	20	20	2012.04（30 分）	20	100	338
5	地病所	10	20	20	2012.06（30 分）	20	100	313
6	细消所	10	20	20	2012.05（30 分）	20	100	285
7	免规所	10	20	20	2012.07（30 分）	20	100	274
8	放射所	10	20	20	2012.06（30 分）	20	100	199
9	人事处	10	20	20	2012.07（30 分）	20	100	186
10	寄生虫病	10	20	20	2012.06（30 分）	20	100	184
11	结核病所	10	20	20	2012.04（30 分）	20	100	169
12	质检处	10	20	20	2012.07（30 分）	20	100	160
13	病毒所	10	20	20	2012.08（30 分）	20	100	145
14	应急办	10	20	20	2012.07（30 分）	20	100	105
15	食品所	10	20	20	2012.06（30 分）	20	100	93
16	监察室	10	20	20	2012.08（30 分）	20	100	46
17	药械处	10	20	20	2012.05（30 分）	20	100	39
18	环卫所	10	20	20	2012.08（30 分）	20	100	38
19	微生物所	10	10	20	2012.04（30 分）	20	100	33
20	理化所	10	20	20	2012.05（30 分）	20	100	30
21	学卫所	10	20	20	2012.05（30 分）	20	100	27
22	内审处	10	20	20	2012.06（30 分）	20	100	13
23	毒理所	10	20	20	2012.04（30 分）	20	100	8

续表

序号	科室名称	有分管领导及兼职管理员、工作重视（10分）	执行预立卷制度、材料分类科学（20分）	微机录入（20分）	归档时间（2012年8月底前完成30分）	归档材料齐全完整（20分）	合计	归档数量（件、卷）
24	药物研究	10	20	20	2012.06（30分）	20	100	5
25	有害生物	10	20	20	2012.09（25分）	20	95	170
26	职卫所	10	20	20	2012.11（15分）	20	85	451
27	党办室	10	20	20	2012.11（15分）	20	85	219
28	信息所	10	20	20	2012.11（15分）	20	85	62
29	生物制品	10	20	20	2012.11（15分）	20	85	5
30	科培处	4	20	20	2012.12（10分）	20	74	306
31	慢病所	7	17	20	2012.12（10分）	20	74	240
32	后勤服务	10	16	20	2012.12（10分）	18	74	31
33	老干部处	6	18	20	2012.12（10分）	20	74	2
34	医学研究							无材料
35	保定后勤	0	0	0	0	0	0	0
36	学会办	0	0	0	0	0	0	0

2012年河北省艾滋病检测实验室质量考评结果通报

各市、华北石油疾病预防控制中心：

依据《全国艾滋病检测工作管理办法》（卫疾控发〔2006〕218号）和《全国艾滋病检测技术规范》（2009版）要求，我中心分别于2012年6月、10月和11月对全省艾滋病筛查中心实验室和筛查实验室进行了综合质量考评。现将考评结果通报如下：

2012年，参加综合考评的实验室509家，参加率100%。考评实行分级管理，省市联合考评，省确证中心实验室对12家艾滋病筛查中心实验室（包括艾滋病确证实验室）进行考评，各市筛查中心实验室对本辖区筛查实验室进行考评。考评内容包括血清样品检测、职能工作质量考评和现场抽查。考评优秀的实验室205个，良好的实验室219个，合格的实验室85个，合格率100%（详见附件）。

考评结果显示，绝大多数实验室基本能够按照考评要求如实上报结果，大部分筛查实验室具有较强的艾滋病抗体检测能力，实验室管理和质量控制能力，生物安全设施和制度落实较完善。个别实验室实验记录不规范，质控图信息不全，强检仪器未鉴定，仪器使用记录不规范。

2013年，各市要继续加强艾滋病检测实验室能力建设和质量管理，做好辖区内筛查实验室人员培训、技术支持和现场督导，积极参加全国能力验证活动，提高检验结果的准确性、可重复性和室间结果的可比性，保证全省艾滋病实验室网络高质量运行。

附件：河北省 2012 年 HIV 抗体初筛（中心）实验室质量考评结果

河北省疾病预防控制中心
2013 年 3 月 12 日

附　　件

河北省 2012 年 HIV 抗体初筛（中心）实验室质量考评结果

一、市级疾病预防控制机构（12 个）

（一）优秀实验室（9 个）

石家庄市疾病预防控制中心
邢台市疾病预防控制中心
唐山市疾病预防控制中心
衡水市疾病预防控制中心
张家口市疾病预防控制中心
保定市疾病预防控制中心
廊坊市疾病预防控制中心
邯郸市疾病预防控制中心
承德市疾病预防控制中心

（二）良好实验室（3 个）

沧州市疾病预防控制中心
秦皇岛市疾病预防控制中心
华北石油疾病预防控制中心

二、县区级疾病预防控制机构（172 个）

（一）优秀实验室（88 个）

石家庄市桥东区疾病预防控制中心
石家庄市长安区疾病预防控制中心
石家庄市裕华区疾病预防控制中心
井陉县疾病预防控制中心
平山县疾病预防控制中心
鹿泉市疾病预防控制中心
赵县疾病预防控制中心
涉县疾病预防控制中心
永年县疾病预防控制中心
曲周县疾病预防控制中心
成安县疾病预防控制中心
临城县疾病预防控制中心
沙河市疾病预防控制中心
邢台县疾病预防控制中心
内丘县疾病预防控制中心
巨鹿县疾病预防控制中心
清河县疾病预防控制中心
威县疾病预防控制中心
柏乡县疾病预防控制中心
邢台市桥东区疾病预防控制中心
邢台市桥西区疾病预防控制中心
任县疾病预防控制中心
南和县疾病预防控制中心
宁晋县疾病预防控制中心
雄县疾病预防控中心
唐县疾病预防控制中心
定州疾病预防控制中心
蠡县疾病预防控制中心
高阳县疾病预防控制中心
顺平县疾病预防控制中心
安新疾病预防控制中心
满城疾病预防控制中心
清苑疾病预防控制中心

饶阳县疾病预防控制中心
安平县疾病预防控制中心
阜城县疾病预防控制中心
冀州市疾病预防控制中心
黄骅市疾病预防控制中心
肃宁县疾病预防控制中心
沧州市新华区疾病预防控制中心
沧县疾病预防控制中心
河间市疾病预防控制中心
任丘市疾病预防控制中心
海兴县疾病预防控制中心
盐山县疾病预防控制中心
沧州市运河区疾病预防控制中心

关于成立人感染 H7N9 禽流感防控工作领导小组的通知

各处（所、中心、队）室：

2013 年 3 月 31 日，国家卫生和计划生育委员会首次通报上海、安徽确诊 3 例人感染 H7N9 禽流感病例，其中 2 人死亡，1 人病情危重，我国全球首次发现和确认了新型 H7N9 禽流感病毒导致的人类感染病例。为切实做好我省人感染 H7N9 禽流感防控工作，加强人感染 H7N9 禽流感防控工作的组织领导，确保各项措施落到实处，经研究决定，成立中心人感染 H7N9 禽流感防控工作领导小组，全面负责人感染 H7N9 禽流感防控工作的组织领导和决策部署。领导小组办公室设在应急办，具体负责各项防控工作的协调落实。下设疫情处置、疫情监测、药械供应、后勤保障和新闻宣传五个工作组。领导小组及专业组分组如下：

一、领导小组名单如下：

组　长：崔　泽

副组长：李　琦　戴明启　李建国　高立志　陈素良　王　岩

成　员：师　鉴　蒋东升　齐顺祥　孙印旗　高贵军　张振国　赵宏儒　张玉琪　程蔼隽　秦跃洲　郭鹏云　李志伟

二、专业组

（一）疫情处置组

组　长：师　鉴

组　员：疫情处置组人员名单见附件。

职　责：参与修订人感染 H7N9 禽流感应急预案和技术方案，指导全省人感染 H7N9 禽流感疫情的病例确认、现场流行病学调查、密切接触者的追踪与管理、疫区的消毒与处理、提出控制措施和建议、预防控制效果的评估。

（二）疫情监测组

组　长：高贵军

组　员：邓祖昆　董　辉　高　伟　马　昱　屈素格　曾　娟

职　责：组织指导全省不明原因肺炎病例、医疗机构死亡病例和流感监测，保证网络支持，指导和开展疫情网络直报，负责疫情信息的收集、分析、预测、通报和报告。

（三）药械供应组

组　长：秦跃洲

组　员：张国华　孙立新　达丽亚　王武兵　张　莉　林　原

职　责：负责突发人感染 H7N9 禽流感疫情预防控制工作的防护设备和用品、防治药品、消毒器械和药品、流行病学调查及医学观察等设备和物资的采购、储存、管理与发放，适时更新补充。

（四）后勤保障组

组　长：李志伟

组　员：刘树力　窦勇智　王金木　霍双锁
　　　　王振华　李少华　王利强　霍　萌

职　责：做好疫情处理的后勤、生活保障，满足应急车辆等。

（五）新闻宣传组

组　长：程蔼隽

组　员：郭晓亮　马晓江　石丹莹　陈春雷
　　　　冯　毅　王　坤　于　洁　王君懿

职　责：负责组织开展防控人感染 H7N9 禽流感工作等重大突发公共卫生事件的知识宣传，负责联络和接待新闻界的采访。

附件：河北省疾病预防控制中心疫情处置组人员名单

河北省疾病预防控制中心

2013 年 4 月 2 日

附件

河北省疾病预防控制中心疫情处置组人员名单

组　别	组　长	组　员
第一组	齐顺祥	袁树华　赵　勇　回延良　韩　旭
第二组	孙印旗	马　景　梁　良　崔玉杰　崔志强
第三组	张振国	王喜明　李　军　陈志强　韩光跃
第四组	张玉琦	郭　玉　白广义　许永刚　王晶辉
第五组	赵玉良	陈海峰　李保军　刘艳芳　贾肇一
第六组	刘洪斌	吕胜敏　张富斌　田　茶　王　茜

河北省 2012 年碘盐监测通报

各设区市疾控中心、张家口市地方病防治所，辛集、定州市疾控中心：

为掌握我省 2012 年全省碘盐生产和居民户碘盐供应情况，按照河北省 2012 年医改地方病防治项目方案和河北省碘缺乏病监测实施方案（试行）要求，我中心组织开展了 2012 年全省碘盐监测工作，现将监测结果通报如下：

一、碘盐监测范围

（一）第一层次（生产和加工企业）

1. 碘盐生产企业：对省内 5 家加碘盐场进行了监测。

2. 加工、分装和批发企业：对我省除高碘县（市、区）以外所有的县（市、区）进行监测。

（二）第二层次（居民户食用盐）

1. 非高碘地区随机抽样监测：我省 167 个县（市、区）供应碘盐的非高碘地区。

2. 高碘地区食盐监测：在经省卫生计生委批准的含高碘乡的 30 个县（市、区）进行。

二、检测方法

（一）非高碘地区：在居民户采集食盐后，即在现场进行半定量检测（若在检测中发现有非碘盐，应查找并登记非碘盐的来源渠道）；随后将盐样送到县（市、区）疾病预防控制（地方病防治）机构实验室，按照 GB/T 13025.7 直接滴定法（川盐及其他强化食用盐采用仲裁法）测定盐中碘含量。

（二）高碘地区：采集居民户盐样后即在现场进行半定量检测。

三、判定标准

（一）合格碘盐：加碘食盐中碘含量符合食品安全国家标准《食用盐碘含量》（GB26878）。

（二）不合格碘盐：加碘食盐中碘含量低于或超出食品安全国家标准《食用盐碘含量》（GB26878）。

（三）非碘盐：碘含量低于 5mg/kg 的食用盐。

四、监测结果

（一）生产加工、批发和分装层次碘盐监测

2012 年 1～12 月，共对全省分装或批发企业以及加碘盐场进行 725 批次的检测，合格 695 批次，批质量合格率 95.86%，共检测盐样 6526 份，盐碘均数 29.13mg/Kg，标准差 5.49，变异系数 18.85%。监测结果表明，随着我省加碘浓度的下调，生产层次的盐碘中位数比去年略有下降，我省生产、加工、批发和分装层次的碘盐质量良好。

（二）非高碘地区居民食用盐监测

全省 167 个含非高碘乡的县（市、区）全部上报监测结果，上报率、有效监测率均为 100%。共监测居民户食用盐 49019 份，合格份 47104，不合格碘盐 1129 份，非碘盐 780 份；非碘盐率 1.75%，碘盐覆盖率 98.25%，碘盐合格率 97.48%，合格碘盐食用率 95.77%，达到了国家消除碘缺乏病要求的标准，但碘盐覆盖率、碘盐合格率和合格碘盐食用率总体上均略低于 2011 年。

167 个县（市、区）中，166 个居民户碘盐覆盖率大于 90%，非碘盐率≥10% 的 1 个（衡水市桃城区）。151 个县（市、区）碘盐覆盖率大于 95%，162 个县（市、区）居民户合格碘盐食用率在 90% 以上，占总数的 97.0%，5 个在 90% 以下，为唐山市丰润区（78%）、衡水市桃城区（79%）、唐山市唐海县（84.67%）、沧州市任丘市（86.67%）、唐山市丰南区 87%。

（三）高碘地区随机抽样监测

在 30 个县（市、区）的 172 个高碘乡（镇）共监测居民户盐 6840 份，无碘盐 5342 份，无碘食盐率 78.1%。其中 23 个县（市、区）的无碘盐供应情况良好，无碘食盐率在 90% 以上。7 个县（市、区）无碘食盐率在 90% 以下，其中 4 个无碘食盐率在 80%～90%（故城县 82%、黄骅市 85%、清河县 85.33%、88.33%），1 个在 40%～50%（景县 41.33%），其余 2 个无碘食盐率均小于 10%（东光县 5.67%、永清县 0%）。

五、存在的问题和建议

2012 年我省居民户碘盐供应状况整体上良好，167 个供碘盐县（市、区）中有 162 个合格碘盐食用率在 90% 以上，占总数的 97%，达到了国家消除碘缺乏病目标中的要求。但是仍有部分县（市、区）均存在着不同程度的非碘盐冲击，16 个县（市、区）的非碘盐率高于 5%，个别县（市、区）居民户的非碘盐覆盖率甚至超过 10%。非碘盐率高于 5% 的县（市、区）主要集中于我省的衡水、沧州、唐山、邯郸、廊坊、石家庄和保定等 7 个市的部分县（市、区），部分高碘地区碘盐覆盖率仍然很高，30 个高碘县（市、区）中有 7 个碘盐覆盖率仍高于 10%，个别甚至为 100%。

建议：

（一）盐业部门和工商部门应进一步加大打击供碘盐地区的非碘盐的力度，重点是我省非碘盐率高于 5% 县（市、区），确保当地的居民户合格碘盐食用率达到国家的要求。

（二）盐业和工商部门应进一步加强高碘地区无碘盐的供应和监督管理，降低高碘地区碘盐的覆盖率，防止高碘对当地居民可能产生的危害。

（三）卫生、盐业等相关部门应继续加强碘缺乏病防治和高碘危害的宣传教育，使广大群众充分认识到因地制宜、科学补碘的重要意义，积极主动采取相应的防治措施，消除碘缺乏和碘过量对当地群众造成了危害。

河北省疾病预防控制中心
2013 年 4 月 17 日

关于调整中心领导班子成员分工的通知

各处（所、中心、队）室，各有关单位：

为贯彻落实省委、省政府《关于进一步加强廉政风险防控深化权力运行监控机制建设的意见》（冀发〔2013〕2 号），根据省卫生厅《关于进一步加强廉政风险防控深化权力运行监控机制建设的实施意见》（冀卫发〔2013〕6 号）要求，经研究决定，现就中心领导分工调整如下：

崔泽（中心主任）：主持中心全面工作。具体分管办公室、慢性非传染性疾病防治所。

李琦（党委书记、中心副主任）：负责人事、党建和精神文明建设全面工作。具体负责人事处、免疫规划管理所、病毒病防治所、突发公共卫生事件应急办公室、健康教育所、生物制品供应管理所、科研培训管理处、药物研究所、医学研究所。

戴明启（党委副书记）：负责党务、综合治理、信访及群众工作，协助李琦抓精神文明建设。具体分管党办室、老干部管理处、学会办公室。

李建国（中心副主任）：分管职业卫生与职业病防治所、放射防护所、质量检验管理处、理化检验所、微生物检验所、营养与食品安全所、环境卫生监测与评价所、学校卫生防病所。

高立志（中心副主任）：分管财务处、后勤服务中心、药械供应管理处。

陈素良（中心副主任）：分管细菌病防治与消毒所、性病艾滋病防治所、公共卫生信息所、卫生毒理所、寄生虫病防治所、艾滋病高危人群干预工作队、结核病防治所、安国中草药种植试验场。

王岩（纪委书记）：负责纪委工作。具体分管监察室、内部审计处、保定后勤服务中心、地方病防治所、有害生物防治所。

河北省疾病预防控制中心
2013 年 4 月 19 日

关于成立加强脊髓灰质炎监测项目专家组的函

各市、华北石油疾病预防控制中心：

为确保加强脊髓灰质炎（脊灰）监测项目工作高效、有序实施，按照中国疾控中心相关工作要求，经研究决定，成立省级项目专家组，监督、指导各市 AFP 各项监测项目活动的开展，对市、县级疾控机构和有关医疗机构人员进行技术培训，对全省 AFP 监测系统运转状况督导和评价。具体名单如下：

组　长： 李　琦

成　员： 张振国　郭　玉　张富斌　李　静
董镇岭　刘　佳　郑立新　马玉忠
王焕新　张玉玺　王天满　王　晶
李顺利　张友谊　于树勇　闫玉英
宁可清　张全柱　张连山　范振芳

左志平　赵新明　关志国　高志华
王心伟　王宝峰　陈　敏

河北省疾病预防控制中心
2013 年 4 月 25 日

关于调整中心学术委员会的通知

各处（所、中心、队）室：

鉴于中心人事调整，为加强科研和学术管理，提高教学、科研水平，经研究，决定调整中心学术委员会（见附件 1）。学术委员会办公室设在科研培训处，具体负责有关学术活动各项工作。并组织修订了学术委员会章程（见附件 2），原章程同时废止。

附件：1. 河北省疾病预防控制中心学术委员会组成

2. 河北省疾病预防控制中心学术委员会章程

河北省疾病预防控制中心
2013 年 5 月 2 日

附件 1

河北省疾病预防控制中心学术委员会组成

顾　问：张建新

主　任：李　琦　李建国　陈素良　王　岩

秘　书：卢　安

委　员：夏晓红　齐顺祥　赵玉良　张振国　孙印旗　赵鸿儒　马　景　常风启　申志新　刘毅刚　孙纪新

附件 2

河北省疾病预防控制中心学术委员会章程

第一章　总　则

第一条　为弘扬学术精神，加强学术道德和思想建设，提升科研和学科建设水平，制定科技和人才培养发展战略，规范学术决策过程，提升学术管理水平，促进科教事业的发展，河北省疾病预防控制中心成立学术委员会，并制定本章程。

第二条　中心学术委员会是由河北省疾病预防控制中心各专业领域专家组成的最高学术审议、咨询、评定和决策机构。

第二章　组　成

第三条　中心学术委员会由学术造诣高、学风端正、坚持原则并对中心科教事业发展做出过重要贡献、在各相关专业领域卓有成就，并能够积极投入中心科教工作和学术管理工作的专家组成。

第四条 中心学术委员会设主任、副主任、委员、秘书等职。秘书由科研培训处处长兼任。学术委员会办公室设在科研培训处，负责学术委员会的日常工作。

第五条 学术委员会人选由个人申请，学术委员会办公室资格审查后报中心批准。可根据需要聘请3~5名外单位专家作为学术委员会顾问。

第六条 学术委员会委员实行聘任制，由中心颁发聘书。每届学术委员会委员任期3年，可以连任。委员在任职期间退休或因工作变动需要调整时，由学术委员会办公室提出调整人选，报学术委员会主任批准。

第七条 中心根据学术委员会委员参加学术评议的次数和工作量支付专家咨询费，由学术委员会办公室向中心申请，获得批准后发放。

第三章 职 责

第八条 制定和修改学术委员会章程。

第九条 制定各种学术标准。

研究和制定各种学术标准，作为对科技人员和科技工作评价的依据。

第十条 确定学术研究方向。

根据中心各专业情况，确定稳定的研究方向和重点研究内容，充分发挥各专业科室的资源，促进学科建设和人才培养。

第十一条 开展学术评定。

参与中心各类科技人员和科技工作的评定工作。

第十二条 开展学术咨询，提出学术建议。

承担中心科技发展、学科建设及人才培养规划等重要问题及重大科研问题的咨询和建议。

第十三条 维护学术道德，整饬学术理论，并参与中心伦理委员会的工作。

第四章 议事规程

第十四条 中心学术委员会决议事项采取民主集中制的原则，学术委员会会议由主任发起，学术委员会办公室负责组织，由主任或受主任委托的副主任主持。

第十五条 学术委员会根据工作需要可随时召开学术委员会会议，每年召开1次全体会议，讨论学术工作中的重大事宜。

第十六条 学术委员会需以投票方式做出决定时，参会人员不得少于2/3，表决须经与会委员半数以上同意方可通过。

第十七条 学术委员会委员一般不得缺席学术委员会会议，因故不能出席的必须向学术委员会办公室请假，3次以上无故不出席会议者取消委员资格。

第十八条 学术委员会在讨论、评定、审议的事项与委员利益相关时，该委员应回避。

第十九条 学术委员会委员须对学术委员会会议上讨论的保密事项严格保密。

第五章 附 则

第二十条 本章程由学术委员会办公室负责解释。

第二十一条 本章程自发布之日起执行，原章程同时废止。

关于调整突发公共卫生事件应急处置工作领导小组的通知

各处（所、中心、队）室：

为进一步加强突发公共卫生应急处置工作，经研究决定，调整中心突发公共卫生事件应急处置工作领导小组（名单见附件），领导小组负责组织协调突发公共卫生事件应急处置工作。下设综合协调组、技术指导组、疫情监测组、药械供应组、后勤保障组和新闻宣传组六个专业组。

附件：河北省疾病预防控制中心突发公共卫生事件应急处置工作领导小组名单

河北省疾病预防控制中心
2013年5月8日

附件

河北省疾病预防控制中心
突发公共卫生事件应急处置工作领导小组

一、领导小组

组　长：崔　泽

副组长：李　琦　戴明启　李建国　高立志　陈素良　王　岩

成　员：蒋东升　师　鉴　齐顺祥　高贵军　秦跃洲　李志伟　程蔼隽　郭鹏云　窦勇智

二、专业组

（一）综合协调组

组　长：师　鉴

组　员：高　伟　马　昱　屈素格　林　原　石丹莹　霍　萌　孔令雄

职　责：加强与领导小组和各专业组的协调联系，传达领导小组的指示和命令，协调有关突发公共卫生事件应急处置的准备工作，组织突发公共卫生事件应急处置，全面掌握应急处置工作进展，组织相关应急培训和演练。

（二）技术指导组

组　长：齐顺祥

组　员：赵保刚　张振国　孙印旗　赵宏儒　赵玉良　常凤启　申志新　刘洪斌　朱小波　刘毅刚　李素琴　赵春香

职　责：参与修订应急预案和技术方案，指导全省疫情的病例确认、现场流行病学调查、密切接触者的追踪与管理、疫区的消毒与处理、提出控制措施和建议、预防控制效果的评估。

（三）疫情监测组

组　长：高贵军

组　员：邓祖昆　董　辉　曾　娟

职　责：组织指导全省相关病例监测，保证网络支持，指导和开展疫情网络直报，负责疫情信息的收集、分析、预测、通报和报告。

（四）药械供应组

组　长：秦跃洲

组　员：张国华　孙立新　达丽亚　王武兵　张　莉

职　责：负责突发公共卫生事件工作的防护设备和用品、防治药品、消毒器械和药品、流行病学调查及医学观察等设备和物资的采购、储存、管理与发放，适时更新补充。

（五）后勤保障组

组　长：李志伟

组　员：刘树力　窦勇智　杨宝庆　王金木　霍双锁　王振华　李少华　王利强

职　责：做好疫情处理的后勤生活保障，满足应急车辆等需求。

（六）新闻宣传组

组　长：程蔼隽

组　员：郭晓亮　陈春雷　冯　毅　王　坤　于　洁　王君懿

职　责：负责组织开展防控相关疫情等重大突发公共卫生事件的知识宣传，负责联络和接待新闻界的采访。

关于下发 2013 年综合考评内容及指标的通知

各市、华北石油疾病预防控制中心，各专业院所：

为保证全省疾病预防控制工作顺利推进，根据《卫生部关于印发疾病预防控制工作绩效评估标准（2012 年版）的通知》（卫疾控发〔2013〕3 号）及相关文件要求，结合我省实际，我中心起草制定了《河北省市级疾病预防控制机构 2013 年综合考评指标》（从“河北疾控网”会员专区下载，用户：5894294，口令：5894294），现下发，请各地认真组织、抓好落实。

附件：河北省市级疾病预防控制机构 2013 年综合考评指标

河北省疾病预防控制中心
2013 年 5 月 8 日

关于下发考核管理办法及 2013 年综合考评内容及指标的通知

各处（所、中心、队）室：

根据各处（所、中心、队）室上报的本部门和对市级的考核内容及标准，结合中心 2013 年工作思路与要点、《卫生部关于印发疾病预防控制工作绩效评估标准（2012 年版）的通知》（卫疾控发〔2013〕3 号）和具体工作实际，中心组织制定了《河北省疾病预防控制中心考核管理办法（2013 年修订稿）》（见附件 1）、《河北省疾病预防控制中心 2013 年综合考评内容及指标》（见附件 2）、《河北省市级疾病预防控制机构 2013 年综合考评指标》（见附件 3）；现一并下发（电子版见中心内网公告通知栏目），请各部门自行下载、认真组织、抓好落实。

附件：

1. 河北省疾病预防控制中心考核管理办法（2013 年修订稿）
2. 河北省疾病预防控制中心 2013 年综合考评内容及指标
3. 河北省市级疾病预防控制机构 2013 年综合考评指标

河北省疾病预防控制中心
2013 年 5 月 8 日

附件 1

河北省疾病预防控制中心考核管理办法（2013 年修订稿）

一、目的

为保证考核结果的客观、公正，充分发挥考核对各项工作的推动促进作用，提高科学管理水平，结合中心实际，特制定本办法。

二、原则

（一）客观公正、公开透明、注重实绩。

（二）日常抽查与定期考核相结合。

（三）强化考核的严肃性，将考核结果作为评定部门工作的重要依据。

三、组织管理

中心设考核领导小组及考核办公室。

（一）考核领导小组

组　长：崔　泽

副组长：李　琦

成　员：戴明启　李建国　高立志　陈素良　王　岩

（二）考核办公室

主　任：蒋东升

副主任：阎青梅　李文俊　邸凤莲　李志伟　窦勇智　程蔼隽　刘树力　申悦霞

成　员：各部门考核员

考核领导小组全面负责中心考核工作的组织管理和决策部署，考核办公室（以下简称考核办）负责考核工作的具体实施，每年 12 月份或次年 1 月份组织 1 次现场考核（检查）。各部门确定 1 名考核人员，在考核办指导下负责本部门的考核相关工作，参与中心的现场考核（检查）。

原综合治理工作领导小组办公室（冀疾控字〔2012〕27 号）更名为综合管理工作领导小组办公室（以下简称综管办），负责考核标准中综合管理工作部分（60 分）的日常考核（检查和抽查）。

四、考核依据

中心年度《综合考评内容及指标》（以下简称《考核标准》），由综合管理工作、国家绩效考核指标和附加业务工作三部分组成。

五、考核实施

（一）考核分值和评分方法

考核总分 200 分，其中综合管理工作 60 分，国家绩效考核指标和附加业务工作指标共 140 分。

1. 考核形式。日常检查和抽查、年终综合检查两种形式。

2. 计分方法

日常检查和抽查：综管办负责对中心各部门的综合管理工作进行日常检查和抽查，并不定期的通报，日常检查和抽查结果按 100% 计入各部门年度考核综合管理的总成绩中。

年终综合检查：按照中心整体工作安排，12 月份或次年 1 月份，中心组织对各部门附加业务和绩效考核指标进行年终现场考核，考核结果均按 100% 直接计入各部门年度考核总成绩中。

（二）考核具体操作

1. 综合管理日常检查和抽查结果由综管办各组定期报考核办，考核办将定期对检查和抽查结果进行通报，并计入年度考核总成绩。

2. 12 月份或次年 1 月份，中心组织考核组对各部门年度工作完成情况进行年终综合检查，综合检查的内容包括：第一，《考核标准》中的附加业务工作；第二，按照 2012 年版绩效评估标准，2011 年、2012 年两个年度绩效考核指标填报完成情况、相关资料整理及归档情况；第三，按照 2012 年版绩效评估标准，2013 年度绩效考核指标数据的收集、整理及工作痕迹等相关资料的日常规范管理情况。附加业务工作对照《考核标准》检查，绩效考核指标现场抽查指标的相关佐证资料，查看佐证资料的完整性、数据间逻辑性、数据来源的可靠性、真实性和资料的规范程度。

考核组对照《考核标准》对各部门落实有关工作情况进行检查和评估，在集中检查后 2 天内，将“检查评分表”报考核办汇总。

4. 现场检查结束后 5 个工作日内，考核办将各部门全年的综合管理日常检查和抽查分、年终综合检查的附加业务和绩效考核分汇总，完成全年考核评分，提交中心领导班子，完成全年考核工作。

（三）考评档次

各部门得分 = 综合管理得分 + 国家绩效考核指标得分 + 附加业务工作指标得分。

考评成绩分优秀、达标和不达标三个档次。同等条件下，优秀向工作量大、工作任务重的部门倾斜，先进科室从优秀科室中产生。

六、说明和要求

（一）综合管理工作检查和抽查的内容、方式、频次及结果通报内容和形式等由中心综合管理工作领导小组办公室确定。

（二）需要按要求上报的各种报表务必在规定时间内及时报考核办，并在该项工作完成后 1 个月内建档，未建档视为未完成或未开展。要求各部门提前安排部署。

（三）因客观原因，需取消某项工作计划任务时，需在原计划实施日期前 1 周提交书面申请，经主管领导批准后，报考核办备案。

（四）各部门要将涉及本部门的考核内容进行责任分解，确保工作任务落到实处。

综合管理工作评分表

被评估部门：　　　　　　填表部门：　　　　　　年　月　日

序号	检查项目	应得分	实得分	扣分原因	备注
1					
2					
3					
4					
5					
6					

注：此表由办公室、人事处、党办室、监察室、公共卫生信息所、后勤服务中心、保定后勤服务中心对照《考核标准》综合管理中的责任分解填写，扣分原因务必填写清楚，存在的问题及建议填在备注栏。

年终综合检查评分表

被考核（检查）部门：　　　　　　　　　　　　检查时间：　　年　月　日

序号	内容摘要及分值	应得分	自评分	扣分原因	备注
1					
2					
3					
4					
5					
6					
检查人（签字）：			被检查部门签字：		

注：此表在中心组织年终现场考核（检查）时，由考核组填写，扣分原因务必填写清楚，存在的问题及建议填在备注栏。

关于印发中心信息宣传考评管理办法的通知

各处（所、中心、队）室：

为进一步加强中心信息宣传工作，鼓励和引导各部门主动、及时、准确地宣传本部门、本专业工作，发挥信息前导作用，及时为领导决策提供参考，服务我省疾病预防控制事业健康发展，结合工作实际，中心修订了《河北省疾病预防控制中心信息宣传考评管理办法（2013 年修订版）》（见附件），现下发，请认真遵照执行。

附件：河北省疾病预防控制中心信息宣传考评管理办法

河北省疾病预防控制中心

2013 年 5 月 8 日

附件

河北省疾病预防控制中心信息宣传考评管理办法（2013 年修订版）

一、目的

及时宣传、报道中心和全省疾病预防控制工作动态以及各专业所取得的成功经验、典型做法，使公众了解相关防病信息，营造良好的舆论氛围，促进全省疾病预防控制事业健康良性发展，达到服务社会、服务卫生工作、服务领导决策的目的。

二、考评对象

中心各处（所、中心、队）室。

三、宣传内容

最新工作动态，包括下一步工作部署和安排、已经完成的工作、活动总结等；贯彻落实国家和省有关政策、文件及工作会议的具体措施；中心制定的工作方案和技术方案，参与的各类突发公共卫生事件、疫情进展和处理情况等；

国内外最新疫情动向和技术进展；新颁布的相关政策法规；

各种健康防病知识，重点是业务工作进展、季节性疾病相关知识及预防常识，时下社会公众关心的疾病和健康保健相关知识；

有特色的经验做法（本专业的特色、亮点）；受到国家或省级表彰、奖励的工作、事项及个人；

科技创新成果，新研究、新进展、新突破；

疾控系统作风、行风及精神文明、疾控文化建设进展，疾控工作人员良好的精神风貌、思想情操以及先进人物典型等。

四、稿件要求

（一）稿件体裁

消息、简讯、新闻、科普知识、最新动态、心得体会、诗歌、散文、随笔、书画、摄影作品、图片等体裁不限。

字数尽量控制在500字以内，各种典型经验、典型人物介绍可以适当稍长。

（二）稿件数量

1. 按照工作任务、工作性质将各部门分为四个类别。

A类：办公室、党办室、免疫规划管理所、性病艾滋病防治所（高危行为干预工作队）、结核病防治所、病毒病防治所、慢性非传染性疾病防治所、健康教育所，公共卫生信息所、细菌病防治与消毒所、职业卫生与职业病防治所、营养与食品安全所、地方病防治所，要求全年完成稿件不少于18篇。

B类：突发公共卫生事件应急办公室，科研培训管理处、有害生物防治所、放射卫生所、质量检验管理处、寄生虫病防治所、环境卫生监测与评价所、监察室，要求全年完成稿件不少于15篇。

C类：后勤服务中心（基建办）、理化检验所、微生物检验所、卫生毒理所、学校卫生防病所、老干部管理处、药物研究所、医学研究所，保定后勤服务中心，要求全年完成稿件不少于12篇。

D类：财务处、人事处、内部审计处、药械供应管理处、学会办公室、生物制品管理所，要求全年完成稿件不少于9篇。

要求各部门所提供的稿件中，科普知识、最新动态、心得体会、诗歌、散文、随笔、图片等体裁的稿件不少于1/3。

2. 各部门完成的信息稿件篇数以最后采用为准，其中部门合作信息2篇计为1篇。

3. 图片按照事件记，图片和文字合并为1篇；单纯的图片、摄影作品，2篇计为1篇；

4. 对各部门职工原创，并提供给相关媒体或专业网站的稿件，由各部门自行统计并负责收集，每月30日前汇总后报办公室，纳入信息考评量。

（三）卫生宣传

1. 相关科室必须在以下卫生宣传日前后1～2天内，及时将当年宣传日的主题、活动部署、活动总结等编辑成信息上报中心办公室，信息要抓住重点，突出当年宣传的特色和亮点。同时在健康教育所的协调下，与相关媒体联系，通过专家访谈、专题讲座或其他形式，介绍国家政策、专业知识、相关健康知识等在新闻媒体刊登。

每个宣传日，相关科室必须向中心提供1篇卫生宣传信息稿（原创），并在新闻媒体以新闻、消息、专题、通讯、专版的形式刊登1篇（条）及以上的稿件（可以是记者的采访稿）。

（1）3·24 世界结核病日

（结核所、健教所）

（2）4·7 世界卫生日

（健教所、慢病所）

（3）4·15 全国肿瘤防治宣传周

（慢病所、健教所）

（4）4·25 全国预防接种宣传日

（免规所、健教所）

（5）4·26 全国疟疾日
（寄生虫病防治所、健教所）
（6）5 月第一周职业病防治法宣传周
（职业卫生所、健教所）
（7）5·15 全国碘缺乏病宣传日
（地病所、健教所）
（8）5·17 世界高血压日
（慢病所、健教所）
（9）5·31 世界无烟日
（慢病所、健教所）
（10）7·28 世界肝炎日
（病毒所、健教所）
（11）9·1 全民健康生活方式行动日
（慢病所、健教所）
（12）9·28 世界狂犬病日
（病毒所、健教所）
（13）9·29 世界心脏日
（慢病所、健教所）
（14）10·8 全国高血压日
（慢病所、健教所）
（15）11 月第一周全国食品卫生宣传周
（营养与食品所、健教所）
（16）11·14 世界糖尿病日
（慢病所、健教所）
（17）12·1 世界艾滋病日
（性艾所/高干队、健教所）
（18）12·15 世界强化免疫日
（免规所、健教所）

2. 健康教育所、病毒病防治所、细菌病防治与消毒所要根据季节变换，及时报道、宣传相关疾病的防病知识；免疫规划管理所要在适当时机宣传相关疫苗免疫预防疾病的知识；结核病防治所、性病艾滋病防治所/高危行为干预工作队、慢性非传染性疾病防治所、寄生虫病防治所、地方病防治所、有害生物防治所要及时根据本专业的工作情况及时报道疾病相关知识、信息、政策及工作进展情况；职业卫生与职业病防治所、放射卫生所、营养与食品卫生所、环境卫生监测与评价所、学校卫生防病所要根据工作开展情况及时报道国家的相关政策和我省及中心的工作落实情况。

3. 其他部门可根据本部门、本专业的工作情况，主动撰写新闻通讯稿件，按有关程序审核后，送相关媒体刊发，中心不作指标要求。

4. 原创的卫生宣传稿计入各部门年度应完成的信息稿件数量之列。

五、报送方式

（一）各部门明确 1 名信息宣传员，负责本部门信息稿件及图片、照片等的收集、撰写及相关事宜的联络。

（二）各处（所、中心、队）室上报的信息稿，经部门负责人审核后，以电子邮件方式传送至中心办公室（除密级

中心办公室信息工作联系信息外）。办公室审核、修改后报送省卫生厅，或提供《河北疾控报》、《河北疾控网》等使用。

（三）所有稿件都要署上科室名称和稿件撰写者的姓名；如果二次修改内容达到了 1/2 以上，要署上修改者的姓名。电话：86573153

邮箱地址：

hebeicdcbg@ tom. com hebeicdcbg@ 126. com

六、报送要求

（一）各部门负责人务必要对所报信息内容严格审核把关，以防出现不必要的纰漏。

（二）各部门要深入挖掘信息的内涵和价值，抓住切入点，从全省和中心的角度来论述问题和叙述事件，所报信息内容务必具体、全面，切忌流于形式，应付篇数。

（三）所报信息稿件文字简练、条理清楚、数据真实准确。

（四）信息稿不可突击报送（重大任务或活动比较集中的除外），并注意时效性；对于多部门参与的工作，报送及时的信息，中心将优先选择使用。

（五）各部门请于每个月将刊登在有关媒体的信息宣传稿统计汇总上报办公室（见附表），如当

月有重大宣传活动，请及时报送活动总结。办公室将不定期抽查、核实刊用原件。

七、报送时限

为确保信息的时效性，各类突发公共卫生事件、疫情进展和处理情况的信息稿件要求当日上报，工作动态类稿件要求在相关工作结束后1～2日内报送，其他各类稿件内容涉及的时间最多不要超过3天。

八、统计分工及要求

（一）办公室负责《健康报》、《河北卫生》、《河北卫生信息》、《河北疾控报》所采纳信息的统计工作。

（二）公共卫生信息所负责《河北疾病预防控制信息》、《中国疾病预防控制中心网站》（不包括中国疾控中心下属的各专业所网站）、《河北疾控网》所采纳稿件的统计工作。

（三）各部门负责本部门原创、自行提供给各大媒体并被采用的新闻宣传稿件的收集、统计工作。

（四）健康教育所负责经由其联络采访、刊发在各类新闻媒体上的新闻宣传稿件的统计工作。

（五）报刊报道要保留原始资料，网站报道保留网页存档，电视、广播报道应尽可能采集节目，或保留用稿单，作为接受检查的资料。

九、考评标准及方式

（一）计分标准（100分）

序号	考评项目	分值	考评内容及标准	考评方法
1	组织管理	8	有负责信息工作的分管领导，得4分 有专兼职信息员，得4分 无分管领导及信息员，不得分	根据各部门上报名单考评
2	学习培训	5	积极参加各种相关学习培训，得2分 工作认真负责、积极主动，得3分	查相关学习资料结合日常掌握情况考评
3	稿件完成量	72	按要求类别完成稿件数量，其中非工作动态类信息不少于1/3，得72分 少1篇按比例扣分；多1篇按比例加分，其中1篇省级以上综合刊物或媒体采用的稿件相当于两篇中心采用的稿件，1篇国家级以上综合刊物或媒体采用的稿件相当于3篇中心采用的稿件。国家级和省级非综合刊物或媒体采用的信息，其分值相当于同一级别综合性刊物或媒体采用分值的2/3	根据日常掌握情况考评
4	稿件时限	15	与工作相关的信息稿件按时限要求及时上报，得15分，超过时限要求按比例扣分	根据日常掌握情况考评

（二）标准说明

1. 所有计入考评的信息均为中心职工原创或直接参与撰写的。由各部门提供材料，记者采访撰写的信息稿计入工作量，但不纳入考评范围。

2. 不同的刊物重复转载的信息不重复计算，分值不累加，取报道的最高级别及相应分值。

3. 国家级综合刊物指：人民日报、新华社、中新社、中央电视台、中央人民广播电台、科技日报、工人日报、中国青年报、农民日报、健康报等。

国家级综合媒体指：新华网、人民网、中国新

闻网、卫生部网站、中国疾控中心网站、中国健康教育网等

省级综合刊物指：河北日报、燕赵都市报、河北青年报、河北科技报、河北经济日报、河北卫生、河北卫生信息等。

省级综合媒体指：长城网、河北新闻网、银河网、河北广播电台、河北电视台、各省疾控中心网站等。

市级媒体：燕赵晚报、石家庄广电网等。

（三）考评方式

信息考评工作由中心办公室负责组织实施。每半年对各部门信息采用情况予以通报，年底对各部门信息工作情况进行量化打分，并按比例转化为《河北省疾病预防控制中心2013年综合考评内容及指标》—综合管理工作中的信息考评分值，纳入年终考评统计。

对信息工作突出的部门和个人，中心将给予表彰奖励。

关于调整中心档案管理工作领导小组的通知

各处（所、中心、队）室：

由于中心领导人事变动，为保障中心档案管理工作有序开展，经研究决定，重新调整中心档案管理工作领导小组。调整后人员组成如下：

组　长：崔　泽

副组长：李　琦

成　员：李建国　高立志　陈素良　王　岩

附件：各处（所）室档案管理人员名单

河北省疾病预防控制中心

2013年6月24日

附件

各处（所）室档案管理人员名单

处（所）室	科室负责人	档案管理人员
办公室（项目办）	申悦霞	欧　倩
人事处	阎青梅	刘　霞
党办室	李文俊	司永光
监察室	邸凤莲	杨　洋
老干部管理处	宗　华	武　洁
财务处	陈兴华	韩　峰
内部审计处	周　忠	李素肖
药械供应管理处	秦跃洲	达利亚
科研培训管理处	卢　安	安　鸿
生物制品供应管理所	曹秀芬	赵爱玲
质量检验管理处	张北奇	黄卫华
公共卫生信息所	邓祖昆	马晓江　曾　娟

续表

处（所）室	科室负责人	档案管理人员
突发公共卫生事件应急办公室	高　伟	屈素格
后勤服务中心	李绍华	张爱民
保卫处	窦勇智	丁鑫洋
免疫规划管理所	张振国	张俊棉
细菌病防治与消毒所	孙印旗	钱振宇
寄生虫病防治所	刘洪斌	甄素娟
病毒病防治所	齐顺祥	田　茶
性病艾滋病防治所	赵宏儒	张　新
有害生物防制所	黄　钢	韩晓丽
结核病防治所	张联英	张志贞
地方病防治所	马　景	梁索理
慢性非传染性疾病防治所	张敬一	李　平
学校卫生防病所	李素琴	吕淑珍
营养与食品安全所	朱小波	石永亮
环境卫生所	刘毅刚	安秀琴
职业卫生与职业病防治所	赵春香	赵　维
放射防护所	董晓菊	程亚梅
健康教育所	程蔼隽	于　洁　冯　毅
药物研究所	张勤增	郝　娜
理化检验所	常凤启	冯　静
卫生毒理所	徐　颖	郭金铭
微生物检验所	王英豪	韩艳青
学会办公室	武　智	王　颖

关于调整中心领导班子成员分工的通知

各处（所、中心、队）室，各有关单位：

经研究决定，对班子成员分工进行调整，调整后具体分工如下：

崔泽（中心主任）：主持中心全面工作。具体分管办公室、项目管理办公室、慢性非传染性疾病防治所。

李琦（党委书记、中心副主任）：负责人事、党建和精神文明建设全面工作。具体分管人事处、党办室、免疫规划管理所、病毒病防治所、突发公共卫生事件应急办公室、健康教育所、生物制品供应管理所、科研培训管理处、药物研究所、医学研究所、学会办。

李建国（中心副主任）：分管职业卫生与职业病防治所、放射防护所、质量检验管理处、理化检验所、微生物检验所、营养与食品安全所、环境卫生监测与评价所、学校卫生防病所。

高立志（中心副主任）：负责信访及群众工作。具体分管财务处、老干部处、工会、后勤服务中心、药械供应管理处、安全保卫处。

陈素良（中心副主任）：分管细菌病防治与消毒所、性病艾滋病防治所、公共卫生信息所、卫生毒理所、寄生虫病防治所、艾滋病高危人群干预工作队、结核病防治所、安国中草药种植试验场。

王岩（纪委书记）：负责纪委工作和中心综合治理工作。具体分管监察室、内部审计处、保定后勤服务中心、地方病防治所、有害生物防治所。

河北省疾病预防控制中心

2013 年 6 月 24 日

关于调整安全生产工作领导小组的通知

各处（所、中心、队）室：

为加强中心安全生产和稳定工作，经研究，决定调整安全生产工作领导小组，下设领导小组办公室。名单及职责如下：

一、领导小组

组　　长：崔　泽

副 组 长：李　琦　李建国　高立志　陈素良　王　岩

成　　员：蒋东升　窦勇智　李志伟　刘树力　李文俊　阎青梅　邸凤莲　左贵峰　郭鹏云　任亚辉　宗　华　秦跃洲　赵保刚　李绍连　卢　安　高贵军　师　鉴　张振国　齐顺祥　孙印旗　赵鸿儒　张玉琪　刘洪斌　张联英　黄　钢　朱俊卿　马　景　朱小波　刘毅刚　李素琴　赵春香　周开建　常风启　申志新　徐　颖　程蔼隽　张勤增　苗智慧　武　智

主要职责：全面负责中心安全生产工作的组织领导、决策部署。

二、领导小组办公室

主　　任：高立志

副 主 任：窦勇智　蒋东升　李志伟　秦跃洲　李绍连　刘树力

成　　员：张富才　杨宝庆　李少华　张北奇　张国华　王金木　张荣安　郝延江　霍双锁

主要职责：

（一）负责中心安全生产管理日常性工作，组织协调落实各项决策部署，并定期汇报；

（二）负责制定与安全生产管理工作相关的各项规章制度、计划等，并组织实施；

（三）定期组织人员对各项安全生产管理措施落实情况进行监督检查；

（四）组织编写安全生产培训教材，定期开展安全生产相关技术培训，提高全体职工的安全防范意识。

河北省疾病预防控制中心

2013 年 7 月 10 日

关于印发中心卫生应急队伍管理办法的通知

各处（所、中心、队）室：

为加强中心卫生应急队伍管理，参照《河北省省级卫生应急队伍管理办法（试行）》（冀卫办应急〔2013〕7号），结合工作实际，中心组织特制定了《河北省疾病预防控制中心卫生应急队伍管理办法》。现印发，请遵照执行。

附件：河北省疾病预防控制中心卫生应急队伍管理办法

河北省疾病预防控制中心

2013年7月19日

附件

河北省疾病预防控制中心
卫生应急队伍管理办法

第一章　总　则

第一条　为加强和规范我中心卫生应急队伍管理，提高应急处置能力，确保突发公共卫生事件发生后，各项卫生应急工作迅速、有效、有序地进行。依据《中华人民共和国突发事件应对法》、《突发公共卫生事件应急条例》、《河北省突发公共卫生事件应急预案》等有关法律法规和预案要求，参照《国家卫生应急队伍管理办法（试行）》，结合中心实际，制定本办法。

第二条　按照“统一指挥、纪律严明，反应及时、处置高效，平战结合、分类组队”的原则，根据突发事件特点，组建和管理我中心卫生应急队伍。

第三条　本办法适用于中心参加处理各类突然发生，造成或者可能造成社会公众身心健康严重损害的重大传染病、群体性不明原因疾病、重大食物和职业中毒以及因自然灾害、事故灾难或社会安全等事件引起的严重影响公众身心健康的公共卫生事件。

第二章　队伍建设

第四条　卫生应急队伍由中心“突发公共卫生事件应急处置工作领导小组”统一领导和指挥，日常工作由突发公共卫生事件应急办公室（以下简称应急办）负责管理。应急队员由各处（所中心、队）室的专业技术人员及各类保障人员组成，平时承担所在部门日常工作，特殊情况下，受中心统一调遣，执行卫生应急任务。

第五条　卫生应急队伍主要由卫生应急管理、现场流行病学调查、实验室检验、消杀及各类保障人员构成。

第六条　卫生应急队伍成员遴选条件：

（一）热爱卫生应急事业，忠实履行职责和义务，具有奉献、敬业、团队合作精神；

（二）身体健康，年龄原则上不超过50岁；

（三）熟练掌握相关专业知识和技能；

（四）接受过卫生应急培训或参与过突发事件卫生应急处置工作者优先考虑；

第七条　应急队员的遴选按照本人自愿申请，

所在部门推荐，统一遴选备案的程序进行。

第三章　职责、权利和义务

第八条　应急办工作职责：

（一）负责卫生应急队伍的组建和日常管理；

（二）制定队伍建设和管理制度，统一指挥和调度卫生应急队伍；

（三）组织卫生应急队伍的培训和演练工作；

（四）负责组织制定卫生应急队伍装备计划，协调队伍装备的管理与维护；

（五）组织各类专业应急预案的制定，调派卫生应急队伍开展应急处置工作。

第九条　应急队员所在部门职责：

（一）积极支持应急队员参与卫生应急工作，不得以任何理由推诿、拖延、妨碍应急队员参加卫生应急工作；

（二）保障应急队员在执行卫生应急任务期间的工资、津贴及其他福利待遇。

第十条　应急队员的职责：

（一）按照应急办的指派，参加卫生应急任务；

（二）提出有关卫生应急工作建议；

（三）参与研究、制订卫生应急队伍的建设、发展计划和技术方案；

（四）承担应急办安排的其他卫生应急工作。

第十一条　应急队员享有的权利：

（一）享有执行卫生应急任务的知情权；

（二）享受执行卫生应急任务的加班、高风险、特殊地区等津贴补助的权利；

（三）享受接受卫生应急专业培训和演练的权利；

（四）享受优先获取卫生应急相关工作资料的权利；

（五）享有卫生应急工作建议权。

第十二条　应急队员承担的义务：

（一）服从领导，遵守纪律，保守秘密；

（二）及时报告在执行卫生应急任务中发现的特殊情况；

（三）提出卫生应急工作建议；

（四）做好卫生应急响应准备，参加卫生应急相关培训和演练，随时听候调派；

（五）参与对市级及以下卫生应急队伍的业务培训、提供技术咨询和相关工作指导。

第四章　队伍管理

第十三条　应急队员原则上每 3 年进行一次调整，符合条件的可继续留任；因健康或其他原因不能履行其职责和义务者，经应急办报请突发公共卫生事件应急工作领导小组核准终止任用，并备案。

第十四条　应急队员在接到指令后，应在规定时间内做好各项准备工作，集结待命，统一行动。

第十五条　卫生应急队伍在开展现场卫生应急工作时，接受突发事件现场指挥部指挥，按照职能和分工开展工作，严格遵守现场管理规定和相关工作规范等，随时报告工作进展情况。

第十六条　卫生应急队伍完成卫生应急任务后，队长（或指定带队人）负责按要求将现场应急处置工作的相关材料、样品及总结报告进行整理并上报。

第十七条　应急队员要保持通讯畅通，当联系方式变更时，应及时通知应急办，以保证卫生应急队伍数据库的信息准确和传递畅通。

第十八条　中心根据需要定期或不定期按照应急预案对卫生应急队伍进行突发事件应急演练和培训，以检验队伍的综合应急能力，不断提高卫生应急队伍的应急能力和水平。

第五章　装备管理

第十九条　应急队员应对配备的个人装备经常进行清点和维护，保证处于良好的应急备用状态。

第二十条　中心参照《卫生应急队伍装备参考目录（试行）》，对卫生应急队伍进行装备，并制定相应的管理制度；按照有关政策规定进行采购，队伍标识、服装、队旗、通讯等要求统一。

第二十一条　应急办不定期检查应急队员对卫生应急队伍装备的维护情况，根据事件需要及时提出更新装备的计划，保证队伍装备良好，运行正常。

第二十二条 在卫生应急行动中，中心可以根据突发事件需要，对卫生应急装备进行统一调配。

第二十三条 中心卫生应急队伍在应急需要的前提下，可根据省卫生厅部署，积极参加省内外医疗卫生救援任务。

第六章 奖励与处罚

第二十四条 应急队员现场工作表现突出者，根据上级和中心相关规定予以嘉奖和表彰。在同等条件下，中心应当对应急队员的职称晋级、评先选优等方面予以优先。

第二十五条 应急队员在卫生应急行动中，不服从调派者，不认真履职，违反相关制度和纪律者，经核实后，对队员予以除名，并进行通报。如因失职等原因造成突发事件危害扩大，产生严重后果的，依法追究当事人责任。

第二十六条 中心对参加卫生应急处置的应急队员，经应急办统一调派及备案后给予适当补助。

（一）执行卫生应急任务时，因工作需要乘坐出租车或其他交通工具的，凭有效票据、注明乘车事由和区间报应急办，经核准后统一报销；其他特殊情况需报经中心领导批准后据实补助。

（二）执行卫生应急任务时，参加现场卫生应急处置的应急人员，给予适当补助。在国家法定节假日参加现场应急处置的人员补助标准适量增加。经应急办、中心领导审批后统一发放。

第二十七条 通讯补助，应急队员每人每月给予通讯补助。参加应急处置的其他人员，中心将给予适量补助，由应急办报中心领导审批后统一发放。

关于印发“三好一满意”活动实施方案的通知

各处（所、中心、队）室：

为推进中心“三好一满意”活动深入开展，根据省卫生厅要求，中心组织制定了《2013 年河北省疾病预防控制中心“三好一满意”活动实施方案》。现印发。请按照方案要求认真组织实施，完成各项工作任务及量化指标，确保活动取得实效。

附件：河北省疾病预防控制中心 2013 年“三好一满意”活动实施方案

河北省疾病预防控制中心

2013 年 7 月 19 日

附件

河北省疾病预防控制中心 2013 年“三好一满意”活动实施方案

为推进中心“三好一满意”活动深入开展，根据省卫生厅《2013 年全省医疗卫生系统“三好一满意”活动实施方案》，结合中心实际，特制定本实施方案。

一、总体要求

深入贯彻落实党的十八大精神和省委八届五次全会精神，深化医药卫生体制改革，在总结与巩固前两年活动成果的基础上，坚持以人为本，以人民群众满意为出发点和落脚点，结合卫生系统党的群众路线教育实践活动要求，建立健全“修医德、强医能、铸医魂”活动长效机制，不断提升疾病预防控制、突发公共卫生事件应急处置和公共卫生技术服务能力，树立行业先进典型，弘扬高尚职业道德，加强行业作风建设，切实解决群众反映强烈的突出问题，进一步改善群众感受，提高群众和社会满意度，保障人民群众健康权益。

二、活动安排

（一）宣传教育环节。引导广大干部职工充分认识开展“三好一满意”活动的重要意义，进一步增强参与活动的积极性和主动性，创造性地开展工作。要进一步加大宣传力度，充分利用报刊、宣传栏、互联网等多种形式，大力宣传技术精湛、爱岗敬业先进典型，发挥示范引领作用，树立疾控系统的良好形象，为活动营造良好舆论氛围。

（二）查找整改环节。对照活动工作任务分解量化指标要求，采取多种形式深入基层、深入群众调查研究，全面查找工作中存在的问题和不足；通过召开座谈会、设置意见箱、开通热线电话和网上信箱等多种方式，畅通渠道，切实找准群众反映强烈的突出问题。对于活动中发现的问题，特别是涉及群众切身利益、影响行业形象的突出问题，要逐项进行重点整改，提出整改措施，限定整改时限，落实整改责任，确保整改措施落到实处。

（三）督导检查环节。“三好一满意”活动领导小组负责对活动开展情况的统一领导和督导检查，各支部、各处室负责人为本部门第一责任人，要精心组织，安排部署本部门深入开展“三好一满意的活动，做好迎接上级部门督导检查的准备工作。

（四）总结提高环节。2013 年是 3 年“三好一满意”活动的最后一年，也是全面总结、研究建立长效工作机制的关键一年。及时对 3 年的活动情况、成绩和不足进行全面总结与回顾，总结经验，探索规律，推广典型，查找不足，逐步建立和完善长效工作机制，让人民群众真切地感受到疾控服务的新变化。

三、工作内容及量化指标

（一）具体工作内容

1. 强化服务意识，提升服务水平，努力做到“服务好”

（1）提供便民服务。坚持实行 24 小时值守，加强重大疾病监测，有效落实艾滋病、结核病、慢性病和重性精神疾病等重大疾病防治和基本公共卫生服务政策措施，开展卫生防病咨询服务，按规定及时向公众发布防病信息。加强预防接种服务管理，严格执行城市日接种、农村周接种制度，积极开展双休日及节假日便民服务，不断提高预防接种服务的及时性和便利性。有需求、具备条件的疾控机构应当在对外服务窗口醒目位置公布服务项目、办事流程、收费标准、投诉电话和信箱。

（2）加强基层指导。疾控机构所有现场专业技术人员要下基层进行专业指导，包括现场培训、调查、现场采样检测、疫情或事件处置、督导、检查等形式。尤其要加强对基层医疗卫生机构执行基本公共卫生服务项目的技术指导和考核。

（3）拓展服务范围。要定期开展疾控服务进社区、进农村、进企业、进校园活动，以常见病、慢性病、卫生知识等宣传为重点，利用专家讲座、现场咨询和知识竞答等多种形式，积极倡导全民健康素养行动，对不良生活方式及行为进行干预，增强群众自我预防和保健技能。

2. 深化质量管理，强化质量控制，努力做到“质量好”

（1）健全质量管理与控制体系。要完善管理制度、质量控制标准和指标体系，成立质控部门或者指定专人负责质控工作，切实加强内部管理和质量管理，持续改进服务质量。

（2）进一步强化全员培训。深入开展全省疾控系统大培训、大练兵、大比武活动，提高疾控人员现场流行病学与应急处置、免疫规划管理、实验室技能操作水平，进一步提升疾病预防控制队伍的综合素质和整体疾病预防控制能力。

（3）认真履行疾控基本职责。疾控机构要按国家和省要求，认真履行卫生防病职责，各项疾病预防控制指标达到工作要求。

3. 深入开展“修医德、强医能、铸医魂”活动，努力做到“医德好”

（1）加大行风教育力度，弘扬高尚职业道德。深入贯彻落实党的十八大精神，紧密结合“修医德、强医能、铸医魂”活动，开展宗旨意识、职业道德和纪律法制教育。坚持以正面教育为主，加大对医德高尚、业务精湛、敬业奉献先进典型的宣传表彰力度，发挥典型引路作用，引导广大医疗卫生人员树立良好的行风。

（2）加强疾控文化建设，树立疾控新形象。结合疾控行业特点，积极培育和践行体现社会主义核心价值观的公共卫生职业精神。积极推进疾病预防控制机构文化建设，在全省疾病预防控制系统大力弘扬爱岗敬业、务实高效、追求一流的奉献精神，打造疾病预防控制工作的人文服务亮点。

（3）加强医德医风管理，严肃行业纪律。完善医德医风管理制度，加大对违法违纪行为的惩戒处罚力度。抓好医德考评制度的落实，进一步细化工作指标和考核标准，建立有效的激励和约束机制。严肃查处乱收费、商业贿赂等不正之风案件。

4. 积极主动接受社会监督，努力做到“群众满意”

疾控机构要深入开展行风评议，积极组织、主动参与民主评议行风活动。通过开展民主评议行风，树立疾病预防控制机构的新形象，为保护全省人民健康、促进社会和谐发展做贡献。

（二）具体量化指标

1. 强化服务意识，提升服务水平，努力做到“服务好”

（1）加强基层指导。

①现场专业技术人员下基层指导年人均天数省级≥20 天、市级≥30 天、县级≥60 天。

②下基层专业指导覆盖率 100%。

（2）拓展服务范围。

③每个疾控机构均成立疾控志愿者服务队，每年组织开展志愿活动≥4 次。

2. 深化质量管理，强化质量控制，努力做到“质量好”

（1）认真履行疾控基本职责。

①传染病监测完成率 100%。

②疫苗接种率达到国家免疫规划要求。

③实验室检验报告及时率≥95%。

④艾滋病感染者和病人随访管理比例≥95%；艾滋病确证检测准确率≥95%。

⑤免费抗结核治疗项目落实率 100%。

⑥疟疾病例规范管理率 100%。

⑦重点地方病监测完成率 100%。

⑧主要卫生宣传活动次数≥10 次。

⑨生活饮用水监测任务完成率 100%。

⑩全民健康生活方式行动工作任务达标率 100%。

3. 深入开展“修医德、强医能、铸医魂”主题实践活动，努力做到“医德好”

（1）加大行风教育力度，弘扬高尚职业道德。

①教育覆盖面达到 100%。

（2）加强医德医风管理，严肃行业纪律。

②对投诉举报及时办理率达到 100%。

4. 积极主动接受社会监督，努力做到“群众满意”

①单位职工满意度≥90%。

②社会公众满意度≥90%。

关于成立“三公”经费专项检查和“小金库”清理检查工作领导小组的通知

各处（所、中心、队）室：

根据省卫生厅《关于开展省直卫生系统“三公”经费专项检查工作的通知》（冀卫办规财［2013］24 号）和《关于做好省直卫生系统“小金库”清理检查工作的通知（冀卫办规财［2013］25 号）》要求，为做好“三公”经费和“小金库”清理工作，经研究决定，成立中心“三公”经费专项检查和“小金库”清理检查工作领导小组，主要负责指导和协调中心“三公”经费和“小金库”清理检查工作，领导小组办公室设在财务处，负责日常组织协调工作。分组及成员名单见附件。

附件：中心“三公”经费专项检查和“小金库”清理检查工作领导小组成员名单

河北省疾病预防控制中心

2013 年 8 月 6 日

附件

河北省疾病预防控制中心“三公”经费专项检查和“小金库”清理检查工作领导小组成员名单

组　长：崔　泽

副组长：高立志　王　岩

成　员：李　琦　李建国　陈素良　郭鹏云　蒋东升　李志伟　邸凤莲　李志伟　刘树力　任亚辉　陈兴华　刘立清

领导小组办公室主任：高立志（兼任）

关于调整实验室生物安全管理委员会的通知

各处（所、中心、队）室：

为切实加强中心实验室安全管理，保障各项疾病预防控制工作顺利开展，经研究，决定调整中心实验室安全管理委员会。组成和职责如下：

一、实验室生物安全管理委员会组成

主　任：崔　泽

副主任：李　琦　李建国　高立志　陈素良　王　岩

成　员：蒋东升　李绍连　秦跃洲　李志伟　高贵军　邸凤莲　申志新　徐　颖　齐顺祥　赵宏儒　张振国　孙印旗　张联英　窦勇智

二、生物安全委员会主要职责

（一）根据我国实验室安全相关法律法规和本中心特点，为实验室安全管理制度和相关管理文件的制定提供技术咨询；

（二）承担中心从事致病性病原微生物相关实验活动的实验室的设立与运行的生物安全评估和技术咨询、论证工作；

（三）对《人间传染的病原微生物名录》中未列出的病原微生物及其实验室活动进行危害程度评估，为确定相应的生物安全防护级别提供论证意见；

（四）为中心实验室安全管理工作发展规划、工作重点的确定提供技术咨询及论证意见，参与实验室生物安全知识培训工作；

（五）为中心各实验室安全监督检查工作提供技术支持，对检查中暴露出的疑难问题，提出解决方案或建议。

河北省疾病预防控制中心

2013 年 8 月 14 日

关于中心伦理委员会换届的通知

各处（所、中心、队）室：

为适应当前医学科学发展的需要，做好中心涉及人的生物医学科研项目审查工作，规范医学科技行为，保护受试者和研究者的合法权益，根据国家食品药品监督管理局 2010 年颁布的《药物临床试验伦理审查工作指导原则》有关规定，决定对中心伦理委员会进行换届（构成及职责见附件 1），并结合工作实际，组织修订了伦理委员会工作章程（见附件 2）。中心伦理委员会办公室设在科研培训处。

附件：

1. 中心第三届伦理委员会成员构成及职责
2. 中心伦理委员会章程（2013 年版）

河北省疾病预防控制中心

2013 年 9 月 10 日

附件 1

中心第三届伦理委员会成员构成及职责

中心第三届伦理委员会设主任委员 1 人，副主任委员 2 人，委员 6 人，秘书 2 人。成员构成及职责如下：

一、成员构成

主任委员：

崔　泽　河北省疾控中心　管理学　主任医师

副主任委员：

李　琦　河北省疾控中心　流行病学　主任医师

卢　安　河北省疾控中心科研处　流行病学　主任医师

委　员：

张振国　河北省疾控中心免疫规划所　流行病学　主任医师

赵玉良　河北省疾控中心病毒病防治所　流行病学　主任医师

张勤增　河北省疾控中心药物研究所
　　　　药理学　研究员
郑华城　河北省儿童医院神经内科
　　　　儿科学　主任医师
崔　娟　河北时音律师事务所
　　　　法学　律师
李　捷　河北行政学院科研处
　　　　社会学　副教授

秘　书：

张艳波　河北省疾控中心病毒病防治所
　　　　流行病学　主任医师
安　鸿　河北省疾控中心科研处
　　　　卫生检验　主管技师

二、职责

（一）主任委员职责

1. 制定或修改伦理委员会章程；

2. 审核并签署评审意见；

3. 主持伦理委员会各种会议；

4. 积极参与中心医学伦理道德建设；

5. 负责伦理委员会有关培训和继续教育，积极促进本领域内的国内和国际交流。

（二）副主任委员职责

1. 协助主任委员做好各项工作；

2. 负责安排伦理委员会成员的 GCP 培训及继续教育；

3. 指导伦理委员会秘书做好档案管理工作及其他日常工作；

4. 主任委员不在时代行主任委员职责。

（三）委员职责

1. 对提交审查的研究项目进行充分审查，参加伦理委员会会议并对研究项目进行讨论和评价；

2. 对伦理委员会讨论内容进行保密；

3. 积极参加生物医学研究伦理学和生物研究的继续教育。

（四）秘书职责

1. 负责伦理委员会的日常管理工作，并向主任委员报告；

2. 负责受理伦理审查申请材料，告知申请材料需补充的缺项；

3. 组织伦理委员会会议，负责安排会议日程以及会议记录；

4. 根据安排的会议日程通知伦理委员会委员参加会议，在会议前将审查材料提交伦理委员会委员预审；

5. 根据审查结果准备评审意见，提交主任委员审核签发，及时将审查决定传达给申请人；

6. 对所有批准的研究项目组织合适的跟踪审查，包括修正方案审查，不良事件报告审查等；

7. 负责安排伦理委员会与申请者、委员、受试者之间的联系；

8. 负责起草伦理委员会年度工作总结，提交主任委员审定；

9. 负责伦理委员会经费管理工作；

10. 就伦理委员会相关工作为主任委员提供必要的管理支持；

11. 负责伦理委员会文件档案的管理和归档。

附件 2

中心伦理委员会章程（2013 年版）

第一章　总　则

第一条　为了规范河北省疾病预防控制中心伦理委员会的工作，参照国家食品药品监督管理局 2007 年颁布的《涉及人的生物医学研究伦理审查办法（试行）》、2003 年颁布的《药品临床试验管理规范》（Good Clinical Practice，GCP）和 2010 年颁布的《药物临床试验伦理审查工作指导原则》等的有关规定，制定本章程。

第二条 河北省疾病预防控制中心伦理委员会受河北省疾病预防控制中心委托，对本中心涉及人的生物医学研究和相关技术应用项目进行伦理审查和监督；也可根据社会需求，受理委托审查；同时组织开展相关伦理培训。

第三条 伦理委员会要以维护受试者的安全、权益、尊严和福利为宗旨，充分考虑受试者及其相关社区的利益，同时考虑研究人员的利益和需求。

第四条 伦理审查工作要遵守赫尔辛基宣言的规定，遵循国际公认的不伤害、有利、公正、尊重人的原则以及合法、独立、称职、及时和有效的工作原则。伦理审查过程应当独立、客观、公正和透明。

第二章 组织机构

第五条 伦理委员会的组建应符合国家相关管理规定。伦理委员会应由多学科背景的人员组成，包括从事医药相关专业人员、非医药专业人员、法律专家，以及独立于研究/试验单位之外的人员，至少5人，且性别均衡。

第六条 伦理委员会委员任期5年，可以连任。伦理委员会设主任委员1人，副主任委员2人，由伦理委员会委员协商推举产生，可以连任。河北省疾病预防控制中心应根据伦理委员会委员的工作情况给予适当的报酬。

第七条 伦理委员会成员应接受有关生命伦理学和卫生法规的培训，委员会应制订培训计划，以不断提升委员的素质和能力。

第八条 伦理委员会设秘书1~2名，负责受理伦理审查项目、安排会议日程、会议记录、决议通告、档案管理及其他日常工作。

第三章 职 责

第九条 伦理委员会的审查职责是：审查研究方案，维护和保护受试者的尊严和权益；确保研究不会将受试者暴露于不合理的危险之中；同时对已批准的研究进行监督和检查，及时处理受试者的投诉和不良事件。

第十条 伦理委员会可以行使下列权限：

（一）审查所有涉及人或人体标本、组织的研究项目是否符合伦理要求；

（二）要求研究人员提供或修改知情同意书，或者根据研究人员的请求，批准免除知情同意程序；

（三）要求研究人员提供或修改研究方案；

（四）对研究方案做出批准、不批准或者修改后再审查的决定；

（五）审查执行中的研究项目方案及知情同意书的修订；

（六）监测已审批项目的实施；

（七）审查上报的已审批项目实施过程中发生的与研究有关及无关的不良事件；

（八）要求研究人员中止或结束研究活动。

第十一条 伦理委员会委员应当为接受伦理审查的研究项目保密。

第十二条 伦理委员会按照伦理原则自主做出决定，不受任何干扰；审查结果应当及时传达或者发布。

第十三条 伦理委员会接受国家食品药品监督管理局和河北省食品药品监督管理局的监督和管理。

第四章 伦理审查原则

第十四条 涉及人的生物医学研究的伦理审查原则是：

（一）对受试者的选择无偏向，每一位在选定人群范围内符合入选条件的个人都应该具有同等的入选机会；

（二）尊重和保障受试者自主决定同意或者不同意受试的权利，严格履行知情同意程序，不得使用欺骗、利诱、胁迫等不正当手段使受试者同意受试，允许受试者在任何阶段退出受试；

（三）对受试者的安全、健康和权益的考虑必须高于对科学和社会利益的考虑，力求使受试者最大程度受益和尽可能避免伤害；

（四）确保受试者因受试受到损伤时得到及时免费治疗并得到相应的赔偿；

（五）减轻或者免除受试者在受试过程中因受益而承担的经济负担；

（六）尊重和保护受试者的隐私，如实将涉及受试者隐私的资料储存和使用情况及保密措施告知受试者，不得将涉及受试者隐私的资料和情况向无关的第三者或者传播媒体透露；

（七）对于丧失或者缺乏能力维护自身权利和利益的受试者（脆弱人群），包括儿童、孕妇、智力低下者、精神病人、囚犯以及经济条件差和文化程度很低者，应当予以特别保护。

第五章　审查程序

第十五条　评审程序

（一）研究者向伦理委员会提出书面申请，提交签名并注明日期的伦理审查申请表。

（二）伦理委员会受理申请，安排参加评审的委员、评审的时间和会议场所等。每次评审会参会的委员数必须大于伦理委员会委员总数的一半，且不得少于 5 人，

（三）研究者在会审前 3 ~ 7 天提交评审材料，由伦理委员会秘书送达各参审委员审查。

（四）会议审查程序：（1）研究者介绍被评审的项目；（2）参审委员就研究者的介绍和提前得到的审查材料向研究者提问；（4）研究者回答问题；（5）研究者退场，参审委员就评审项目讨论；（6）参审委员表决；（7）伦理委员会秘书起草审查意见书，主任委员签字；（8）研究者进场，伦理委员会主任宣布评审结果，将审查意见书交研究者。

（五）表决制度：（1）医学伦理委员会对项目的审查意见应在讨论后以无记名投票的方式进行表决。只有参与审查的伦理委员会成员才有表决权；（2）参加该项目的委员在审查和表决时应回避，不参与投票；（3）会议有半数以上委员参加才可开会，同意票应超过法定到会人数的 2/3；（4）审查的结果可以是：1. 同意 2. 作必要的修改后同意 3. 修改后再议 4. 不同意；（5）非正式的建议可作为决定的附件；（6）对否决项目及修改后再议项目应详细说明其理由。

（六）会议审查结束后应及时准备会议纪要，存档。

第十六条　研究者需要向伦理委员会提交的文件材料：

（一）研究人员简历；

（二）研究者手册（主要描述研究产品安全性、药理学、毒理学等相关的科学数据）

（三）研究方案及支持性文件；

（四）用来获得同意的过程描述；

（五）以拟定研究对象能够懂得的语言所书写的知情同意书；

（六）招募研究对象的材料或广告；

（七）其他相关文件。

第十七条　项目申请人必须事先得到受试者自愿的书面知情同意。无法获得书面知情同意的，应当事先获得口头知情同意，并提交获得口头知情同意的证明材料。对于无行为能力、无法自己做出决定的受试者必须得到其监护人或者代理人的书面知情同意。

第十八条　在获得受试者知情同意时，申请人必须向受试者提供完整易懂的必要信息，知情同意书应当以通俗易懂的文字表达，少数民族地区可以采用当地文字表达，并为受试者所理解，同时给予受试者充分的时间考虑是否同意受试。

第十九条　当项目的实施程序或者条件发生变化时，必须重新获得受试者的知情同意，并重新向伦理委员会提出伦理审查申请。

第二十条　伦理委员会不得受理违反国家法律、法规的科研项目提出的伦理审查申请。伦理委员会委员与申请项目有利益冲突的，应当主动回避。无法回避的，应当向申请人公开这种利益。

第二十一条　伦理委员会对申请伦理审查的项目进行下列审查：

（一）研究者的资格、经验是否符合试验要求；

（二）研究方案是否符合科学性和伦理原则的

要求；

（三）受试者可能遭受的风险程度与研究预期的受益相比是否合适；

（四）在办理知情同意过程中，向受试者（或其家属、监护人、法定代理人）提供的有关信息资料是否完整易懂，获得知情同意的方法是否适当；

（五）对受试者的资料是否采取了保密措施；

（六）受试者入选和排除的标准是否合适和公平；

（七）是否向受试者明确告知他们应该享有的权益，包括在研究过程中可以随时退出而无须提出理由且不受歧视的权利；

（八）受试者是否因参加研究而获得合理补偿，如因参加研究而受到损害甚至死亡时，给予的治疗以及赔偿措施是否合适；

（九）研究人员中是否有专人负责处理知情同意和受试者安全的问题；

（十）对受试者在研究中可能承受的风险是否采取了保护措施；

（十一）研究人员与受试者之间有无利益冲突。

第二十二条 伦理委员会的审查可以做出批准、不批准或者作必要修改后再审查的决定。伦理委员会做出的决定应当得到参会委员三分之二以上同意。伦理委员会的决定应当说明理由。对于预期损害或不适的发生概率和程度不超过受试者日常生活或者常规治疗可能发生的概率和程度的项目（即小于最低风险的项目），可由伦理委员会主席或者由其指定一个或几个委员进行审查。

第二十三条 申请项目未获得伦理委员会审查批准的，不得开展项目研究工作。

第二十四条 以下情况和事件要求研究者及时向伦理委员会报告，重新审查：

（一）对方案的任何修改，其可能影响受试者权利、安全和（或）福利，或影响研究的实施；

（二）与研究实施和研究产品有关的、严重的和意外的不良事件，以及研究者、申办者和管理机构所采取的措施；

（三）可能影响研究受益/风险比的任何事件或新信息。

第二十五条 申请项目经伦理委员会审查批准后，在实施过程中发生严重不良反应或者不良事件的，应当及时向伦理委员会报告。

第二十六条 凡研究暂停、提前终止，申请者应及时书面通知伦理委员会暂停、终止的原因。

第二十七条 研究项目的最后总结报告副本应递交伦理委员会。

第六章 跟踪审查

第二十八条 伦理委员会在批准研究项目时根据研究方案和可能发生的不良事件的情况确定是否需要进行跟踪审查。

第二十九条 跟踪审查形式

（一）现场督察。到达研究专业科室，访视研究者和受试者，检查知情同意过程和知情同意书签署情况，检查研究是否遵循试验方案、GCP 规范和伦理委员会批件的要求；

（二）听取研究机构年度工作总结和研究进展报告；

第三十条 需做出跟踪审查决定时，法定到会人数应符合本规程的规定。跟踪审查的决定应公布并传达给申请者；

第七章 文件和档案管理

第三十一条 对下述文件和资料建立档案：

（一）伦理委员会章程、标准操作程序和工作人员职责；

（二）伦理委员会成员任命文件，伦理委员会委员声明，保密承诺，伦理委员会成员专业履历，伦理委员会成员通讯录；

（三）申请者提交的伦理审查申请表，以及所有申请材料的一份副本；

（四）伦理委员会审查受理通知书，会议日程，伦理委员会会议签到表，投票单，会议记录，伦理委员会审查批件的副本；

（五）跟踪审查期间收到的所有书面材料。研究暂停或提前终止的通知。研究的最后总结或报告；

（六）伦理委员会成员培训计划，培训资料；

（七）伦理委员会年度工作总结。

第三十二条 伦理委员会秘书负责档案的保存和管理，办理借阅和返还手续。与研究项目有关的文件存档至少到研究结束后5年。

关于调整“三好一满意”活动领导小组的通知

各处（所、中心、队）室：

经研究决定，对中心“三好一满意”活动领导小组及领导小组办公室进行调整，调整后名单如下：

一、领导小组

组　长：李　琦

副组长：王　岩

成　员：崔　泽　李建国　高立志　陈素良　蒋东升　阎青梅　左贵锋　宗　华　郭鹏云　任亚辉　卢　安　李志伟　刘树力　窦勇智　秦跃洲　师　鉴　赵保刚　高贵军　张振国　孙印旗　刘洪斌　齐顺祥　赵宏儒　张玉琪　黄　钢　马　景　张联英　朱俊卿　朱小波　刘毅刚　李素琴　赵春香　周开建　程蔼隽　张勤增　苗智慧　徐　颖　常凤启　申志新　武　智

二、领导小组办公室

领导小组下设办公室，办公室设在中心监察室。

主　任：王　岩（兼）

副主任：邸凤莲　李绍连

河北省疾病预防控制中心

2013 年 9 月 18 日

关于印发为民服务提质提效专项行动实施方案的通知

各处（所、中心、队）室：

为深入推进党的群众路线教育实践活动，切实解决服务质量和工作效率方面的问题，中心组织制定了为民服务提质提效专项行动实施方案（见附件），现印发。请认真贯彻执行。

附件：中心为民服务提质提效专项行动实施方案

河北省疾病预防控制中心

2013 年 10 月 23 日

附件

中心为民服务提质提效专项行动实施方案

为深入推进党的群众路线教育实践活动，扎实开展为民服务提质提效专项行动，切实解决服务质量和工作效率方面的问题，根据《河北省卫生厅为民服务提质提效专项行动实施方案》（冀卫办〔2013〕24号），结合工作实际，制定本实施方案。

一、指导思想和工作要求

以邓小平理论、“三个代表”重要思想、科学发展观为指导，深入贯彻落实党的十八大和省委八届五次全会精神，以着力解决群众反映强烈的突出问题为切入点，以解放思想、改革创新为动力，以提高为民服务水平为目标，按照“整合、再造、做实、过硬”的原则，积极探索服务提质、工作提效的新思路、新措施、新途径，促进全省疾控事业科学发展。

为人民服务提质提效专项行动要贯穿党的群众路线教育实践活动全过程。要通过开展专项行动，使群众反映强烈的突出问题得到有效解决，干部作风明显转变，办事效率明显提高，发展环境明显优化。

二、主要任务

（一）建立“零障碍”服务全程协办机制

实行“零障碍”服务，树立了“群众利益无小事”的服务理念，积极主动地为来访单位和企业、个人提供技术咨询和技术服务。进一步简化办事中间环节，实行统一窗口对外服务，质检处要安排协办员，负责提供全程跟踪服务，做好接待受理、咨询答复、办事引导、办结回复等工作，除依法依规必须由服务对象直接办理的确认、验证等环节外，协办员负责全程代办，及时回复办理结果。严格执行技术操作规程，努力实现“服务零缺陷”和“质量零投诉”。在办理样品接受和出示检验报告时，都要接受客户的满意度评价。

其他处所在对外服务过程中，落实“首办负责制”，属于职责范围内的事项，提供优质服务。不属于职责范围的，向服务对象热情性告知。严禁出现推诿、扯皮，“门难进、脸难看、事难办”等现象。注重人文关怀和服务礼仪，杜绝“生、冷、硬、顶、推”现象

（二）建立医疗卫生社会服务平台

加强全省“12320”卫生热线服务体系建设，保障24小时为社会公众提供医药卫生服务。在开展政策咨询、投诉、举报、公共卫生服务、健康宣教等传统业务的同时，进一步拓展“12320”服务功能和项目，逐步开展政务公开、满意度调查、舆情监测和风险沟通、戒烟咨询等服务，形成“12320”卫生热线立体服务网络。加快健全“12320”卫生热线管理体制和运行机制，丰富服务载体，通过网站、微博、手机短信等现代信息服务模式，保障服务平台高效有序运行、群众反映的问题能够得到及时、满意处理。

（三）健全公开体系

积极推进重点领域信息对外公开。大力推进“三公”经费和“三重一大”（重大决策、重要干部任免、重大项目安排和大额度资金使用）决策等重要信息公开。除在门户网站向社会公开外，还要与同级政府门户网站建立链接，设立专题栏目，实现公开信息集中查询浏览。

加大内部信息公开力度。根据河北省卫生厅《关于进一步加强廉政风险防控，深化权力运行监控机制建设的实施意见》，制定内部信息公开事项目录和管理办法，明确内部公开事项、公开方式、监督检查等，推动干部任用、大额资金分配、政府

采购、工程建设等事项在单位内部公开。

（四）践行政风行风承诺

提高工作质量，优化服务环境，提高服务效能，认真践行政风行风服务承诺。严格按照国家、部（省）的有关要求及技术操作规程开展卫生检验等工作，文明礼貌，以诚待人，秉公办事，清正廉洁。检测、评价工作科学、准确、公正、诚信。提高工作效率，在规定时间内出检测报告。对涉企收费项目，严格按照收费项目、收费标准收费，严禁乱收费或分解项目收费。严格收费管理，落实“收支两条线”制度。

各处所对照2013年度“三好一满意”疾控工作任务和《加强行风建设公开承诺》，认真开始自查，检查任务目标完成情况，达不到要求的认真整改，切实提升中心的民主评议社会满意度。12月20日之前，将落实“三好一满意”工作任务情况报监察室。

（五）构建电子监控系统

大力推进权力运行监控机制建设。针对新形势，各处所重新查找风险点，清权确权，监控机制建设领导小组抓紧修订廉政风险等级目录。利用权力运行的“内控点”，开展重要权力动态监控，实现重要权力“进系统、留痕迹、可追溯、能监督”。继续推进满意度评价机制建设，听取送检企业、单位的真实意见，改进服务，搭起疾控系统与群众“心连心”的桥梁。主动接受监督部门电子监控，对即将启动建设的全省统一电子监控系统，主动建立链接，并将专项资金、建设项目监管等纳入统一管理平台，配合建立全省上下贯通、横向联通的监控网络体系。

三、保障措施

（一）加强组织领导。各处所要把为民服务提质提效专项行动作为开展党的群众路线教育实践活动的重要载体和有力抓手，摆在重要位置，切实抓出成效。主要领导要高度重视，亲自研究解决重要问题。教育实践活动督导组要把工作开展情况作为重点督导内容，把专项行动作为检验教育实践活动成效的重要内容，纳入民主测评和干部考核中来。

（二）强化制度约束。修订完善限时办结制度，逐事项修订流程时限表，把办理时限细化落实到每个环节、每个岗位。要建立开门联系和服务群众制度，明确专人接待办事群众，做好引导、帮办、领办、答复等工作。围绕改进工作作风、提高办事效率，作出公开承诺，由人民群众对践诺情况进行评议，确保承诺兑现。

（三）强化监督问责。加强对专项行动的督导检查，把群众监督、媒体监督与专项督查结合起来，形成完善有效的工作督导落实机制。加大明察暗访力度，及时发现和纠正执法不公、推诿扯皮、办事效率低下、吃拿卡要等问题。建立快速反应机制，妥善解决群众诉求。要加大查办案件和问责力度，对不按规定时间和要求落实任务、管理失职、行为失范、故意设障、服务质量差的，严肃追究直接责任人和有关领导的责任。

关于印发供应商诚信度管理办法（试行）的通知

各处（所、中心、队）室：

为进一步加强惩防体系建设，建立健全诚信制度，特制定《河北省疾病预防控制中心供应商诚信度管理办法（试行）》，本办法自2013年11月1日起实施，请各部门结合实际，认真贯彻执行。

附件：河北省疾病预防控制中心供应商诚信度管理办法（试行）

中共河北省疾病预防控制中心纪律检查委会

2013年10月28日

附件

河北省疾病预防控制中心
供应商诚信度管理办法（试行）

为进一步加强惩防体系建设，建立健全诚信制度，完善权力运行监控机制建设，根据《河北省卫生厅医疗卫生单位供应商诚信度管理办法（试行）》（冀卫发〔2013〕5号），结合单位实际，特制定本办法。

第一条　供应商诚信度管理范围

1. 通过公开招标或单位内部招标采购确定的供应商，包括一次性提供商品、服务金额超过5万元以上的供应商和与单位建立相对长期稳定业务联系的供应商。

2. 一次性提供商品、服务金额超过5万元以上的供应商，指疫苗采购、基建工程、设施修缮、仪器设备、试剂、耗材、药品、实验室用品、专项经费列支的物资、应急物资、其他临时性采购等所涉及的供应商；

3. 与单位建立相对长期稳定业务联系的供应商，指在一定时期内持续提供办公用品、后勤物资（劳保用品、办公家具、炊事设备、燃料、安全设施等）、车辆定点维护保障（车辆保险、加油、维修）、会议定点、信息化产品、印刷品、职工食堂、绿化、物业等商品或服务的供应商。

4. 未列入范围的按照有关法规、制度执行。

第二条　供应商诚信准入管理

1. 严把资料审核关。承办处所应负责对供应商提供的资料进行审核，选择合格的供应商。

2. 选择供应商。通过政府采购或公开招标采购的，按照中标结果执行。通过单位内部招标的，按照相关采购制度确定供应商。需要与中心建立长期业务往来的供应商，每年重新确定一次。

3. 选择结果公开。将供应商选择结果在单位内网公开。

4. 建立备案制度。供应商提供产品、服务前必须向中心承办部门备案。包括生产许可证复印件、经营许可证复印件、销售授权书原件、授权业务人员身份信息、业绩合同复印件及采购要求的其他资料。未经备案，不得开展服务。备案文件到期和变更的，供应商应主动及时更换，保证资质文件的合法、有效和连续性（注：过期证件为无效证件）。

5. 建立供应商档案。监察室负责建立供应商诚信档案。承办处所在完成招标采购工作后，负责将填写整理好的生产许可证复印件、经营许可证复印件、销售授权书原件、授权业务人员身份信息、合同复印件、廉洁诚信协议书及采购要求的其他资料。一并交监察室。监察室负责把诚信档案中应公开的内容，在中心权力运行监控网公开。

第三条　供应商应履行的诚信义务

1. 遵守国家有关的法律法规，我省医疗卫生行业的规章和纪律，维护采购秩序和公平竞争环境，自觉接受监督检查。

2. 依法履行采购合同和采购活动中的各项承诺，为采购人提供符合采购文件规定的货物、工程和服务。

3. 法律法规规定的其他诚信义务。

第四条　供应商在参与公开招标或内部招标采购和服务活动中有下列情形之一的，属于不诚信行为

1. 报送的企业信息、相关资质、投标文件或响应文件中提供虚假材料或虚假承诺的；

2. 向采购人、采购代理机构及评标委员会或询价小组成员行贿或提供其他不正当利益的；

3. 与采购人、其他供应商或者采购代理机构恶意串通的；恶意串通具体包括以下行为：供应商从采购人或采购代理机构处获得其他供应商情况，并修改自身投标文件或响应文件的；供应商从采购人或采购代理机构处获得评标委员会、竞争性谈判小组或询价小组组成人员情况的；供应商之间协商一致压低或抬高报价，谋求使某一供应商获得中标或成交，或事先商定由某一供应商中标、成交，再由该中标、成交供应商给予未中标、成交供应商利益的；法律法规规定的其他串通行为。

4. 被确定为中标供应商后无正当理由放弃中标或成交资格，影响采购人采购工作的；

5. 中标、成交后无正当理由不签订采购合同的；不按照中标或成交供应商的投标文件（响应文件）签订合同，或者与采购人另行签订背离合同实质性内容协议的；拒绝履行合同义务的；未按合同规定履行合同义务，造成不良后果的；擅自变更、解除合同的；

6. 擅自将中标确定的成交项目转让给他人，或者违反招标文件或采购文件规定，将中标、成交项目分包给他人的；

7. 对于中标产品或其他谈判确定的协议产品及服务，未经采购单位同意，擅自提高价格或擅自停止供应的；

8. 提供假冒、伪劣、无证、淘汰和过期产品的；在未经采购单位审核批准、验收的情况下，擅自改造、调换产品的；

9. 所提供产品或服务在相同的情况下，价格高于市场价格的（指协议供货和定点采购的供应商）；

10. 采取不正当手段诋毁、排挤其他供应商的。

第五条　诚信预警管理

1. 每年开展一次诚信教育。监察室负责协调有采购职责的处所和供应商学习宣传相关法律法规文件，开展供应商廉洁诚信点评、警示等工作。对不服从管理、信用度较低的，及时发出风险预警，督促整改。对可能存在违规促销问题的，适时组织违规违纪促销调查。

2. 开展价格监测。有采购任务的处所在加强采购质量管理的同时，建立价格监测机制，定期了解商品或服务价格，审计处要加大内部审计力度，对差价比较大的商品采购或服务项目，列为审计监督重点。

3. 加强对供应商发票等票据的审核。财务处要加强报销票据的审核管理，审计处、监察室要加大审计和监督检查力度，对发现在票据方面弄虚作假的，采取纳入不良记录等惩戒措施；对情节严重触犯法律的要移交有关执法机关处理。

第六条　诚信不良记录管理

1. 供应商在提供产品或服务过程中，对经调查发现存在问题的，一经核实，按规定纳入供应商信用信息不良记录，记入诚信档案。

2. 供应商存在有本办法规定的一项不诚信行为，作为一级不诚信行为予以记录。有本办法规定的两项不诚信行为，作为二级不诚信行为予以记录。有本办法规定的三项不诚信行为，作为三级不诚信行为予以记录。

3. 列入一级不诚信行为记录的供应商，暂停或取消协议供货和定点采购资格。如果情节轻微，没有造成不良后果，且能够认真进行改正的，并且 1 年内无不诚信行为发生的，可根据客观情况对其进行告诫，保持业务往来。

4. 列入二级不诚信行为记录的供应商，取消该供应商协议供货和定点采购资格，2 年内不得有业务往来。

5. 列入三级不诚信行为记录的供应商，取消该供应商取消协议供货和定点采购资格，5 年内不得有业务往来。

6. 供应商在协议供货和定点采购项目中发生的不诚信行为情节严重的，性质恶劣，造成严重后果的，除按本办法规定予以暂停或取消协议供货和定点采购资格外，按照有关规定追究供应商相关责任。

7. 供应商业务人员在提供产品或服务过程中存在不诚信行为的，视同供应商不诚信行为。

8. 供应商在提供产品或服务过程中，有严重违法违纪的，及时移送、配合有关部门进行查处，并逐级上报。

第七条　诚信承诺管理

1. 建立诚信承诺制度。合同金额在5万元以上的供应商，在签订合同的同时，必须签订廉洁诚信协议书（见附件2）。廉洁诚信协议书由承办部门负责落实签订后，到监察室备案。

2. 实行双向承诺。供应商要承诺接受单位诚信管理，在提供商品或服务活动中，廉洁诚信合法经营，不采用任何不正当竞争行为。采购人承诺认真执行各项采购制度，不以任何名义、任何形式索取或收受商业贿赂，不利用职务之便谋取不正当利益；不参加供应商安排、组织或支付费用的娱乐活动；未经单位同意，不参加供应商提供的出国（境）考察学习、学术会议等。

第八条　诚信捐赠管理

1. 鼓励社会捐赠资助疾控事业。认真执行卫生部《医疗卫生机构接受社会捐赠资助管理暂行办法》（卫规财发〔2007〕117号）和省卫生厅《实施细则》（冀卫规财字〔2007〕75号），鼓励自然人、法人和其他组织自愿无偿提供资金或物资等形式的支持和帮助。

2. 加强社会捐赠资助管理。必须以法人名义接受社会捐赠资助，捐赠资助财产必须由单位财务部门统一管理使用并及时公开，接受社会监督。捐赠资助行为不得附有影响公平竞争的条件，不得与销售商品或有偿服务挂钩。

3. 单位内部的机构和个人一律不得接受捐赠资助。特殊情况下，捐赠资助方要求以个人名义接受捐赠资助的，应当事先报告单位领导集体审核同意，并纳入单位财务部门统一管理使用。

附：

1. 河北省疾病预防控制中心供应商诚信档案登记表

2. 河北省疾病预防控制中心廉洁诚信协议书

《供应商诚信档案登记表》和《廉洁诚信协议书》可从中心内网下载专区下载。

附1

河北省疾病预防控制中心
供应商诚信档案登记表

提供服务的项目名称	
承办科室	
供应商准入渠道方式	1. 公开招标确定（　　） 2. 单位内部招标、协议确定（　　）

合同金额（元）			
供应商名称			
法定代表人		身份证号	
经营许可证号		有效期至	
企业法人营业执照注册号		有效期至	
授权业务员姓名		授权业务员身份证号	
是否签订廉洁协议书？			
备注			

附2

河北省疾病预防控制中心
廉洁诚信协议书

甲方：河北省疾病预防控制中心

乙方：

为进一步推进党风廉政建设和纠风工作，建立健全治理商业贿赂长效机制，维护公平、公正、公开的竞争秩序，打击不正当竞争行为，现经双方协商同意，廉洁自律协议如下：

一、甲乙双方必须遵纪守法，严格执行纠正医药购销和医疗服务中不正之风和治理商业贿赂的有关文件精神，坚持“标本兼治、综合治理、惩防并举”的原则，深化源头治理。双方应严格执行国家、省招标采购制度，严格遵守河北省卫生厅和河北省疾病预防控制中心的有关管理规定。

二、乙方不得以任何理由向甲方工作人员（含工作人员的配偶、子女及亲属，下同）及与本项目有关的部门、招标代理机构及工作人员馈送现金、礼品、有价证券、支付凭证及贵重物品等；不支付应由个人自付的各种费用（包括但不限于住宅装修、婚丧嫁娶、购物、子女出国留学等）；不向甲方工作人员提供宴请、度假、旅游以及到营业性娱乐场所消费；不以其他任何形式行贿，一经发现，中止购销合同和其他一切业务。

三、甲方工作人员必须按照各项采购制度、采购程序进行规范操作，不准以任何名义、任何形式索取或收受商业贿赂；不准接受乙方赠送的礼品、礼金、有价证券（卡）、支付凭证、贵重物品等；不准利用职务之便谋取不正当利益；不准向乙方报销应由本人支付的各种费用；不准参加乙方安排、组织或支付费用的娱乐活动；未经单位同意，不准参加供应商提供的出国（境）考察学习、学术会议等。甲方人员有不廉洁行为的，乙方有权向甲方纪检部门举报，一经查实坚决依法依规严肃处理。

四、乙方在参与采购和服务活动中出现不诚信记录的行为，甲方按照《河北省疾病预防控制中心供应商诚信度管理办法（试行）》有关规定执行。

本协议书一式两份，购销双方各执一份，自双方签字之日起生效。

甲方单位（盖章）：　　乙方单位（盖章）：

法人代表签章：　　法人代表签章：

年　月　日

全省职业健康检查机构与职业病诊断机构质量考核工作情况报告

省卫生和计划生育委员会：

根据省卫生厅关于《开展对职业健康检查与职业病诊断机构质量考核工作的通知》（冀卫办监督函〔2013〕21号）要求，我中心对全省取得职业健康检查、职业病诊断资质的机构进行了质量考核，考核内容包括血铅盲样检测和高千伏X线胸片质量，考核结果按照国家相关标准进行评定。现将考核情况报告如下：

一、实验室血铅考核结果

（一）总体情况

全省应参加考核机构163家，领取盲样的机构146家，111家机构上报了检测报告，其中52家机构放弃考核，参加考核率为68.10%。本次考核分高、中、低三个浓度水平，高浓度水平70家，其中9家合格，5家基本合格，合格率为20.00%；中浓度水平69家，其中28家合格，6家基本合格，合格率为49.27%；低浓度水平24家，其中11家合格，1家基本合格，合格率为50.00%。三个浓度水平共48家合格，12家基本合格（放弃考核的机构视为不合格，下同），总合格率为36.81%（详见附件1），较2010年（59家参加考核）合格率提高了8%。

考核结果合格率前三名的市为邢台市、秦皇岛市、廊坊市，合格率分别为75.00%、71.43%、53.85%。考核结果合格率低的三个市为张家口市、承德市、沧州市，合格率分别为12.50%、15.38%、18.75%。

（二）不同分类机构考核情况分析

共有82家疾病预防控制中心参加考核，考核合格34家，合格率为41.46%。其中9家市级疾控中心参加考核，6家合格，合格率为66.67%。73家县级疾控中心参加考核，28家合格，合格率为38.56%。共有81家综合医院及厂矿医院参加考核，26家合格，合格率为32.10%。

二、高千伏X线胸片质量考核结果

本次应参加考核机构202家，实际参加考核174家，考核参加率为86.14%。共收到高千伏胸片1725张，经专家评定一级片63张（占3.65%），二级片444张（占25.74%），优良率为29.39%；三级片803张（占46.55%），四级片（废片）415张（占24.06%）。一、二级片比例较2010年考核结果（77家参加考核）下降15.61%。本次考核X线胸片质量优良率较高的机构名单见附件2，考核结果差（均为废片）的13家机构见附件3。

三、存在的主要问题

（一）合格率偏低

全省应参加血铅考核机构共163家，其中疾病预防控制中心82家，综合医院及厂矿医院共81家，疾病预防控制中心34家合格，综合医院及厂矿医院26家合格，共60家机构合格，合格率仅为36.81%。

（二）实验室质量管理体系不完善

检测报告质量虽较2010年考核所提高，但仍有部分报告没有标明质控措施，有些检测报告原始记录信息不全，没有报告编号，无检验依据、所用仪器信息，有的缺少检验、审核、签发人签字等信息。

（三）业务人员专业素质亟待提高

各职业健康检查和职业病诊断机构人员普遍存在基础知识薄弱，专业技术知识陈旧，操作不规范等问题，特别是县级机构人员不熟悉高千伏X线胸片投照条件及标准，对检验标准方法理解不透，不熟悉仪器设备的主要特性、参数，仪器设备使用方法不当。

（四）仪器设备装备有待加强

大部分机构尤其是县级机构仪器设备短缺，现有设备陈旧、落后，不能满足检测、检验工作需要，52家单位放弃血铅考核，主要原因是因仪器设备不能满足此次考核条件。

附件：

1. 全省职业健康检查、职业病诊断机构实验室血铅考核结果
2. 高千伏X线胸片质量考核前十名机构
3. 高千伏X线胸片质量考核均为废片的机构

河北省疾病预防控制中心

2013年11月15日

附件

全省职业健康检查机构、职业病诊断机构实验室血铅考核结果

序号	机构名称	编号	结果（μg/L）	标准值（μg/L）	结果判定
1	滦县疾病预防控制中心门诊部	2013001	223	252～308	不合格
2	开滦职业病防治院	2013002	–	–	放弃
3	滦南县疾病预防控制中心门诊部	2013003	231	252～308	不合格
4	献县疾病预防控制中心门诊部	2013004	218	252～308	不合格
5	定州市疾病预防控制中心门诊部	2013005	235	252～308	不合格
6	承德钢铁集团有限公司职工医院	2013006	–	–	放弃
7	文安县疾病预防控制中心门诊部	2013007	229	252～308	不合格
8	唐山市疾病预防控制中心门诊部	2013008	228	252～308	不合格
9	河北省人民医院	2013009	212	252～308	不合格
10	张北县医院	2013010	231.4	252～308	不合格
11	河北省滦平县医院	2013011	–	–	放弃
12	清河县中心医院	2013012	169	126～154	不合格

续表

序号	机构名称	编号	结果（μg/L）	标准值（μg/L）	结果判定
13	黄骅市中医院	2013013	61.5	126～154	不合格
14	迁安市疾病预防控制中心	2013014	154	126～154	合格
15	三河市疾病预防控制中心门诊部	2013015	151	126～154	合格
16	沧州市疾病预防控制中心门诊部	2013016	128	126～154	合格
17	邢台市疾病预防控制中心门诊部	2013017	140	126～154	合格
18	唐山市人民医院	2013018	165	126～154	不合格
19	鹿泉市疾病预防控制中心	2013019	148	126～154	合格
20	遵化市疾病预防控制中心门诊部	2013020	149	126～154	合格
21	张家口市第一医院	2013021	121	99～121	合格
22	唐山市第十医院（唐山市健康体检中心）	2013022	130	99～121	不合格
23	涉县疾病预防控制中心门诊	2013023	–	–	放弃
24	井陉县疾病预防控制中心门诊部	2013024	121	99～121	合格
25	乐亭县疾病预防控制中心体检科	2013025	119	99～121	合格
26	张家口市建国医院	2013026	158	99～121	不合格
27	徐水县疾病预防控制中心门诊部	2013027	117	99～121	合格
28	唐山钢铁集团有限责任公司医院	2013028	–	–	放弃
29	辛集市疾病预防控制中心	2013029	126	99～121	不合格
30	霸州市疾病预防疾控中心	2013051	120	99～121	合格
31	藁城市疾病预防疾控中心	2013052	122	98～123	基本合格
32	唐山二十二冶医院	2013030	–	–	放弃
33	晋州市疾病预防控制中心	2013031	230	252～308	不合格
34	涿州市疾病预防控制中心门诊部	2013032	17.7	252～308	不合格
35	沧州临港经济技术开发区医院	2013033	240	238～322	基本合格
36	衡水市桃城区疾病预防控制中心综合门诊部	2013034	279	252～308	合格
37	迁西县疾病预防控制中心门诊部	2013035	210	252～308	不合格
38	清河县人民医院	2013036	272	252～308	合格
39	石家庄市井陉矿区疾病预防控制中心门诊	2013037	204	252～308	不合格
40	沧州市人民医院	2013038	217	252～308	不合格
41	北京铁路局石家庄卫生防疫站预防医学门诊	2013039	–	–	放弃
42	中煤一公司岭北职工医院	2013040	203	252～308	不合格
43	无极县疾病预防控制中心	2013041	124	119～161	基本合格
44	新乐市第二医院	2013042	159.66	119～161	基本合格
45	故城县中医医院	2013043	151	126～154	合格
46	石家庄市第二医院	2013044	–	–	放弃

续表

序号	机构名称	编号	结果（μg/L）	标准值（μg/L）	结果判定
47	玉田县医院	2013045	217	126～154	不合格
48	邯郸市疾病预防控制中心预防医学门诊部	2013046	147	126～154	合格
49	廊坊市疾病预防控制中心门诊部	2013047	148	126～154	合格
50	内丘县疾病预防控制中心综合门诊部	2013048	144	126～154	合格
51	青龙满族自治县疾病预防控制中心	2013049	150	126～154	合格
52	抚宁县疾病预防控制中心综合门诊部	2013050	149	126～154	合格
53	平泉县疾病预防控制中心预防医学门诊部	2013053	210	99～121	不合格
54	肃宁县疾病预防控制中心门诊部	2013054	150	99～121	不合格
55	冀州市中医院	2013055	34.4	99～121	不合格
56	赵县疾病预防控制中心	2013056	112	99～121	合格
57	大城县疾病预防控制中心门诊部	2013057	111	99～121	合格
58	涞源县疾病预防控制中心	2013058	114	99～121	合格
59	定兴县疾病预防控制中心门诊部	2013059	115	99～121	合格
60	正定县疾病预防控制中心慢病门诊	2013060	105	99～121	合格
61	白沟中心医院	2013061	－	－	放弃
62	磁县医院	2013062	272	252～308	合格
63	赤城县疾病预防控制中心健康体检门诊部	2013063	321	252～308	基本合格
64	怀来同济医院	2013064	－	－	放弃
65	邢台冶金医院	2013065	286	252～308	合格
66	巨鹿县医院	2013066	－	－	放弃
67	平乡县人民医院	2013067	271.5	252～308	合格
68	河北省新河县人民医院	2013068	－	－	放弃
69	河北省任县医院	2013069	269	252～308	合格
70	涿鹿县中医院	2013070	200	252～308	不合格
71	临西县人民医院	2013071	135	126～154	合格
72	威县人民医院	2013072	156.06	119～161	基本合格
73	南宫市人民医院	2013073	138.29	126～154	合格
74	中国石油天然气集团公司中心医院	2013074	－	－	放弃
75	唐山市丰润区疾病预防控制中心门诊	2013075	－	－	放弃
76	柏乡县人民医院	2013076	－	－	放弃
77	广宗县医院	2013077	137.9	126～154	合格
78	永年县第一医院	2013078	127.219	126～154	合格
79	秦皇岛市疾病预防控制中心	2013079	150	126～154	合格
80	昌黎县疾病预防控制中心	2013080	144	126～154	合格

续表

序号	机构名称	编号	结果（μg/L）	标准值（μg/L）	结果判定
81	中煤张家口煤矿机械有限责任公司医院	2013081	–	–	放弃
82	万全县医院	2013082	–	–	放弃
83	沧州市中心医院	2013083	234	252～308	不合格
84	安新县疾病预防控制中心	2013084	–	–	放弃
85	高阳县医院	2013085	–	–	放弃
86	邯郸钢铁集团有限责任公司职工医院	2013086	224	252～308	不合格
87	廊坊市安次区医院	2013087	–	–	放弃
88	唐山市古冶区疾病预防控制中心门诊部	2013088	–	–	放弃
89	秦皇岛市工人医院	2013089	271	252～308	合格
90	馆陶县人民医院	2013090	–	–	放弃
91	兴隆县疾病预防控制中心预防医学门诊	2013091	–	–	放弃
92	滦平县疾病预防控制中心预防医学门诊部	2013092	178	126～154	不合格
93	宽城满族自治县疾病预防控制中心预防医学门诊部	2013093	149	126～154	合格
94	行唐县人民医院	2013094	138.126	126～154	合格
95	河北省民政总医院	2013095	138	126～154	合格
96	南皮县疾病预防控制中心	2013096	128	126～154	合格
97	东光县中医院	2013097	–	–	放弃
98	顺平县医院	2013098	–	–	放弃
99	曲阳县疾病预防控制中心门诊部	2013099	–	–	放弃
100	盐山县疾病预防控制中心门诊部	20130100	110	126～154	不合格
101	沧县疾病预防控制中心	20130101	219	252～308	不合格
102	承德市双滦区疾病预防控制中心预防医学门诊部	20130102	216	252～308	不合格
103	赞皇县医院	20130103		–	放弃
104	栾城县疾病预防控制中心	20130104	191	252～308	不合格
105	海兴县疾病预防控制中心门诊部	20130105	148	252～308	不合格
106	承德市中医院	20130106	–	–	放弃
107	围场满族蒙古族自治县疾病预防控制中心综合门诊	20130107	279	252～308	合格
108	雄县疾病预防控制中心	20130108	232	252～308	不合格
109	固安县中医院	20130109	–	–	放弃
110	唐海县疾病预防控制中心门诊部	20130110	233	252～308	不合格
111	阜平县疾病预防控制中心门诊部	20130111	–	–	放弃
112	高碑店市疾病预防控制中心门诊部	20130112	144	126～154	合格
113	大名县人民医院	20130113	–	–	放弃
114	河北省职业病医院	20130114	–	–	放弃

续表

序号	机构名称	编号	结果（μg/L）	标准值（μg/L）	结果判定
115	深泽县医院	20130115	–	–	放弃
116	河间市疾病预防控制中心	20130116	60. 1	126 ~ 154	不合格
117	丰宁满族自治县中医院	20130117	–	–	放弃
118	保定市职业病防治所	20130118	155	119 ~ 161	基本合格
119	灵寿县人民医院	20130119	–	–	放弃
120	泊头市疾病预防控制中心	20130120	109	126 ~ 154	不合格
121	磁县肿瘤医院	20130121	–	–	放弃
122	广平县中医院	20130122	266. 667	252 ~ 308	合格
123	安平县中医医院	20130123	–	–	放弃
124	大名县疾病预防控制中心综合门诊部	20130124	–	–	放弃
125	邯郸县医院	20130125	–	–	放弃
126	承德县疾病预防控制中心预防医学门诊部	20130126	226	252 ~ 308	不合格
127	邱县中医院	20130127	151. 12	252 ~ 308	不合格
128	隆化县疾病预防控制中心预防医学门诊部	20130128	219	252 ~ 308	不合格
129	唐县疾病预防控制中心	20130129	–	–	放弃
130	永清县人民医院	20130130	–	–	放弃
131	大厂回族自治县疾病预防控制中心门诊部	20130131	149	126 ~ 154	合格
132	曲周县医院	20130132	–	–	放弃
133	临漳县医院	20130133	–	–	放弃
134	河北省阜城县人民医院	20130134	–	–	放弃
135	饶阳县人民医院	20130135	158	119 ~ 161	基本合格
136	成安县人民医院	20130136	–	–	放弃
137	鸡泽县医院	20130137	–	–	放弃
138	枣强县人民医院	20130138	153	126 ~ 154	合格
139	武邑县中医医院	20130139	79	126 ~ 154	不合格
140	廊坊市医学会健源体检站	20130140	120. 118	119 ~ 161	基本合格
141	魏县人民医院	20130141	–	–	放弃
142	肥乡县医院	20130142	320	238 ~ 322	基本合格
143	容城县疾病预防控制中心	20130143	231	252 ~ 308	不合格
144	高邑县医院	20130144	196. 3	252 ~ 308	不合格
145	石家庄市职业病防治院	20130145	229	252 ~ 308	不合格
146	保定市第二医院	20130146	317	238 ~ 322	基本合格
147	衡水市第二人民医院	20130147	–	–	放弃
148	景县疾病预防控制中心传染病防治门诊部	20130148	150	99 ~ 121	不合格

续表

序号	机构名称	编号	结果（μg/L）	标准值（μg/L）	结果判定
149	安国市疾病预防控制中心综合门诊部	20130149	–	–	放弃
150	易县疾病预防控制中心门诊部	20130150	120	99～121	合格
151	唐山市丰南区疾病预防控制中心门诊部	20130151	149	126～154	合格
152	涿州市医院	20130152	–	–	放弃
153	廊坊广安医院	20130153	150	126～154	合格
154	秦皇岛慈善医院	20130154	–	–	放弃
155	华北石油管理局职业病防治所	20130155	211	126～154	不合格
156	邢台县中心医院	20130156	150. 51	126～154	合格
157	唐山市南堡开发区医院	20130157	–		放弃
158	冀中能源峰峰集团职业病防治院	20130158	116. 01	126～154	不合格
159	任丘市疾病预防控制中心预防保健综合门诊部	20130159	111	126～154	不合格
160	香河县疾控中心第二门诊部	20130161	230	252～308	不合格
161	承德市疾病预防控制中心预防医学门诊部	20130162	236	252～308	不合格
162	中国煤矿工人北戴河疗养院	20130163	210	252～308	不合格
163	武安市医院	20130164	312. 706	238～322	基本合格

附件 2

高千伏 X 胸片考核结果前十名机构名称

序号	机构名称	资质项目	考核结果（张）				存在问题
			一级	二级	三级	四级（废片）	
1	石家庄市职业病防治院	职业健康检查、职业病诊断（尘）	8	2	0	0	—
2	唐山市疾病预防控制中心	职业健康检查、职业病诊断（尘）	8	2	0	0	—
3	平泉县疾病预防控制中心	职业健康检查、职业病诊断（尘）	8	2	0	0	—
4	保定市职业病防治所	职业健康检查、职业病诊断（尘）	8	1	1	0	—
5	河北以岭医院	职业健康检查、职业病诊断（尘）	7	3	0	0	—

续表

序号	机构名称	资质项目	考核结果（张）				存在问题
			一级	二级	三级	四级（废片）	
6	唐山钢铁集团有限责任公司医院	职业健康检查、职业病诊断（尘）	7	3	0	0	—
7	哈励逊国际和平医院	职业健康检查、职业病诊断（尘）	2	8	0	0	无左右号
8	河北省人民医院	职业健康检查、职业病诊断（尘）	0	10	0	0	—
9	秦皇岛市疾病预防控制中心	职业健康检查、职业病诊断（尘）	0	10	0	0	个别胸片体位设计不正、有划痕，对比度、清晰度欠佳。
10	中国煤矿工人北戴河疗养院	职业健康检查、职业病诊断（尘）	0	10	0	0	个别胸片标识不规范、有划痕。

附件 3

高千伏 X 胸片考核结果均为废片机构名称（13 家）

序号	机构名称	资质项目	考核结果（张）				存在问题
			一级	二级	三级	四级（废片）	
1	唐山市古冶区疾病预防控制中心	职业健康检查	0	0	0	10	部分胸片体位设计不正，KV 值偏低，附加影严重，投照条件低（肺区密度低偏白）
2	唐山市丰南区疾病预防控制中心	职业健康检查	0	0	0	10	部分胸片体位设计不正，污染严重，清晰度差，灰雾度高。建议及时清洗洗片机、更换显定影液
3	唐山市南堡开发区医院	职业健康检查	0	0	0	10	部分胸片体位设计不正，污渍严重，灰雾度高，清晰度、对比度差，本分胸片曝光过度；建议及时清洗洗片机

续表

序号	机构名称	资质项目	考核结果（张）				存在问题
			一级	二级	三级	四级（废片）	
4	卢龙县医院	职业健康检查	0	0	0	10	体位设计不正，标识不规范，曝光过度、灰雾度高，清晰度、对比度差
5	张北县医院	职业健康检查	0	0	0	10	体位设计不正，标识不规范，有划痕，清晰度、对比度差
6	涞源县疾病预防控制中心	职业健康检查	0	0	0	10	标识不规范，附加影，清晰度、对比度差。曝光过度，灰雾度过高
7	怀安县医院	职业健康检查	0	0	0	10	显、定影不充分，划痕污渍严重，标识不规范，体位设计不正（肩胛骨与肺野重叠），清晰度极差，解剖结构模糊，灰雾度过高
8	唐县疾病预防控制中心	职业健康检查	0	0	0	10	个别胸片体位设计不正，划痕，千伏值偏低，憋气不足
9	武强县医院	职业健康检查	0	0	0	10	体位设计不正，胸片标识不规范，附加影多，曝光条件过高
10	清河县中心医院	职业健康检查	0	0	0	10	部分胸片体位设计不正、KV 值偏低，标识不规范，划痕、污染严重，局部影像模糊，清晰度、对比度差
11	新河县人民医院	职业健康检查	0	0	0	10	体位设计不正，污染严重，清晰度、对比度差，曝光条件过大，灰雾度高
12	临西县人民医院	职业健康检查	0	0	0	10	胶片漏光严重，曝光过度，体外异物，污染划痕
13	南和县人民医院	职业健康检查	0	0	0	10	肩胛骨与肺野重叠，标识不规范，划痕严重，曝光过度

关于进一步加强全省流脑防控工作的通知

各设区市疾控中心，定州、辛集市疾控中心，华北石油疾控中心：

流行性脑脊髓膜炎（流脑）是我省重点防控的传染病之一，近年来流脑发病出现了新趋势，2012年我省发生了C群流脑暴发和首例B群流脑病例，2013年首次发现了W135群病例和B群流脑聚集性病例，防控形势不容乐观。目前，我省已进入流脑高发季节，为进一步加强2014年全省流脑防控工作，现就有关要求通知如下：

一、加强疫情监测

各级疾控机构要指定专人负责辖区内传染病网络直报系统流脑疫情的实时监测和分析，及时发现疫情，对发现的病例（特别是外地报告的病例）要及时纳入流脑专报系统。在高发季节（11～12月、1～3月）要主动到医疗机构搜索流脑病例，开展主动监测，努力做到早发现、早报告。

二、做好疫情调查处理

（一）出现流脑散发病例时，县级疾控机构必须在接到报告24小时内开展流行病学调查，填写个案调查表，采集标本，并采取防控措施；出现首例流脑病例时，应在病例区域内做好病例主动搜索工作；发现流脑死亡病例时，要立即开展流行病学调查处理，并将相关情况于12小时内电话上报我中心；出现暴发疫情或聚集性病例，立即电话报告我中心，并按照相关要求开展流行病学调查和采取防控措施，暴发疫情和聚集性病例必须进行实验室确诊。

（二）按照《全国流行性脑脊髓膜炎监测方案》要求认真填写个案调查表，完成调查后3日内将个案调查信息通过流脑监测信息报告管理系统上报，并以电子邮件方式将个案调查表报我中心，后续调查、实验室检测等资料要及时补充到专报系统。每1例死亡病例、每1起暴发疫情或聚集性病例疫情都要写出调查报告，在完成调查后3日内将总结报我中心。

三、加强标本采集和实验室检测

（一）县级疾控机构要加强与当地医疗机构的联系，对报告的所有流脑病例和疑似病例采集脑脊液、血液或淤点（斑）标本，24小时内送市疾控中心进行病原检测，对分离的菌株要妥善保存并于5日内送我中心。所有病例检测剩余的脑脊液和/或血液标本（全血\血清\血块），市疾控中心于5日内（全血标本冷藏，其他标本冷冻）送我中心进行PCR检测。

（二）所有病例都要开展密切接触者调查，采集密切接触者咽拭子标本进行带菌检测。发生在幼儿园、学校和集体单位的病例，密切接触者咽拭子标本采集份数为10～20份，分离的菌株要妥善保存于3日内送我中心。

（三）所有送检标本要填写规范的送检单。标本检测结果、密切接触者调查结果等要及时填写个案调查表并通过专报系统上报。

四、继续开展健康人群带菌监测

每个市至少设立一个监测点，分别在2013年12月至2014年1月（Ⅰ期）和2014年2～4月（Ⅱ期）采集健康人群咽拭子标本进行流脑菌监测（具体要求见附件）。既往菌株检出率低的市，要认真查找原因，提高菌株检出率。标本的实验室登记及检测资料要妥善保存备查，同时以电子邮件的形式分别于2014年2、4月底前上报流脑两次监测结果（表格见附件）和监测总结。

辛集、定州只安排一期监测工作，并由省协助开展。

五、开展培训工作

各市2014年要开展一次针对辖区疾控机构和相关医疗机构流脑防控知识的培训，市培训到县，县培训到乡，培训内容包括流脑基本知识、流脑监测要求（病例报告、调查、标本采集和实验室检测）、暴发疫情处置、疫苗接种和流脑防控工作进展等。培训资料齐全（通知、报到表、讲课资料、考试题、总结等），留档备查。

六、加强工作督导

各市要加强对辖区流脑防控工作的督导，要求于2014年1~4月份期间至少开展1次针对流脑发病重点县（市、区）和工作薄弱县（市、区）的督导活动，督导内容为医疗机构的病例报告（查漏报）、疾控机构个案调查，标本采集和主动监测情况等，督导要有记录、有总结。我中心将不定期对各地流脑防控及监测情况督导并通报。

七、加强资料管理

各市要加强流脑个案调查表、疫情调查处理报告、标本采集与送检表、实验室检测报告、健康人群带菌调查、抗体水平监测、疫苗接种、健康教育、培训、督导检查和总结报告等防控资料管理，每年建立专卷，存档妥善保存，有关电子数据和信息要及时备份。

请各市于2014年12月25日前将全年流脑防控工作总结（盖章）并以电子版形式上报我中心细消所。

邮箱地址：hbcdcxjk@ sina. com

附件：流脑防控、监测工作指标及相关要求

河北省疾病预防控制中心
2013年11月25日

附件

流脑防控、监测工作指标及相关要求

一、疫情调查处理指标

疑似病例个案调查率100%；病例报告后24小时内调查率80%；首例病例县级疾控机构调查率100%；死亡病例市疾控中心现场调查复核率达100%；暴发疫情/聚集性病例疫情市、省疾控中心现场调查率达100%。

二、病人标本采集指标

疑似病例脑脊液或血液标本采集率80%；县级疾控机构采集标本后24小时内送市疾控中心率达80%；市疾控中心收到标本5天内完成检测并反馈率达80%；市疾控中心分离阳性菌株5天内送省率达100%。

三、健康人群带菌率监测

各市根据近年来监测情况，合理设置监测点（建议每年在不同的县、市、区轮流开展），每个市至少设立一个监测点，每个监测点分7个年龄组（<1岁、1~2岁、3~4岁、5~6岁、7~14岁、15~19岁、≥20岁），分别在2013年12月至2014年1月和2014年2~4月采集咽拭子标本进行流脑菌的分离，两次监测人群标本不少于210人（每次每个年龄组至少调查15人，总人数不少于105人）。同时做好采集标本的详细登记工作。

需上报的监测表格（参考格式）见表1、表2、表3。

注意事项：

（1）采样时间应安排在上午8~9点。

（2）咽拭子标本采集过程中应严格按照无菌要求操作，最好使用压舌板，采集部位一定要准确，采集到的标本应现场接种培养基。

（3）采集的咽拭子标本接种巧克力双抗平板

（由省统一提供）；采集的咽拭子涂抹于平板的原始部位，然后换接种环分三区划线，一块平板最好只接种一份标本；分区画线时与上一区的连接最好在2～3根线之间，以保证能分离出单个菌落；接种后的平板在运输过程中应保证温度在20℃～36℃之间。

（4）检验人员在挑取生长的菌落转种时，无论平板上长出菌落多少，都要挑取转种，以避免造成部分菌株漏掉，提高分离率。培养所获得的流脑菌株（包括自凝菌、多凝菌等）分纯鉴定合格后，将其纯培养物的菌苔刮到3～5支灭菌的脱脂牛奶菌种管中，置－20℃冰箱保存，于5天内送省进一步鉴定和药敏试验，菌株不得自行处理。

表1　____年____市健康人群带菌调查咽拭子标本采集及检测登记表（____期）

编号（9位，前6位为国标码，后三位为对象编号）	姓名	性别（1男；2女）	出生年月（或岁）	职业（编码同传染病报告卡）	住址	疫苗接种			咽拭子标本			备注
						接种疫苗种类（1. A；2. A＋C；3. A与A＋C；4. 未种；5. 不详）	接种次数	最后一次接种日期（年/月/日）	采集日期（年/月/日）	送检日期（年/月/日）	培养结果［1. A；2. B；3. C；4. Y；5. W-135；6. 其他（注明）；7. 未分）］	

标本采集人：

送检单位：　　　　　　　　　　送检人：

表2　____年____市健康人群流脑带菌状况调查统计表（____期）

年龄组（岁）	男			女			合计		
	检测数	阳性数	阳性率%	检测数	阳性数	阳性率%	检测数	阳性数	阳性率%
＜1									
1～									
3～									
5～									
7～									
15～									
≥20									
合计									

注：各市将流脑调查资料按此表统计后上报。

表 3　流脑菌株送检登记表　　　　**（送检单位公章）**

编号	送检号	姓名	性别	年龄	职业	现住址（省、市、县、乡）	菌株来源（1. 病人；2. 密切接触者；3. 健康带菌者）	样本种类（1. 脑脊液；2. 血液；3. 咽拭子）	发病时间	采样时间	凝集反应		生化反应					检测结果	送检形式（1. 培养基，2. 脱脂牛奶）
											盐水	血清群	葡	麦	蔗	果	乳		

填表说明：1. 如果菌株来源于密切接触者，发病时间栏要填写所接触病人的姓名。

送检单位：____________　送检时间：____年____月____日　送检人：________
联系电话：____________ Email：____________

接收单位：河北省疾病预防控制中心　接收时间：____年____月____日　接收人：________
联系电话：0311－86573431

关于河北省 2013 年全国地方病防治机构实验室氟测定质量考核结果的通报

各设区市疾控中心，张家口市地方病防治所，辛集、定州市疾控中心：

根据中国疾控中心《关于 2013 年全国地方病防治机构实验室氟、砷测定质量考核通知》要求，我中心组织全省 13 个市级和 10 个项目县级氟中毒实验室参加了国家外质控考核，合格率、反馈率均为 100%，取得了国家级实验室合格证书。抽取 11 个市 25 个县参加了省级实验室考核，现将考核结果通报如下：

一、参加国家考核的含氟水样测定考核结果

市级合格实验室（排名不分先后）：石家庄市、秦皇岛市、邢台市、廊坊市、承德市、沧州市、衡水市、保定市、唐山市、邯郸市、辛集、定州市疾控中心，张家口市地方病防治所。

县级合格实验室（排名不分先后）：大名县、尚义县、定兴县、故城县、大城县、南宫市、平泉县、盐山县、玉田县、赵县疾控中心。

二、参加省级考核的含氟水样测定考核结果

合格实验室名单（排名不分先后）：石家庄市深泽县、井陉县、桥东区，张家口市阳原县、蔚县、宣化区，承德市承德县、隆化县，唐山市乐亭县、遵化县，秦皇岛市青龙县，廊坊霸州市、香河县，保定市徐水县、高碑店市、望都县，沧州黄骅市、沧县、吴桥县，衡水市冀州市、安平县，邢台市清河县、隆尧县，邯郸市武安市、永年县。

可疑实验室名单：承德市承德县、隆化县

三、考核样品浓度的公议值（见附件 1）

实验室判定标准：实验室室间的 Z 分值 ZB 反映了实验室测定结果的系统误差。实验室内的 Z 分值 ZW 反映了实验室测定结果的随机误差。Z 分值越接近于零表明于总体结果越近。

考核结果的判定：一是结果满意，即 | Z | ≤2；二是检测结果可疑，实验室应该对测定结果进行复查，2 < | Z | < 3；三是检测结果不满意，实验室应该采取纠正措施，即 | Z | ≥3。

四、存在的问题

本次考核结果取得了比较好的成绩，但仍存在一些问题，如个别实验室 Z 比分值的绝对值大于 2，曲线斜率偏低，相关系数较差，导致考核结果可疑，有的实验室没有按要求上报，个别实验人员业务水平有待于进一步提高，实验室条件有待进一步完善，特别是 ZB、ZW 值偏大的个别实验室，虽然结果合格，但检测结果不满意。各单位要认真总结经验，查找不足，进一步提高实验室质量管理工作，以保证分析结果的可靠性和可比性，为氟中毒防治监测工作提供质量保障。

附件：

1. 考核样品浓度的公议值
2. 参加国家考核市级实验室含氟水样检测考核结果表
3. 参加国家考核县级实验室含氟水样检测考核结果
4. 参加省级考核县级实验室含氟水样检测考核结果

河北省疾病预防控制中心

2013 年 12 月 16 日

附件 1

考核样品浓度的公议值

编号	公议值（mg/L）	标准差 S	CV（%）	CV（%）	2S	3S
FS20130401	0.98	0.02	0.0204	2.04	0.04	0.06
FS20130402	2.17	0.04	0.0184	1.84	0.08	0.12

附件 2

参加国家考核市级实验室含氟水样检测考核结果表

单　位	含氟水样 Z 值		结论
	FS20130401	FS20130402	
河北省	0.00	0.00	合格

续表

单　位	含氟水样 Z 值		结论
	FS20130401	FS20130402	
沧州市	-0.33	-0.33	合格
邯郸市	-1.33	-0.33	合格
衡水市	-0.33	0.00	合格
廊坊市	-0.67	-0.17	合格
秦皇岛	-0.33	0.00	合格
石家庄	-0.33	0.00	合格
唐山市	-0.33	0.00	合格
邢台市	-1.00	-0.17	合格
承德市	-0.33	0.00	合格
保定市	-0.67	-0.50	合格
张家口	-1.00	-0.17	合格

附件3

参加国家考核县级实验室含氟水样检测考核结果

单　位	含氟水样 Z 值		结论
	FS20130401	FS20130402	
尚义县	0.00	-0.50	合格
平泉县	0.00	0.50	合格
玉田县	0.00	-0.33	合格
大城县	0.00	0.00	合格
定兴县	-0.33	0.00	合格
盐山县	-0.33	-0.17	合格
故城县	-0.33	0.00	合格
南宫县	-1.00	-0.30	合格
赵　县	-0.33	0.00	合格
大名县	0.00	0.50	合格

附件4

参加省级考核县级实验室含氟水样检测考核结果

单　位	含氟水样Z值		结论
	FS20130401	FS20130402	
深泽县	-0.67	-0.17	合格
井陉县	-0.33	-0.17	合格
桥东区	-0.33	0.33	合格
阳原县	-1.50	-0.33	合格
蔚　县	-0.50	-0.50	合格
宣化区	-2.00	0.33	合格
承德县	-0.33	-2.17	可疑
隆化县	-1.33	-2.17	可疑
乐亭县	0.00	0.83	合格
遵化县	0.00	0.33	合格
青龙县	0.00	0.00	合格
霸州市	-0.67	-0.17	合格
香河县	0.33	0.33	合格
徐水县	-1.50	-0.50	合格
高碑店市	-1.00	-0.50	合格
望都县	-1.00	-0.67	合格
黄骅市	1.00	-0.33	合格
沧　县	0.33	-1.50	合格
吴桥县	-0.33	-1.17	合格
冀州市	-0.33	0.00	合格
安平县	0.00	0.00	合格
清河县	-1.33	-0.17	合格
隆尧县	-1.33	-0.33	合格
武安市	-1.33	-0.17	合格
永年县	-0.33	-0.67	合格

关于印发突发公共卫生事件应急处理预案的通知

各设区市、华北石油疾控中心，辛集、定州市疾控中心，中心各处（所、中心、队）室：

为进一步完善应急预案体系，规范和加强应急预案管理，有效应对突发公共卫生事件，我中心组织修订了《河北省疾病预防控制中心突发公共卫生事件应急处理预案》（2006 版）（见附件），现印发，请遵照执行。

附件：河北省疾病预防控制中心突发公共卫生事件应急处理预案

河北省疾病预防控制中心

2013 年 12 月 25 日

附件

河北省疾病预防控制中心
突发公共卫生事件应急处理预案

第一部分　总　则

一、编制目的

指导和规范中心各类突发公共卫生事件的应急处理工作，提高中心应急反应能力，在省卫生行政部门统一领导下，有效预防、及时控制突发公共卫生事件的发生或蔓延，最大限度地减少突发公共卫生事件对公众健康造成的危害，保障人民身体健康和生命安全。

二、编制依据

依据《中华人民共和国突发事件应对法》《中华人民共和国传染病防治法》《中华人民共和国职业病防治法》《突发公共卫生事件应急条例》《突发公共卫生事件与传染病疫情监测信息报告管理办法》《河北省突发事件卫生应急预案管理办法》《河北省突发公共卫生事件总体应急预案》及《河北省突发公共卫生事件应急预案》等法律、法规、文件，结合中心实际，制定本预案。

三、指导思想和工作原则

贯彻“预防为主、常备不懈”的方针，坚持“统一领导、分级处置、依法规范、措施果断、依靠科学、加强合作”的原则，全面提高快速反应和应急处理能力。

四、突发公共卫生事件的分级

突发公共卫生事件是指：突然发生、造成或可能造成社会公众健康严重损害的重大传染病疫情、群体性不明原因疾病、重大食物和职业中毒以及其他严重影响公众健康的事件。根据突发公共卫生事件性质、危害程度、涉及范围，将突发公共卫生事件分为特别重大（Ⅰ级）突发公共卫生事件、重大（Ⅱ级）突发公共卫生事件、较大（Ⅲ级）突发公共卫生事件和一般（Ⅳ级）突发公共卫生事件。

（一）特别重大突发公共卫生事件（Ⅰ级）

有下列情形之一的为特别重大突发公共卫生事件（Ⅰ级）：

1. 肺鼠疫、肺炭疽在大中城市发生并有扩散趋势，或者肺鼠疫、肺炭疽疫情波及毗邻的省份，并有进一步扩散趋势；

2. 发生传染性非典型肺炎、人感染高致病性禽流感病例，并有扩散趋势；

3. 本省以及毗邻多个省份出现群体性不明原因疾病，并有扩散趋势；

4. 发生新传染病或者国内尚未发现的传染病在本省发生或者传入，并有扩散趋势，或者发现国内已经消失的传染病重新流行；

5. 发生烈性病菌株、毒株、致病因子等丢失事件；

6. 与本省通航的国家和地区发生特大传染病疫情，并出现输入性病例，严重危及公共卫生安全的事件；

7. 国务院卫生行政部门认定的其他特别重大突发公共卫生事件。

（二）重大突发公共卫生事件（Ⅱ级）

有下列情形之一的为重大突发公共卫生事件（Ⅱ级）：

1. 在 1 个县（市）行政区域内，1 个平均潜伏期内（6 天）发生 5 例以上肺鼠疫、肺炭疽病例，或者相关联的疫情波及 2 个以上的县（市）；

2. 发生传染性非典型肺炎、人感染高致病性禽流感病例；

3. 腺鼠疫发生流行，在 1 个设区的市的行政区域内，1 个平均潜伏期内多点连续发病 20 例以上，或流行范围波及 2 个以上设区的市；

4. 霍乱在 1 个设区的市的行政区域内流行，1 周内发病 30 例以上，或波及 2 个以上设区的市，有扩散趋势；

5. 乙类、丙类传染病波及 2 个以上设区的县（市），1 周内发病水平超过前 5 年同期平均发病水平 2 倍以上；

6. 国内尚未发生的传染病在本省发生或者传入，尚未造成扩散；

7. 发生群体性不明原因疾病，扩散到县（市）以外的地区；

8. 发生重大医源性感染事件；

9. 预防接种或群体预防性服药出现心因性反应并或出现人员死亡；

10. 一次食物中毒人数超过 100 人并出现死亡病例，或出现 10 例以上死亡病例；

11. 一次发生急性职业中毒 50 人以上，或死亡 5 人及以上；

12. 境内外隐匿运输、邮寄烈性生物病原体、生物毒素造成境内人员感染或者死亡的；

13. 省人民政府卫生行政部门认定的其他重大突发公共卫生事件。

（三）较大突发公共卫生事件（Ⅲ级）

有下列情形之一的为较大突发公共卫生事件（Ⅲ级）：

1. 发生肺鼠疫、肺炭疽病例，1 个平均潜伏期内病例数未超过 5 例，流行范围在一个县（市）行政区域以内，或流行范围波及 2 个以上（县）市；

2. 发生腺鼠疫流行，在 1 个县（市）行政区域内，1 个平均潜伏期内连续发病 10 例以上，或者波及 2 个以上（县）市；

3. 霍乱在 1 个县（市）的行政区域内发生，1 周内发病 10～29 例，或者波及 2 个以上县（市），或者设区的市的市区首次发生；

4. 1 周内在 1 个县（市）的行政区域内，乙类、丙类传染病发病水平超过前 5 年同期平均发病水平 1 倍以上；

5. 在 1 个县（市）的行政区域内发现群体性不明原因疾病；

6. 一次食物中毒人数超过 100 人，或者出现死亡病例；

7. 预防接种或群体预防性服药出现心因性反应或者不良反应；

8. 一次发生急性职业中毒 10～49 人，或死亡 4 人及以下；

9. 设区的市以上人民政府卫生行政部门认定的其他较大突发公共卫生事件。

（四）一般突发公共卫生事件（Ⅳ级）

有下列情形之一的为一般突发公共卫生事件（Ⅳ级）：

1. 腺鼠疫在1个县（市）行政区域以内发生，1个平均潜伏期内病例数未超过10例；

2. 霍乱在1个县（市）的行政区域内发生，1周内发病9例以下；

3. 一次食物中毒人数30~99人，未出现死亡病例；

4. 一次发生急性职业中毒9人以下，未出现死亡病例；

5. 县级以上人民政府卫生行政部门认定的其他一般突发公共卫生事件。

第二部分　组织管理

一、组织领导和工作机构

成立河北省疾病预防控制中心突发公共卫生事件应急处置工作领导小组，全面领导中心突发公共卫生事件应急处理工作，突发公共卫生事件应急办公室（以下简称应急办）为突发公共卫生事件应急处置工作领导小组办事机构，负责突发公共卫生事件应急处置的日常管理工作。领导小组下设综合协调组、技术指导组、疫情监测组、药械供应组、后勤保障组和新闻宣传组等工作机构。

二、职责分工

（一）综合协调组

加强与领导小组和各专业组的协调联系，传达领导小组的指示和命令，协调有关突发公共卫生事件应急处理的准备工作；组织突发公共卫生事件应急处理，全面掌握应急处理工作进展；组织相关应急培训和演练。

（二）技术指导组

参与制定、修订突发公共卫生应急预案和技术方案，指导全省疫情的病例确认、现场流行病学调查、密切接触者的追踪与管理，疫区的消毒与处理、提出控制措施和建议、预防控制效果的评估。

（三）疫情监测组

组织指导全省相关病例监测，保证网络支持，指导和开展疫情网络直报，负责疫情信息的收集、分析、预测、通报和报告。

（四）药械供应组

负责突发公共卫生事件应对工作的防护设备和用品、防治药品、消毒器械和药品、流行病学调查及医学观察等设备和物资的采购、储存、管理与发放，适时更新补充。

（五）后勤保障组

做好疫情处理的后勤生活保障，满足应急车辆等需求。

（六）新闻宣传组

负责组织开展突发公共卫生事件相关防控知识宣传，负责联络和接待新闻界的采访。

第三部分　突发公共卫生事件的监测、预警与报告

一、监测

公共卫生信息所负责利用传染病和突发公共卫生事件监测报告网络系统开展突发公共卫生事件的日常监测工作，做到24小时浏览疫情，密切监视全省疫情动态，及时上报疫情。并做好疫情分析，及时向中心发出预警，切实做到早发现、早报告。并负责传染病和突发公共卫生事件监测报告网络管理和有关疫情报告的技术指导工作。

二、预警

应急办根据突发公共卫生事件的发生、发展规律和特点，定期或不定期组织专家召开突发事件公共卫生日常风险评估和专题风险评估，对监测资料认真汇总，加强疫情监测分析和交流，及时分析其对公众身心健康的危害程度，科学开展风险评估，有效预防和减少突发公共卫生事件的发生，并向省卫生行政部门和中国疾病预防控制中心报告。

三、突发公共卫生事件的报告

（一）突发公共卫生事件的报告方式、时限和程序

获得突发公共卫生事件相关信息的责任报告单位和责任报告人，应当在2小时内以电话或传真等方式向属地疾病预防控制机构、卫生监督机构或其他专业防治机构报告，具备网络直报条件的同时进行网络直报，直报的信息由属地疾病预防控制机

构、卫生监督机构或其他专业防治机构审核后进入国家数据库。不具备网络直报条件的责任报告单位和责任报告人，应采用最快的通讯方式将《突发公共卫生事件相关信息报告卡》报送属地疾病预防控制机构、卫生监督机构或其他专业防治机构，接到《突发公共卫生事件相关信息报告卡》的相应专业机构，应对信息进行审核，确定真实性，2 小时内进行网络直报。

中心接到突发公共卫生事件相关信息报告后，立即组织有关人员进行核实、调查，如认定为重大突发公共卫生事件，应根据《河北省突发公共卫生事件应急预案》的规定，及时组织采取相应的措施，并向省卫生行政部门报告，并按要求通过突发公共卫生事件管理信息系统进行报告。

（二）报告内容

1. 事件信息。信息报告主要内容包括：事件名称、事件类别、发生时间、地点、涉及的地域范围、人数、主要症状与体征、可能的原因、已经采取的措施、事件的发展趋势、下步工作计划等。

2. 事件发生、发展、控制过程信息。事件发生、发展、控制过程信息分为初次报告、进程报告、结案报告。

（1）初次报告：报告内容包括事件名称、初步判定的事件类别和性质、发生地点、发生时间、发病人数、死亡人数、主要的临床症状、可能原因、已采取的措施、报告单位、报告人员及通讯方式等。

（2）进程报告：报告事件的发展与变化、处置进程、事件的诊断和原因或可能因素，势态评估、控制措施、资源使用情况等内容。同时，对初次报告的《突发公共卫生事件相关信息报告卡》进行补充和修正。

重大及特别重大突发公共卫生事件至少按日进行进程报告。

（3）结案报告：事件结束后，应进行结案信息报告。达到《国家突发公共卫生事件应急预案》分级标准的突发公共卫生事件结束后，由相应级别卫生行政部门组织评估，在确认事件终止后 2 周内，对事件的发生和处理情况进行总结，分析其原因和影响因素，事件的危害与损失及其补偿建议，评价措施效果，事件处置成本效益分析，并提出今后对类似事件的防范和处置建议。

（三）突发公共卫生事件的报告原则

初次报告要快，进程报告要新、结案报告要全。突发公共卫生事件信息报告的管理遵循“依法报告、统一规范、属地管理、准确及时、分级分类、安全高效”的原则。

第四部分　突发公共卫生事件应急响应

一、应急响应原则

统一领导，分级指挥，各司其职，密切协作，快速反应，高效处置，最大限度减少突发公共卫生事件对公众健康造成的危害和影响。

突发公共卫生事件应急处理要采取边调查、边处理、边抢救、边核实的方式，以有效控制事态发展。

二、应急响应内容

指导全省疾病预防控制机构的突发公共卫生事件应急处理工作；制定流行病学调查计划和方案；开展流行病学调查和疫区处理。

三、应急响应分级

（一）特别重大突发公共卫生事件的应急响应

发生特别重大突发公共卫生事件后，省人民政府成立应急指挥部，在全国突发公共卫生事件应急指挥部和省人民政府卫生行政部门的统一领导下，中心应急队伍赶赴事发地点开展现场调查，落实各项预防控制等措施。

（二）重大突发公共卫生事件的应急响应

接到重大突发公共卫生事件报告后，在省卫生和计划生育委员会部署下，中心立即组织专家调查确认，对疫情进行综合评估，及时提出启动应急预案的建议。中心迅速组织应急处理队伍赶赴突发公共卫生事件现场，组织开展疫情调查处理工作，分析突发公共卫生事件的发展趋势，提出应急处理工作建议，按照规定报告有关情况。

（三）较大突发公共卫生事件的应急响应

中心要加强对事件发生地区突发公共卫生事件应急处理的技术指导，及时组织专家对市级疾病预防控制机构突发公共卫生事件应急处理工作提供技术支持，及时采取预防控制措施，防止事件进一步发展。

（四）一般突发公共卫生事件的应急响应

由设区市疾病预防控制机构进行指导，县（区）级疾病预防控制机构具体负责辖区内突发公共卫生事件的应急处理工作，必要时省疾病预防控制中心提供技术支持。

四、应急处理程序

（一）事件报告

（二）事件确认

按照本级突发公共卫生事件应急预案定义的疾病有关标准判定，突发公共卫生事件分级准确，响应级别符合应急预案的要求。

（三）事件处置准备

1. 制定调查处置的相关方案，方案格式规范、合理；调查内容符合事件的初步假设，要素和相关调查表格齐全；

2. 组成现场所需的相关专业工作队；

3. 实验标本采集器材充足；

4. 现场处置的设备、器材、药品充足；

5. 个人防护用品充足。

（四）事件现场处置

1. 成立现场处理组，明确流行病学调查、实验室检测、医疗救治、后勤供应等小组职责任务；

2. 开展流行因素调查；按病例定义逐个核实和调查已报告的病例，确证突发公共卫生事件；

3. 开展密切接触者追踪、管理和实施医学观察，不明原因疾病、甲类及参照甲类管理的传染病100%追踪；乙类不低于85%；丙类不低于60%；

4. “三间分布”描述清楚，数字、表格和图表等使用准确；

5. 有疫点、疫区的划定，必要时采取检疫和封锁措施。

6. 标本采集、送检规范，检验方法符合要求。

（五）控制措施落实

1. 疫点、疫区及时采取控制措施，消杀灭方法正确；

2. 开展有针对性的健康教育，发放相关宣传资料；

3. 按要求开展应急接种、预防服药等特异性保护措施，有接种服药人数记录；

4. 及时向有关部门通报疫情和处理情况

5. 根据控制效果调整控制措施。

（六）总结评估

1. 资料整理：从组织管理、事件的起因、调查处理的过程及效果、主要做法、经验和有待解决的问题进行系统的总结。有关调查表格、数据、资料分类整理，及时归档。

2. 评估

（1）初步分析与最终结论逻辑关系正确；

（2）病原学病因或流行病学病因明确；

（3）控制措施落实、所需的资源满足工作需要；

（4）控制效果明显，采取控制措施一个最长潜伏期后明显减少或2个潜伏期内流行终止。

（5）对社会、成本效益进行评估。

第五部分　突发公共卫生事件应急响应的终止

突发公共卫生事件应急反应的终止需符合以下条件：

突发公共卫生事件隐患或者相关危险因素消除，或者末例传染病病例发生后经过最长潜伏期无新的病例出现。

特别重大突发公共卫生事件应急反应的终止由国务院或者国家突发公共卫生事件应急指挥部批准后实施。

重大突发公共卫生事件应急反应的终止由省人民政府卫生行政部门组织专家进行分析论证，提出终止应急反应的建议，报省人民政府或者省突发公共卫生事件应急指挥部批准后实施，并向国务院卫生行政部门报告。

较大突发公共卫生事件应急反应的终止由设区的市卫生行政部门及组织专家进行分析论证，提出终止应急反应的建议，报设区的市人民政府或设区的市突发公共卫生事件应急指挥部批准后实施，并向省人民政府卫生行政部门报告。

一般突发公共卫生事件应急反应的终止由县（市、区）人民政府卫生行政部门组织专家进行分析论证，提出终止应急反应的建议，报请县（市、区）人民政府或县（市、区）突发公共卫生事件应急指挥部批准后实施，并向设区的市人民政府卫生行政部门报告。

第六部分　突发公共卫生事件的善后处理

一、后期评估

突发公共卫生事件结束后，由相应级别的卫生行政部门组织有关专家对突发公共卫生事件的处理情况进行评估。评估内容主要包括事件概况、现场调查处理概况、病人救治情况、所采取措施的效果评价、应急处理过程中存在的问题和取得的经验及改进意见。评估结果报本级人民政府和上一级卫生行政部门。

二、奖励与补助

中心建立奖励补偿制度，对参加突发公共卫生事件应急处理做出贡献的先进集体和个人进行表彰，并报请卫生和计划生育委员会进行表彰。对在突发公共卫生事件应急处理工作中英勇献身的人员，报请民政部门按规定追认烈士。对参加应急处理的专业技术人员，根据工作需要制订合理的补助标准，给予补助。

三、责任

对在突发公共卫生事件的预防、报告、调查、控制和处理过程中，有玩忽职守、失职、渎职行为的，依据《突发公共卫生事件应急条例》、《河北省突发公共卫生事件应急实施办法》及有关法律、法规和规章制度，追究当事人的责任。

第七部分　突发公共卫生事件应急处理的保障

一、技术保障

（一）专家组

突发公共卫生事件应急处理技术指导组负责技术支持。

（二）应急处理队伍

按照“平战结合、居安思危、因地制宜、分级处置、统一管理、协调运转”的原则，建立中心突发公共卫生事件应急处理队伍。

（三）应急处理队伍的管理与培训

中心应急办负责建立应急队员资料库，根据突发公共卫生事件应急处理情况，对中心应急队伍及时进行调整和充实，切实加强应急队伍管理。

中心应急办负责中心应急队伍及市级疾病预防控制机构突发公共卫生事件应急处理专业技术人员的应急培训工作，以提高全省应急队伍的应急处置能力。

（四）突发公共卫生事件应急演练

中心应急办按照“整合资源、平战结合、突出重点、适应需求”的原则，采取定期和不定期相结合的形式，组织开展突发公共卫生事件应急演练。

二、物资、经费保障

中心应制定应急所需物资的储备方案，落实经费保障，以保障突发公共卫生事件应急处理需要。物资储备种类包括药品、疫苗、器械、快速检验检测试剂、现场救护设备、个人防护物品、生活物资、卫生用品和应急设施等，应急储备物资使用后要及时补充。

三、通讯和交通保障

突发公共卫生事件应急处理队伍要根据实际工作需要配备通讯设备和交通工具。

第八部分　突发公共卫生事件应急预案的制定

本预案由省疾病预防控制中心制定，根据突发公共卫生事件的形势变化和实施中发现的问题及时修订和补充。

一、预案解释部门

本预案由省疾病预防控制中心应急办负责解释。

二、预案实施时间

本预案自印发之日起实施，原预案同时废止。

河北省2013年国家碘缺乏病参照实验室外质控考核情况通报

各设区市疾控中心、张家口市地方病防治所，辛集、定州市疾控中心：

根据卫生部疾病控制局要求，2013年1~3月我省、市及30个县碘缺乏病实验室参加了国家外质控考核，石家庄市、廊坊市、沧州市及唐山市所辖共计12个县参加了国家尿碘外质控考核，142个县市区全部参加了省级盐碘考核，现将考核结果通报如下：

一、组织实施与结果上报

省、市、县（市、区）三级疾控中心非常重视质控考核工作，考核前认真安排部署，我中心统一购置了尿、盐标准物质，逐级进行了转发，参加国家级考核的单位、参加省级盐碘考核的142个县市区全部按时上报了结果。

二、考核方法

（一）尿碘：由国家碘缺乏病参照实验室采用Z比评分法进行检测结果的统计学评价，Z分值的公议值来自全国所有参加考核的380个实验室。

（二）盐碘：用参考值±不确定度的方法对检测结果进行评价，两个质控样品均合格为合格实验室，其中一个不合格则为不合格实验室。

三、考核结果

参加国家尿碘考核的省级、11个市级、石家庄市7个县（市）、廊坊市3个县（市）、沧州市1个区、唐山市1个县共24个实验室考核结果均合格，合格率为100%，参加盐碘考核的省、市、30个县的42个实验室考核结果全部合格，合格率为100%。参加省级盐碘外质控考核的142个县、市、区级实验室全部反馈了结果，合格率为98.6%，其中张家口市的涿鹿县、邢台市的宁晋县不合格。

四、成绩、存在的问题及建议

各级领导对碘缺乏病实验室质量控制工作非常重视，给予了大力支持，参加国家考核的市级及30个县（市、区）都按时上报了结果，参加国家考核的省、市、县三级碘缺乏病实验室尿碘、盐碘全部合格，石家庄市的元氏县、赵县、晋州市、深泽县、平山县，井陉县、赞皇县、廊坊市的三河市、霸州市、文安县及沧州市的新华区、唐山市的迁安市参加了国家级尿碘考核，考核结果全部合格，特别提出表扬。但有的县检测能力还需进一步提高，参加省级盐碘外质控考核的142个县市区中仍有个别不合格，建议相关市要查找原因，寻找解决问题的办法，加强对县级实验室督导和技术支持，切实提高我省的碘缺乏病实验室检测质量，为碘缺乏病监测提供可靠准确的实验室质量保障。

河北省疾病预防控制中心

2013年12月25日

关于启用国家免疫规划信息管理系统的通知

各设区市、华北石油疾控中心，辛集、定州市疾控中心：

国家免疫规划信息管理系统包括预防接种信息管理、疫苗/注射器管理、冷链信息管理、疑似预防接种异常反应监测（简称AEFI监测管理，下同）等功能，目前已完成了系统建设和初验。为提高免疫规划信息管理水平，进一步验证系统功能，尝试利用该系统在预防接种相关突发事件期间收集有关信息，中国疾控中心决定启用国家免疫规划信息管理系统。为做好我省国家免疫规划信息管理系统启用工作，现就有关要求通知如下：

一、使用范围

全省县级及以上疾控机构、乡级防保组织和接种单位。

二、工作内容

（一）权限管理

省级系统管理员建立市级系统管理员和本级业务管理员、普通用户；市级系统管理员建立县级系统管理员和本级业务管理员、普通用户；县级系统管理员建立本级业务管理员、普通用户和乡级用户。

（二）乡、村级单位使用管理

由县级利用国家信息平台建立乡、村级接种单位和乡级报告单位，填报辖区相关单位信息，逐级审核上报。

（三）疫苗/注射器信息管理

1. 2011～2013年乙肝疫苗出入库和使用信息填报。利用国家信息平台中“疫苗/注射器管理系统”，县级及以上单位填报2011～2013年所有乙肝疫苗（含第一类和第二类）出入库数据，县级单位填报辖区疫苗使用量数据。2011～2013年乙肝疫苗出入库和使用信息填报操作要点和注意事项见附件。

2. 县级及以上疾控机构免疫规划疫苗/注射器出入库信息管理。利用国家信息平台中“疫苗/注射器管理系统”，县级及以上疾控机构填报2014年1月1日以后的免疫规划疫苗/注射器出入库数据。

3. 乡级单位免疫规划疫苗出入库信息管理。利用国家信息平台中“疫苗/注射器管理系统”，乡级单位填报2014年1月1日以后的免疫规划疫苗/注射器出入库数据。

4. “疫苗/注射器管理系统”使用说明书可登陆国家信息平台后，在国家公告栏目中下载。

（四）预防接种管理

1. 常规接种率报表。国家信息平台权限分配和乡、村单位填报完成后，利用国家信息平台中“预防接种管理”中的“常规接种率”报表功能，按照《扩大国家免疫规划相关监测信息报告工作方案》要求，每月填报2014年全国常规免疫接种率报表。

2. 客户端直报。有条件的地区，利用客户端管理的儿童预防接种个案数据生成常规接种率报表，每月向国家信息平台报告。代管省客户端向国家信息平台直报个案数据。

3. 省级平台与国家信息平台对接。已建立省级免疫规划信息管理系统平台的省份完成与国家平台对接，向国家信息平台上传儿童预防接种个案索引数据，实现跨省儿童预防接种数据交换。

（五）冷链设备管理。各级疾控机构、乡级防保组织和接种单位，对所装备的冷藏车、疫苗运输车、冷库、冰箱等冷链设备，按照《扩大国家免疫规划相关监测信息报告工作方案》要求，登录国家信息平台录入、审核、上报。

（六）AEFI监测管理。正式启用内容和时间另行通知。

国家信息平台登录网址：

www. gavi. chinacdc. cn

三、时间安排

（一）权限分配。各市应在2013年12月27日前完成县级及以上系统管理员、疫苗/注射器出入库操作用户的权限分配工作。

（二）疫苗/注射器管理。各县及以上单位应在2013年12月31日前完成2011～2013年所有乙肝疫苗出入库和使用数据填报。2014年6月30日前，各县及以上单位利用国家信息平台中【疫苗/注射器管理系统】实施疫苗信息管理。2014年12月31日前，各乡级单位应纳入【疫苗/注射器管理系统】管理。

（三）乡、村级单位管理。各市在2014年1月31日前完成辖区内实施国家信息平台管理的乡、村级单位审核报告。

（四）常规接种率报表。2014年6月30日前，各市应利用国家信息平台完成2014年上半年的常规接种率报表报告。之后，每月按照《扩大国家免疫规划相关监测信息报告工作方案》要求，进行常规接种率报表数据报告。

（五）冷链设备管理。在2014年6月30日前，各市完成辖区内乡级及以上单位冷链设备信息填报工作。

（六）AEFI监测管理。AEFI监测管理启用时间另行通知。

附件：2011～2013年乙肝疫苗出入库和使用信息填报操作要点和注意事项

河北省疾病预防控制中心

2013年12月26日

附件

2011～2013年乙肝疫苗出入库和使用信息填报操作要点和注意事项

一、操作要点

（一）系统登录。负责疫苗出入库信息填报的业务管理员或普通用户从本级系统管理员处获得“疫苗/注射器信息管理系统”使用授权的用户名和账号后，登录系统，进行疫苗/注射器相关信息填报。

（二）期初建账。登录系统后，选择“疫苗注射器信息管理系统”，选择“疫苗出入库管理”，选择“库存期初建账”，进入库存期初建账管理界面。点击“建账”菜单，进行2011年1月1日时乙肝疫苗库存数据建账工作，保存后，即可完成“期初建账”任务。

（三）疫苗入库操作。完成“期初建账”操作后，点击左侧标签“疫苗出入库管理”中子标签“出入库信息”，点击下级菜单“疫苗出入库”，页面进入到“疫苗出入库”，点击“疫苗入库”按钮。点击“新增”，添加入库疫苗信息，同时选择“疫苗运输工具”、“疫苗冷藏方式”等，点击“保存”按钮，系统提示“操作成功”，如果省级以下用户在新增的入库疫苗为一类疫苗时候，则需要用户上报省级审批。

（四）疫苗出库操作。完成“期初建账”操作后，点击左侧标签“疫苗出入库管理”中子标签“出入库信息”，点击下级菜单“疫苗出入库”，页面进入到“疫苗出入库”，点击“疫苗入库”按钮。点击“新增”，添加入库疫苗信息，同时选择“疫苗运输工具”、“疫苗冷藏方式”等，点击“保存”按钮，系统提示“操作成功”。

二、注意事项

（一）各省系统管理员账号由中国疾控中心通过短信通知各省系统管理员，各省级业务管理员、普通用户、市级系统管理员由省级系统管理员分配，市、县级业务管理员和普通用户由本级系统管理员分配，依次逐级类推。只有获得授权的业务管理员和普通用户才能进行疫苗/注射器出入库信息操作。

（二）出入库操作前，需进行“期初建账”，将截止 2011 年 1 月 1 日本单位乙肝疫苗的库存建账。湖北、陕西、山东荣成市等试点地区已完成“期初建账”的单位，无法再进行“期初建账”，可通过“疫苗出入库管理”→“出入库信息”→“疫苗出入库”模块，将截止 2011 年 1 月 1 日本单位乙肝疫苗的库存进行疫苗入库操作，再进行本单位 2011 ~ 2013 年乙肝疫苗既往出入库记录出入库操作。

（三）系统默认一类疫苗由省级单位进行第一次入库操作（录入疫苗批次相关信息，如批号、厂家、数量等基础信息）；市、县级单位需要对一类疫苗进行第一次入库操作时，需利用国家信息平台中的“申请一类疫苗出入库”功能提交申请，省级批准后，市、县级方可进行一类疫苗第一次入库操作。第二类疫苗系统默认为各级均可进行疫苗第一次入库操作。

（四）若存在市、县级单位进行一类疫苗入库操作时，相关各级应及时沟通联络，确保谁收生产企业疫苗、谁进行该疫苗第一次入库（需在市、县级向省级提交申请并批准后），避免各级一类疫苗第一次入库操作发生重复操作，造成疫苗出入库信息重复录入。

（五）从上级单位接收疫苗的单位（市、县级），不可直接进行一类疫苗入库操作，需等待上级单位一类疫苗出库操作完成后，在系统中进行确认入库。确认入库后，可按照实际情况下发疫苗至下级单位。县级需进行出库类型为【使用】的出库操作，填报辖区内 2011 ~ 2013 年乙肝疫苗使用量数据。在乡级单位纳入【疫苗/注射器信息管理系统】后，再由乡级进行出库类型为【使用】的出库操作。

河北省疾病预防控制中心主要发文目录（选摘）

序号	文件号	文件名
1	冀疾控字〔2013〕7 号	关于建设河北省职业病防治院的请示
2	冀疾控字〔2013〕22 号	关于做好全省 2013 年肾综合征出血热防制工作重点的通知
3	冀疾控字〔2013〕23 号	关于开展“手拉手对口帮扶”活动的通知
4	冀疾控字〔2013〕24 号	关于下发 2013 年河北省医疗机构消毒质量监测方案和 2013 年河北省托幼机构消毒质量监测方案的通知
5	冀疾控字〔2013〕27 号	关于成立河北省卫生政策研究会的请示
6	冀疾控字〔2013〕32 号	关于开展 2013 年艾滋病病毒载量检测工作的通知
7	冀疾控函字〔2013〕10 号	关于转发中国疾控中心《2012 年消除麻疹项目技术方案》的通知
8	冀疾控字〔2013〕34 号	关于做好 2013 年全省重点寄生虫病防治工作的通知

续表

序号	文件号	文件名
9	冀疾控字〔2013〕40 号	关于加强人感染 H7N9 禽流感防控工作的通知
10	冀疾控字〔2013〕44 号	关于抗震救灾准备情况的报告
11	冀疾控字〔2013〕47 号	关于下发河北省 2013 年霍乱等重点肠道传染病防控与监测工作计划的通知
12	冀疾控字〔2013〕53 号	关于印发 2013 年河北省艾滋病性病防治主要措施落实质量考评方案的通知
13	冀疾控字〔2013〕54 号	关于下发 2013 年度河北省结核病防治工作督导与评估方法的通知
14	冀疾控字〔2013〕55 号	关于档案管理工作认定 AAAA 级的请示
15	2013 年 3 月 18 日	2012 年度全省县级结核病生物安全实验室建设情况通报
16	冀疾控函字〔2013〕31 号	关于转发中国疾病预防控制中心《麻疹疫情调查与处置技术指南（2013 年版）》的通知
17	冀疾控函字〔2013〕33 号	关于印发河北省心血管病流行病学调查实施方案的通知
18	冀疾控字〔2013〕60 号	关于开展全省疾病预防控制机构服务能力调查的通知
19	冀疾控函字〔2013〕39 号	关于召开全省疾病预防控制工作调度会议的通知
20	冀疾控字〔2013〕72 号	关于做好 2013 年全省病媒生物监测等工作的通知
21	冀疾控字〔2013〕77 号	关于做好 2013 年疾病预防控制基本信息系统填报工作的通知
22	冀疾控字〔2013〕78 号	关于印发 2013 年“安全生产月”活动方案的通知
23	冀疾控函字〔2013〕52 号	关于转发《中国疾病预防控制中心关于加强野生鸟类 H7N9 禽流感病毒检测工作技术指导的通知》的通知
24	冀疾控字〔2013〕92 号	关于做好汛期卫生应急工作的通知
25	冀疾控字〔2013〕93 号	关于下发 2013 年河北省艾滋病防治数据质量评估方案的通知
26	冀疾控字〔2013〕102 号	关于转发中国疾控中心关于加强网络直报系统地市和县区级用户虚拟专网管理使用的通知
27	冀疾控字〔2013〕119 号	关于《医药前沿》杂志变更法人的请示
28	冀疾控字〔2013〕120 号	关于开展“纪念河北卫生防疫 60 年”摄影、书画作品征集评选活动的通知
29	冀疾控字〔2013〕127 号	关于组织开展 2013 年全省食品安全风险监测质控考核工作的通知
30	冀疾控字〔2013〕128 号	关于组织开展 2013 年全省疾控机构水质检测质控考核工作的通知
31	冀疾控函字〔2013〕105 号	关于转发 2013 年全国流感监测网络实验室流感病毒核酸检测能力考核结果通报的函
32	冀疾控字〔2013〕145 号	关于聘请美国疾控中心专家郑保义为业务顾问的请示
33	冀疾控字〔2013〕146 号	关于印发 2013 年河北省农村环境卫生监测项目技术方案的通知

续表

序号	文件号	文件名
34	冀疾控字〔2013〕148 号	关于下发河北省 2013 年中央补助地方布鲁氏菌病防治项目工作方案的通知
35	冀疾控字〔2013〕156 号	关于继续开展河北省老年痴呆防治研究课题的请示
36	冀疾控字〔2013〕165 号	关于开展狂犬病监测基线数据调查和中央转移支付项目实施效果评估的通知
37	冀疾控字〔2013〕167 号	关于我省保定市南市区 H5N2 高致病性禽流感疫情卫生防控工作情况的报告
38	冀疾控纪字〔2013〕5 号	关于转发省纪委省监察厅关于严禁元旦春节期间公款购买赠送年货节礼的通知

综合管理工作概述

河北省疾病预防控制中心
2013 年工作思路与要点

一、总体思路

2013 年是全面贯彻落实十八大精神的开局之年，实施“十二五规划”承前启后的关键一年，根据国家和河北省对公共卫生事业发展的总体要求，2013 年疾病预防控制工作的总体思路是：以邓小平理论、“三个代表”重要思想和科学发展观为指导，全面贯彻落实党的十八大以及全省着力改善“两个环境”大会精神，以“提高人民健康水平”为目标，以“总体实现基本公共卫生均等化”为主线，以“修医德、强医能、铸医魂”活动为载体，紧紧围绕“全心全意为人民服务，全力维护人民群众生命健康”这一核心，着力加强四项建设，切实提高四种能力、全力做好六方面工作，进一步解放思想、深化改革、真抓实干、创新进取，持续改善和优化疾病预防控制工作内外环境，不断提升疾病预防控制机构整体实力，有效维护和保障人民群众健康权益，为建设经济强省、和谐河北做出积极贡献。

二、2013 年重点工作

（一）着力加强四项建设

1. 加强中心硬件建设，夯实疾控事业发展基础

（1）积极加大与相关部门的沟通，尽早开工建设中心物资库房和职工食堂。按照“质速并重”原则，科学制订建设计划和工程进度，抓好施工建设的各个环节；加强经费管理与控制，努力将建设经费总支出控制在预算之内，达到提高标准不超支的目标，力争年底前完成工程建设并投入使用，统筹解决中心工作用房及物资库房紧张问题。（2）积极协调相关部门，争取购置食品相关检测设备，提高食品相关危险因素检测能力；利用政府主渠道投入，本着填平补齐的原则，加快重点实验室仪器设备更新速度，力争中心设备达到国标 90% 以上，进一步改善实验室仪器设备装备条件；（3）积极推进公共卫生信息化建设。完善传染病疫情和突发公共卫生事件监测系统、免疫规划信息系统、实验室管理信息系统，建立全省公共卫生数据中心，网络直报系统属地化数据交换与共享平台以及公共卫生数据统一采集交换平台，构建数据集成分析系统；（4）加快全省冷链设备补充更新。在完成省市县冷库和疫苗运输车装备和乡级接种单位冰箱装备的基础上，对开展常规免疫接种工作的村级装备冰箱，同时争取对山区县、坝上县、人口大县等再装备疫苗运输车，确保全省冷链系统正常运转。

2. 加强人才队伍建设，促进疾控事业可持续发展

（1）加强中心中层干部队伍建设。按照“德才兼备、任人唯贤、群众公认、注重实绩”的原则，对中心内设机构及部分中层干部进行适当调整，让有德、有才、能干、想干的人干事有舞台、发展有空间。以养成认真负责追求卓越、脚踏实地埋头苦干、雷厉风行干净利落、勤于思考善于创新四个良好习惯为目标，举办 1 ~ 2 次中层干部培训，通过开展作风整顿、拓宽考察视野、强化知识培训、严格考核评价等举措提高中层干部执行力。（2）加强中心干部职工岗位培训。定期开展岗前培训，通过专题讲座、实践传授、实习体验等多种形式，向新职工讲解中心规章制度、历史文化以及相关专业知识，培育其勇于进取、无私奉献的职业操守以及对中心的荣誉感、归属感和责任感。加强与国家和先进省市的沟通合作，有针对性地选取 2 ~ 3 个专业，采取请进来、送出去的方式，加快专业技

术骨干培养，努力满足中心工作和专业发展需要。(3) 开展基层疾控机构练兵活动。协助省卫生厅在全省开展疾控机构“大培训、大练兵、大比武”活动，增加卫生应急练兵内容，通过人人参与、技术培训、岗位练兵、队伍选拔等，在全省疾控机构形成“以赛促练、以练促学、以学促能、以能促优”的练兵培训长效机制，进一步提高基层疾控人员学习新知识、掌握新技能、适应新变化的能力，迎接全国疾控系统技能竞赛，为纪念卫生防疫工作体系建立60周年献礼。(4) 组织开展省市疾病防控专家对口支援基层活动，帮助和扶持基层疾病防控机构，提高其疾病防控能力和技术服务水平，增强其自我发展能力，促进城乡疾病防控事业协调、可持续发展。

3. 加强管理体系建设，推进综合管理规范化进程

(1) 健全综合目标管理、评估、考核体系。完善科室、岗位绩效考核制度，探索将专业任务指标与绩效考核有关要求、工作绩效与绩效工资相挂钩，建立奖惩激励机制，调动广大干部职工的工作积极性。(2) 健全岗位聘用管理机制。积极转换用人机制，探索将人员管理由身份管理向岗位管理的转变，明晰岗位责权利，进一步强化干部职工的责任意识、危机意识。(3) 健全制度规范体系。全面修订中心规章制度，与中心质量管理体系文件和绩效考核标准相挂钩，形成相辅相成、互为助力、相对完整的管理体系，确保各项工作有章可循、程序规范。(4) 健全财务经费管理机制。统筹业务工作与行政事业发展经费的关系，保障资金合理使用；完善预算执行监督制度，确保预算编制科学、执行到位；规范财务管理，建立严格落实经费使用、财务监督和内部审计制度，加大货币资金、固定资产和成本费用控制；加强项目管理，掌控项目动态，加大资金监管，确保项目资金使用规范。

4. 加强党建和疾控文化建设，深入贯彻落实十八大精神

(1) 加强党建工作。重新调整支部组织结构和人员构成，充实领导力量，推进“学习型、服务型、创新型”党组织建设。按照“守信念、讲奉献、有本领、重品行”的标准，加强支部书记党务工作培训，在中心着力培养一支精业务、懂管理、善党务的支部书记队伍，不断创新支部工作。(2) 开展学习贯彻十八大活动。以“旗帜在手、宗旨在心、责任在肩、使命在握”为主题，将学习贯彻十八大与全面落实“十二五”发展规划目标、与加强精神文明和行风建设、与“创先争优”和“修医德、强医能、铸医魂”主题教育活动紧密结合，联系新形势、新任务和基层工作实际，创造学习研讨平台，以举办培训班和研讨班、深入实地考察、组织生活会和党课教育等形式，深入学习党的十八大报告和新党章要求，抓好党员教育。(3) 加强党风廉政建设。认真贯彻中央“八项规定”，严格落实党风廉政建设责任制，改进会风文风、密切联系群众；以树立正确权力观、政绩观和价值观为重点，开展“为民、务实、清廉”为主要内容的党的群众路线主题教育活动和岗位廉政教育，强化为民服务意识、筑牢反腐思想防线；围绕重大事项决策、基建项目、干部任免、物资采购、资金使用等重点工作，加强监督检查；完善制约和监督机制，确保权力正确行使，强化对A级风险权力的监控和考核。(4) 加强疾控文化品牌建设。以“塑造什么样的员工、形成什么样的风气、树立什么样的形象”为题，开展座谈研讨、学习教育、拓展训练等活动，将“务实进取、敏而好学、明礼诚信、团结友善、勤俭自强、敬业奉献”等意识融铸在干部职工心中，内化为自觉的行动，体现在各项工作中；加强与媒体的合作，利用各种载体宣扬疾控精神、报道疾控工作，进一步提高疾控机构的社会认知度，形成独特的疾控文化品牌。

(二) 着力提高四种工作能力

1. 提高应急处置能力，全力应对各类突发公共卫生事件

积极筹建河北省传染病和突发公共卫生事件监测预警系统，加大对各种重点疾病、健康危害因素

监测与风险评估、预警分析；健全突发事件公共卫生风险评估机制，定期或不定期召开风险评估专家会和专题研讨会，开展突发事件公共卫生风险评估工作，推进市、县风险评估试点建设和国家卫生应急综合示范县（市、区）创建工作；完善应急队伍管理办法，加强应急队伍管理，为应急队员统一配置服装和个人携行等安全防护装备；建立应急药械物资储备信息管理库，强化协调管理，实现区域内应急处理药械物资统一调配；加强联防协作，提高应急处置能力。

2. 提高检验检测能力，切实做好公共卫生技术服务支撑

进一步健全实验室管理体系，完善LIMS系统，强化责任意识、法律意识、质量意识，规范从样品接收到出具报告的所有流程，确保检验检测结果科学、公正、准确、可信；对照省级疾控机构应该具备的实验室检验检测能力要求，对实验室检测能力进行全面核查，进一步扩增项目、获取资质，提高技术服务能力和水平。完成全省食品安全风险监测质量控制和各类抽检、行政许可检测、委托检测工作，初检、复检符合率和检验报告及时率达到95%以上。

3. 提高科研创新能力，有效增强疾控事业发展后劲

进一步整合资源、发挥优势，积极筹建河北省卫生政策研究学会，开展公共卫生体系基线调查，摸清全省公共卫生服务机构状况；分层次、分类别健全中心科研创新工作奖惩激励机制，通过压担子、定指标、给奖励等方式，调动科技人员开展科研创新工作的积极性和主动性；适时聘请国内外知名专家（院士）担当技术顾问，大力开展学术活动和项目合作，加大派出进修力度，调整和充实学术委员会，适时举办科技总结表彰大会，扎实提高科研水平和创新能力。充分发挥三个省级重点学科的作用，围绕疾病防控重点、基层适宜技术开展科学研究，打造省级疾控机构科研创新拳头品牌；有针对性地选取攻坚目标，整合内外资源，联合开展课题申报，争取在国家和省部级重大课题中申报立项有新的突破。

4. 提高健康宣教能力，努力营造良好的疾病防控外环境

积极争取设立省级健康教育专项工作经费，配备健康教育工作专业器材设备，保证省级健康教育业务工作正常开展。开展省市县健康教育机构能力现状调查，广泛征求意见和建议，掌握全省健康教育机构基本情况。利用各种卫生宣传日、三下乡等活动，开展大众传播活动；定期召开媒体沟通会，拓展与媒体的合作关系，围绕群众最关心、最直接、最现实的健康问题，通过各种媒体传播“疾控好声音”，树立“疾控好形象”，赢得“疾控好口碑”，提高网络宣传和舆论引导水平；抓好公益广告、健康素养和烟草流行监测、创建无烟医疗卫生机构等健康素养促进行动项目工作，建立省级健康教育专家库，开展省级健康教育专家下基层巡讲活动以及答疑咨询服务，加大健康知识、信息和理念传播力度，扩大健康教育覆盖面，力争控烟工作取得突破性进展。筹备河北省健康教育协会，为我省卫生行政部门制定健康教育重大决策和工作部署提供技术支撑。

（三）着力做好六方面工作

1. 以常规免疫规划管理为中心，保持免疫规划管理工作国内领先水平

一是继续保持现行国家免疫规划疫苗高水平接种率，进一步巩固“城市日接种、农村周接种”制度，网上公示接种单位基本信息、增加预防接种服务的可及性，保证以乡（镇、街道）为单位儿童国家免疫规划疫苗接种率达90%以上。保持乙肝疫苗接种率和首针及时接种率水平，5岁以下儿童乙肝表面抗原携带率降至1%以下。二是建设省级免疫规划信息数据中心，完善儿童预防接种信息管理系统建设，不断提高接种监测信息报告质量。三是巩固无脊灰成果，以市为单位15岁以下儿童非脊灰AFP病例报告发病率达1/10万以上，AFP监测系统6项及时性指标均达80%以上。完成2012/

2013年度脊髓灰质炎疫苗强化免疫工作，积极开展分子生物学检测工作。四是加速消除麻疹行动计划，控制麻疹疫情，保持麻疹低发病率水平，以县（市、区）为单位，适龄儿童和入托、入学儿童含麻疹制剂疫苗常规免疫2剂接种率均达95%以上，麻疹暴发疫情调查率和血清学确诊率达到100%，省级麻疹实验室达到世界卫生组织认证标准。五是进一步加强疑似预防接种异常反应监测（AEFI）和处理工作，监测报告及时率、调查及时率、及时上报率达90%以上，调查率、个案完整率达100%，乡级单位报告覆盖率以及规范化处理率达到100%。

2. 巩固艾滋病防治工作全国先进地位，创建“河北特色”的艾滋病防治体系和模式

一是强化数据质量理念，加强督导，提升数据质量，全面实施指标月分析报告制度。二是扩大监测检测覆盖面，加强医疗单位艾滋病实验室和VCT（艾滋病自愿咨询检测）门诊建设，推广PITC（医务人员主动提供HIV检测），扩大人群检测数量。三是加大艾滋病抗体筛查，为有艾滋病感染风险的就诊者提供规范的艾滋病检测咨询服务，做到早检测、早发现、早管理、早治疗，降低艾滋病传播风险。四是提高抗病毒治疗水平和可及性，继续推广“四位一体”医疗救治模式；开展单阳家庭抗病毒治疗；符合治疗标准的艾滋病病人接受抗病毒治疗达到90%以上。五是扩大宣传教育覆盖面，基层单位领导干部政策宣讲覆盖100%县（市、区）、95%以上干部，其中新提拔干部达100%，继续在全省范围内推广“六进”宣传模式，提升城市居民、农村居民、流动人口、各类高危人群和青少年的艾滋病知识知晓率。六是扩大综合干预覆盖面，坚持“三个一”综合干预原则，在CSW（暗娼）、MSM（男男同性恋）、吸毒等人群中推广安全套使用、美沙酮维持治疗等干预措施；提高各类人群综合干预绝对人数以及CSW、MSM人群的检测率。七是落实艾滋病病毒感染者和病人救治救助政策，完善艾滋病特殊人群一次性生活救助、定期补助救济、机会性感染治疗定期补助制度。八是建立防治效果评估体系，对全省开展科学评估，开展MSM人群综合干预模式探讨等专项调查研究，组织开展艾滋病防治效果评估。

3. 大力发现和管理结核病人，有效控制结核病流行趋势

一是加大病人发现力度，强化肺结核患者治疗管理。加大对传染病网络直报中未到结防机构就诊的肺结核患者的追踪核查，落实肺结核或疑似患者的报告和转诊制度；推广使用抗结核固定剂量复合制剂（FDC），落实“DOT”管理策略，提高患者治疗依从性。力争全省发现并治疗管理肺结核患者3.6万例，新涂阳肺结核患者治愈率保持90%以上，涂阳密切接触者筛查率95%以上，总体到位率90%以上，以县（市）为单位抗结核固定剂量复合制剂使用覆盖率达100%。二是加强实验室能力建设。80%的县疾病预防控制中心建立或完善结核病分离培养生物安全实验室并开展痰培养；100%的市级疾控中心开展耐药检测；省级疾控中心开展耐药检测和分子生物学检测。三是加强疫情监测，完善全省耐多药、流动人口、学校结核病患者的监测分析；扩大耐多药结核病筛查范围，以市为单位开展耐多药肺结核诊治工作覆盖率达45%，耐多药肺结核可疑者筛查率达60%，艾滋病病毒感染者结核病的筛查率达90%，卫生部确定的艾滋病流行重点县（市）结核病患者艾滋病病毒筛查率达70%。四是构建结核病防治服务体系，做好核病防治服务体系试点指导、评估及肺结核患者的发现、登记和治疗管理，加强督导和互查；争取将普通肺结核和耐多药肺结核患者诊治费用纳入新农合医疗保障。五是做好中央经费转移支付结核病项目和全球基金耐多药结核病项目，建立结核病防治效果评估体系并开展评估工作。

4. 加强其他重点传染病防控，全力维护人民健康权益

（1）加强流感等呼吸道传染病防控，完善流感监测网络，12家网络实验室和28所哨点医院正常

运转，进一步提高监测水平；动态监测全省流感流行病学和病原学特征，掌握全省流感活动状况及流行动态变化规律；做好传染病非典型肺炎、人感染高致病性禽流感和不明原因群体性疾病等的监测和应急处置，强化流感样病例、不明原因死亡病例监测、排查和管理工作。（2）加强手足口等肠道传染病防控。建立并完善全省手足口病监测网络系统，提高各市疾控中心手足口病实验室检测能力，掌握手足口病和儿童腹泻的病原学特征及流行规律，及时处理暴发疫情；以加强腹泻病人监测为核心，规范全省二级以上医院肠道门诊建设，提高医院腹泻病例检索率和标本检测强度；加强重点区域、重点人群霍乱监测，霍乱疫区处理率达100%。（3）降低流行性出血热发病率，建立较完善的疫情监测体系，形成覆盖全省11个地市的监测网络，开展疫情预测预报；进一步提高重点人群免疫水平应用Ⅱ型或混合型出血热疫苗，在相对高发病县开展重点人群疫苗接种和疫情监测工作；加强基层专业培训，临床诊断病例实验室血清核实率达到80%以上；加强群众健康教育，疫区群众出血热知识知晓率达到80%以上。（4）做好流脑防控、控制布病疫情。保持流脑病例监测专报系统常规运转，流脑病例个案调查率达100%；继续在全省开展健康人群带菌率调查，建立我省流脑菌株分子生物学数据库，研究流脑菌群变迁趋势。开展人间布病常规监测，加强疫情报告管理，规范病例个案调查；加强基层布病实验室能力建设，布病高发县区由乡镇卫生院开展布病初筛检验，县级疾控机构开展布病血清学检验，市级疾控机构开展布病病原学检测；及时处置布病爆发疫情；广泛开展布病健康教育，对高危人群实施干预措施。（5）加强寄生虫病综合防控，做好疟疾病例管理和疫点处置工作，保持24小时及时报告率、个案调查率、个案专报率、病例检测率、疟疾分型率、病例核实率、疫点规范处置率100%，进一步完善发热病人血检工作，以县为单位全年完成辖区总人口0.5‰的血检数量，对具备消除验收条件的县区开展验收工作。选取不少于10%的县（市、区）开展居民土源性线虫病监测工作，指导开展人体土源性线虫病防治工作。（6）做好病媒生物监测，完善监测数据上报系统，力争全省有6～7市疾控中心独立承担抗药性监测，各市完成三年一轮抗药性监测指标数的53.33%。

5. 以落实基本公共卫生服务项目为重点，有效加强慢性非传染性疾病和地方病防治管理

（1）深入开展慢性病综合防治工作。一是认真实施高血压、糖尿病等慢性病管理项目，推进慢性病综合防控示范区创建工作，全面提高慢性病防治水平。二是加强慢病示范区创建工作，力争每个市都有省级慢病示范区，再创2～3个国家级慢病示范区；加强高血压、糖尿病患者的规范化管理，规范管理率达60%以上。三是积极推动全民健康生活方式行动，覆盖全省90%的县（市、区），试点县完成示范单位创建工作；组织开展“高血压日”等宣传日活动以及卫生部脑卒中筛查干预项目，扩展癫痫项目覆盖面。四是逐步建立慢病综合监测系统，开展死因监测全省90%的县（市、区），提高死因登记报告率和报告质量；慢病相关危险因素监测，覆盖全省50%的县（市、区），掌握相关危险因素流行水平，开展伤害综合监测、儿童伤害干预和老年人跌倒干预试点。五是落实“十二五”国家科技支撑项目——中国重要心血管病患病率调查及关键技术研究课题和“中国农村健康行动”国际合作项目。

（2）稳步推进地方病防治工作。以全国地方病防治“十二五”规划中期考评为契机，以中央补助地方公共卫生专项资金地方病防治项目为中心，加强部门协作，落实各项地方病防治措施；以业务培训为重点，提高全省地方病防治能力；加强与国家和省市间的沟通、联系，共建地方病协作机制，开展项目合作；加强碘盐生产企业和居民户监测、开展碘缺乏病病情监测调查，做好以碘缺乏病、地方性氟中毒、克山病及大骨节病的监测和防治为重点的地方病防治、监测和健康教育等工作；关注碘盐浓度整体下调后新婚育龄妇女、孕妇、哺乳期妇

女等重点人群碘营养动态变化以及水源性高碘地区停供碘盐后人群的碘营养状况，及时调整防治策略；做好大骨节病考核达标验收准备。

6. 以加强公共卫生健康危害因素监测为重点，着力提高公共卫生服务能力

（1）加强食品安全风险监测。一是协助省卫生厅编制2013年全省食品安全风险监测方案，组织开展食品安全风险监测，编写食品安全风险监测专报，及时发现食品安全风险并预警。二是组织开展食源性疾病主动监测工作，完成哨点医院监测、流行病学调查和社区人群入户调查等任务，抓好疑似食源性异常病例/异常健康事件和食源性疾病（包括食物中毒）的监测报告，确保食源性疾病早发现、早诊断、早治疗、早处置。三是加强各级业务人员培训和演练，提升流行病学调查能力，事故发生后，第一时间赶赴现场，及时开展食品安全事故流行病学调查。四是启动全省婴幼儿及乳母专项营养监测、食物营养成分监测分析工作，掌握我省居民存在的营养与健康问题及相关危险因素，形成具有我省代表性的膳食营养与健康数据库；在2个重点监测县开展农村义务教育学生营养改善计划营养健康状况监测评估，在3市20个县开展常规监测，科学评价农村学生营养改善计划实施对学生营养健康状况改善的效果。五是广泛开展营养与食品安全宣传教育与干预活动，增强公众营养与食品安全意识，引导公众合理饮食、平衡膳食，达到改善营养、保障安全的目的。

（2）加大职业（放射）病防治力度。一是全面提高职业病报告质量，加大对职业病报告人员数据库的动态管理，力争出台我省职业病报告管理办法（试行），加强对县区职业病报告单位的管理，减少漏报、错报、不报现象；调整职业病报告时限，及时上报全省职业病报告情况。二是总结职业病哨点监测经验，分析哨点县职业病危害分布情况，探索适合各县的职业病防治模式；三是开展放射诊疗机构放射工作场所防护检测、放射诊疗设备性能检测、个人剂量监测、建设项目职业病危害（放射防护）评价及放射卫生应急监测；协助省卫生厅做好全省乙类大型医用设备配置审批和《配置许可证》发证工作，组织开展全省乙类大型医用设备现场验收检测和应用技术评审工作；以控制核和辐射危害为重点，预防核事故和辐射事故发生，保障放射从业人员和公众健康。

（3）加强环境和学校卫生工作。一是健全生活饮用水卫生监测网络，加强监测队伍建设，提升各级疾控机构卫生检测能力，逐步扩大监测网络范围，力争2013年覆盖全省50%的县（市、区）。加强技术培训和质量控制，努力提高监测数据的可靠性；开展水质基线调查，掌握全省水质卫生状况；加强项目培训与督导，完善农村环境卫生监测工作。二是尽快开展公共场所集中空调通风系统卫生学工作。三是开展环境卫生事件现场流行病学调查培训，加强环境卫生突出事件应急处理能力，尽快培养一支环境流行病学调查队伍，参与处理各类突发环境卫生事件。四是加强与省教育厅的交流合作，积极争取项目支持，加强视力低下、龋齿等各种学生健康危害因素监测，开展学生肥胖和营养不良调查等，分析掌握我省学生健康状况，为行政决策提供依据。

河北省疾病预防控制中心 2013年工作总结

2013年，在省卫计委的正确领导和大力支持下，中心认真贯彻落实党的十八大和十八届三中全会精神，围绕“经济强省、和谐河北”这一主题，以群众路线教育实践活动和“修医德、强医能、铸医魂”活动为载体，按照年度工作思路与要点，用力做事、用情做事、用心做事，强力推动各项工作顺利开展。

一、传染病防治及突发公共卫生事件应急处置工作

（一）免疫规划管理工作。

一是切实做好常规免疫。强化接种、储存、运输管理、规范免疫接种数据报告，夯实常规免疫基础。全省基础免疫报告接种率继续保持在较高水平，累计接种第一、二类疫苗62种24035824人次。HepB3、BCG、OPV3、DPT3类、MV类报告接种率分别为99.06%、99.79%、99.45%、99.31%、98.94%，HepB报告首针及时接种率为97.31%；新增乙脑减毒疫苗（JE－L）接种率97.42%；加强免疫（复种）OPV、DPT类、MV类、DT（白破疫苗）接种率分别为96.11%、97.47%、98.39%、94.92%。二是继续维持无脊髓灰质炎状态。全省共报告AFP病例367例（其中外省报告100例）。按照《河北省2012/2013年度口服脊髓灰质炎疫苗强化免疫活动实施方案》要求，组织实施了全省范围针对2月龄~3岁儿童的OPV强化免疫，第一轮强化免疫常住儿童和流动儿童报告接种率分别为98.34%和98.47%；第二轮强化免疫常住儿童和流动儿童报告接种率分别为98.45%和98.68%。世界卫生组织对麻疹实验室现场考核得分95分，顺利通过实验室资质认定和实验室认可2013年度国家监督评审，脊灰实验室、麻疹实验室和分子生物学3个生物安全Ⅱ级实验室通过认定。三是进一步加大消除麻疹监测力度。共报告麻疹确诊病例294例（实验室诊断272例，临床诊断22例），麻疹发病率4.06/100万。为降低年初麻疹发病高峰，制发了《河北省春季麻疹类疫苗查漏补种月活动实施方案》，以县（市、区）为单位，目标人群麻疹疫苗接种率达到95%以上，麻疹疫情快速上升趋势得到有效遏制。四是持续加强预防接种异常反应（AEFI）监测。共报告AEFI病例9732例，其中一般反应占97.01%，异常反应占2.71%，偶合症占0.20%，心因性反应占0.01%，待定占0.07%。各项监测指标完成良好，县级覆盖率100%，乡级覆盖率为95.86%，及时报告率99.40%，及时调查率98.63%。未发生群体性疫苗接种反应，无疫苗质量事故报告。五是有力保障其他监测系统正常运行。NT监测系统共报告新生儿破伤风确诊病例4例，报告发病率0.004‰，无死亡病例；乙型肝炎监测系统共报告病例68例，其中15岁以下急性新发乙肝59例，发病率0.49/10万；六是不断完善预防接种信息化建设。全省100%的县和乡实施儿童预防接种信息管理系统，累计录入个案10943953例。中国疾控中心调研组通过实地考察，指出河北省免疫规划信息化建设有创新、有亮点，实现了儿童信息搜集的源头化、接种通知的便捷化、接种实施的质控化、接种记录的真实化、接种证查验的网络化等功能，走在了全国前列。

（二）艾滋病防治工作。在全国艾滋病/性病防治年会上，我省艾滋病/性病防治工作荣获随访管理和治疗工作奖、高危人群干预工作质量奖等12项考核优秀表彰。累计报告本省籍艾滋病病毒感染

者和病人4148例（今年新增报告978例），其中感染者2288例，病人1860例，死亡968例。疫情分布于11个设区市的所有县，其主要流行特点：一是艾滋病疫情继续保持低流行态势，我省累计报告病例数居全国第22位。二是性传播持续成为主要传播途径，占78.3%。2013年新报告病例中性传播途径占97.5%，其中男男性接触感染者占62.2%，在各类感染途径中居首位，是未来影响我省艾滋病流行趋势的核心人群。三是区域分布不断扩大，全省172个县（市、区）均有疫情报告。四是感染人群多样化，青年学生、离退人员、干部报告例数逐年上升。主要防治措施和成效：一是定指标、抓平台、严考核，艾滋病防治工作质量全面提升。建立了覆盖全省的网络工作群和艾滋病防治信息月报2个工作信息平台，对全省指标做到每日监控随时反馈体制，逐月进行统计分析，每月对各市指标完成情况进行通报。刊发《河北省艾滋病防治信息简报》61期。所有设区市也相继实行了本级指标月通报制度。截至12月底，各项指标均达到或超过国家规定指标。中心2次参加国家组织的HIV病毒载量和耐药检测质量考评，考评成绩优秀；参加HIV－1新发感染检测能力验证成绩合格。中心和4个国家级性病监测点的9家医院，共10家单位参加国家性病参比实验室组织的考评，成绩满分。二是强化艾滋病防治网络建设。1. 加强管理网络建设，全省172个县（市、区）均组建了单独的性病艾滋病防治科室，市县两级艾滋病防治专职人员有809人。2. 加强疫情报告管理网络建设，HIV/AIDS死亡原因填报比例达到100%。国家级监测哨点增加到70个，包括生物学和行为学监测，全年共监测32400人次，其中HIV抗体阳性130人，丙肝抗体阳性297人，梅毒抗体阳性428人。3. 加强实验室网络建设，由2004年的242个增加到2013的556家。对519家艾滋病实验室进行职能考评和丙肝抗体考评，合格率100%。截至12月底，实验室网络共检测各类人群3762385人次。4. 加强自愿咨询检测网络建设，全省共建立自愿咨询检测门诊505个，咨询点203个，全年共完成艾滋病咨询检测151889人次，发现艾滋病病毒阳性393人；梅毒检测146313人，发现阳性700人。5. 加强医疗救治网络建设，共设立收治艾滋病人定点医院204个，组建了省、市、县三级抗病毒治疗专家组。三是加大艾滋病预防干预力度。成立了包括公安、计生、妇联等有关部门人员参加的高危行为干预工作队184支，1788人。在全省实施高危行为干预“三个一”原则，在全省继续推广保定唐县低档次性服务场所的干预工作经验和石家庄市裕华区社区参与VCT和高危人群干预相结合的工作模式。继续在所有县（市、区）推广100%安全套行动。对432名吸毒者进行了美沙酮维持治疗。全年累计干预各类高危人群1962208人次，暗娼人群HIV抗体检测率91.8%，男男性行为者HIV检测率79.40%，社区美沙酮维持治疗保持率78.4%。四是开展形式多样的艾滋病宣传。在全省广泛开展艾滋病防治知识“进机关、进学校、进工地、进场所、进社区、进农村”六进宣传活动。全年共开发艾滋病宣传品300多种，发放各种宣传品210多万份；开展大型宣传活动1004次，覆盖720多万人次；开展艾滋病宣传赶大集活动853次，覆盖460多万人次。调查显示，我省暗娼人群知识知晓率为92.02%，MSM人群知识知晓率为88.50%，城市居民、农村居民、校内青少年和农民工的知晓率分别为89.43%、85.92%、91.35%和95.25%。五是扩大免费抗病毒治疗覆盖面。继续在全省推广艾滋病抗病毒治疗管理“四位一体”工作模式。截至12月底，全省累计实施免费抗病毒治疗2193人，正在治疗1777人，其中实施儿童抗病毒治疗47人。开展抗病毒治疗工作的县扩展到162个。免费为感染者和病人进行了CD4细胞检测4667人次，对1230人进行了病毒载量检测。六是积极开展性病和丙肝防治工作。4个国家级性病监测点共报告性病13333例，较去年同期增加19.29%。全省共筛查梅毒9337242人次，对13507例梅毒患者进行转介，转介率0.15%。完成100对丙型肝炎病例、对照的调查。

（三）结核病防治工作。一是加大病人发现和救治力度。全省共发现活动性肺结核病人 33409 例，综合医疗机构肺结核患者和可疑肺结核患者的总体到位率为 94.2%，涂阳肺结核患者密切接触者筛查率为 99.7%，涂阳肺结核患者治愈率为 96.4%，以县（市）为单位抗结核固定剂量复合制剂使用覆盖率达到 100%，流动人口肺结核患者成功治疗率达到 95.1%。除结核病患者发现任务以外，其他指标均达到或超过“十二五核病防治规划”要求。二是认真做好“三位一体”结核病防治体系建设试点工作。作为“十二五结核病防治规划”的一项重要内容，试点工作开展以来，积极协助省卫生计生委对唐山、邯郸试点运行情况进行调研，总结成功经验和存在问题，为新型结核病防治体系建设做好技术储备。5 个市级结核病防治门诊已由疾控中心移交到市结核病医院或者传染病医院，9 个县级结防门诊已由疾控中心移交到县级综合医疗机构。三是积极开展宣传活动。3 月 24 日第十八个“世界防治结核病日”，围绕“你我共同参与，消除结核危害”宣传主题，协助省卫生计生委在承德市兴隆县举办了世界防治结核病日现场宣传活动，派专家应邀做客河北电台，就结核病相关政策、知识和热点问题进行了详细解答。四是加强耐药监测工作。对正定、鸡泽、广宗和张北 4 个国家级结核病耐药监测点逐一进行了督导，4 个县共纳入活动性肺结核患者 537 例。五是不断加强实验室能力建设。11 个市级实验室完成结核菌分离培养 2355 例，进行药敏试验 1386 例，发现耐多药肺结核病患者 182 例。65 个县级疾控中心建成了结核菌生物安全实验室，其中 31 个县已开展结核菌分离培养工作。

（四）其他重点传染病防治工作。手足口病防治，共报告病例 55436 例，报告发病率 76.56/10 万，较去年同期降低 31.72%，其中，重症病例 212 例，较去年同期降低 71.47%，死亡 24 例，疫情整体处于低发水平。共检测轻症病例 4975 例，肠道病毒核酸阳性 2988 例，阳性率 60.06%（其中 EV71 占 41.67%）；检测重症死亡病例 111 例，肠道病毒核酸阳性 97 例，阳性率 87.39%（其中 EV71 阳性占 82.47%）。流感监测，28 所监测点医院共监测流感样病例 54184 例，占就诊总数的 1.82%，12 家网络实验室对 11157 份标本进行了核酸检测，阳性 807 份，阳性率 7.23%。全国网络实验室流感病毒核酸检测能力考核中，12 家流感监测网络实验室以 100% 准确率的优异成绩全部顺利通过国家考核，连续 5 年考核结果全部正确。肾综合征出血热监测，共报告病例 1320 例，较去年同期上升 104.33%，死亡 5 例。对 1062 例进行了个案调查，个案调查率达 80.45%。4 个国家级监测点显示，春季居民区和野外平均鼠密度分别为 2.51% 和 0.62%，秋季居民区和野外平均鼠密度分别为 2.05% 和 0.33%。病毒性腹泻监测，共采集、检测 5 岁以下腹泻住院患儿粪便标本 206 份，其中轮状病毒 74 例，杯状病毒 49 例，混合感染 30 例。霍乱防控，制发《河北省 2013 年霍乱等重点肠道传染病防控与监测工作计划》，切实做到早发现、早报告、早处置。共登记腹泻病人 45986 例，病例检索 28264 例，检索率 61.46%，未检出霍乱弧菌。共检测外环境标本（外环境水、水产品、市售食品）7985 份，未检出霍乱弧菌。组织并参与三河市 1 起霍乱疫情协查处理工作，开展现场调查、危险因素评估和实验室检测等，对三河市从食物和外环境分离出的 5 株疑似菌株省实验室进行鉴定，排除霍乱菌。流脑监测，共报告病例 17 例，死亡 1 例，发病率 0.0221/10 万，死亡率 0.0014/10 万。对 19 例疑似流脑病例进行个案调查，个案调查率 100%。2 例 B 群病例来自同一家庭，为我省首次发生的一起 B 群流脑聚集性疫情；实验室检测首次发现流脑 W135 群病例。向国家送检菌株 43 株，送检数量全国第一。布病防治，编发了《河北省 2013 年中央补助地方布鲁氏菌病防治项目工作方案》、《河北省人间疫病健康教育方案》和《重点人群行为干预方案》，常规监测、监测点监测、重点人群筛查、病例督导等工作均顺利完成，共报告布病5375例，无死亡，发病率7.376/10万，较去年同期上升25.41%，疫情分布于11个市的159个县（市、区）。处理布病疫情10起。病媒生物监测，蚊、蝇、蟑螂、鼠四种生物监测工作，市级共设病媒生物监测点616个，上报监测数据5940组，设置完成率和监测数据上报完成率均达到100%；县级病媒生物监测开展率由2010年的46.85%提高到今年的92.03%，处于全国领先地位。病媒生物抗药性监测完成率53.41%。寄生虫病防治，共报告我省疟疾病例57例，全部为境外高疟区输入性病例。全省172个县（市、区）全部开展了不明原因发热病人疟原虫血检工作，血检43932人次，完成全年血检任务的122.03%，发现疟原虫阳性34例，全部得到规范处置，相关指标全部达到100%。

（五）突发公共卫生事件应急处置工作。一方面，不断加强应急体系建设。组织相关专家对国家级和省级应急预案、各类技术方案、政策法规进行审校，形成预案体系汇编。协助省卫生计生委起草《河北省突发公共卫生事件应急预案管理办法》。修订完善《河北省疾病预防控制中心应急队伍管理方案》，加强应急队伍管理；整理修订自然灾害物资储备清单，充实应急物资储备。加强“北方八省市联防联控协作组”合作交流，进一步强化联防联控机制。对10个申报省级卫生应急综合示范区的县（区、市）进行了现场督导、初审和复核工作，平泉县顺利通过国家卫计委复审评估，国家级卫生应急综合示范县达到5个。积极开展突发公共卫生事件风险评估，撰写日常风险评估报告12期。协助省卫生计生委起草《河北省防震减灾卫生应急工作总体方案》和《河北省防震减灾卫生防疫工作方案》，成立由40名专业技术人员组成的4支河北防震减灾卫生防疫队，做好日常应急准备。另一方面，不断加强应急处置能力建设。协助省卫生计生委举办省直卫生应急队伍自然灾害卫生应急实战拉练，参加河北省防汛防震减灾卫生应急拉练，组织全省疾控系统应急队员开展野外生存拓展训练，着力提升应急队伍快速反应、协同配合以及应对公共危机的综合能力。共报告突发公共卫生事件18起，发病563人，死亡2人，处置及时率100%。四川雅安地震发生后，第一时间启动抗震救灾准备工作，调整应急处置工作领导小组，成立由24名专业技术人员组成的2支抗震救灾防疫队，对个人携行装备进行检查和更新，并坚持24小时应急值守，做好时刻奔赴灾区一线的准备。人感染H7N9禽流感疫情发生后，迅速成立人感染H7N9禽流感防控工作领导小组，组织专家加班加点，起草《河北省人感染H7N9禽流感应急预案（试行）》，并进行专题疫情研判和公共卫生风险评估，积极为上级部门提供决策参考依据；建立专报制度，累计编发人感染H7N9禽流感疫情信息专报57期；全省累计检测咽拭子标本3689份，阳性19份，未检测到H7N9禽流感病毒。及时处置“廊坊三河市一小区多人感染H7N9禽流感”的微博事件，共调查三河市全部48家医疗机构，排查就诊病例34854例，经实验室检测，排除人感染H7N9禽流感疫情，消除社会恐慌。

二、地方病和慢性非传染性疾病防治工作

地方病防治工作。顺利通过全国地方病防治“十二五”规划中期考核评估。一是积极开展“碘相关疾病的预防与干预研究”合作课题，第一期的筛查工作对160余份水样的水碘进行分型测定。二是省级和11个市级尿碘及盐碘实验室、42个县级盐碘实验室参加国家级考核（实验室数量超国家要求40%），取得反馈率和合格率均为100%的好成绩。三是碘盐监测，共监测全省碘盐生产、批发企业碘盐679批，批质量合格率99.71%，盐碘均数27.66mg/kg，结果显示，随着我省加碘浓度下调，生产层次的盐碘中位数比以往略有下降，我省生产、加工、批发和分装层次的碘盐质量良好。全省167个县（含非高碘乡）全部开展了居民食用盐监测，碘盐覆盖率为98.22%，碘盐合格率97.35%，合格碘盐食用95.61%，各项监测指标均达到国家标准。30个县（市、区）的172个高碘乡（镇）

无碘食盐率达到94.8%。四是水源性高碘监测，居民户饮用水碘中位数为203.6ug/l。儿童总尿碘中位数为403.1ug/l，显示我省高碘地区儿童碘营养仍处于过剩状态，儿童甲状腺肿大率为2.1%，低于国家标准，说明高碘地区不存在高碘甲状腺肿大流行。五是氟中毒监测，共监测已改水村30个，8～12岁儿童氟斑牙检出率为34.5%；未改水村水氟含量仍然较高，表明改水仍是控制饮水型氟中毒病情的首要措施。六是大骨节病监测，对全省7个大骨节病病区县进行了第二轮的病情自查，共检查71个村，对抽查村全部7～12岁在校学生拍摄了右手X线片，未检出I度及以上病人，平均X线检出率0.08%，全部为干骺端改变。

慢性非传染性疾病防治工作。一是慢病登记报告。18个慢病监测示范点，覆盖人口364万。全年新发高血压8950人、发病率245.83/10万，心脑血管病8375人、发病率230.03/10万，糖尿病4434人、发病率121.79/10万，恶性肿瘤2299人、发病率63.15/10万。死亡顺位依次为心脑血管病、恶性肿瘤、高血压、糖尿病，死亡率分别为138.98/10万、64.46/10万、7.53/10万、5.55/10万。二是死因监测。8个监测点共报告死亡个案14926例，死亡率403.41/10万。死因顺位前5位依次为循环系统疾病、肿瘤、损伤和中毒、呼吸系统疾病、消化系统疾病。2013年全人群死因监测扩展到30个县区，2013年死因补报工作已完成培训。三是伤害监测。6家监测医院共收集伤害病例20444例，其中男女性别比1.77：1，伤害原因位居前五位的依次是跌倒/坠落、机动车车祸、钝器伤、中毒和刀/锐器伤，各占49.19%、16.56%、14.26%、4.95%和4.88%。四是国家基本公共卫生服务项目。高血压患者健康管理项目，基层卫生服务机构综合防治覆盖率达到99.87%，高血压病人共建档573.22万人，规范管理499.32万人，较去年增加14.57%，规范管理率为90.94%；糖尿病患者健康管理项目，Ⅱ型糖尿病患者共建档166.97万人，规范管理141.22万人，较去年增加13.95%，规范管理率为88.98%。五是慢病综合干预控制示范区建设项目，申报国家级示范区的8个区县资料通过省级评审，以迎接国家考核验收。六是国家“十二五”科技支撑项目，心血管病流行病学调查——10个项目县全部开展了现场调查工作，共调查19000人，完成总任务量100%；脑卒中流行病学调查——共完成300余户、1006人的脑卒中筛查与诊断复核，为国家完善项目大规模调查方案提供了依据。七是其他项目。全民健康生活方式行动项目，已有162个区县开展了行动，占总数的92.1%，超过国家要求的60%的任务目标；农村地区癫痫防治管理项目，8个项目县共筛查癫痫患者7522人，入组治疗4135人，免费治疗并随访管理患者3856例，完成本年度任务量的115.80%。

三、公共卫生技术支撑和和健康宣教工作

（一）食品安全风险监测工作。一是顺利通过国家三合一评审。目前，中心具有17大类737项检测能力，比去年提高5%，其中食品检验涵盖4个领域238个项目，比去年提高14%。二是顺利通过国家保健食品注册检验机构遴选核查，获得国家保健食品注册检验机构资格。三是协助省卫生计生委制订《2013年全省食品安全风险监测方案》、《2013年河北省卫生系统食品污染及食品中有害因素监测任务分配表》等一系列文件，明确任务要求，规范操作规程，加强技术指导。组织编写食品安全风险监测专报26期，为领导提供决策依据。食品安全风险监测网络覆盖11个设区市、86个县（市、区），食源性疾病监测——共报告食源性疾病暴发29起，发病259人，死亡1人。完成石家庄市新华区、邯郸武安市、廊坊文安县、唐山遵化市4个试点的急性胃肠炎社区人群横断面调查，为我省食源性疾病监测提供了重要基础数据。食品中微生物及其致病因子监测——共监测样品4354份，监测份数是国家计划的2.9倍。食品中化学污染物和有害因素监测——共监测样品10647份，完成率为108%。四是积极开展肉中三聚氰胺、植物油和白酒中塑化剂、北戴河暑期、城市流动早餐点等专项监测和应急监测，首次与河北医大合作，共同完成我省瘦肉精风险评估报告，及时为政府提供技术支撑和决策参考，为食品安全站岗放哨，为群众健康利益保驾护航。全年完成政府抽检和应急检验19次169个产品，受理各类一般委托样品490份。组织完成首个食品复检工作（瓶装饮用纯净水）。五是完成我省3市22县农村义务教育学生营养改善计划监测数据审核工作，共监测学校620所，167460人。六是举办了食品安全风险监测实验室开放日活动，活动设置学习园地、知识讲座和参观实验室3个环节，邀请12家新闻媒体以及公众代表和大学生代表共同参与，让公众了解食品安全风险监测具体工作过程。

（二）职业卫生与职业病防治工作。共报告各类新发职业病689例，其中尘肺病645例，尘肺病现患20684人，累计尘肺病人33400例；报告农药中毒1785例；对2692家企业的345673名职业病危害作业人员进行了职业性健康检查，检出人数3332人，检出率0.96%；对348家企业的6970个职业病危害因素作业点进行了检测合格点数6321个，合格率90.69%。重点职业病哨点监测工作，共完成健康体检8191人，职业禁忌证、疑似职业病、血铅增高、血常规异常检出率分别为1.43%、1.61%、2.59%、6.21%。职业卫生技术服务甲级资质续展工作，完成100余万字（8份）职业病危害评价模拟报告书及原始资料编制，完成6项实验室扩项和22项现场检测。

（三）放射防护工作。共完成全省60多个市、县130多家放射诊疗机构LA、MRI、CT机等设备性能检测147台次，放射工作场所防护检测5次，放射工作人员个人剂量检测789人次，生活饮用水总α总β放射性指标检测8份，完成建设项目职业病危害放射防护评价5个。“辐射危害控制与核辐射卫生应急处置关键技术研究及其应用”研究项目，放射诊断患者典型剂量测量完成1861例，完成率103.39%，放射诊疗设备质量控制检测111台，完成率100%。

（四）环境卫生工作。制定了《河北省2013年生活饮用水卫生监督监测工作方案》，监测网络覆盖面扩大到11设区市和68个县。对全省680处农村饮用水改水工程进行了监测。参与处置受山西苯胺污染水源致邯郸市停水事件，进行了水质全分析，完成承德市兴隆县车河堡村水环境污染状况调查。协助省委卫计委制订了空气污染（雾霾）人群健康影响监测工作方案，积极指导各监测点开展前期准备工作，7个监测点采样设备已经到位，石家庄市已开始采样监测工作。

（五）学校卫生防病工作。在去年中小学生视力低下和患龋状况2个专题调查基础上，增加学生营养不良和肥胖2个专题调查，进一步扩大调查范围，了解和掌握学生健康状况，累计调查165所学校92020名学生。结果显示，城市学生视力低下率为60.48%，高于农村地区学生（47.94%）高；学生患龋状况，农村地区学生患龋率（23.95%）高于城市（17.27%），小学生患龋率（29.72%）明显高于初中（18.65%）和高中（15.25%）；学生营养不良状况，小学、初中、高中分别为6.78%、7.98%和6.22%；学生肥胖状况，城市（10.50%）高于农村（5.48%）；小学、初中、高中学生肥胖率分别为9.82%、7.35%和6.71%。

（六）健康宣教工作。一是控烟工作荣获2012年全国创建无烟医疗卫生系统优秀单位奖，“培养健康生活方式，远离心脑血管疾病”、“远离烟草、珍爱生命——家庭篇”2部公益广告分获国家二、三等奖（一等奖空缺）。对全省77家卫生行政部门、公共卫生机构和医疗单位进行了创建无烟医疗卫生机构工作暗访，进一步巩固我省创建无烟医疗卫生系统工作成果。二是以健康教育巡回讲座、健康咨询、专家座谈、专家义诊等为主要形式，积极开展健康巡讲活动。活动历时三个月，共组织20大类36名公共卫生专家，先后在12个市（县、区）进行对口帮扶和健康巡讲，5000余名卫生专业骨干和社区居民参加培训，2000余人接受健康知识普及，发放健康传播材料1万余份，接受义诊咨询500余人次，大力向公众普及健康素养基本知识，倡导健康生活方式，激发了各地学习健康知识、促进健康行为的热情。三是加大人感染 H7N9 禽流感防控知识普及力度，先后 2 次邀请河北日报、河北电视台等 37 家媒体召开沟通会，就如何防控人感染 H7N9 禽流感为公众解疑释惑。印制《如何预防 H7N9 禽流感》折页 3 万份，《防控 H7N9 禽流感健康手册》6 万份，明白纸 4. 8 万份，联合河北科学技术出版社印发《应对 H7N9 禽流感我们怎么办》彩页宣传册5000份。在报纸、网络、电视台、电台等媒体刊登/播报稿件/视频、音频90余篇/次，组织专家专题采访近 30 余人次。协同省委宣传部、省新闻出版局等多家单位在石家庄火车站举行了“科学防控 H7N9 禽流感公益宣传活动”，免费发放近万余份家庭健康相关指导书籍。四是组织召开流感防控、河北省夏季肠道传染病和手足口病防控等媒体沟通会 9 次，接受媒体专访 150 余次，在河北电台、河北电视台、健康报、河北日报、河北青年报、燕赵都市报、长城网、新华网、河北新闻网等媒体先后刊登宣传报道 220 余篇。

四、科研和综合管理工作

（一）进一步加大科研工作力度。一是组织召开“新形势下公共卫生面临的机遇与挑战”学术报告会，省卫计委领导、省疾控中心和石家庄市县两级疾控中心共300余人参加，开阔思路，拓展视野。并聘请美国 CDC 郑保义先生为中心技术顾问、西安交大专家胡书孝管理顾问。二是首次实施“手拉手对口帮扶”活动，采取人才培养、业务指导、项目合作、科研合作等多种形式，加强对县级疾控中心的技术支援与指导，提高基层业务水平。目前首批第一轮共 14 人进修已结业，第二批 14 名学员正在进修中。三是开展全省疾病预防控制机构服务能力调查，范围涉及全省所有疾控机构共计 188 家，是我省疾控系统首次大普查，11 个设区市现场调查工作已结束，正在进行数据审核与录入。四是承办了由省卫计委、省人社厅、省总工会联合主办全省疾控系统大培训大练兵大比武活动，全省各设区市 89 支代表队共计 267 人次参加相关专业考试和现场知识竞答，进一步提高了疾控队伍的整体素质。五是继河北医科大学、河北大学、河北联合大学预防医学教学基地后，中心又被评为山西医科大学教学基地，人才培养能力得到进一步提高。2013 年，共完成 91 篇公开发表论文的统计及期刊分类工作（其中 SCI 期刊 4 篇），获得河北省医学科技奖 5 项，其中 2 项获一等奖，3 项获二等奖。组织申报 2013 年度省卫生厅课题 7 项、国家自然科学基金项目 2 项、2014 年度河北省省级科技计划项目 8 项。

（二）切实加强党建和精神文明建设。一是完成各部门及 108 名中层干部的党风廉政建设考核，对中心《2013 年度加强行风建设公开承诺》进行修订完善。对中心内网权力运行版面及时进行更新，对行使 A 级权力的部门进行重点监控，全过程监督食品安全风险监测高效液相色谱—四级杆串联质谱仪等设备采购、全自动高压灭菌器设备采购、2013 年麻疹类疫苗及注射器采购，脊髓灰质炎实验室能力建设项目检测设备采购等，并及时将评标报告、中标结果在中心内网公示。二是制订了 2013 年党委中心组和干部职工理论学习安排意见等 5 个工作计划。组织全体党员开展“党建”杂志学习十八大精神有奖竞答、义务植树等活动，进一步加强党员党性修养；组织干部职工登苍岩山、省直干部职工健步走、省直职工乒乓球比赛等活动，不断丰富职工精神文化生活。三是深入推进党的群众路线教育实践活动。制定《实施方案》、活动推进计划和流程图，编发活动简报 33 期。组织召开动员会、座谈会、协调会、领导班子提醒谈心会、查找问题专题会等一系列规定动作。组织干部职工到西柏坡参观学习，观看《周恩来的四个昼夜》电影等学习教育活动。目前，活动正在开展对照检查。

（三）不断增强综合管理能力。一是提高综合协调能力。进一步把信息、督查、综合调研、办文、办会等工作有机结合，强化主动服务和全方位服务意识，保证各项工作有序开展。组织编印中心

《2012年度资料汇编》、《2013版年鉴》、《河北疾病预防控制信息》7期、《河北疾控报》20期、《医药前沿》36期等，为领导提供全面、准确的决策参考。上报省卫生计生委信息187篇，采纳30篇，投稿《河北卫生》28篇，《健康报》6篇，加强信息宣传报道。此外，办理公务出国考察（出访）6人次，组织协调会务接待82次。中心档案管理工作顺利通过了4A级认定现场验收，荣获“河北省机关档案工作目标管理4A级”资质。二是加强财务和审计管理。编制完成中心2012年度财务决算报表，为财政部门编审、批复决算和编审后续年度财政预算提供基本依据。认真做好财务总账、各明细账科目的微机录入和结转工作，月度总账、月度财务报表汇总、各明细账的录入工作均按时完成。完成中央空调维修保养、临时库房建设等基建修缮工程预算审计工程23个，艾滋病所采购项目、消防设施委托管理服务等合同协议审计18个。三是做好老干部工作。对离休老干部、长期卧床老同志以及建国前入党的老党员、生活困难老党员逐人逐户进行了走访慰问，并举办了中心老干部迎新春座谈会，认真落实老干部政治待遇。对家庭困难的10名离退休人员发放困难补助，探望慰问生病住院老同志16人次，按规定期限为离休干部报销医药费，认真落实老干部生活待遇。组织离退休老干部参观吴桥县吴桥杂技大世界、2013中国（河北）国际老年产业博览会等，不断满足老干部精神文化需求。

（四）全面提升服务保障水平。一是聘请法律顾问，开展法律服务28次，进行法律咨询6次，切实维护中心合法利益。二是完成免疫规划疫苗和注射器的采购、储运和分发任务，做到了疫苗及时出入库、库存完好率100%，疫苗出入库手续齐全，相关资料和记录完整，共分发注射器2127余万支，疫苗2978余万支（粒或人份），保证了全省扩大免疫规划工作的顺利实施。三是完成2011、2012年度及2012年追加食品安全风险监测项目设备招标采购工作，认真做好艾滋病检测设备项目、H7N9禽流感检测设备及试剂、物资采购项目、放射检测设备项目等前期的论证、参数制定和相关手续审批工作，及时储备和调拨应急物资和药品。四是制定了“安全生产月”活动方案、“百日整顿”安全生产大检查活动实施方案和反恐怖防范工作方案等，全面落实安全生产责任制。先后21次进行消防、安全生产、社会治安综合治理大排查，调解民事纠纷7起。认真做好水电暖的维修、车辆、通信及中心实验大楼的物业管理保障等各项工作，完成物资库房和职工食堂项目选址、平面图公示、二次勘察报告等相关工作。司机实行24小时值班制度和派车单制度，安全行车91万余公里。

虽然今年各项工作取得了一些成绩，但综合各方面情况来看，中心的工作与上级要求和群众的期待还有不小差距，主要表现在：一是管理体系还不够顺畅，管理漏洞比较多，有效的分配激励机制和较为完备的绩效考核评估机制尚未完全建立，部门之间、科室工作人员之间忙闲不均的问题比较突出。二是科技创新氛围不浓，重点学科建设发展速度慢，分量重，影响大的科研成果不多。三是制约中心和全省疾控工作科学发展的瓶颈问题和深层次问题仍然存在。

在今后的工作中，中心将继续在省卫计委的正确领导和大力支持下，深入贯彻落实党的十八大和十八届三中全会精神，紧跟新形势，把握新特点，不断更新思想观念，增强发展意识，加强业务建设，拓宽服务范围，深入开展“二次创业”，努力推动全省疾病预防控制工作再上新台阶。

中共河北省疾病预防控制中心委员会 2013 年工作要点

2013 年是全面深入贯彻落实党的十八大精神的开局之年，是实施“十二五”规划承前启后的关键一年，是为全面建成小康社会奠定坚实基础的重要一年，党委工作任务很重，责任很大。中心党委工作的指导思想和总体思路是：以党的十八大精神为指导，认真落实卫生厅直属机关党委 2013 年工作要点，巩固和扩大“创先争优”和“修医德、强医能、铸医魂”活动成果，继续解放思想，深化改革，抢抓发展机遇，以贯彻落实十八大精神、推进学习型党组织建设，结合党建责任制为主线，全面加强中心党的建设与精神文明建设，努力以新的起点、新的站位、新的举措，提高中心党的建设科学化水平，为顺利完成上级党组织安排部署的各项工作任务提供坚强保证，努力实现中心党建工作新跨越。

一、以“旗帜在手、宗旨在心、责任在肩、使命在握”为主题，深入贯彻落实党的十八大会议精神

（一）用党的十八大精神武装头脑、指导党建、推动工作。党的十八大会议精神是当前和今后一个时期党建的行动纲领和行动指南，是当前和今后一段时期首要政治任务。一是要学习好。要组织党员干部进一步深刻领会、准确把握党的十八大提出的加强和改进党的建设总体要求、目标任务、重要举措，把思想和行动统一到中央对加强和改进新形势下党的建设的重大战略部署上来，用全会精神武装头脑、指导实践、推动工作。二是要落实好。要把党的十八大精神与疾病防控工作实际紧密结合起来，把报告中有关疾病防控要求落实好，深入思考、细化办法，认真贯彻省委、省政府对今年卫生工作的总体要求，在提高运用科学发展观干事创业水平上取得新进展。三是要实践好。党员领导干部要深刻认识学习贯彻十八大精神、创先争优和“修医德、强医能、铸医魂”等活动重大任务，积极探索和实践，以科学方法推进党的建设，以科学制度保障党的建设，努力把基层党组织建设提高到一个新水平。

（二）用中国特色社会主义理论体系武装党员干部。按照武装头脑、指导实践、推动工作的要求，在抓理论学习的过程中，一是领导带头学。要以中层以上领导干部为重点，将党的十八大报告全文、党章修正案和习近平总书记重要讲话，作为学习的重要内容，突出抓好领导班子理论学习中心组的学习。二是党员领导干部带头上党课。全年分专题安排中心领导班子成员为全体党员干部上党课，做学习辅导。三是举办一次专题讲座和党务干部培训班。邀请党建专家为党员干部作辅导报告，举办党务干部理论学习培训班，切实提高党务干部抓党建促科学发展的能力。在理论学习中，要坚持学用结合、学以致用，大力弘扬理论联系实际的学风，引导广大党员干部把理论学习同加强能力建设、落实疾控工作任务、提高服务水平、改进工作作风、服务群众健康相结合，为提升党的工作水平和促进疾控事业科学发展，奠定坚实的思想政治基础。

（三）扎实推进学习型党组织建设。认真落实中央关于推进学习型党组织建设的意见，按照省卫生厅制定的实施方案，广泛开展创建学习型党组织活动，争创学习型党组织先进集体，积极探索富有时代特色的学习方法，营造崇尚学习的浓厚氛围，制定学习方案，健全学习制度，创新学习管理，完善学习考核，积极组织广大党员干部向书本学、向实践学、向群众学，优化知识结构，提高理论素养，切实把建设学习型党组织的要求落实到各级党组织和每个党员干部，努力把中心各级党组织建设成学习型党组织、中心领导班子建设成学习型领导班子。

（四）认真开展形势任务和时事政策教育。紧紧围绕中央和省委、省政府、省卫生厅的重大决策部署，采取多种形式，深入开展形势任务和时事政策教育。教育活动要紧密结合疾控工作实际，要与全面加强公共卫生服务体系建设和促进基本公共卫生服务逐步均等化两大重点改革任务有机结合起来，不断提高形势任务和时事政策教育的针对性和效果。

二、以新《党章》为依据，进一步加强组织建设

（五）健全落实党建工作责任制。认真学习、严格遵守新《党章》，全面掌握党章基本内容。根据形势发展和工作实际，细化和完善党建工作制度，认真落实党建工作责任制，改进党建工作考核办法，逐步形成一套规范、科学、长效的工作运行机制，确保党组织的机制完善到位，职能落实到位，作用发挥到位。加大对以党建责任制为重点的已有制度贯彻执行和督促检查力度，健全落实制度的保障监督机制，建立和完善党建工作述职和考核机制，实行责任追究，推进中心党的建设规范化、制度化。扎实做好专兼职党务干部的业务培训工作，适时组织外出学习考察，提高党务干部的理论水平和业务能力。关心党务干部的身心健康和成长进步，及时帮助他们解决实际困难，为他们开展工作提供必需的条件。尤其关心他们政治上的成长，创造条件让他们更多地经历各种实践的锻炼和考验，使之真正成为挑重担、能战斗、成大事、可信赖的中坚力量。紧密结合新形势新任务和基层工作实际，创造学习研讨平台，以举办党务干部培训班、研讨班等形式，加强对党建工作综合性、前瞻性问题的研究，探索新时期、新阶段疾控系统党建工作的特点和规律。丰富、扩展河北疾控网“党建工作”网页、宣传栏、电子屏内容，大力宣传中心开展党建工作的经验和成果。

（六）切实加强党支部建设。结合中心领导、中层干部变动，及时对支部和支部书记做出调整，按照“守信念、讲奉献、有本领、重品行”的要求，培养精业务、懂管理、善党务的支部书记队伍，更好地坚持“围绕发展抓党建，抓好党建促发展”。继续加强对党支部书记的业务培训和工作交流，“五一”前后组织一次党支部书记去井冈山接受红色教育，第三季度召开一次党支部工作推进会，总结交流党支部建设的经验和做法，推进党支部党建工作的创新。继续加强对党支部工作的指导和考核，保障各项党建工作的落实。

（七）认真抓好党员教育、管理工作。党支部要切实贯彻“党要管党，从严治党”的原则，通过坚持一系列行之有效的党内生活制度，对党员严格教育、严格要求、严格监督。党支部活动在坚持做到经常化、制度化的基础上，力求高效化，组织生活会、党课教育、党员思想状况分析会、民主生活会，组织党员四月前后去韶山接受红色教育学习，不能仅仅落实在形式上、次数上，而要在效果上下功夫，有针对性地解决党内存在的问题；要加强党员党性修养教育，严肃党费收缴工作，教育党员自觉、按时、足额缴纳党费；探索党员管理工作的新模式、新方法，进一步做好离退休党员的管理工作。

（八）继续深入开展“创先争优”和“修强铸”活动。开展“创建先进党支部”活动，围绕今年主题党建活动，各党支部要创新活动方式，丰富活动内容，严格组织生活，切实加强和改进对党员发展、教育、管理和服务工作，加强人文关怀，激发组织活力。要积极引导和激励党员在本职岗位上践行先进性，使党员成为信念坚定、牢记宗旨、爱岗敬业、争创一流的先进分子。积极参加省直“十佳党建”活动，培养树立先进党支部典型，进一步深化中心“创先争优”和“修强铸”活动。

（九）积极慎重地做好党员发展工作。以严格程序、确保质量、优化结构为原则，严格按照工作程序，对入党积极分子进行培养、教育和考察，做好对发展对象的培训和审查工作，加强对预备党员的再教育、再培训工作，保证质量。同时加大在青年骨干中发展党员工作的力度，将政治立场坚定、工作成绩优良、甘于奉献、勇于创新、思想上积极追求进步的优秀青年和业务骨干吸纳到党组织中来，努力建设一支素质优良、作用突出的党员队伍。

（十）进一步加强和改进思想政治工作。各党支部要把握新形势下群众工作的特点和规律，充分发挥思想政治工作的激励功能，调节功能，导向功能，控制功能和凝聚功能，针对党员干部职工关注的热点、难点问题，创新教育方式和管理模式，以民主的方法，以协调、沟通、服务的方式，建立健全群众意见的表达机制、群众监督机制，把握职工思想脉搏、分析思想动态，理顺情绪，化解矛盾，凝聚人心，充分调动广大干部职工的积极性和创造性，使思想政治工作在提高干部素质、增强敬业精神、弘扬优良作风、构建和谐中心、激发工作动力、促进事业发展中发挥更大的作用。

三、以健全惩治和预防腐败体系为重点，深入推进党的作风和反腐倡廉建设

（十一）加强和改进作风建设。以加强党性修养为基础和动力，教育引导党员干部特别是党员领导干部按照习总书记提出的“空谈误国，实干兴邦”的要求，进一步转变作风，大兴求真务实、密切联系群众、艰苦奋斗、批评与自我批评之风，以优良的党风促政风、带民风。巩固和扩大“干部作风建设年”活动成果，广泛开展党员干部深入基层、深入群众，服务基层、服务群众活动，提高党员干部群众意识和服务疾控事业发展的能力，确保全年各项工作任务顺利完成。

（十二）抓好经常性的党风廉政宣传教育。认真学习贯彻党的十八大会议精神，以树立正确权力观、政绩观和价值观为重点，深入开展示范教育、警示教育和岗位廉政教育，督促广大党员干部特别是领导干部严格遵守廉洁自律各项规定，自觉做到廉洁从政、廉洁从业。继续加强廉政文化建设，不断创新廉政文化载体，丰富河北疾控网廉政建设栏目，进一步筑牢广大干部职工反腐倡廉的思想防线。

（十三）加快推进权力运行监控机制建设。坚持标本兼治、综合治理、惩防并举、注重预防的方针，把反腐倡廉制度建设放在更加突出的位置。以建立健全教育制度、监督制度、预防制度和惩治制度为重点，以强化监控为核心，加快推进权力运行监控机制建设，着力构建权力运行前的廉政风险评估和防范机制，行使中的公开透明和内部控制机制，行使后的绩效考核和奖惩机制，逐步建立健全权力监控体系，推进廉政勤政建设。

四、以开展多种优质服务竞赛活动为载体，进一步推进精神文明创建工作

（十四）进一步确立创建工作目标。继续以“争创全国一流”业绩和“争创国家级文明单位”为目标，扎实有效地开展文明创建工作，全面落实《中心精神文明建设五年发展规划》，不断充实创建内容，完善创建机制，丰富创建形式，扩大创建影响，提升创建水平。

（十五）继续深化群众性精神文明创建活动。围绕卫生系统开展的优质服务竞赛活动，大力开展社会公德、职业道德、家庭美德和个人品德教育，不断提高干部职工的思想道德水平。继续深入开展工、青、妇组织的各项主题创建活动。继续开展丰富多彩的文化活动，利用文艺演出、体育比赛、重大纪念日活动等，有目的、有计划组织一系列活动，着力营造团结奋进、昂扬向上、宽松和谐、干事创业的良好氛围。积极参创建“文明单位、和谐单位”活动，积极参加卫生志愿服务工作，继续开展群众性献爱心、送温暖活动，继续做好维护安全稳定工作。

（十六）大力加强中心文化建设。适应新形势、新职责、新机制的要求，紧紧围绕疾病预防控制任务，以建设现代疾控文化为着力点，积极探索工作的新机制、新途径和新方法，求真、求实、求突破，创新、创造、创特色，不断丰富和提升中心文化建设内涵。坚持抓整体形象塑造，大力弘扬中心精神和中心文化精髓，要以河北疾控报，专题片、画册、网站论坛、简报等作为文化宣传的主渠道，以学习宣传疾控中心赋、疾控歌和疾控徽为主要手段，凝聚职工思想、提高职工素质、展现行业形象、扩大社会影响。

五、以发挥桥梁纽带作用为落脚点，进一步做好群团工作

（十七）充分发挥工、青、妇组织联系和服务群众作用。扎实推进党建带工建、带团建、带妇建工作，支持工、青、妇等群众组织，按照各自章程独立地开展工作。工会要坚持和完善职工代表大会制度，充分发挥职代会民主管理和民主监督作用。动员和组织广大职工开展“职工先锋号”、“安康杯”竞赛等创建活动。积极开展丰富多彩的文化体育活动，活跃职工生活。努力为职工办实事、办好事、解难事，做好职工体检、困难职工补助、职工子女入学入托等工作。建好“先进职工之家”，争创“模范职工之家”；团委要以开展“青年文明号”创建活动为主线，围绕中心工作，开展形式多样、健康向上、适合青年特点的主题活动，进一步加强团的思想建设、组织建设、作风建设和阵地建设，全面提高团员青年的整体素质；妇委会要继续创新工作方式，深入开展“巾帼文明岗”、“巾帼建功”、“和谐家庭”等“三创”活动。积极开展争创“新女性、新形象、新家园”的“三新”大行动。同时，以提高女职工的健康素质和生活质量为目标，积极开展有利于妇女身心健康的各种文化健身活动，安排好女职工健康体检，帮助女职工解决实际困难和问题。

（十八）做好统战、离退休和人武等工作。进一步加强统一战线工作，关心民主党派人员的思想和生活，建立、完善党委与民主党派定期联系制度，充分发挥各民主党派、无党派人士在中心建设发展中的重要作用；进一步做好老干部管理工作，认真落实老干部政策，坚持定期向离退休老干部通报工作和走访慰问老干部制度，重视发挥老干部的作用，使他们老有所养、老有所为、老有所乐；进一步加强对人武工作的领导，要采取多种形式开展国防教育，增强职工的国防观念和国家安全意识。做好民兵整组工作，积极参加上级组织的民兵训练，提高人武队伍适应新形势、新任务的能力。

中共河北省疾病预防控制中心委员会 2013年工作总结

刚刚过去的2013年，是“十八大”开局之年。中心党委在省卫计委的正确领导下，在广大干部职工的共同努力下，各项工作进展顺利，取得了新的成绩。

一、深入开展党的群众路线教育实践活动，为民务实清廉建设得到进一步加强

全党深入开展的党的群众路线教育实践活动，是新形势下坚持党要管党，从严治党的重大决策。中心党委把这项活动作为首要政治任务，从7～12月底，用半年的时间，在中心干部职工中，以“为民、务实、清廉”为主题，抓得有声有色。

（一）坚持高标准严要求。活动以召开动员会、推进会、座谈会、交流会等形式。第一时间传达学习中央、省委和省卫计委精神，抓组织、抓步骤、抓落实、抓责任，中心领导带头，党员干部共同参与，撰写心得体会105篇，让“照镜子、正衣冠”有了形象的折射。大家以吴殿华、张笋等为先进典型，增强了奉献意识、责任意识和使命意识。

（二）广泛征求意见建议。通过发放征求意见函、召开座谈会、蹲点调研、上门走访、设置电子信箱、随机谈话、重点约谈等方式，广泛征求卫生厅、中国疾控中心、省直有关部门、中心各处室、各市、区疾控中心、服务对象、“两代表一委员”、离退休老干部等方面的意见建议，共收到各方面意见建议180余条。为把问题找得更具体、更深入、更准确，领导班子从自身入手，从反映强烈的问题入手，联系实际，共梳理聚焦出5个方面的突出问题，中心党委以此为镜。

（三）召开专题民主生活会。严格按照要求制定方案，会前，广泛开展谈心，结合各自的问题，领导班子认真撰写民主生活会发言材料，突出了聚焦“四风”准、剖析问题深、相互批评真、整改决心强的特点。会上，班子成员真心实意开展了批评与自我批评，达到了掏心见胆、出汗红脸的效果，会后，中心党委按照规定及时召开通报测评会，达到了批评团结的目的。

（四）着力解决问题。及时制定《整改方案》，以“钉钉子”精神抓落实，明确了17项整改任务，每个问题都制定了整改责任书，每个方案都排出时间表，每个环节都明确责任人。把深入贯彻落实中央“八项规定”作为切入点，在反对“享乐主义”方面：整改了办公用房，规范了公车、三公经费管理；在抵制“形式主义”方面：减少了会议、文件，消除了文山会海；在整治“官僚主义”方面：解决了电话遥控指挥、下基层走马观花、吃空饷等问题，使基层一些问题得到了有效解决；在杜绝“奢靡之风”上，认识有了新提高，使党员干部的世界观人生观价值观得到了改造，树立了积极健康的生活态度、工作态度和高尚的道德情操，在公务活动和个人生活中，形成了不与人比富贵、比阔气、比奢华，精打细算、勤俭办事，真正回归艰苦奋斗的传统。

二、践行“修医德、强医能、铸医魂”创先争优主题活动，不断开创党建工作新局面

深入开展“修医德 强医能 铸医魂”主题实践活动，是河北卫生系统的特色活动，我们以此为抓手，以服务疾控业务为着力点，积极围绕中心的大局开展工作。一是继续谋划推动。重新修订了《2013年度推进“修、强、铸”主题实践活动实施方案》，在原来活动的基础上，进一步明确目标任务、方法步骤、时限要求，确保活动扎实推进。二是会议调度推动。组织召开了调度会、党支部书记会议，专题研究“修、强、铸”主题实践活动进展情况和需要解决的问题，并通过催报各处室落实情况进行督促检查。三是学习交流推动。参加全国疾控系统“三好一满意”研讨会，参加全国卫生系统组织的各类评选活动，积极组织撰写卫生文化建设、思想政治工作等材料参加交流，其中4篇思想政治工作论文，被分别评为二、三等奖。参加全省开展的群众满意的医疗卫生机构、健康卫士评选活动，以解放思想大讨论活动为契机，组织开展“我为河北卫生事业科学发展献良策”活动。通过一系列活动，巩固和深化“修、强、铸”主题实践活动成果，多项工作得到上级领导的充分肯定。中心被评为群众满意的医疗卫生机构，崔泽同志荣获全省卫生系统创先争优暨“修医德、强医能、铸医魂”指导工作先进个人，张振国同志被评为河北省十大健康卫士。

三、突出工青妇职能，坚持以人为本的工作理念，活跃了干部职工的精神文化生活

把密切联系群众、服务群众作为工作的出发点和落脚点，尽量满足干部职工精神文化生活方面的需求，不断创造良好的工作生活环境。一是为干部职工办实事、解难题。我们坚持掌握五个底数：即，掌握干部职工经济生活底数，适时开展送温暖活动，春节期间对20名困难职工发放慰问金6200元；掌握离退休党员底数，双节和“七一”前夕开展走访慰问活动；掌握干部职工身体状况底数，对住院和直系亲属病故的10名职工进行了慰问；掌握干部职工子女底数，帮助4名职工子女解决了入托入学问题，向省直工会上报了困难职工子女“金秋助学”摸底资料；掌握干部职工的生日底数，及时送上生日贺卡和蛋糕，组织中心省级劳模体检、实施困难救助。把群众工作做好、做实，体现了党组织的温暖。二是开展有益于身心健康的文体活动。组织开展了丰富多彩的文体活动。参加全国疾控系统“八桂杯”太极拳邀请赛，获团体“优秀组织奖”，鲍文获领队友谊赛第四名，赵宏儒获个人展示风采奖”；参加省直职工健步走展示、乒乓球、运动会等比赛；组织举办中心职工书画摄影展、棋类比赛，开展“健康同行、共攀高峰”职工登山活动；在中心团委组织“中国梦·青春梦”演讲选拔赛的基础上，参加卫生厅团委和团省委组织的“中国梦青春梦”演讲比赛。举办了第九届职工运动会，通过各种文体活动，丰富职工文化生活，陶冶情操，锻炼队伍，凝聚了干事创业的正能量。三是群团工作创先争优。在上级群团组织的活动中争先进，在本单位开展的活动中求活跃。领导班子调整后，及时补选高立志同志为工会主席，并参加省直机关工会主席培训；中心工会其他干部参加省直、厅直工会有关工作培训。认真贯彻上级工会的文件精神，积极开展争创活动，及时总结上报有关工作情况，有力地促进了中心工会的全面建设。齐顺祥被省总审定为“省级劳模”待遇，中心工会荣获“2012 年度省直基层工会经审工作规范化建设先进单位”称号，崔泽、戴明启、鲍文被评为 2012 年省直“安康杯”竞赛优秀组织者：中心党委被授予支持妇女工作的先进基层党组织，中心妇委会被授予省直先进妇委会，理化所荣获“全国巾帼文明岗”，中心女工委荣获 2011～2012 年度“省直基层工会女职工工作规范单位”，“女职工答题优秀组织奖”，鲍文获“省直先进女职工工作者”、宗华、阎青梅、程蔼隽获“省直先进女职工”称号。蒋东升、卢安、师鉴等 7 人荣获“省直职工经济技术创新暨合理化建议活动积极分子”，中心工会荣获“优秀组织单位”。

四、加强党风廉政建设，塑造一支过硬的党员干部队伍

（一）开展了廉政教育活动。搜集相关资料、照片和图片，制作办公楼宣传栏展板，开展了以主题为“反腐倡廉常抓不懈，拒腐防变警钟长鸣”“营造风清气正发展环境，夯实疾控二次创业基石”的廉政宣传，将中央《关于改进工作作风、密切联系群众的八项规定》在宣传栏公示，传达了中纪委二次全会精神和全省卫生系统深化监控机制建设会议精神。转发了《河北省卫生厅关于严肃中秋国庆“双节”有关纪律要求的通知》和《河北省卫生厅整治“吃拿卡要”问题实施办法》，要求中心各部门严格落实中央八项规定，坚决反对“四风”。组织中心各处所室职工到河北省博物馆参观“河北邱县廉政漫画展”。展览以普通群众的视角歌颂廉政、鞭笞贪腐、表达心声，警示和教育广大党员干部坚决反对“四风”，真心服务群众，努力做到为民、务实、清廉。此次参观，使干部职工在潜移默化中受到廉政文化的熏陶。购买《画说职务犯罪》图册，向班子成员及相关处所室主任发放，加强廉政教育。

（二）完善了各项制度方案。完善了《2013 年河北省疾病预防控制中心“三好一满意”活动实施方案》，调整了“三好一满意”活动领导小组及办公室成员。根据上级要求，制定了《河北省疾病预防控制中心为民服务提质提效专项行动实施方案》，切实解决服务质量和工作效率方面的问题。

（三）加强监督检查的力度。一是加强对重点项目的监督。包括食品安全风险监测高效液相色谱—四级杆串联质谱仪等设备采购、全自动高压灭菌器设备采购、2013 年麻疹类疫苗及注射器采购、脊髓灰质炎实验室能力建设项目检测设备采购、放射设备采购、物资库房和食堂项目的施工及监理招标过程进行监督。二是对中心内部招标采购的监督。包括中央空调维保及通风系统清洗招标、实验楼 LED 显示屏项目、临时库房建设项目内部招标和卫生应急装备内部采购等。三是对人事方面的监督。包括中层干部选拔任用、公开招聘人员资格审查及面试和 2013 年度职称评审。及时对中心内网权力运行版面进行内容更新，包括反腐纠风工作信息、内控点情况等。重点对行使A级权力的处所进行监控，督促相关处室及时发布信息。在中心监控机制建设网站发布反腐纠风工作信息，2013 年职称评审情况及中层干部的考察公示和任前公示，物资库房和职工食堂项目工程的施工和监理中标情况，食品安全风险监测项目设备采购评标报告，2013 年免疫规划用疫苗及注射器采购评标报告等信息共计 63 条。

（四）行风建设不断加强。在征集相关领导班子及相关处室意见后，制定《河北省疾病预防控制中心 2013 年度加强行风建设公开承诺》。细化为 8 条具体的指标，按国家和省要求，认真履行卫生防病职责，保证各项疾病预防控制指标达到工作要求。并在中心宣传栏及内外网公示，诚请社会各界监督。通过打电话、发传真等方式，开展 2013 年民主评议测评。共收集到相关部门问卷 18 份，企业问卷 75 份，满意度为 98%，及时将收集到的意见向班子成员及相关部门反馈，以促进了中心行风建设的发展。

五、加强离退休老干部工作，促进中心和谐发展

中心党委坚持以政治上关心，生活上照顾为工作基点，通过抓教育、提服务、管生活，使离退休职工思想稳定，生活愉快，安享晚年。

（一）立足学习引导。保证老干部有必读的书目、必看的报纸、必阅的文件。采取多种活动形式组织老同志学习党的方针政策和中心党委的文件讲话精神。

（二）坚持开展活动。积极落实中心党建工作要求，加强老干部党支部的组织、思想、制度建设，坚持例会制度，组织支部委员到洞阳坡与退休后继续创业，造福当地百姓，老有所为的典型吕日新同志座谈，在山上开了一个重燃革命理想和奋斗激情的生活会。

（三）定期走访慰问。坚持落实好老干部工作目标责任制和走访慰问老干部的工作制度。分别由中心李琦书记、高立志同志带队，党办室、老干部处和保定后勤服务中心工作人员参加的慰问离休老干部、生活困难老党员及长期卧床老同志活动，向他们送上了节日的问候和祝福。

（四）落实政策待遇。主动关心困难老干部的生活，积极妥善地处理好老干部工作中遇到的矛盾和问题，严格按照政策规定按时足额发放老干部各项生活补贴。认真做好老干部的医保工作，离休干部医药费按规定期限报医保中心审核报销，及时发放给老干部。

（五）抓好精神生活。组织部分离退休老同志前往市人民广场，参观“2013 中国（河北）国际老年产业博览会”，参加离退休干部健身运动会，参观游览石家庄、保定植物园。

2014 年，我们将继续深入贯彻落实十八届三中全会精神，围绕服务中心，建设队伍两个目标，坚持“四大法宝”、严格党内生活，进一步巩固和深化党群路线活动成果，创新党建工作，努力在思想、作风、制度和廉政建设上取得新成效。

河北省疾病预防控制中心
2013 年党风廉政建设工作总结

2013 年，中心纪委、监察室认真履行职责，深入贯彻党的十八大精神，落实中央八项规定，严肃纪律，注重教育，着力优化政风行风建设，继续深化监控机制建设，为疾控工作持续健康发展提供保障。结合中心工作实际，现将主要工作情况总结如下：

一、注重教育，严肃纪律，营造风清气正的工作氛围

结合群众路线实践教育活动，贯彻落实中央八项规定，坚决摒弃“四风”，积极构建“大宣教”工作格局，充分利用中心内网、大屏幕、宣传栏、组织答题等多种形式，认真开展思想道德教育、业务培训、廉政教育和党纪条规教育。5月份，制作办公楼宣传栏展板，开展了以主题为“反腐倡廉常抓不懈，拒腐防变警钟长鸣”“营造风清气正发展环境，夯实疾控二次创业基石”的廉政宣传，宣传中央《关于改进工作作风、密切联系群众的八项规定》，公示中心政风行风承诺。10月25日，监察室组织中心各处所室职工到河北省博物馆参观“河北邱县廉政漫画展”，展览以普通群众的视角歌颂廉政、鞭笞贪腐、表达心声，警示和教育广大党员干部坚决反对“四风”，真心服务群众，努力做到为民、务实、清廉，参观展览的同志都感觉深受教育。12月份，购买《画说职务犯罪》图册，向中心领导及相关处所室主任发放，加强廉政教育。在中心内网宣传等多项党规党纪。组织全体职工参加以宪法等法律知识和法律常识为主要内容网上答题活动。通过多种形式的教育活动，增强了党员干部自觉抵制各种腐朽思想的侵蚀，防止违法违纪事件的发生。

坚决贯彻中央、省委、省卫生计生委各项纪律要求，向各个处室转发了《关于严禁元旦春节期间公款购买赠送年货节礼的通知》、《关于严禁公款购买印制寄送贺年卡等物品的通知》和《关于严肃中秋国庆“双节”有关纪律要求的通知》，并提出相关要求，要求各部门严格执行，财务、审计部门严格把关，凡是公款购买违规物品的，一律不准报销，纪检监察加强监督检查。转发了关于整治“吃拿卡要”问题实施办法的通知，纪检监察干部率先签订了清理会员卡承诺书。

二、完善制度，强化监督，推进党风廉政建设和反腐败工作的制度化、规范化

抓住重点领域和关键环节，及时研究制定与改革发展相适应的反腐倡廉制度。为规范内部招标采购的范围、程序和供应商服务行为，进一步加强供应商管理制度，逐步建立供应商档案，征集领导班子及相关处室意见，印发了《供应商诚信度管理办法（试行）》，列出供应商10个方面的不诚信行为，明确了对不诚信行为的强制措施。拟定了《内部招标、采购监督管理办法》，严格内部采购程序。制定了《2013年“三好一满意”活动实施方案》，调整了“三好一满意”活动领导小组及办公室成员。根据厅里要求，制定了《为民服务提质提效专项行动实施方案》，切实解决服务质量和工作效率方面的问题。

围绕“权、钱、人”三个源头抓工作，加大对重点部门、重点人员的管理和防范工作力度。一是加强对工程建设的监督检查。抓好项目决策、招标投标、资金管理等关键环节的监督检查。对于正建的物资库房和职工食堂建设项目，同裕华区检察院签订联合预防职务犯罪工作意见，招标过程邀请驻厅监察室、裕华区检察院共同监督。与工程项目实施方签订《廉政建设责任书》，把党风廉政建设贯穿到工程建设中，确保工程上去了、干部无嫌疑。二是加强对采购行为的监督检查。凡应列入招标范畴的一律招标采购，包括2013年麻疹类疫苗及注射器采购、脊髓灰质炎实验室能力建设项目检测设备采购、放射设备采购、物资库房和食堂项目的施工及监理招标过程进行监督。对中心内部招标采购中央空调维保及通风系统清洗招标、实验楼LED显示屏项目和卫生应急装备内部采购等，实行“三三”采购制度。三是加强对人事管理的监督检查。对内设机构调整与干部任免工作进行监督，参与拟任职干部的考察。对2013年人员招聘工作进行监督，按规定要求和程序发布招聘公告和岗位信息，对资格复审、面试、考核等关键环节进行监督。对2013年度专业技术人员职称晋升工作进行现场监督。四是开展法律咨询。中心对外签订的合同、协议都经律师修改审定，今年以来共审定了不同类别的合同 26 份，进行法律咨询 6 次。现在中心合同的拟定、审核、签批能够有序进行，制度化、规范化的操作方式最大程度上规避了潜在风险，有效防止了违法违纪违规行为的发生。

三、持续改进，权力运行监控工作再上新台阶

结合疾控行业特点，通过机制、制度加科技融入文化的有机融合，创新具有自身鲜明特色的反腐倡廉工作模式。今年以来，主要在完善提高上下功夫。一是实施阳光决策。中心“三重一大”事项，均纳入相应的党委（总支、支部）会、行政会、党政联席会集体研究决定，重要会议形成会议纪要，及时在内网公开；二是实施阳光基建。实施阳光基建，日常的修缮、改造项目全部按照监控机制的要求公开透明运行。对中心职工食堂和物资库房项目按照内控点的要求公示工程进度。三是实施阳光采购。实施阳光采购，做到采购计划公开，招标公告公开，评标过程公开，中标结果公开。在各类招标中，未发现人情标、关系标和照顾标的问题；四是实施阳光人事。规范人事管理，制定了 2013 年度公开招聘工作人员实施方案和岗位招聘信息，按程序和要求发布招聘公告、考试成绩、招聘结果。2013 职称晋升工作，从任职条件、资格申报、评委推荐等关键环节全部在监控机制栏目公示。

四、各项惠民保障政策落到实处，行风建设取得新进展

认真抓好中央、省和卫生厅的重大决策部署，落实好各项疾控惠民政策。坚持实行 24 小时值守，加强重大疾病监测，有效落实艾滋病、结核病和慢性病等重大疾病防治和基本公共卫生服务政策措施，开展卫生防病咨询服务，按规定及时向公众发布防病信息。定期开展疾控服务进社区、进农村、进企业、进校园活动，利用专家讲座、现场咨询和知识竞答等多种形式，积极倡导全民健康素养行动，行动的工作任务达标率 100%。强化常规免疫接种服务，疫苗接种率达到国家免疫规划要求。继续在全省推广艾滋病抗病毒治疗管理“四位一体”工作模式，截至目前，全省累计实施免费抗病毒治疗 1980 人。结核病防治工作成效明显，多项指标均超过“十二五规划”要求。紧紧围绕突发公共卫生事件和重点传染病、季节性多发病，积极做好健康教育与健康促进，在健康报、河北日报、河北电视台等多家媒体先后刊登宣传报道 220 余篇次。实行“零障碍”服务，努力实现“服务零缺陷”和“质量零投诉”。我们把满意度调查作为一项常态工作，中心监察室从服务态度、工作质量、工作作风、服务环境四个方面向相关部门和服务对象发送调查函，进行电话回访，2013 年行风调查社会满意度为 98%。

2013 年以来，我们以“修医德、强医能、铸医魂”和“三好一满意”活动为契机，多项业务工作得到卫生厅领导的充分肯定。中心被评为省级群众满意的医疗卫生机构，崔泽同志荣获全省卫生系统创先争优暨“修医德、强医能、铸医魂”指导工作先进个人，张振国同志被评为河北省 2012 年度十大健康卫士，韩艳淑同志被定为河北省首届“寻找我身边的健康天使”候选人。

尽管取得一些成绩，但我们也清醒地认识到离上级的要求和群众的期望还有不少差距。下一步，我们将以科学严谨的态度、真抓实干的作风，继续抓好党风廉政建设和反腐纠风工作，不断取得新成效、实现新跨越，为促进疾控事业又好又快发展作出新的更大贡献！

中共河北省疾病预防控制中心委员会 2013年中心组及党员、干部、职工理论学习安排

2013年是全面贯彻落实党的十八大精神的开局之年，也是实施“十二五”规划承前启后的关键之年。为进一步加强和改进党委中心组理论学习，深入推进学习型党组织建设，提高领导干部的理论水平以及运用科学理论分析和解决实际问题的能力，根据上级部署，现对2013年中心党委中心组理论学习，作如下安排：

一、指导思想

高举中国特色社会主义伟大旗帜，以邓小平理论、“三个代表”重要思想和科学发展观为指导，以深入学习贯彻党的十八大和市第十二次党代会第一次年会精神为主线，以推动“转型升级、特色发展”为主题，自觉用中国特色的理论体系武装头脑，不断解放思想、开拓创新，努力营造坚定道路自信、理论自信、制度自信的良好氛围，为开创全省疾控工作新局面提供强大的思想保证和理论支持。

二、学习重点

1. 深入学习贯彻党的十八大精神。党的十八大是在我国进入全面建成小康社会决定性阶段召开的一次十分重要的大会，是一次高举旗帜、继往开来、团结奋进的大会。学习宣传贯彻落实党的十八大精神是当前和今后一个时期的第一位任务。要扎实推进学习型党组织建设，充分发挥党委中心组的带动作用，引导疾控系统广大干部群众在学习理解上深化，努力做到入耳入脑入心。要学习贯彻十八届一中全会和全国“两会”精神，紧密联系中心实际，准确把握我省社会发展趋势，认清发展阶段性特征，增强发展信心。要围绕“转型升级、特色发展”主题，紧扣全面建成小康社会目标，组织理论与实践相结合的宣传教育，着力推动解决影响疾控工作科学发展的突出问题，确保2013年疾控工作再上新台阶。

2. 广泛开展中国特色社会主义宣传教育。坚持和发展中国特色社会主义，是党的十八大报告贯穿始终的一条红线。要扎实开展中国特色社会主义宣传教育，组织学习《中国特色社会主义学习读本》和《科学发展观学习纲要》，不断深化科学发展观学习实践活动，深刻领会中国特色社会主义的三大基本构成，深刻认识中国特色社会主义总依据总布局总任务，牢牢把握“八个必须坚持”的基本要求，着重深化对全面建成小康社会和实现中华民族伟大复兴“中国梦”的认识，进一步坚定共同理想信念，坚信道路决定命运。党委中心组在理论学习中，要全面系统、完整准确地学习掌握中国特色社会主义理论体系，增强坚持中国特色社会主义旗帜、道路、理论体系、制度的自觉性和坚定性，更好地用党的理论创新成果武装头脑、指导实践、推动工作。

3. 扎实推进社会主义核心价值体系建设。社会主义核心价值体系是兴国之魂，决定着中国特色社会主义发展方向。深入开展社会主义核心价值体系学习教育，用社会主义核心价值体系引领社会思潮、凝聚社会共识。党委中心组要紧紧扣住十八大提出的“三个倡导”，大力加强思想政治工作和理想信念教育，广泛开展各类群众性主题实践活动，努力宣传、弘扬、培育、践行社会主义核心价值观。着力推进公民道德建设工程，深入开展道德领域突出问题和不文明行为的专项教育治理，不断巩固文明创建成果，持续加大思想引领、风尚引领、道德引领力度。

4. 深入开展党风廉政教育。重点学习《中国

共产党第十八届中央纪律检查委员会第一次全体会议公报》、习近平总书记在十八届中央纪委第二次全会上的重要讲话、党风廉政建设会议精神，认真学习《廉政准则》和新修订的《党章》，增强自我净化、自我完善、自我革新、自我提高的能力。坚决落实党要管党、从严治党的要求，加强反腐倡廉建设的调查研究，进一步推进中心惩防体系建设，着力构建高效、规范、透明、廉洁的中心工作运行机制。

5. 认真践行党的群众路线和作风建设要求。深入学习中央关于改进工作作风、密切联系群众的八项规定和十条意见要求，认真践行党的群众路线，立足本职岗位转作风，改革优化发展环境，建立党员领导干部联系基层群众制度，坚持问政于民，问需于民，问计于民，聚合发展“正能量”，以清廉的党风带动清明的政风、促和谐的民风，全力推进国土资源管理各项工作。

6. 全面掌握引领科学发展所需的各方面知识。提高引领科学发展的能力和水平，不仅要加强党的创新理论学习，同时还要全面学习掌握和工作有关的各类知识。党委中心组成员要认真学习包括经济、政治、文化、法律、科技、管理、历史等各方面知识，不断拓展知识面，在不断优化知识结构中开阔思路、提升能力。要认真组织开展有关环境保护、资源节约和社会治安综合治理、维护社会稳定、统战工作、职业教育、保密工作、干部选拔任用、防范和处理邪教工作、互联网等方面的政策和法律法规知识。要抓住结合、转化这个关键环节，紧密联系卫生体制改革发展实际和干部群众的思想实际，紧贴卫生厅重大决策部署，着力推动解决影响科学发展的突出问题，为疾控建设而努力奋斗。

三、学习形式

1. 集中学习。按年度和季度学习计划安排组织实施，采取专家辅导、观看影像资料、研讨交流、学习汇报等形式进行。

2. 个人自学。围绕计划安排的学习内容，中心组成员自行安排学习时间，选读中国特色社会主义理论、党史、科学文化、法律法规等方面的书籍，做好读书笔记。

3. 专家讲座。聘请有关方面的专家，举办党委中心组专题讲座，内容包括十八大精神、社会主义核心价值价值体系、法律法规等。

4. 基层调研。中心组成员要结合自己所分管的工作，紧扣热点难点问题，坚持理论和实践相结合，深入基层调查研究。

5. 参加培训。按照上级的安排，选派中心组成员到专门培训机构参加集中培训学习。

6. 网上学习。参加省卫生厅组织的网上学习培训。网上学习时间由个人根据工作情况自行安排。

四、集中学习安排

1. 一季度

学习专题：党的十八大精神，市第十二次党代会第一次年会精神，国家、省“两会”精神，中央关于转变工作作风八项规定和市委十条意见，习近平在中纪委第二次全会上的讲话和关于厉行节约反对浪费有关批示精神等。

学习方式：安排 2 次集中学习、个人自学 4 小时，基层调研。

2. 二季度

学习专题：党的十八大精神，中国特色社会主义理论体系，《廉政准则》、我国发展现阶段的新型公共卫生建设，中国经济发展转型与体制改革，生态文明建设。

学习方式：专家讲座 1 次，集中学习 2 次，个人自学 4 小时，基层调研。

3. 三季度

学习专题：党的十八大精神，《中国共产党党章》，《中国共产党党和国家机关基层组织工作条例》，中国共产党党史，社会主义核心价值体系，队伍建设、行政服务制度改革的专题调查研究。

学习方式：安排专家讲座 1 次，集中学习 1 次、个人学习 4 小时，基层调研。

4. 四季度

学习专题：党风廉政建设，法律法规，科技知识，社会创新管理。

学习方式：安排专家讲座 1 次，集中学习 1 次、个人学习 4 小时，基层调研。

具体学习内容根据形势任务作适当调整。

五、学习要求

1. 紧扣主题主线。始终把理论学习作为一项政治任务来抓，紧紧围绕贯彻落实党的十八精神和“转型升级、特色发展”这个中心任务，落实党委中心组 2013 年学习计划，增强党委中心组成员学习的自觉性、主动性。要带着问题开展针对性学习，带着课题开展调查研究，及时提出解决问题的措施和办法。

2. 坚持与时俱进。学习内容紧贴时代发展要求，注重及时跟进和更新。坚持把上级党组织对理论学习的新要求列入全年学习计划和季度学习安排，调整好学习重点，增加新的学习内容，保证学习内容不遗漏，学习要求不打折。

3. 坚持统筹兼顾。根据年度学习计划和季度学习安排，中心组成员结合个人实际，制定切实可行的学习计划，统筹安排政治理论学习与业务知识学习，统筹安排集中学习与实地调研，统筹安排个人自学与专家辅导，确保 2013 年学习任务圆满完成。党委中心组年度集中学习次数不少于 12 次，党委中心组成员每月自学时间不少于 20 小时，每年调研文章不少于 2 篇。

4. 注重学习效果。坚持学以致用，学用相长，把强化理论学习与研究解决实际问题紧密结合，把解决中心实际问题的能力和效果作为检验理论学习的实际成效，力求理论学习和实际运用取得丰硕成果。党委中心组成员要坚持领学、领写、领讲，在中心营造浓厚的学习氛围。

河北省疾病预防控制中心工会 2013 年工作总结

2013 年，在中心党委和上级工会的领导和支持下，中心工会坚持以服务大局、服务职工为主线，积极履行工会职能，较好地发挥了桥梁纽带作用，为构建和谐中心作出了积极贡献。中心工会荣获省总“财务工作先进单位”、省直“基层工会规范化建设先进单位”“基层工会经审工作规范化建设先进单位” “基层工会女职工工作规范单位”“劳动竞赛先进单位” “会员健身活动先进单位”“职工经济技术创新暨合理化建议活动优秀组织单位”等称号，二十余名同志受到上级工会表彰。现将 2013 年工会工作总结如下：

一、围绕中心，丰富载体，不断提高职工队伍素质

1. 深入学习贯彻上级党委、工会的有关精神。按照上级统一部署，在全体职工中广泛开展了党的群众路线教育实践、十八届三中全会精神学习宣传教育等活动。通过组织学习交流、参观学习等形式多样的思想教育活动，不断提高职工思想理论水平、政策水平和工作能力，增强职工贯彻执行党的基本路线的自觉性，进一步引导职工树正气、讲团结、干事业、谋发展。

2. 深入开展“凝心聚力促发展、建设小康当先锋”活动。结合中心重点工作和国情时事，有针对性地对职工进行理想、形势、法纪和职业道德教育。先后组织全体职工开展了省直“安康杯”竞赛、创建“工人先锋号”“先进职工之家”“省直职工经济技术创新暨合理化建议”、工会知识答题以及年度优秀工会工作者和工会积极分子评选活动。通过各种竞赛、评优活动，调动了广大职工的工作积极性和创造性，在职工中形成学先进、赶先进；重实干、比贡献的浓厚气氛。

3. 积极开展丰富多彩、健康向上的文体活动。围绕中心文化建设，全年适时开展了第九套广播操推广、“健康同行·共攀高峰”职工登山、《女职工劳动保护特别规定》知识竞赛、全省职工民主管理百题知识竞赛、“我为安全生产献一计”、职工棋类比赛、中心第九届职工运动会等活动。积极选派人员参加了中国疾控中心、省直和厅直工会的各项文体活动，均取得可喜成绩：荣获了全国疾控系统太极拳邀请赛“优秀组织奖”和“个人风采奖”，省直乒乓球比赛单项奖，省直健步走展示“最佳团队奖”、女职工答题竞赛优秀组织奖等多项荣誉，受到上级工会通报表彰，展示了职工蓬勃向上的精神风貌。

二、围绕履职，强化服务，充分发挥工会组织积极作用

1. 继续推进民主管理工作。在党委统一领导下，积极配合行政、纪检、监察，大力推行政务公开，在单位的年度考核、民主评议、资金使用管理等工作中，认真落实民主管理的四项权力。

2. 认真开展群众工作室工作。结合实际，进一步健全工作制度，措施明确，责任到人。建立工会与有关行政部门的联席会议制度，共同研究涉及职工切身利益的解决方案，切实发挥好畅通职工利益诉求表达渠道，维护职工队伍与社会稳定的作用。

3. 关心职工办实事。积极践行党的群众路线，坚持“群众利益无小事”原则，热心帮助职工解决后顾之忧。先后为 20 名职工发放困难补助 6200 元；为 4 名职工解决了子女入学问题；对 23 名因病住院职工及亲属病故职工进行了慰问；为职工发放“生日蛋糕”等福利；健全困难职工帮扶系统和档案管理，及时为特困、患大病职工送去组织的关怀和温暖。动员组织职工参加省直“职工互助一日捐”活动，为构建和谐社会贡献力量。

三、围绕创新，开拓进取，不断提升工会工作整体水平

1. 规范组织管理，强化自身建设。围绕中心“十二五”目标规划和精神文明建设五年规划，及时制定下发了工会年度工作要点。按照组织程序补选中心工会主席、更换工会法人资质。按要求完成了全省工会困难职工帮扶系统档案录入、基层工会组织信息系统录入、劳动模范摸底调查、困难职工子女“金秋助学”情况调查以及全省及省直“工人先锋号”、“安康杯”竞赛活动、省直创建“职工创新工作室”活动、省直和厅直工会评先评优等五十余项总结、推荐材料，多项工作受到上级工会表彰。

2. 抓好理论学习，提高工会干部综合素质。结合新形势下工会实际，按照改革发展和努力提高素质的需要，积极开展工会法律法规理论学习和工作调研，选派人员参加上级工会组织的业务培训，不断强化工会干部的职责意识和业务能力。

3. 加大信息宣传力度，不断提高工会影响力。积极发挥工会舆论阵地作用，在疾控网开设党群专栏，编发《政工简报》工会信息 25 篇，省直《工会之窗》刊发 3 篇，进一步提高了工会影响力，得到了省直和厅直工会好评。

4. 在经费使用上，严格遵守工会财务制度，及时足额上缴工会经费，收支合理无假账、漏账，顺利通过厅直工会经审考核，在省直和历年的财务评比中均获得好成绩。

一年来，工会工作取得了一定成绩，这是各级党政大力支持，中心全体职工共同努力的结果。同时，也存在一些问题和不足，主要有：工作思路和方法有待创新；组织管理力度和职能发挥需进一步加强；工会干部综合素质和能力有待进一步提升等，这些都需要今后努力改进提高。

2014 年，工会将围绕全面履行职能，广泛组织动员职工岗位建功，进一步强化“职工之家”建设，努力在服务大局、服务职工中展现工会更大作为。

河北省疾病预防控制中心团委2013年工作总结

2013年是全面贯彻落实党十八大精神的开局之年，我国经济运行稳中向好、结构调整初见成效，教育、科技、文化、卫生等各项社会事业蓬勃发展。中心团委响应厅直团委和中心党委的正确领导和号召，继续坚持毛泽东思想邓小平理论和“三个代表”重要思想，继续以“十八大”精神、团十七大精神和省市“两会”精神为指导，本着紧紧围绕厅直团委和中心工作要点以服务党政中心工作、服务青年成长发展为重点的原则，开展特色活动，强化团委自身建设、增强团组织凝聚力，圆满地完成了共青团各项计划工作。现将团委一年来工作总结如下：

一、结合新形势，开展青年思想政治教育

按照年初制订的工作计划，中心团委继续坚持抓好团员的政治理论学习工作，坚持用马列主义、毛泽东思想、邓小平理论、“三个代表”重要思想武装广大团员青年，并通过集中学习与分散自学相结合的方式开展了关于党章（修订版）、党的十八大精神、省十届三次全会精神、团十七大精神、群众路线教育活动等重要精神的学习活动。理论教育工作形式丰富多彩，内容充实，在团员青年中获得良好反响，大大提升了中心团员青年的思想认识和政治理论水平。

二、积极加强团组织自身建设，团组织活力倍增

团委工作以“面向基层、服务基层、指导基层”为基准点，坚持以“党政满意、青年满意、群众满意”为目标，加强团支部自身建设，促进了各项工作的顺利完成。团支部积极配合党支部开展各项活动，助手作用得到较好发挥。注意自身建设，积极吸收有能力、有理想、有潮气、有热心的青年加入团组织，并及时推荐优秀的团员加入党组织，为中心党员队伍的建设助力。

三、立足本职岗位，充分发挥团员青年生力军和突击队作用

中心团委秉承认真落实贯彻党的十八大和十八届三中全会精神，围绕“经济强省、和谐河北”这一主题，以党的群众路线教育实践活动和“修医德、强医能、铸医魂”活动为载体，引领中心广大团员青年增强求真务实意识和爱岗敬业观念，积极围绕中心整体工作，立足本职岗位，倡导用力做事、用情做事、用心做事，不断提高执文、执言、执事能力，真正发挥团员青年生力军和突击队作用，为推动中心各项工作更好开展贡献应有力量。

四、继续推进青年文明号和评优、创优工作

紧扣职业文明建设主题，继续加强对青年文明号的管理，积极引导中心办公室团员青年围绕“修医德、强医能、铸医魂”活动宗旨，激发团员青年创新争优的服务精神，提升服务水平和工作能力，继续深化青年文明号建设工作。2013年团委委员王颖童同志被评为省直优秀团干部。左贵锋同志被评为厅直青年岗位能手。

五、创新活动形式，丰富青年精神生活

紧张忙碌工作之余，利用丰富多彩的活动，提高团员们参与团工作、投身团建设的热情。组织开展青年植树活动、清明节为革命烈士扫墓活动、“中国梦”演讲比赛、迎七一学习传统文化主题教育实践活动、省疾控中心职工“一日捐”活动、学习十八大会议精神活动等，增强共青团员的光荣感、使命感和责任感，同时强健体魄，陶冶情操。

回顾一年的团组织工作，我们深切地感到团员青年的成长进步离不领导的关心，更离不开各位团员共同努力。我们清楚地看到了社会发展对青年工作的标准提出了更高的要求，我们的工作还存在着与新形势不相适应的地方，工作手段还需强化。我们必须正视问题，在今后的工作中努力加以解决。

河北省疾病预防控制中心妇委会 2013 年工作总结

2013 来，妇委会在中心党委的正确领导下，坚持以科学发展观为指导，认真学习贯彻党的十八大和全国妇女十一大精神，围绕中心 2013 年重点工作和“二次创业”的奋斗目标，进一步解放思想、凝聚力量、创新实践，更好的服务全体女职工，更大力度的维护女职工的合法权益，更加扎实的建设“坚强阵地”和“温暖之家”，引领全体女职工积极参与中心发展建设，为推动中心快速和谐发展做出积极贡献。

一、发挥“巾帼建功”载体作用，扎实开展系列活动

在中心女职工中开展了以“我为河北献才华”“巾帼文明示范岗”创建为主要内容的“巾帼建功”活动，以多种形式对女职工进行新形势、新知识、新观念教育，引导她们提高素质、岗位建功。同时，积极组织女职工参加中心开展的党的群众路线教育实践活动，继续深化“巾帼文明示范岗”创建活动。今年 3 月，中心理化检验所被中华全国妇女联合会、全国妇女“巾帼建功”活动领导小组授予“全国巾帼文明岗”荣誉称号。中心结核病防治所被省直妇工委表彰为“省直巾帼文明岗”。继续推进“巾帼建功”活动。注重发现和培养“巾帼建功”先进集体及个人，积极申报省直“三八红旗手”和省直“五好文明家庭”。今年，多名女职工受到了上级部门的表彰，鲍文等 4 名女职工被省直工会评为先进女职工，鲍文等 2 名女职工获省直安全生产活动优秀分子称号，鲁九珍被评为省直基层工会财务管理先进个人，王颖童被评为省直优秀团干部，21 名女职工荣获厅以上表彰奖励。对女职工进行思想教育，是中心妇委会的一项重要工作。我们注意把握妇女工作的特点，推动各项政治教育活动的展开，组织开展了各类创建活动，引导女职工进一步确立机遇意识、发展意识和创新意识，提高女职工的业务技能和整体素质，提高女干部的参政议政能力、女职工的岗位创新能力，调动和发挥广大女职工的积极性和创造性，使之在疾控改革与发展中发挥更大的作用。

二、积极维护女性合法权益，关心女职工身心健康

积极与相关部门沟通协调，及时向领导汇报工作，全面维护女职工的合法权益，保证女职工各项合法权益得到落实。年内，与工会协同组织中心全体女职工参加省直女职工劳动保护特别规定知识竞赛，获优秀组织奖。关心女职工身心健康，经常找部分女职工谈心，了解她们的思想、工作、学习和婚姻、家庭生活，听取她们的意见、建议和要求，及时解决存在的问题。关心帮助患病、困难及单亲女职工，经常与他们联系沟通。及时看望生病住院女职工，带去中心领导对她们的关怀和问候。认真做好女职工一年一度的妇科体检工作，协同人事处与裕华区妇幼保健站协调，取得他们的支持，为我们安排有丰富临床经验的医生，保证体检质量。对普查中发现的问题，逐一私下通知女职工，同时，指导她们保健或协助联系治疗。关心孕产女职工的工作、生活，对待孕及怀孕女职工，主动指导帮助她们解答问题，并及时办理相关手续。慰问生育孩子的女职工，向宝宝赠送《中国少年儿童百科丛书》，让女职工时刻感受到中心大家庭的温暖。

三、加强妇委会自身建设，能力取得了新进展

在中心党委的重视和领导下，妇委会注重在自身建设方面下功夫，一是加强制度建设。进一步规范了妇委会工作，充分发挥妇委会一班人作用有了制度上的保障。二是加强组织建设。为使妇委会工作更加深入细致，进一步促进了妇委会工作的落实，今年重新调整增补了委员和小组长，妇委会委员会由宗华、李亚晨、于秋丽、王颖、周忠5人组成。妇委会小组长8人，分别是高珊、达利亚、安鸿、高伟、陈磊、冯静、钱振宇、狄海莲。三是加强班子建设。妇委会全体干部注重自身在工作、学习、生活中的模范带头作用，带头加强学习，带头参加各类文体活动，在各方面都充分发挥了骨干带头作用，以实际行动树立妇女干部的良好形象。妇委会坚持集体研究妇女工作计划和年终工作总结，对上级妇女组织的各项工作部署和安排都及时进行集中学习，统一思想，明确要求。积极参加中心举办的学习培训活动，提高了对妇委会工作重要意义的认识，增强了做好妇委会工作的责任心和使命感。

一年来，中心妇委会积极参加省直妇工委开展的“巾帼建功”“喜迎十八大，爱心促和谐”“巾帼创新业，建功十二五”等系列主题实践活动，紧紧围绕疾病防控的中心工作，认真履行妇委会职责，积极组织开展各类适合女职工特点的思想政治教育和丰富多彩的文体活动，团结带领广大女职工积极投身全面建设小康社会、构建和谐疾控的实践中。在中心党委的关心支持下，在全体女职工的共同努力下，中心妇委会被省直妇工委授予2011－2012年度省直先进妇委会，被省直工会表彰为先进女工委，荣获省直基层工会女职工工作规范单位称号。中心党委被授予支持妇女工作的党组织荣誉称号。这是厅直机关妇委会和中心党委的正确领导和大力支持的结果，是中心两百余名女职工齐心努力的结果。在新的一年，中心妇委会将不断加强女职工的思想道德建设，培养女职工的政治素质、业务素质、心理素质，充分发挥女职工的特点和优势，以“巾帼建功”活动为主线，不断地自我加压，与时俱进，为我省疾控事业的改革与发展再创佳绩。

河北省疾病预防控制中心
党的群众路线教育实践活动总结

党的群众路线教育实践活动开展以来，中心严格按照省委和省卫计委的部署要求，着眼疾控行业特色，结合中心工作实际，围绕活动主题，精心组织，周密部署，扎实推进，注重创新，顺利完成了学习教育、听取意见；查摆问题、开展批评；整改落实、建章立制三个阶段、31个环节的各项规定任务。通过教育实践活动的深入开展，进一步提高了党员干部的思想、转变了作风、树立了为民务实清廉的形象，收到了良好效果。

一、基本情况

党的群众路线教育实践活动开展后，中心紧紧围绕保持党的先进性和纯洁性，紧密联系中心工作实际，突出实践特色，以“为民务实清廉”为主要内容，制定了周密的《实施方案》和工作流程，精心组织、强力推动，形成了教育实践活动方向明确、内容具体、抓手有力、参与广泛，生动活泼的可喜局面。

为加强活动的组织领导，成立了教育实践活动领导小组，李琦同志任组长，崔泽同志任副组长，对整个活动负总责。班子成员为成员，负责活动的组织协调。领导小组下设办公室，党办室负责活动的日常工作。各科室分别落实了工作责任制，自上而下建立起协调联动的工作机制，确保了教育实践活动组织有力、工作有序。

中心活动办坚持高标准、严要求，三个阶段的各个环节紧密相连，务求取得实实在在的效果。在学习教育、听取意见阶段，认真抓了思想发动、学习培训、征求意见、献计献策等工作；在查找问题、开展批评阶段，着力抓了自查自纠、见面谈心、聚焦问题、撰写对照检查材料、召开专题民主生活会、组织群众评议等工作；在整改落实、建章立制阶段，重点抓了制定整改方案、建立落实台账、修订长效机制、开展测评总结等工作。上述工作，做到了衔接紧密、环环相扣、富有特色、扎实有效，有力推动了活动的深入开展。

在教育实践活动中，共征集群众意见建议180余条，领导班子聚焦突出问题17个方面，制定整改落实措施20余条，初步形成了一批制度成果、实践成果和机制成果，达到了中央提出的“照镜子、正衣冠、洗洗澡、治治病”的总要求。

二、主要做法

这次教育实践活动在中心党委的统一领导下进行，广大党员干部以高度负责的意识、饱满的热情、务实的态度、创新的精神，积极参与每项活动，高标准地完成规定动作，保证了活动的质量和效果。归纳起来有以下特点：

（一）领导重视，率先垂范

领导带头、发挥表率作用是搞好学习实践活动的重要保证。中心领导班子，在学习教育、听取意见、查摆问题和开展批评等环节做到了“四个带头”，率先垂范，有力地推动了活动的深入开展。

一是带头学习。中心领导班子把学习作为搞好活动的一项重要任务贯穿始终。领导班子成员做到先学一步，学深一层，先后2次组织集中学习都认真准备，在会上讲感想、谈体会，为进一步推动中心党员干部和群众的学习实践活动起到了很好的组织、引导、示范和促进作用。充分发挥模范带头作用，

二是带头宣讲。围绕坚决反对“四风”这一活动主题，领导班子成员进行了多次宣讲。李琦同志在大会上作了深入细致地动员讲话，亲自撰写高质量地发言材料；崔泽同志在大会上就教育实践活动的基本内容作了详尽地辅导，对干部职工遇到的疑难问题给予了耐心的解答。

三是带头调研。领导班子成员针对梳理出来的突出问题，确定专题进行调研，到群众中寻策问计，需求解决办法。在广泛调研的基础上，形成了有情况、有分析、有措施、有深度，操作性、实践性、指导性很强的调研成果3篇。

四是带头征求意见。找准聚焦问题是活动的关键环节，领导班子成员真心诚意地设意见箱、开座谈会、普遍谈心，认真听取干部职工的意见建议，为撰写分析材料、制定整改措施打下了坚实的基础。由于各项工作到位，领导班子查摆问题通报会，赢得了很高的群众满意度。

（二）深入学习，武装头脑

思想是行动的先导。为切实破除思想障碍，中心坚持把学习贯穿始终，带领全体党员干部学深、学细、学透，力求深刻理解和准确把握党的群众路线的重大意义、科学内涵、精神实质和根本要求。

一是按照要求自觉学。认真落实卫生厅规定的学习内容，采取中心组学习、集中培训、个人自学等形式，组织机关党员干部精读“三本书”，通过原原本本地学、原汁原味地学，达到了学有所思、学有所悟、学有所获的效果。活动期间干部职工学习书籍、文件70余份，撰写学习心得105篇。

二是多种形式深入学。把理论学习与工作实际相结合，两次召开中层以上干部研讨会，集中研讨全省疾控事业发展问题。围绕改善民生组织党员干部认真学习习近平总书记系列讲话，提高了站位，拓宽了视野，开阔了思路，提升了疾控工作服务经济社会发展的能力。

（三）广泛发动，查找问题

查找聚焦问题是教育实践活动的重要环节，问题找得准不准、全不全，直接关系到教育实践活动成效，中心党委广泛发动群众把脉治病。

1. 敞开大门搞活动。通过座谈、走访、发征求意见函等形式，广泛听取各方面的意见和建议。向省卫生厅、中国疾控中心、部分省直部门和市（区）疾控中心发放征求意见表50余份，回收反馈意见函45份，加之征求中心各处室、“两委员一代表”、老干部和服务对象等方面的意见建议共180余条。

2. 集体会诊调聚焦。中心召开党委扩大会议，吸收各科室负责人参加，逐条梳理分析意见建议，围绕“四风”归类聚焦，抓住要害分析原因，明确整改思路，推动了教育实践活动的扎实开展。

（四）边查边改，解决问题

教育实践活动中，始终把维护群众根本利益作为整改落实的出发点和落脚点，坚持转变作风，立行立改。根据解决问题的难易程度，区分轻重缓急确定整改目标和完成时限，具备条件的马上办，暂时不具备条件的创造条件积极办，特别对历史遗留的棘手问题，不回避、不推诿，迎难而上，积极解决。

三、几点体会

（一）充分准备、提前谋划是搞好教育实践活动的前提。教育实践活动开始前，中心领导召集有关人员认真学习省委活动方案和周本顺书记党员讲话，谋划中心的活动方案和动员讲话，及时启动活动开展；在每个环节之前，都过细地研究谋划下一步的工作，使中心的活动跟上省委的要求和省卫计委的节拍，做到无缝对接、环环相扣、扎实推进。

（二）领导带头、以身作则是搞好教育实践活动的关键。教育实践活动中，中心党委成员主动把自己摆进去，既是组织者又是实践者，以普通党员身份带头参加学习文件、征求意见、撰写材料、对照检查、整改落实、建章立制等各项活动，极大地鼓舞了广大党员干部的参与热情，增强了投身活动、提高效果的自觉性和主动性，确保教育实践活动始终充满生机与活力。

（三）精心组织、加强督导是搞好教育实践活动的保证。中心教育实践活动领导小组领导有方，活动办公室督导有力，先后3次召开调度推进会，8次召开活动办公室会议，在每个节点上都及时下发《重要提示》，以收集支部活动情况汇报、展示学习心得体会、检查支部整改方案、统计办实事内容数量等方式实施督促检查，使教育实践活动达到了整体推进的效果。

（四）创新载体、形式多样是搞好教育实践活动的动力。这次教育实践活动不仅内容围绕群众，载体贴近群众，而且方法符合群众。学习文件紧密结合思想和工作，不搞空对空；公示承诺、整改方案利用展牌和网络，不搞老套路；领导讲话、发言交流运用对话式，不搞照本宣科。这些务实创新的变化令人振奋和鼓舞，使广大党员干部始终保持了高昂的参与热情。

（五）突出实践、体现特色是搞好教育实践活动的标志。正确把握全党开展教育实践活动“四句话”的基本要求，找准与本单位的结合点，从社会职能出发，紧紧围绕在服务民生、服务群众上查问题、找不足、抓整改，力求使教育实践活动疾控化、具体化，让教育实践活动带来的新成果，使社会、群众真切地感受到疾控中心的新作为、新变化、新形象。

（六）着眼长远、建章立制是搞好教育实践活动的基础。把这次活动作为反对“四风”的具体实践与积极探索，挖病根、用猛药、治顽症，出汗、排毒之后，用有效的制度继续扶正祛邪、治病疗伤，不断解决和预防“四风”问题，使广大党员干部始终保持先进性和纯洁性，一刻也不脱离群众。

总的来讲，疾控中心的教育实践活动，在党委的正确领导下，在上级领导机关的有力指导下，经过全体干部职工的共同努力，取得了阶段性成效，得到了省卫计委领导的充分肯定。我们要总结运用好这次教育实践活动产生的学习成果、实践成果、制度成果，以此推动中心各项工作再上新台阶，开创新局面。

四、存在不足

中心的教育实践活动虽然取得了明显成效，但是按照中央和省委的要求相比，还有不小的差距和不足：一是活动发展不够平衡。从各阶段看，有前紧后松的现象；从各科室比较看，取得成效不一样；从每个人来看，收获大小不协同，都有提升的空间。二是很多问题有待解决。好解决的立行立改得到了解决，不太好解决的有的只是刚刚破题，棘手的问题还需要加大力度创造条件，所以要用钉钉子的精神持续不懈地抓下去。三是队伍建设有待加强。政工人员、后勤人员，包括疾控业务人员的能力素质还不完全适应新形势的需要。疾控业务人员是中心的代表队、是主力队员，特别在技术力量上要有一个大的提升，要有自己的品牌，要走在全国的前列，因为我省是首都的胸膛，在疾病防控上社会性、政治性非常强。否则，就难以完成省委省政府交给我们的防控任务。

五、下步打算

集中开展的教育实践活动虽然告一段落，但坚持党的群路线有起点没终点，这项工作要一直坚持下去。下一步重点抓好以下三项工作：

（一）在学习转化上下功夫。这次活动建立完善了一批制度，如：中心组学习、干部培训、党员轮训、党内生活制度等，要坚持和用好这些制度，使党员干部在制度保证下坚持用理论武装头脑，保持与时俱进，实现把学到的新知识、新经验转化为谋划工作的思路，推动工作的措施，完成任务的成果。

（二）在联系群众上下功夫。落实以人为本、执政为民的根本要求，进一步强化宗旨意识、服务意识，自觉抵制“四风”的侵蚀，在任何情况下都要把人民群众的利益摆在第一位，把群众满意作为首要标准，通过我们的工作推动经济发展和社会和谐。

（三）在整改落实上下功夫。巩固拓展教育实践活动成果，认真抓好中心的整改方案、整改台账各项工作落实，对新出现的问题要及时解决，努力做到削减老张、不欠新账。

科研及学科建设工作综述

【概述】中心的科研工作主要以疾病预防控制工作为重点，在现场流行病学研究与实验室研究相结合、自然科学与社会学研究相结合的基础上开展多学科交叉的基础研究和应用研究。中心专职从事科研及学科建设工作的科室主要是科研培训处、医学研究所和药物研究所。

【规范规章制度】调整和加强了中心学术委员会，修订了学术委员会章程。对中心伦理委员会进行了换届和重组，修订了中心伦理委员会岗位职责和章程，并根据国家食药总局的要求增加了伦理委员会委员。对科研培训有关的规章制度进行了重新修订和补充，使之更加完善以满足新形势下中心各项工作的需要。

【教学基地建设】继河北大学、河北医科大学、河北联合大学之后，中心又被确定为山西医科大学预防医学教学基地，与4所高校形成良性互动机制，提高科技联合攻关和教学研究能力，全年共培养研究生28名，其中博士3名，硕士27名（含在职10名）。培养实习生共48名，其中本科42名，专科6名。

【对口帮扶活动】3月份启动“手拉手对口帮扶活动”，活动的目的是通过人才培养、业务指导、项目合作、省县共建等多种方式帮助县级疾病预防控制机构不断提高业务水平和服务能力，推动我省疾病预防控制任务工作更好更快发展。成立以崔泽主任为组长，李琦书记为副组长，各分管副主任为成员的“手拉手对口帮扶活动”领导小组，领导小组办公室设在科研培训处。第一轮活动选取14

个县级疾控中心为帮扶单位，共接收20名学员来中心进行为期半年的进修培训。按照基层人员一专多能的培训要求，进修学员分别进行了传染病防治、慢性病防治、食品安全、公共卫生信息管理、突发公共卫生事件处置、理化检验、微生物检验、免疫规划管理等专业的学习，并积极参与中心的各项业务工作。在接收学员的同时，派出专家组赴帮扶单位开展业务指导、人员培训，结合健康巡讲项目，面向基层群众开展科技下乡和健康素养知识普及活动。

【全省疾控系统大培训大练兵大比武活动】 9月25日，由省卫生厅、省人力资源和社会保障厅和省总工会联合组织开展的河北省疾控系统大培训大练兵大比武活动现场决赛在石家庄圆满结束。此次活动历时9个月，全省各级疾控机构举办培训1969期，培训70936人次，组织各类技术练兵627次，参加13406人次。经层层选拔，全省11个设区市及3个直管单位共选派市、县两级75支队伍225名队员参加现场决赛。比武内容包括卫生法律法规、规章制度、基础知识、基本理论、传染病疫情报告与现场调查处置、免疫规划管理和技能操作、病原微生物检测、卫生监测检验、地方病和慢性病危害因素监测与干预、病媒生物控制等。

【全省疾控机构服务能力调查】 5月20日至9月30日，在全省疾控系统开展疾病预防控制机构服务能力调查，这是自2001年8月河北省疾控中心成立以来第一次在全省范围内开展的服务能力调查。

调查涉及机构基本情况、人力资源情况、房屋及实验室建设情况、拥有仪器设备情况及具备检验检测能力情况。为确保调查数据质量和工作进度，调查开始前举行了调查动员大会，各单位选派专人负责本单位调查工作，对省、市、县三级调查员逐级培训，统一调查口径，建立网络交流QQ群，调查员之间随时交流调查工作问题和经验。6～7月，组织技术督导组赴各市及部分区县级疾控中心进行调查督导，现场复核相关资料，及时解决调查中存在的问题，力求使填报的数据真实可靠。调查涉及全省11个设区市，199家疾控机构，包括省疾控中心、11家市级疾控中心、182家区县级疾控（含开发区）、4家专业院所和华北石油疾控中心，共回收调查问卷199份，回收率100%。

【医学研究】 医学研究所位于中心实验大楼9楼，主要职责是以重大医学科技问题和需求为目标，以威胁人民健康的重大疾病为研究对象，围绕心脑血管疾病以及各种慢性非传染性疾病，开展应用性科学研究，探讨疾病发生发展过程，为重大疾病防治提供可靠的实验依据。该所拥有实验室建筑面积约400平方米，包括细胞培养室，生理功能学指标实验室，生化检测室，电生理实验室等；主要仪器设备有多导生理记录仪，紫外可见分光光度计，手术显微镜，洁净工作台，二氧化碳培养箱，高速台式离心机等。目前在职人员5人，其中正高3人、中级职称1人、技术人员1人；具有博士学位2人，硕士学位1人，学士学位1人。

全年在研课题3项，分别为省卫生厅中医药局课题“益母草对老年大鼠肾缺血再灌注损伤的作用及其机制研究”；省卫生厅课题“心肌缺血对脑内心血管调控中枢利钠肽受体表达的影响”；省人事厅课题“AngⅡ对心衰时颈动脉体化学感受器反射功能的影响及其机制研究”（完成结题）。新申报科研课题2项，其中1项获批。发表学术论文1篇、学术会议论文4篇。带教1名硕士研究生。

【药物研究】 中心药物研究工作由药物研究所承担，主要职能是：以心、脑血管药理科研研究为重点，承担国家及省、厅级科研项目；承担各类药物的制剂工艺、含量测定、药效学及毒理学试验、药物临床前药代动力学试验等相关的社会技术服务；承担河北医科大学本科生的实习指导和硕、博士研究生培养工作。该所实验室建筑面积500平方米，且经河北省食品药品监督管理局批准，具备国家新药临床前药理毒理研究资质。现有职工7人，其中研究员2人，主任医师2人，副研究员1人，副主任技师1人，助理研究员1人；博士4人，硕士1人，本科2人。

在研课题18项，其中国家科技重大专项1项，省财政预防专项研究项目1项，省自然基金2项，教育部2项，人事部2项，科技部1项，省博士基金2项，省科技厅2项，省卫生厅3项，省人事厅1项，省中医局1项。课题“内毒素性肺损伤的防治及其相关机制研究”取得科技成果完成证书，并且获得河北省科技进步二等奖，根据该项研究撰写37篇论文，均在国家核心期刊发表。课题“不同药物对心肌缺血损伤的影响及其机制研究”取得河北省科技成果完成证书。

牵头的河北省医学重点学科——心脑血管疾病防治学科，设备投入增长40%，设备使用率100%。实验室环境及仪器设备等均符合实验室认可和实验室资质认定（计量认证）要求实验室设施条件，满足科研和教学的需要。

6月1名博士研究生经过论文答辩顺利毕业，4名本科生完成毕业实习。现有2名博士研究生、2名硕士研究生进行科研课题研究。全年共组织内部学习12次，完成继续医学教育任务。对外技术服务9个样品，14项检测工作。

附

2012年省疾控中心获奖成果情况

序号	年度	项目名称	完成人	奖项
1	2012	内毒素性肺损伤的防治及其相关机制研究（1999~2012）	张建新、李立萍、王平、张勤增、解丽君、金普乐、尚涛、郝娜、李国风、李兰芳	河北医学科技一等奖
2	2012	河北省不同高危人群HIV-1感染者分子流行病学研究（2009~2011）	赵翠英、李巧敏、赵宏儒、路新利、白广义、李保军、张玉琪、苗香芬、李岩、王莹莹	河北医学科技一等奖
3	2012	河北省城乡居民健康及体检状况调查（2002~2009）	程蔼隽、薛玉凤、赵博雅、蒋东升	河北医学科技二等奖
4	2012	强化期单日服药治疗初治涂阳肺结核的实施性研究（2009~2012）	樊利红、张建立、李国刚、李俊娟、王丽芳	河北医学科技二等奖
5	2012	疾控系统消毒产品消毒效果鉴定质量控制的研究（2012）	刘继敏、李绍连、韩艳淑、崔玉杰、李力、黄卫华	河北医学科技二等奖

2013年省疾控中心立项课题

序号	课题名称	负责人	课题来源（课题编号）	获批经费（万元）
1	河北省二级以上医院生物安全柜检测与质控相关技术研究	崔泽	省科技厅 132777104D	5

续表

序号	课题名称	负责人	课题来源（课题编号）	获批经费（万元）
2	河北省疾病预防控制机构资源调查研究	崔 泽	省卫生厅 20130087	0.5
3	肾综合征出血热荧光抗体病毒中和试验技术研究	李琦	省科技厅 13277719D	3
4	河北省急性上呼吸道感染病毒病原学构成研究	齐顺祥	省科技厅 13277727D	2
5	河北省 HIV 感染者和艾滋病人结核病发病情况研究	曹继平	省卫生厅 20130088	0.5
6	河北省输入性疟疾病例病原学及分子生物学研究	甄素娟	省卫生厅 20130090	0.5
7	河北省不同 HIV－1 亚型间耐药基因突变差异研究	赵宏儒	省科技厅 13277716D	2
8	河北省性病疫情相关因素调查与分析	苗香芬	省卫生厅 20130091	0.5
9	硫化氢对心肌缺血损伤的影响及其作用机制研究	张建新	省科技厅平台处 13967602D	15
10	脑室注射利钠肽对脑内肾素—血管紧张素系统的影响	苗志惠	省卫生厅 20130092	0.5
11	空间抽样技术在职业病估算中的应用研究	李建国	省卫生厅 20130086	0.5
12	河北省重点职业病防治技术研究	李建国	省科技厅（合作） 13277709D	17.65
13	河北省尘肺流行规律与防治对策研究	赵春香	省卫生厅 20130089	0.5
14	乙肝病毒母婴传播疫苗免疫失败相关研究	卢安	省人事厅留学人员资助项目	3
15	河北省罕见疾病流行病学调查	崔泽	“十二五”国家科技支撑计划（协作） （SQ2011SF12C03081）	5

续表

序号	课题名称	负责人	课题来源（课题编号）	获批经费（万元）
16	治疗类风湿关节炎药物非T细胞结合肽的临床前研究	张建新	河北省重大医学科研资助项目2013067788	30
17	手足口病流行的影响因素与干预措施研究	李琦	河北省重大医学科研资助项目2013067787	20
18	河北省重点城市空气（雾霾）污染特征分析及人群健康影响研究	崔泽	河北省重大医学科研资助项目2013067789	30
19	食品中“超级”耐药细菌的监测及对策研究	申志新	河北省重大医学科研资助项目2013067786	10

2013年省疾控中心公开发表论文统计

序号	论文题目	刊物名称	卷、期号	核心期刊	第一作者	通讯作者
1	2011年河北省疑似预防接种异常反应监测分析	河北医药	2013.35（23）	K	孙丽	
2	实时荧光定量逆转录—聚合酶链反应脊灰型内鉴定新方法在脊灰实验室的应用	实用预防医学	2013.20（11）	K	陈玫	
3	2008～2011年河北省脊髓灰质炎疫苗接种相关病例流行病学分析	预防医学情报杂志	2013.29（12）	K	张振国	
4	2006～2011年河北省脊髓灰质炎实验室细胞敏感性监测结果分析	预防医学情报杂志	2013.29（7）	K	陈玫	张振国
5	河北省2010年健康人群的脊髓灰质炎抗体水平分析	现代预防医学	2013.40（1）	K	张俊棉	张振国
6	2009～2011年河北省脊髓灰质炎疫苗病毒核苷酸变异情况分析	预防医学情报杂志	2013.29（7）	K	张俊棉	李琦
7	肺炎链球菌致脑炎/脑膜炎病例的流行病学分析	实用预防医学	2013.20（8）	K	李静	李琦
8	2006～2010年河北省儿童格林—巴利综合征流行病学特征分析	预防医学情报杂志	2013.29（11）	K	李静	李琦

续表

序号	论文题目	刊物名称	卷、期号	核心期刊	第一作者	通讯作者
9	河北省肾综合征出血热主要流行区鼠携带汉坦病毒基因序列分析	中国病毒病杂志	2013.3（6）	K	魏亚梅	李琦
10	河北省2011年肾综合征出血热监测分析	中国媒介生物学及控制杂志	2013.24（3）	C	韩占英	李琦
11	河北省2010～2012年婴幼儿轮状病毒流行特征分析	中国热带医学	2013.13（10）	C	刘莹莹	李琦
12	2011年河北省肾综合征出血热国家级监测点宿主动物监测分析	中国卫生检验杂志	2013.23（15）	K	韩旭	李琦
13	褐家鼠携带汉坦病毒特性与其遗传因素关系的分析	中国媒介生物学及控制杂志	2013.24（6）	C	韩旭	李琦
14	Epidemiology of Hepatitis C Virus Infection and Risk Factor Analysis in the Hebei Province, China	PLOS ONE	2013.8（9）	SCI	赵玉良	李琦
15	Assessment of immunogenicity and safety following primary and booster immunisation with a CRM197 - conjugated Haemophilus influenzae type b vaccine in healthy Chinese infants	THE INTERNATIONAL JOURNAL OF CLINICAL PRACTICE	2013.67（10）	SCI	李军	赵玉良
16	b型流行性感冒嗜血杆菌结合疫苗（磷酸多核糖基核糖醇—白喉毒素突变体197）的安全性和免疫原性研究	中国疫苗和免疫	2013.19（2）	K	赵玉良	
17	b型流行性感冒嗜血杆菌结合疫苗（磷酸多核糖基核糖醇—白喉毒素突变体197）在13～59月龄儿童中的安全性和免疫原性研究	中国疫苗和免疫	2013.19（2）	K	陈玉国	赵玉良
18	2008～2011年河北省手足口病流行特征分析	预防医学情报杂志	2013.29（2）	K	于秋丽	

续表

序号	论文题目	刊物名称	卷、期号	核心期刊	第一作者	通讯作者
19	Drinking water contributes to excessive iodine intake among children in Hebei, China	European Journal of Clinical Nutrition	2013. 67（9）	SCI	吕胜敏	
20	Goitre prevalence and epidemiological features in children living in areas with mildly excessive iodine in drinking-water	British Journal of Nutrition	2013.	SCI	吕胜敏	
21	2011 年河北省碘缺乏并监测结果分析	中华地方病学杂志	2013. 32（3）	K	吕胜敏	
22	2010 年河北省饮水型地方性氟中毒监测结果分析	中华地方病学杂志	2013. 32（6）	K	贾丽辉	
23	含溴消毒剂的研究与应用	中国消毒学杂志	2013. 30（9）	K	陈素良	
24	2006 ~ 2011 年河北省城乡伤害监测点老年伤害监测结果分析	中国健康教育	2013. 29（7）	K	栗华	
25	河北省 2006 ~ 2012 年儿童伤害病例分布特征分析	中国热带医学	2013. 13（10）	C	栗华	
26	河北省安新县农村居民脑卒中患病率及经济负担	河北医药	2013. 35（1）	K	孙纪新	张建新
27	农村心血管病高危个体检出率及影响因素分析	中国卫生政策研究	2013. 6（10）	E	刘庭明	张建新
28	不同采收时期连翘叶中总黄酮及芦丁的含量测定	河北中医	2013. 35（6）	K	姜红	张勤增
29	河北省布鲁菌流行菌株生物学特征分析	现代预防医学	2013. 40（17）	K	钱振宇	刘晓丽
30	河北省 C 群流行性脑脊髓膜炎监测分析	中国疫苗和免疫	2013. 19（5）	K	马洪生	孙印旗

续表

序号	论文题目	刊物名称	卷、期号	核心期刊	第一作者	通讯作者
31	一起学校流行性脑脊髓膜炎暴发疫情的病原学鉴定及其 MLST 分型分析	中国病原生物学杂志	2013. 8（12）	E	贾肇一	孙印旗
32	河北省首例 B 群流脑死亡病例病原学分析	中国病原生物学杂志	2013. 8（11）	E	贾肇一	孙印旗
33	一起宋内志贺菌暴发的病原学鉴定及其药敏和毒力基因检测结果分析	中国卫生检验杂志	2013. 23（15）	K	贾肇一	孙印旗
34	河北省脑膜炎奈瑟菌体外抗菌药物敏感性检测	医学动物防制	2013. 29（6）	K	王颖童	孙印旗
35	河北省首例 W135 群脑膜炎奈瑟菌感染病例调查	中国热带医学	2013. 13（12）	C	王颖童	孙印旗
36	细菌分离培养与实时荧光定量—聚合酶链反应用于健康人群脑膜炎奈瑟菌携带率研究	疾病监测	2013. 28（6）	K	王颖童	邵祝军
37	小米糠膳食纤维对糖尿病小鼠血糖及糖耐量的影响	中国热带医学	2013. 13（9）	C	李兴琴	
38	茶树菇水煎液对糖尿病肾病小鼠的抗氧化作用	中国卫生检验杂志	2013. 23（4）	K	张俊刚	
39	茶树菇水煎液对环磷酰胺诱发小鼠基因突变的保护作用	职业与健康	2013. 29（8）	K	张俊刚	
40	2011 年北戴河暑期食品安全风险监测结果分析	中国卫生检验杂志	2013. 23（4）	K	师贵文	梁勇
41	食品化学污染物风险监测质量控制关键点探讨	预防医学情报杂志	2013. 29（12）	K	李力	
42	河北省疾控机构食品检验人力资源现状调查与分析	预防医学情报杂志	2013. 29（4）	K	李力	
43	河北省疾病预防控制机构食品安全技术支撑能力现状与分析	河北医药	2013. 35（7）	K	李绍连	

续表

序号	论文题目	刊物名称	卷、期号	核心期刊	第一作者	通讯作者
44	箱包加工的职业病危害及呼吸防护用品的选用	职业与健康	2013. 29（23）	K	何洁	李建国
45	中国小型箱包加工企业职业病危害及控制对策	环境与职业医学	2013. 30（3）	K	何洁	
46	石家庄市流动人口肺结核病人实施家庭督导员或志愿者管理效果分析	医学动物防制	2013. 29（1）	K	李俊娟	
47	家庭志愿者督导下的流动人口肺结核患者遵医行调查	医学动物防制	2013. 29（12）	K	李俊娟	
48	母源性免疫传递在增强乙肝疫苗免疫应答水平中的作用	临床和实验医学杂志	2013. 12（6）	K	白兴武	卢安
49	乙肝疫苗联合乙肝免疫球蛋白阻断HBV母婴传播的相关观察	河北医药	2013. 35（9）	K	陈志英	卢安
50	河北省“12320”公共卫生公益电话建设特点及作用探讨	医学动物防制	2013. 29（3）	K	曾娟	
51	扩大12320公共卫生公益电话健康传播效果探讨	现代预防医学	2013. 40（15）	K	曾娟	冯素青
52	临床分离志贺菌中CTX－M－9型超广谱β－内酰胺酶基因分析	中国卫生检验杂志	2013. 23（3）	K	苗元	苗智慧
53	Determination of 2－Keto－L－gulonic Acid in Fermented Broth by Flow Injection Chemiluminescence Using Potassium Permanganate－Rhodamine B System	ASIAN JOURNAL OF CHEMISTRY	2013. 25（18）	SCI	路新利	赵宏儒
54	艾滋病患者抗艾滋病毒治疗免疫学和病毒学失败情况分析	中国热带医学	2013. 13（10）	C	路新利	赵宏儒
55	应用病毒载量和CD4淋巴细胞数分析抗HIV疗效	河北医药	2013. 35（1）	K	路新利	赵宏儒

续表

序号	论文题目	刊物名称	卷、期号	核心期刊	第一作者	通讯作者
56	河北省113例退出及中断美沙酮治疗原因分析	中国药物依赖性杂志	2013.22（5）	E	路新利	陈素良
57	抗HIV治疗失败后HIV-1耐药基因的变异	中国感染控制杂志	2013.12（4）	K	赵宏儒	路新利
58	60例HIV/AIDS患者体内HIV-1耐药基因变异特征分析	中国药物依赖性杂志	2013.22（2）	E	路新利	路新利
59	经输血感染的HIV/AIDS患者HIV-1耐药基因突变研究	解放军医学杂志	2013.38（3）	C	路新利	
60	HIV抗体诊断试剂的临床质量评估	中国艾滋病性病	2013.19（3）	K	路新利	
61	流动注射化学发光法测定发酵液中2-酮基-L-古龙酸	光谱实验室	2013.30（4）	0	路新利	

注：SCI为科学引文索引；C为CSCD来源期刊；E为CSCD扩展期刊；K为中国科技核心期刊；0为未被收录到中国科技核心期刊。

2013年度论文总数：61篇。其中SCI：5篇 C：5篇；E：5篇；K：45篇；0：1篇；

2013年省疾控中心继续医学教育执行情况

序号	项目名称	项目编号	学分	项目负责人	举办时间	举办地点	培训人数
1	河北省食源性疾病监测技术培训班	J2013-12-023	4	朱小波	2013年3~4月	石家庄	80
2	河北省食品安全事故流行病学调查技术培训班	J2013-12-024	8	朱小波	2013年5~6月	石家庄	120
3	河北省学校卫生知识培训班	J2013-12-025	6	李素琴	2013.7.23~26	石家庄	120
4	牛奶中硫氰酸钠监测技术培训班	J2013-12-026	6	常凤启	2013年4月	邯郸	40
5	食品中化学污染物和有害因素监测技术培训班	J2013-12-027	6	常凤启	2013.3.25~29	石家庄	180

续表

序号	项目名称	项目编号	学分	项目负责人	举办时间	举办地点	培训人数
6	河北省性病规范诊疗及疫情管理培训班	J2013－12－028	8	赵宏儒	2013.6.5～8	石家庄	110
7	全省重点地方病监测业务骨干高级培训班	J2013－12－029	7	马景	2013.5.29～30	石家庄	74
8	2013年全省地方病检验岗位技术培训班	J2013－12－030	6	马景	2013.9.24～26	石家庄	400
9	新版霍乱监测方案和防治手册师资培训班	J2013－12－031	3	孙印旗	2013.11.5～6	石家庄	72
10	疾控机构实验室质量管理与安全培训班	J2013－12－032	6	李建国	2013.11.4～8	石家庄	190
11	河北省食品微生物及其致病因子监测技术培训班	J2013－12－078	6	申志新	2013.4.13～16	石家庄	184
12	河北省性病艾滋病实验室检测技术及质量管理培训班	J2013－12－080	8	赵翠英	2013.5.27～30	石家庄	150
13	公共卫生与健康新理念、新思维培训班	J2013－12－077	4	李琦	2013.3.4～6	石家庄	300
14	麻疹疫情处置技术培训班	J2013－D07－001	5	张振国	2013.7.1～4	石家庄	100
15	河北省病媒生物监测培训班	J2013－D07－002	5	黄钢	2013.10.23～25	石家庄	80

2013年省疾控中心参加学术会议情况

序号	学术会议名称	参加人员	会议时间	培训地点
1	中国现场流行病学培训项目控烟和提高慢性病防控方案撰写能力研讨会	曹亚景	2013.7.4～5	北京
2	《中国消毒学杂志》第七届编委会暨全国消毒论文写作与新进展学术交流会	韩艳淑	2013.7.16～18	宁夏回族自治区银川市贺兰县

续表

序号	学术会议名称	参加人员	会议时间	培训地点
3	2013第十一届中国北方实验动物科技年会	张勤增	2013.9.10～12	石家庄
4	2013第十一届中国北方实验动物科技年会	姜红	2013.9.10～12	石家庄
5	2013第十一届中国北方实验动物科技年会	谢丽君	2013.9.10～12	石家庄
6	2013第十一届中国北方实验动物科技年会	李国风	2013.9.10～12	石家庄
7	2013第十一届中国北方实验动物科技年会	李丽萍	2013.9.10～12	石家庄
8	2013第十一届中国北方实验动物科技年会	郝娜	2013.9.10～12	石家庄
9	2013年度环境卫生质量控制工作会议	张淑红	2013.12.4～5	北京
10	2013年国家食品安全风险监测工作研讨会	申志新	2013.4.9～10	重庆
11	2013年疾控疾控系统媒体沟通评估工作研讨会	程霭隽	2013.11.15～16	北京
12	2013年全国流脑、百日咳等疫苗可预防细菌性疾病监测工作研讨会	马洪生	2013.5.14～17	湖南长沙
13	2014年国家食品安全风险监测工作手册研讨会	关文英	2013.11.25～26	北京
14	第16届全国控制吸烟暨第6届青少年控烟经验学术交流会	郭晓亮	2013.12.12～14	厦门
15	第21届国际健康促进与健康教育联盟世界健康促进大会	赵春香	2013.8.24～30	泰国
16	第六届华北长城心血管病暨河北省心血管病学术年会	张建新	2013.11.18～20	石家庄
17	第六届晋冀鲁豫地区流行病学学术会议	张振国	2013.7.1～2	北戴河
18	第六届全国健康教育与健康促进大会	郭晓亮	2013.9.16～18	贵阳
19	第三届中华护理学会科技奖颁奖大会暨第三届护理学术年会	王颖	2013.12.11～14	北京
20	第十一届中国北方实验动物科技年会	徐颖	2013.9.10～12	石家庄
21	第十一届中国北方实验动物科技年会	李兴琴	2013.9.10～12	石家庄
22	第十一届中国北方实验动物科技年会	呼亚伟	2013.9.10～12	石家庄
23	第十一届中国北方实验动物科技年会	洪丽华	2013.9.10～12	石家庄

续表

序号	学术会议名称	参加人员	会议时间	培训地点
24	第十一届中国北方实验动物科技年会	左派欣	2013. 9. 10 ~ 12	石家庄
25	第十一届中国北方实验动物科技年会	杨卫超	2013. 9. 10 ~ 12	石家庄
26	第十一届中国北方实验动物科技年会	郭金铭	2013. 9. 10 ~ 12	石家庄
27	第十一届中国北方实验动物科技年会	张俊刚	2013. 9. 10 ~ 12	石家庄
28	放射性疾病诊断学组第一次会议暨放射性白内障研讨会	杨苍珍	2013. 7. 15 ~ 18	牡丹江
29	弧菌和沙门菌耐药监测网建立研讨会	贾肇一	2013. 12. 19 ~ 20	北京
30	基层慢性病管理项目总结会暨继续医学教育培训会	孙纪新	2013. 6. 27 ~ 28	北京
31	晋冀鲁豫地方病协作组第二十次会议	吕胜敏	2013. 8. 13 ~ 16	河南安阳
32	晋冀鲁豫地方病协作组第二十次会议	杜永贵	2013. 8. 13 ~ 16	河南安阳
33	晋冀鲁豫地方病协作组第二十次会议	马东瑞	2013. 8. 13 ~ 16	河南安阳
34	庆祝 2013 年“5 · 12 国际护士节”暨中华护理学会工作会议	王颖	2013. 5. 7 ~ 9	北京
35	全国病原微生物实验室管理研讨班	黄卫华	2013. 8. 19 ~ 22	哈尔滨
36	全国医院感染控制与消毒管理学术交流会议暨中华预防医学会消毒分会消毒药械与新技术学组成立大会	韩艳淑	2013. 9. 25 ~ 27	辽宁大连
37	全国医院消毒与感染控制培训班暨中华预防医学会消毒分会医院消毒与感控学组、传染病消毒与预防性消毒学组成立大会	孙印旗	2013. 12. 25 ~ 27	广东深圳
38	全国医院消毒与感染控制培训班暨中华预防医学会消毒分会医院消毒与感控学组、传染病消毒与预防性消毒学组成立大会	崔玉杰	2013. 12. 25 ~ 27	广东深圳
39	实验室质量管理工作研讨会	李力	2013. 12. 10 ~ 13	海南琼海
40	实验室质量管理工作研讨会	师贵文	2013. 12. 10 ~ 13	海南琼海

续表

序号	学术会议名称	参加人员	会议时间	培训地点
41	食源性致病菌监测实验室质量控制考核工作会议	申志新	2013. 4. 23 ~ 24	北京
42	食源性致病菌监测实验室质量控制考核工作会议	关文英	2013. 4. 23 ~ 24	北京
43	首届岐黄论坛	武智	2013. 6. 29 ~ 30	北京
44	消毒产品管理与应用技术论坛	孙克勤	2013. 10. 22 ~ 23	北京
45	中国农村地区糖尿病防控论坛	孙纪新	2013. 11. 15	北京
46	中国农村地区糖尿病防控论坛	曹亚景	2013. 11. 15	北京
47	中国营养学会年	朱小波	2013. 5	杭州
48	中国营养学会年	刘长青	2013. 5	杭州
49	中华护理学会内科护理学术交流会议	王颖	2013. 9. 12 ~ 15	青海西宁
50	中华医学会第十五届全国心血管病学术会议	张建新	2013. 6. 15 ~ 18	北京
51	中华预防医学会第四届学术年会	韩艳淑	2013. 12. 7 ~ 8	北京
52	中华预防医学会第四届学术年会	路新利	2013. 12. 7 ~ 8	北京
53	中华预防医学会第四届学术年会	李岩	2013. 12. 7 ~ 8	北京
54	中华预防医学会第四届学术年会	赵宏儒	2013. 12. 7 ~ 8	北京
55	中华预防医学会第四届学术年会	朱小波	2013. 12. 7 ~ 8	北京
56	中华预防医学会第四届学术年会	赵智慧	2013. 11. 6 ~ 8	北京
57	中华预防医学会第四届学术年会	刘洪斌	2013. 11. 6 ~ 8	北京
58	中华预防医学会第四届学术年会	刘京生	2013. 11. 6 ~ 8	北京
59	中华预防医学会第四届学术年会	李岩	2013. 11. 6 ~ 8	北京
60	中华预防医学会第四届学术年会	侯亚娟	2013. 11. 6 ~ 8	北京
61	中华预防医学会第四届学术年会	张海容	2013. 11. 6 ~ 8	北京
62	自然灾害环境卫生应急工作研讨会	高伟	2013. 9. 11 ~ 14	北京

2013 年省疾控中心外出进修情况

序号	姓名	科室	进修科目	进修单位	进修时间	进修期限
1	高淑琴	理化所	涉水产品及饮用水相关检验	中国疾控中心环境与食品健康安全所	2013. 7. 17－2013. 9. 17	2 个月
2	付志斌	理化所	卫生检验	中国疾控中心环境与食品健康安全所	2013. 7. 17－2013. 9. 18	2 个月

2013 年省疾控中心接收进修人员情况

序号	姓名	性别	工作单位	进修科室	进修时间	进修期限
1	董超	男	新疆巴州疾病预防控制中心	微生物检验所	2013. 3. 8－2013. 5. 8	2 个月
2	王继国	男	新疆巴州疾病预防控制中心	理化检验所	2013. 3. 8－2013. 5. 8	2 个月
3	宋晓红	女	新疆巴州疾病预防控制中心	免疫规划所	2013. 6. 8－2013. 9. 7	3 个月
4	杨慧	女	新疆巴州疾病预防控制中心	公卫信息所	2013. 6. 8－2013. 7. 22	1. 5 个月
5	王国芳	女	新疆巴州疾病预防控制中心	质检管理、微生物检验	2013. 9. 16－2013. 11. 9	2 个月
6	陈文隽	女	新疆巴州疾病预防控制中心	微生物检验	2013. 9. 16－2013. 11. 15	2 个月
7	李淑芬	女	保定高碑店疾控中心	病毒所	2013. 4. 16－2013. 6. 13	2 个月
8	范超	女	秦皇岛北戴河区疾控中心	微生物所	2013. 4. 16－2013. 6. 13	2 个月
9	周靖瑞	男	张家口张北县疾控中心	细消所 微生物所	2013. 4. 16－2013. 7. 15 2013. 7. 15－2013. 9. 13	3 个月 2 个月
10	洪倩	女	秦皇岛青龙县疾控中心	理化所	2013. 4. 16－2013. 9. 13	5 个月
11	李佳旭	男	秦皇岛北戴河区疾控中心	理化所	2013. 4. 16－2013. 6. 13	2 个月

续表

序号	姓名	性别	工作单位	进修科室	进修时间	进修期限
12	宋学阳	男	沧州吴桥县疾控中心	理化所	2013.4.16－2013.9.13	5个月
13	张刚	男	唐山迁安市疾控中心	免规所	2013.4.16－2013.8.5	4个月
14	许健	男	廊坊安次区疾控中心	理化所	2013.4.16－2013.9.13	5个月
15	李兰	女	廊坊香河县疾控中心	应急办	2013.4.16－2013.9.13	5个月
16	田巍	男	衡水故城县疾控中心	慢病所	2013.4.16－2013.7.13	3个月
17	李忠辉	男	邢台平乡县疾控中心	性艾所	2013.4.16－2013.7.15	3个月
				免规所	2013.7.16－2013.9.13	2个月
18	吕为刚	男	邯郸永年县疾控中心	免规所	2013.4.16－2013.7.15	3个月
				地病所	2013.7.15－2013.8.3	1个月
				性艾所	2013.8.3－2013.9.13	1个月
19	胡鹤潼	女	秦皇岛北戴河区疾控中心	性艾所	2013.4.16－2013.6.13	2个月
20	耿磊	女	辛集市疾控中心	微生物所	2013.6.13－2013.9.13	3个月
21	简丽华	女	保定高碑店疾控中心	理化所	2013.6.13－2013.9.13	3个月
22	郭杏禹	女	保定高碑店疾控中心	结核所	2013.6.13－2013.9.13	3个月
23	王伟	男	保定定州市疾控中心	微生物所	2013.6.17－2013.9.13	3个月
24	郝士卿	男	辛集市疾控中心	理化所	2013.8.4－2013.9.13	1个月
25	郝苗	男	定州市疾控中心	免规所	2013.8.4－2013.9.13	1个月
26	程琪	女	保定高碑店疾控中心	理化所	2013.10.8－2014.1.29	4个月
27	许智慧	男	秦皇岛青龙县疾控中心	地方病所	2013.10.8－2014.1.29	4个月
28	冯志科	男	张家口张北县疾控中心	结核所	2013.10.8－2014.1.29	4个月
29	王艳	女	邯郸武安县疾控中心	微生物所	2013.10.8－2014.1.29	4个月
30	卢田粉	女	秦皇岛北戴河区疾控中心	理化所	2013.10.8－2014.1.29	4个月
31	李佳旭	男	秦皇岛北戴河区疾控中心	理化所	2013.10.8－2014.1.29	4个月
32	刘长峰	男	廊坊香河县疾控中心	免规所	2013.10.8－2013.10.31	1个月

续表

序号	姓名	性别	工作单位	进修科室	进修时间	进修期限
33	赵建敏	女	廊坊香河县疾控中心	结核所	2013.10.8－2014.1.29	4个月
34	李曼	女	邯郸永年县疾控中心	信息所	2013.10.8－2014.1.29	4个月
35	王艳茹	女	承德兴隆县疾控中心	理化所	2013.10.8－2014.1.29	4个月
36	刘海艳	女	唐山迁安市疾控中心	应急办	2013.10.8－2014.1.29	4个月
37	张皓月	女	沧州吴桥县疾控中心	微生物所	2013.10.8－2014.1.29	4个月
38	郑璐敏	女	定州市疾控中心	健教所	2013.10.15－2013.11.14	1个月
39	冯畅	女	辛集市疾控中心	健教所	2013.10.15－2014.1.29	4个月
40	褚尧竹	女	中国CDC免疫规划中心	免规所	2013.10.15－2014.1.17	4个月
41	俞丹	女	中国CDC营养食品所	食品所	2013.10.18－2014.3.18	4个月
42	陈岬	女	中国CDC营养食品所	理化所	2013.10.18－2014.3.18	4个月
43	石丽丽	女	中国CDC营养食品所	理化所	2013.10.18－2014.3.18	4个月
44	高洁	女	中国CDC营养食品所	食品所	2013.10.18－2014.3.18	4个月

2013年省疾控中心发表著作情况

序号	著作名称	出版社	出版年份、页数	第一作者
1	冠心病合理用药390问	中国医药科技出版社	2013年9月第二版 共173页	武智

2013年省疾控中心外出交流情况

人员	日期	地点	任务
孙纪新	6月17日至9月15日	澳大利亚	赴全球健康乔治研究所学习
夏晓红	6月29日至7月7日	美国	参加第21届国际心脏研究会世界大会
赵春香	8月24日至8月30日	泰国	参加第21届国际健康促进健康教育联盟世界健康促进大会
张联英	1月6日至1月17日	中国澳门	赴世界卫生组织耐多药结合病管理研究训练合作中心学习
李琦	7月9日至7月13日	中国台湾	参加2013年两岸四地免疫预防策略研讨会

2013 年省疾控中心主要来访情况

来访人员	来访日期	来访地	来访事由
发波・艾德蒙德・池达瑞一行 13 人	6 月 17 日	津巴布韦	参观考察

人力资源管理工作综述

【基本业务完成情况】2013 年度，按照管理权限和组织程序，审批增设内设机构 2 个，调整聘用中层干部 15 名，公开招聘工作人员 17 名。办理人员调配、退休、转正定级、岗位聘用、更改工龄、专家延退等手续 84 人次；备案在职学历教育手续 5 人次，接转人事档案 21 卷；办理丧葬优抚及供养手续 10 人次；落实养老、工伤保险政策，完成专家管理、推先荐优、残疾人就业年审、公安系统报备信息采集、职工年度考核奖惩等工作任务。协助省委组织部和卫计委完成第七批援疆干部的选拔及考察工作，推荐副处级干部 1 名，专业技术骨干 2 名。

【资质管理】严格落实“编制实名制”制度，完善“电子编制证”，完成机构资质年检及基础信息更新与统计，办理调整手续 18 人次，提供资质信息服务 150 余份，人员信息服务 500 余份，填报各类人事报表 70 余套，做到了人员信息与统计数据的真实与准确，为科学管理及领导决策提供参考依据和基础保障。

【职称晋升与工考晋级】坚持“按岗申报、公正评价、择优聘用、强化管理”的工作原则，按程序完成专业技术职务晋升工作，推荐高级专业技术人员 4 人，全部通过省高级评委会的评审；完成卫生专业技术和医师考试的资格审查工作，完成现场报名 18 人次，办理执业医师注册手续 4 人次；组织开展了技术工人等级培训考核，推荐申报工人技师 5 人次，完成组卷报档 1 人次。

【工资福利】根据省人力资源和社会保障厅、卫生计生委工作安排，完成绩效核定、岗位调整与聘用、薪级晋升、转正定级、调配套改等工资调整审批及发放，按照省委组织部及人社厅文件精神，落实在职及离、退休人员、专家、援疆干部等人员的福利待遇。协同财务处、监察室等部门，按程序开展“吃空饷”专项治理工作，清理辞退“吃空饷”人员 7 名。

【计划生育综合管理】健全制度，主动服务，按政策及时调整、发放独生子女父母奖金，落实计生职工退休奖励、组织计生体检，办理独生子女和独生子女家庭意外伤害保险，按程序办理一胎生育证和独生子女光荣证，圆满完成年度目标，考核取得优异成绩，为中心精神文明单位创建评比打下良好基础。

附

省疾控中心组织机构及科室设置情况

截止 2013 年 12 月 31 日

1. 党政领导干部

主任、党委副书记：崔　泽

党委书记、副主任：李　琦

副 主 任：李建国

副 主 任：高立志

副 主 任：陈素良

纪委书记：王　岩

2. 处级待遇：张建新　夏晓红　张世联

3. 科室设置及成员：

办公室（14 人）

主　任：蒋东升

副主任：彭世强　申悦霞　孙　帆

科　员：陈彩娟　李　欣　欧　倩　甘承钰
崔红霞　李亚菲　高　珊　赵婷婷
胡其伟　任　苒

项目管理办公室（2 人）

主　任：左贵锋

副主任：段晓东

人事处（4 人）

处　长：阎青梅

副处长：王　喆

科　员：刘　霞　袁　浩

党办室（4 人）

主　任：李文俊

副主任：司永光（兼团委书记）

科　员：鲍　文（工会副主席）曹焱翔

监察室（2 人）

主　任：邸凤莲

科　员：杨　洋

老干部管理处（3 人）

处　长：宗　华（兼妇委会主任）

科　员：武　洁　代增才

财务处（11 人）

处　长：郭鹏云

副处长：陈兴华　刘立清

科　员：沈文丽　曹秀平　王　宏　王　昀
韩　峰　卢冬春　陈　晨　郑舒文

内部审计处（3 人）

处　长：任亚辉

副处长：周　忠

科　员：李素肖

科研培训管理处（3 人）

处　长：卢　安

副处长：张永茂

科　员：安　鸿

后勤服务中心（37 人）

主　任：李志伟

副主任：杨宝庆　李少华

总务科科长：王振华

食堂管理科科长：王利强

科　员：吕运田　尹剑峰　杨　健　王才保
尹彦蓉　姚志华　张爱民　魏铁龙
朱志刚　齐红岩　苏衡生　祝胜芝
冯领群　孙建新　杨英杰　赵跃勇
王　海　荆立峰　刘秦明　贺孟江
王爱辉　邢旭辉　刘伟生　车建良
张金卫　刘海明　刘培英　夏泽鹏
曹竹溪　李仕威　齐士伦　马顺强

保定后勤服务中心（16 人）

主　任：刘树力

副主任：张荣安　王金木

综合科科长：李亚晨

总务科科长：霍双锁

科　员：张金良　狄海莲　徐晓俨　李文丽
王炳炎　邢卫兵　祈耀西　王彦青
朱广秋　陈光正　崔瑞江

安全保卫处（3 人）

处　长：窦勇智（兼武装部部长）

副处长：张富才

科　员：丁鑫洋

质量检验管理处（8 人）

处　长：李绍连

副处长：张北奇　梁　勇

科　员：黄卫华　刘继敏　陈　建　李　力
师贵文

药械供应管理处（9 人）

处　长：秦跃洲

副处长：张国华　孙立新

科　员：达利亚　王武兵　卢振民　李秀峰
张　莉　黄利华

突发公共卫生事件应急办公室（9 人）

主　任：师　鉴

副主任：高　伟　马　昱

科　员：屈素格　林　原　霍　萌　孔令雄　石丹莹　苗润晓

生物制品供应管理所（14人）

所　长：赵保刚（兼安国药材场场厂）

副所长：郝延江　曹秀芬　刘　杰

副场长：侯晓涛

科　员：张立平　葛　巍　李子豫　赵　雷　井建华　崔东路　刘曙光　宫会杰　王　翌

公共卫生信息所（12人）

所　长：高贵军

副所长：邓祖昆　董　辉

科　员：王秀玲　吴力丽　周　然　张　燕　马晓江　张振喜　曾　娟　姚亮亮　王　强

免疫规划管理所（18人）

所　长：张振国

副所长：张富斌　郭　玉

科　员：陈　玫　张俊棉　李　静　刘　岩　王丽娜　郝　玲　赵　娜　崔志强　王晶辉　丛艳丽　杜　慧　孙　丽　胡　奕　王亚菲　李永辉

细菌病防治与消毒所（12人）

所　长：孙印旗

副所长：韩艳淑　刘晓丽

科　员：马洪生　孙克勤　姜　霞　崔玉杰　钱振宇　王颖童　王　茜　贾肇一　何宝花

寄生虫病防治所（6人）

所　长：刘洪斌

副所长：李　军　甄素娟

科　员：陶　薇　王丽娜　冯宁宁

病毒病防治所（19人）

所　长：齐顺祥

副所长：赵玉良（兼）

科　员：刘兰芬　于秋丽　田　茶　韩占英　张艳波　刘艳芳　许永刚　高惠敏　魏亚梅　谢　赟　韩光跃　韩　旭　刘莹莹　李　岩　高　招　赵文娜　王　伟

疫苗临床研究所（4人）

所　长：赵玉良

副所长：马景臣

科　员：吴志伟　靳　飞

性病艾滋病防治所（15人）

所　长：赵宏儒

副所长：赵翠英　白广义

科　员：苗香芬　马琳宁　回延良　路新利　李巧敏　张　新　李　岩　王莹莹　王校丰　王　伟　马　琳　张亚丽

艾滋病高危人群干预工作队（3人）

队　长：张玉琪

副队长：李保军　梁　良

有害生物防治所（7人）

所　长：黄　钢

副所长：王喜明　赵　勇

科　员：韩晓莉　马丽华　朱远生　李红艳

地方病防治所（9人）

所　长：马　景

副所长：吕胜敏　杜永贵

科　员：马东瑞　梁索理　贾丽辉　周朝辉　徐　栋　李　桐

结核病防治所（14人）

所　长：张联英

副所长：陈海峰　张会民

科　员：赵辉生　王　峰　李国刚　方志金　李俊娟　段建斌　徐　华　樊利红　王丽芳　曹运星　史卫卫

慢性非传染性疾病防治所（11人）

所　长：朱俊卿

副所长：张敬一　孙纪新

科　员：栗　华　张新亮　吕建波　李　平　张　帆　唐丽娟　曹亚景　刘玉环

营养与食品安全所（10人）

所　长：朱小波

副所长：宋立江　刘长青

科　员：何玉伏　陈　磊　吕　佳　田美娜　牛　蓓　石永亮　郝海燕

环境卫生监测与评价所（9人）

所　长：刘毅刚

副所长：袁树华　金　红

科　员：王　刚　裴秀坤　张瑞琦　安玉琴　任贝贝　张俊丽

学校卫生防病所（5人）

所　长：李素琴

副所长：韩彩芝　陈志强

科　员：吕淑珍　冯桂华

职业卫生与职业病防治所（15人）

所　长：赵春香

副所长：陈福尊　冀荷香

科　员：何　洁　赵　维　高屹福　刘惠田　李金凤　李增敏　高俊卿　郑　卉　张晓娜　刘利辉　王苏梅　李　莎

放射防护所（11人）

所　长：周开建

副所长：董晓菊　杨苍珍

科　员：程亚梅　杨彦文　张京战　罗文国　赵智慧　殷　强　李小雷　高艳辉

健康教育所（13人）

所　长：程蔼隽

副所长：郭晓亮　王润茂

所长助理：陈春雷

科　员：张海容　侯亚娟　王　坤　冯　毅　于　洁　李星陶　屈　阳　王君懿　辛　薇

药物研究所（6人）

所　长：张勤增

副所长：解丽君　姜　红

科　员：郝　娜　李国风　李立萍

医学研究所（4人）

所　长：苗志惠

副所长：路丽

科　员：王惠娟　牛丽静

卫生毒理所（11人）

所　长：徐　颖

副所长：李兴琴　呼亚伟

科　员：左派欣　杨卫超　郭金铭　洪丽华　张俊刚　贾晓光　秦晓娟　王卫娜

理化检验所（19人）

所　长：常凤启

副所长：秦振顺

所长助理：杨立新

科　员：刘玉欣　宋　力　董　彬　杨娜敬　冯　静　卢振敏　王景涛　路　杨　李　锦　付志斌　燕　阔　刘印平　高淑琴　王丽英　赵晨曦　云　鹏

微生物检验所（9人）

所　长：申志新

副所长：王英豪　关文英

科　员：侯风玲　张淑红　申玉学　韩艳青　史　红　白　雪

学会办公室（4人）

主　任：武　智

科　员：董淑萍　陈志明　王　颖

省疾控中心人员构成情况

截止2013年12月31日

学位结构：

①博士：17人，占3.2%

②硕士：92人，占17.1%

③学士：136人，占25.3%

专业技术职称结构：

①正高级：93人，占22.5%

②副高级：83人，占20.0%

③中级：132人，占32.0%

④初级及以下：105人，占25.4%

技术工人岗位等级结构：

①工人技师：41 人，占 41%

②高级工：41 人，占 41%

③中级工：7 人，占 7%

④初级工及以下：11 人，占 11%

岗位总体分布结构

①管理人员：25 人，占 5%

②专业技术人员：413 人，占 77%

③工勤人员：100 人，占 18%

省疾控中心党委及基层党组织机构情况

中心党委（支部）	姓　名
党委书记	李　琦
党委副书记	崔　泽
党委委员	李建国
党委委员（兼工会主席）	高立志
党委委员	陈素良
党委委员（纪委书记）	王　岩
第一党支部书记	彭世强
第二党支部书记	吕运田
第三党支部书记	卢　安
第四党支部书记	程蔼隽
第五党支部书记	赵辉生
第六党支部书记	王英豪
第七党支部书记	韩艳淑
第八党支部书记	刘树力
第九党支部书记	郝延江
第十党支部书记	郝延江
第十一党支部书记	宗　华
第十二党支部书记	王金木
工会副主席	鲍　文
团委书记	司永光
妇委会主任	宗　华

省疾控中心 2013 年评优评先情况

一、根据厅直单位考核组年度考核和民主测评情况，经厅党组研究，中心领导班子及领导干部考核等次如下：

领导班子考核等次：实绩突出单位

党政领导干部考核优秀等次人员：崔泽

考核等次称职人员为：

李　琦　李建国　高立志　陈素良　王　岩

二、根据中心年度考核和民主测评情况，经中心党委研究，2013 年先进处室和先进工作者名单如下：

先进处室（20 个）：办公室（含项目管理办公室）、人事处、党办室、监察室、科研培训管理处、后勤服务中心、药械供应管理处、突发公共卫生事件应急办公室、免疫规划管理所、细菌病防治与消毒所、寄生虫病防治所、病毒病防治所、性病艾滋病防治所（含艾滋病高危人群干预工作队）、地方病防治所、慢性非传染性疾病防治所、营养与食品安全所、职业卫生与职业病防治所、卫生毒理所、理化检验所、微生物检验所

先进工作者（78 人）

师　鉴　林　原　赵保刚　井建华　吴力丽
张　燕　张富斌　刘　岩　李　静　刘晓丽
姜　霞　贾肇一　刘洪斌　齐顺祥　韩　旭
魏亚梅　韩光跃　白广义　王　伟　马　琳
梁　良　黄　钢　韩晓莉　马　景　马东瑞
陈海峰　徐　华　王　峰　孙纪新　张新亮
朱小波　田美娜　吕淑珍　安玉琴　赵春香
李增敏　张晓娜　周开建　赵智慧　程蔼隽
王君懿　张勤增　郝　娜　牛丽静　徐　颖
左派欣　常凤启　冯　静　路　杨　申志新
张淑红　左贵锋　孙　帆　陈彩娟　阎青梅
刘　霞　李文俊　邸凤莲　杨　洋　宗　华
代增才　郭鹏云　王　宏　郑舒文　任亚辉
安　鸿　王利强　张金卫　刘秦明　齐士伦
尹彦蓉　刘树力　张金良　陈光正　窦勇智
张北奇　李　力　卢振民

省疾控中心离退休及 2013 年离退休、去世人员情况

1. 离休人员

朱俊华　张　岭　赵志文　王国义　齐文彬
马辛未　赵恒军　李性善　苏　克　李　风
胡雪晴　张玉霜　宋文欣　侯英华　齐致宜

何　昆　张玉锁　冯经义　刘宏振　刘墨庄
王玉葵　张家祺　赵志功　张鸿修　李淑贞
屈书成　张　英　王世英　董成芳　陈一新
郝俊凯

2. 退休人员

张福山　周巨艳　孙玉一　任秀荣　李福坤
闫惠玉　王　欣　李郁文　王佩华　吴秀玉
王喜荣　唐冠雄　边庆荣　张淑琴　侯正宗
贾洪义　刘占五　吕广振　杨月英　张志坤
贾国民　牛英达　李怀文　翟淑妙　叶世柏
闫玉霞　黄　任　谢华丽　卫德安　李玉兰
冉龙志　柴　臻　王振庄　周明河　荆振友
李腾霄　钱辅仁　隋爱琴　侯高隆　刘　煜
谷贞石　张德昆　梁占恒　张淑香　李献国
楚金贵　沈　瑛　张秀臣　邢俊娥　郝玉琦
王忠仁　孟宗达　曹永峰　张作儒　郭逸秀
韩会新　杨大邦　吴玉娥　李桂银　李大军
赵国经　张立芳　刘　义　李　瑛　赵荣伟
吴素敏　张晓晔　秦淑贞　赵秀清　米　凤
赵文会　王跃进　张兰成　贺振杰　单丽娟
朱熹辉　吴素云　马淑霞　吴雅丽　樊俊茹
徐维玲　查永平　苗鸿飞　张兆祥　刘润启
尚建英　李月平　谷炳昕　李惠英　张玉林
祝玉辉　高淑梅　刘玉玲　张桂林　胡　介
王辉岩　达富科　李俊卿　苏学义　周月格
王勤兴　马忠魁　蔡　广　王国章　王兰芬
李焕辰　赵淑贤　张瑞辰　贾秉义　杨桂芬
袁湘芷　王景贤　赵忠宝　李银柱　闵宝珍
吴淑敏　王辅才　任秀卉　刘建功　石纪才
程玉新　李　红　庞　雷　吴树勋　靳怀真
郭忠莹　刘淑荣　李景玉　符云峰　于占久
张乃哲　赵瑞珊　管中善　可　玲　屈庆辉
杨世明　周学璋　冯润金　郭春和　王　淳
冯国忠　苏索科　张芝来　赵仁久　陈　榕
苏文荣　梁中进　李书振　高　素　吴银海
张自治　陈广均　安秀琳　张秀芳　张志蕴
张振明　石秀凤　王景占　穆金玲　余素清
程　溆　刘秋芝　王月年　高秀萍　景东文
刘淑娴　肖振彬　冯燕阳　孙爱励　李　惠
封明涛　安庆吉　王兰花　刘赤平　郭文儒
张富明　王书义　乔淑田　吕日新　乔大卫
孙志华　陆卫红　赵彩莲　曹玄林　王兆军
王二坤　高顺美　卢民兴　李风鸣　冯金花
王英玺　张军凌　韩志生　周俊婷　李振巧
苏建功　张志珍　刘　颖　王连知　杨树强
张义尧　魏玉柱　孙红然　李瑞科　王建生
梁花云　刘宝楠　张　魁　夏　欣　魏彩英
赵　娟　董秀聘　许贵新　张　杰　王艳萍
温春生　王会娟　薛淑平　李增华　葛　娟
吴待英　李丽华　李　华　魏铁惠　王占义
杨卫国　张宏伟　马宝新　曹继平　刘玉梅
王英华　王顺启　刘新广　杨惠敏　张中朝
王　燕　姚光俊　陈淑芬　田月敏　霍兰珍
李兰芳　付琳杰　薛玉凤　赵冬霞　张志贞
赵　君　霍彦芳　朱新建　戴明启　王国兴
张硕立　刘京生　种振水　徐纫秋　薛新华
董　力

3. 2013 年度退休人员（19 人）

薛玉凤　赵冬霞　张志贞　赵　君　霍彦芳
苗鸿飞　刘润启　张兆祥　戴明启　朱新建
王国兴　张硕立　刘京生　种振水　徐纫秋
尚建英　薛新华　李月平　董　力

4. 2013 年度去世人员（2 人）

强　环　张玉恒

疾病预防控制绩效考核工作综述

【全省疾病预防控制工作绩效考核】按照原卫生部2013年1月7日和2月27日先后下发的《关于印发疾病预防控制工作绩效评估标准（2012年版）的通知》《关于2013年疾病预防控制绩效考核工作安排的通知》，中心协助省卫生计生委在石家庄举办了近300人参加的省、市、县三级绩效考核技术骨干培训班，重点就2012年版绩效评估标准内容和方法，区域和机构指标、资料收集、数据填报和审核方法及考核结果评价等进行培训。积极与省精神卫生中心、省鼠疫防治所、省肿瘤研究所等单位沟通，完成了省级区域2011年、2012年两个年度相关绩效考核数据的收集、整理、审核、系统录入、递交等工作。积极组织并督促中心各相关科室上报2011、2012年两个年度绩效考核数据，及时做好数据整理、审核、系统录入、递交、指标值计算等工作。制发文件，安排部署全省市县级疾控机构做好2011年、2012年两个年度绩效考核数据收集、整理和系统录入、递交、指标值计算工作，随着工作开展，通过电话、QQ等方式督促各市做好市本级和辖区绩效考核工作，同时做好市县级咨询和技术指导。不定期向省卫生计生委反馈全省370个市县级区域和机构填报单位绩效考核工作填报、递交进度，推进全省绩效考核工作稳步开展。

疾控信息与新闻宣传工作综述

【省级疾控信息与新闻宣传工作】及时宣传、报道中心和全省疾病预防控制工作动态以及各专业所取得的成功经验、典型做法，使公众了解相关防病信息，营造良好的舆论氛围，促进全省疾病预防控制事业健康良性发展，达到服务社会、服务卫生工作、服务领导决策的目的。结合工作实际，修订下发了《河北省疾病预防控制中心信息宣传考评管理办法（2013年修订版）》，每半年对中心各处室信息采纳、新闻宣传报道情况进行通报，并给予奖励。全年累计向《健康报》投稿6篇；在河北日报—健康周刊刊登稿件60余篇；向省卫生计生委办公室上报信息187篇，被《河北卫生计生信息》刊用30篇；向《河北卫生计生》杂志投稿50篇；向公共卫生信息所提供信息407篇；每月月底及时向省卫生计生委办公室报送新闻宣传报道统计表，全年共上报686条。组织编印《河北疾控》报20期、《河北疾病预防控制信息》8期。

中心新闻宣传工作不断适应公开、透明、信息化的新形势、新要求，以牢固树立“大局意识、责任意识、阵地意识、创新意识、规范意识和保障意识”为基本策略，与各类媒体进一步加强联系，密切合作，完善长效机制，创新宣传方式，丰富宣传途径，加大宣传力度。以河北省文化、科技、卫生“三下乡”、全国儿童预防接种宣传日等各种主题卫生宣传日为契机，采取现场宣传、专家访谈等形式开展大众传播及大型健康教育宣传21次；围绕季节性疾病发病特点、公众关注的热点和焦点公共卫生问题，召开媒体沟通会10次；国家卫生计生委首次通报确诊人感染H7N9病例后，及时召开H7N9专题媒体沟通会2次，接受专访30余次。就雾霾天气如何预防呼吸道传染病、流感与禽流感防控等主题完成媒体采访 150 余次。制作并发放有效传播宣传材料 20 余万份。

【市级疾控信息与新闻宣传工作】按照“及时、准确、全面、实效”的原则，省疾控中心不断加强全省疾控系统新闻宣传和疾控信息报送工作管理力度，每半年对信息报送、采纳情况进行通报。各市积极围绕本单位、本辖区的业务工作动态，采集、编写、提供疾控信息，及时反映工作进展、总结工作经验、展示工作成效。2013 年，省疾控中心共收到各市疾控机构投稿 1418 篇，其中《河北疾控网》采用 1418 篇，《河北疾病预防控制信息》采用 125 篇、《河北疾控》报采用 135 篇。

各单位加大在报纸、广播、电视等媒体刊登播出频次，从省疾控中心收到的 6 个单位上报的新闻媒体宣传情况看，国家级媒体刊登 26 篇，省级媒体刊登 211 篇，市级媒体刊登 425 篇，网络媒体刊登 149 篇次。各类网站疾控信息的刊载量和点击率大幅攀升，达到了宣传疾控工作、服务大众、服务社会的效果，也为各级领导及时了解我省疾控系统的工作提供了帮助。

实验室质量控制与管理工作综述

【概述】中心实验室质量控制和管理工作由质量检验管理处负责，质量检验管理处在岗职工 7 人，包括高级职称 4 人、中级职称 2 人。通过健全质量管理体系、改善仪器装备、强化人员培训、规范操作程序、提高检测能力，达到了质量控制的预期目标，为政府和广大社会客户提供了优质高效的技术服务。截至年底，共获得国家和省认证认可的技术服务资质 17 项，有资质的检测项目达到 737 项。

【三合一评审】整合中心检测检验资源，对实验室检测能力全面核查，依据国家认监委、国家卫生计生委和省委、省卫生计生委要求，依据《检测和校准实验室能力认可准则》《检测和校准实验室能力认可准则在微生物检测领域的应用说明》《检测和校准实验室能力认可准则在化学检测领域的应用说明》《实验室资质认定评审准则》《食品检验机构资质认定评审准则》，完成了国家评审组对中心管理体系和检验能力定期监督＋扩项现场评审工作，其中食品检验机构资质认定的扩项评审工作无不符合项，顺利通过。截至年底，中心具有国家实验室认可的检测能力 17 大类 737 项，比 2012 年提高 6%；获得实验室资质认定的检验项目 14 类 490 项、获得食品检验资质认定的检验项目 4 类 238 项，比 2012 年提高 14%；继续确认维持 20 名授权签字人的资格，获得了 CNAS、CMA 和 CMAF 资格的重新确认和延续。

【获得国家保健食品注册检验机构资格】在申报材料顺利过关的基础上，组织理化检验所、微生物检验所和卫生毒理所积极准备、认真应对，通过了国家保健食品注册检验机构遴选现场核查，在规定的时间内完成了各项整改报告，持续改进各项工作，顺利通过技术专家复审，获得国家保健食品注册检验机构资格。

【持续改进管理体系文件】依据《实验室认可准则》《实验室资质认定评审准则》《食品检验机构资质认定评审准则》《食品检验工作规范》等认证认可及其配套文件要求，分析汇总管理体系文件执行中出现的问题，从体系、人员、设备、环境、职能、权限等方面对管理体系文件进行了修订。

中心现行有效的 E 版管理体系文件对所有与实验室管理和检测相关的内容及其操作细节进行了阐述。《管理手册》覆盖《实验室认可准则》全部 25

个要素，其中管理要素15个、技术要素10个，并对《实验室资质认定评审准则》19条特殊要求、《食品检验机构资质认定评审准则》22条37款的特殊要求及《食品检验工作规范》《安全生产检测检验机构能力的通用要求》的有关规定以附则形式进行了详细说明，是中心的纲领性文件；《程序文件》56个，对各项管理和技术要素的执行流程进行了详细规定，增加了《食品检验机构资质认定评审准则》《食品检验工作规范》要求的程序5个，包括食品安全事故应急检验工作程序、食品检验责任追究制度、食品监督抽检工作制度、食品安全风险监测工作程序、实验室检验回避制度等；《作业指导书》（含作业书）1075个，其中部门通用《作业指导书》21个，规定了《程序文件》没有明确的工作细节；部门专用《作业书》1054个，对仪器设备操作规程、检测方法及其流程和部门内部管理规范进行了说明和规定；《格式文件》1035个，使各项记录得到了相对统一和信息量保障，运行过程中按照《文件管理程序》予以随时修订和控制；强化组织管理，全面实施“垂直指挥、层级负责、逐级汇报、越级申诉”的管理原则，保证管理体系的有效运行。

【制定和实施2013年度食品安全风险监测质量控制方案】在国家未出台总体质控计划的前提下，结合我省实际工作，制定和实施2013年度食品安全风险监测质量控制方案，组织完成全省食品安全风险监测质量控制工作的具体实施和评价，初步建立健全省市县三级食品安全风险监测质控体系，形成了省级统一管理和指导、市级组织管理和实施、县级执行的三级网络，覆盖食品安全风险监测的采样、检测和数据报告的全过程。

【食品安全风险监测实验室开放日】6月21日，中心组织举办食品安全风险监测实验室开放日活动，摆放食品安全宣传展板、进行知识讲座，邀请记者参观中心食品安全风险监测实验室，随行专家向参观人员介绍食品安全风险监测实验室日常工作情况，并详细介绍了瘦肉精、塑化剂等广受关注的有害物质检验过程。来自河北日报、燕赵都市报、河北电视台、中国经济网河北频道等20多名媒体记者参加了活动。

【文件控制】严格按照文件控制程序要求，起草编制、审批、印制、发放、使用、保管、归档、更改、作废、回收、管理受控文件。跟踪检验标准136个，修订和受控程序文件5个、作业指导书47个、记录格式文件68个，确保中心管理体系文件符合要求。

【实验室安全管理零事故】完成全省疾控系统和中心实验室生物安全季度和年度及应急监督检查，全面核查安全管理死角，及时发现问题、组织整改，确保实验室安全管理零事故、无差错。

【检验检测工作】质量检验管理处统一负责所有检测检验类产品的接收。建立样品接收、流转、处置、管理程序和制度，规范样品统一标识系统和检验状态标识，配备专用样品保藏柜、冰箱、冰柜，严格登记程序，做好留样环境条件的监控和记录，规范留样的管理。

2013年，全面完成国家级和省级监管、行政部门的监督抽检及各项委托检验合同评审、全年度各项检测检验。（一）各类一般委托样品490份，包括水及涉水产品、食品、消毒产品、保健食品、肥料、杀虫药械等，以水及涉水产品和消毒产品报批委托检验为主，保健食品委托检验为辅。（二）组织完成和受理各类政府抽检和应急检验工作19次169个产品的监测检验工作，包括食品中三聚氰胺、塑化剂、生活饮用水全项检验、水化学处理剂、消毒剂卫生监督抽检、粮食及其制品中镉和花生油中黄曲霉毒素专项监测、国家邻苯二甲酸酯类物质监测等。（三）组织完成首个食品复检工作（瓶装饮用纯净水）。

【BSL－2实验室的验收整改工作】在省卫生计生委和中心核查的基础上，汇总生物安全二级实验室不符合项38项、制订并实施整改计划；按照GB 19489－2008修订安全管理手册，编撰《生物安全管理手册》15章11651字；修订、编撰《生物安全程序文件》15 章 21201 字；修订《安全手册》快速阅读文件 14 套约 15 万字；设计、制作、安装 P2 实验室标识 11 类 868 块，通过省级验收。

【制订和实施各项实验室质量控制工作计划】制订年度质量控制计划、监督活动计划、期间核查计划、不确定度评定计划、设备检定及确认计划等年度计划，并组织实施，有序完成各项质量控制工作。全年组织或参加国家质量控制活动 11 次，涉及参数 38 项、6 个业务所，均取得满意结果。

开展年度内部质量控制活动 121 项，采取人员比对、留样再检、质控样和标准物质检测验证等方法，覆盖检测检验的关键领域和设备设施、人员等，对可能发生的不符合项进行有效预防，效果显著。

【内审和管理评审】按照管理体系要求，中心各处室对本部门随时进行监督自查，包括受控文件管理、仪器设备状态及管理、环境状况控制、检测项目所采用的方法确认、样品管理、危险物品管理、标准物质管理、客户投诉和人员管理等工作，尤其是对检验检测过程进行全面的监督检查，对自身发现的问题和不符合项认真整改，使各项工作逐步进一步规范。

核查中心管理体系运行的符合性、有效性和适宜性，组织和有效实施内部审核、管理评审，全面落实中心质量方针和质量目标，内部审核提出 27 个整改项，组织完成持续改进工作，提交需要管理评审解决的 8 个关键问题，持续改善管理体系。

【协助组织完成实验室技能大比武、大练兵活动】组织微生物检验所有关专家进行竞赛题目的编撰与遴选，共编撰并遴选判断题、单选题、多选题、填空题四种类型题目 400 余道，设计理论考试卷 200 题，精选现场知识竞答题目 70 道，确保了实验室技能大比武、大练兵竞赛活动顺利举行。组织下发大比武考核盲样 75 份，制定评分标准，完成现场操作考务工作和盲样考核结果判定、统计、分析及总结。

【物价标准调整文件上报省财政厅】组织省市县三级疾控机构，修订确认河北省卫生监测费收费项目、收费标准申请与测算表，组织召开了由原省卫生厅、省财政厅、省物价局等部门参加的省市县级疾控系统卫生监测收费调整工作协调会、企业客户和市级疾控系统物价标准修订座谈会，完成 562 个项目的测算校核，经省卫计委报请省物价局和省财政厅。

【实验室信息化管理系统（LIMS）常态化运行】从任务受理到出具检测报告，实现 LIMS 全面正常运行，常态化控制和评估关键环节，在工作中修正，强调使用效率，推动实验室检验检测信息自动化工作的开展。

【培训、指导各级疾控中心实验室质量管理工作】在全面分析全省各级疾控中心的工作现状的基础上，组织实施省市县各级疾控中心参加的实验室质量管理与控制和实验室安全管理工作会议及有针对性的培训 4 次，从“准则”的要求到实施具体工作各个细节的学习和训练，强化提高理论知识和经验交流，指导实验室质量管理与控制和实验室安全管理工作有序开展。指导唐山、衡水市疾控中心质控培训和具体实施，指导廊坊、秦皇岛市疾控中心完成检验报告检定工作。

仪器设备采购供应工作综述

【概况】药械供应管理处，设一正二副，职员 7 人，平均年龄 46 岁。本科学历 5 人，高中 4 人；

中级职称4人，技师3人，初级职称1人。主要工作职责：根据业务工作需要，在中心设备管理委员会领导下，与相关处室（所）共同拟定药械物资购置发展规划和年度工作计划，并组织实施；在中心设备管理委员会及仪器设备购置专家论证委员会的领导下，参与大型仪器设备的论证、选购、供应、安装、调配和协调共用的实施与管理；负责中心常规仪器设备及全省EPI冷链装备的维修保障，组织协调仪器设备报废处理的审核鉴定；负责化学试剂、消杀药品、医用实验药品的计划、订购、验收、入库、发放和调剂；落实药械物资相关管理制度；完成上级领导交办的其他工作任务。

【仪器设备采购】大型仪器设备采购以政府公开招标采购为主。完成了艾滋病检测设备项目、放射检测设备项目以及结核病防治实验室检测设备项目的招标采购工作，分别执行193万元、220万元和144万元万元；完成了结核病防治药品、试剂耗材年度采购项目和饮用水快速检测设备、便携式X射线机项目的招标采购工作，分别执行预算经费872.3万元和80万元。全年采购小型仪器设备（≥400元）48台件，执行经费73.211万元。

【试剂耗材、标准品采购供应】全年采购中心各处所涉及耗材、试剂300余批次，其中，食品化学污染物监测、食源性致病菌监测、重大传染病及病毒防治、地方病防治、布病防治、疫苗评价监测、艾滋病防治等重大专项指定采购280余万，其中涉及卫生耗材120余种，生物化学试剂150余种，标准品180余种。

【固定资产管理】完成了中心设备类固定资产的年度清查盘点工作，2013年度新增设备135台（套）。截止到12月31日中心共有仪器设备2187台（套），总价值10501万元，其中5万元以上仪器设备319台（套），价值9412万元；100万元以上仪器设备15台（套），价值2552万元。

【应急物资储备】完成了H7N9禽流感应急检测设备及试剂、消杀药品、物资采购项目工作；艾滋病检测试剂项目自采和公开招标采购工作。

【全省冷链及中心设备维修】完成全省范围内冷库、冷链设备及中心内部设备维修、维护工作。

附

省疾控中心万元以上仪器设备统计表

序号	设备名称	规格型号	产地	生产厂家	数量（台套）	单价（元）	金额（元）	合同号	购置时间	科室
1	低温离心机	LD4000B	进口		1	31000	31000		2002.03.26	库存
2	低温冰箱	－30℃270L	进口		1	16800	16800		2002.03.26	洁防所
3	核素扫描仪		进口		1	121000	121000		2002.03.26	库存
4	半自动生化分析仪	CCOM－F6124	进口		1	49900	49900		2002.04.01	药研所
5	Ⅱ级生物安全柜	BHC－1300ⅡA/B3	进口		1	29800	29800		2002.04.28	细消所
6	Ⅱ级生物安全柜	BHC－1300ⅡA/B3	进口		1	29800	29800		2002.04.28	职业卫生所
7	格力空调	KFR－100W/E			1	10347	10347		2002.10.24	健康教育所

续表

序号	设备名称	规格型号	产地	生产厂家	数量（台套）	单价（元）	金额（元）	合同号	购置时间	科室
8	肺功能仪	ST－95	进口		1	38000	38000		2002.09.09	健康教育所
9	SONY笔记本电脑	SONYSCP	进口		1	26000	26000		2002.12.18	夏晓红
10	高压空压机	BAUFR/JIIE－H	进口		1	45000	45000		2002.12.18	药械处
11	双目生物显微镜	YS2－H	进口		1	29100	29100		2002.04.30	细消所
12	笔记本电脑	昭阳K60			1	14138	14138		2002.04.30	细消所
13	－152度冰箱	MDF－1155ATN	进口		1	165000	165000		2002.08.05	病毒所
14	蛋白分析仪	GK－330C			1	100000	100000		2002.11.01	免疫规划所
15	提词器		进口		1	23700	23700		2003.03.26	健康教育所
16	Betacam摄录机		进口		1	162000	162000		2003.03.26	健康教育所
17	索尼数字录像机		进口		1	81000	81000		2003.03.26	健康教育所
18	索尼编辑录像机		进口		1	125000	125000		2003.03.26	健康教育所
19	索尼编辑放相机		进口		1	75000	75000		2003.03.26	健康教育所
20	编辑控制器		进口		1	18500	18500		2003.03.26	健康教育所
21	25型三级三脚架		进口		1	20200	20200		2003.03.26	健康教育所
22	无线采访话筒		进口		1	18500	18500		2003.03.26	健康教育所
23	34寸彩电		进口		1	10000	10000		2003.03.26	健康教育所
24	多媒体编辑彩光		进口		1	338000	338000		2003.03.26	健康教育所
25	电脑笔记本				2	15500	31000		2003.04.09	结核所
26	柯尼卡复印机	7025			1	27800	27800		2003.04.09	结核所
27	多媒体投影仪		进口		1	31500	31500		2003.04.09	结核所

续表

序号	设备名称	规格型号	产地	生产厂家	数量（台套）	单价（元）	金额（元）	合同号	购置时间	科室
28	电脑笔记本				1	15500	15500		2003.04.09	结核所
29	复印机				1	27800	27800		2003.06.02	办公室
30	索尼摄像机及附件		进口		1	14152	14152		2003.07.16	有害生物所
31	全自动血球计数仪		进口		1	320000	320000		2003.08.07	卫生毒理所
32	血仪流变仪				1	82500	82500		2003.08.11	药研所
33	血小板聚集仪				1	30000	30000		2003.08.11	药研所
34	超纯水仪	（美国）	进口		1	58000	58000		2003.09.24	病毒所
35	1/万-110万电子天平		进口		1	18800	18800		2003.06.01	病毒所
36	二氧化碳培养箱		进口		2	49500	99000		2003.06.01	病毒所
37	550酶标仪1575洗板机		进口		1	85000	85000		2003.06.01	病毒所
38	-152度冰箱		进口		1	169000	169000		2003.05.30	病毒所
39	倒置显微镜	奥林巴斯	进口		1	48000	48000		2003.06.17	病毒所
40	制冰机		进口		1	38800	38800		2003.07.14	病毒所
41	倒置显微镜荧光装置		进口		1	107500	107500		2003.07.14	病毒所
42	定量PCR仪		进口		1	985000	985000		2003.06.01	病毒所
43	超速冷冻离心机		进口		1	488000	488000		2003.06.01	病毒所
44	紫外可见分光光度计		进口		1	139800	139800		2003.06.01	病毒所
45	Ⅱ级生物安全柜	CLASS-B2SG603TX	进口		2	165000	330000		2003.06.01	病毒所
46	高速冷冻台式离心机	HERMLZ-323K	进口		1	49000	49000		2003.06.01	病毒所
47	二氧化碳培养箱	VWR-2325-2	进口		1	45000	45000		2003.12.01	病毒所
48	防污脉动真空蒸汽灭菌器	FW/MG-0.4	进口		1	350000	350000		2003.06.01	病毒所
49	立式高压灭菌器	MLS-3020	进口		1	50000	50000		2003.02.01	病毒所
50	立式高压灭菌器	MLS-3020	进口		1	50000	50000		2003.02.01	病毒所

续表

序号	设备名称	规格型号	产地	生产厂家	数量（台套）	单价（元）	金额（元）	合同号	购置时间	科室
51	气相色谱与质谱联用仪	Thermofinnigan trace DSQ	进口	美国	1	1140360	1140360		2003.06.01	理化所
52	原子吸收光谱仪	日立Z－5000			1	499800	499800		2003.06.01	理化所
53	磁共振质量检查标准模体				1	149900	149900		2003.06.01	放射所
54	毒气检测仪	MX21	进口		1	251000	251000		2003.06.01	职业卫生所
55	2.3万转冷冻离心机	HERMLZ－323K	进口		1	127000	127000		2003.06.01	病毒所
56	1.5万转低温离心机	德国 HERMLZ Biofuge Stratos	进口		1	80000	80000		2003.06.01	病毒所
57	通风橱		国产		1	16500	16500		2003.08.01	病毒所
58	生物安全柜	NU－425	进口		1	80000	80000		2003.01.01	艾滋病所
59	索尼828数码相机		进口		1	13000	13000		2004.03.29	健康教育所
60	柯尼卡数码复印机		进口		1	32000	32000		2004.04.23	办公室
61	索尼摄像机		进口		1	29400	29400		2004.06.15	健康教育所
62	尼康照相机		进口		1	42550	42550		2004.06.15	健康教育所
63	双目显微镜		进口		1	28000	28000		2004.06.17	结核所
64	东芝笔记本		进口		1	14800	14800		2004.07.07	结核所
65	显微镜	奥林巴斯	进口		1	15000	15000		2004.07.07	放射所
66	索尼数码相机		进口		1	12000	12000		2004.07.12	健康教育所
67	东芝笔记本		进口		1	14700	14700		2004.07.12	健康教育所
68	戴尔台式电脑		国产		1	11000	11000		2004.07.12	健康教育所
69	ASK多媒体投影仪		进口		1	32000	32000		2004.07.12	健康教育所
70	医用自动洗片机	ALL－pro－200X	国产		1	74000	74000		2004.07.20	职业卫生所

续表

序号	设备名称	规格型号	产地	生产厂家	数量（台套）	单价（元）	金额（元）	合同号	购置时间	科室
71	-86度冰箱	三洋	进口		1	53500	53500		2004.07.21	免疫规划所
72	IBM 笔记本电脑		进口		2	11500	23000		2004.07.28	情报信息所
73	冷冻切片机		进口		1	34500	34500		2004.08.11	卫生毒理所
74	超声波清洗器	KQ600E	国产		2	10680	21360		2004.08.11	理化所
75	粒子计数器		进口		1	57800	57800		2004.08.26	医研所
76	防爆个体粉尘采样器	Gilair5	进口		3	11522	34566		2004.11.19	职业卫生所
77	防爆粉尘采样器	Aircon2	进口		3	25826	77478		2004.11.19	职业卫生所
78	全自动烟尘测定仪		青岛		1	37240	37240		2004.11.19	职业卫生所
79	WBGT 综合指数测定仪		进口		1	17650	17650		2004.11.19	职业卫生所
80	肌电图		国产		1	158000	158000		2004.12.13	职业卫生所
81	高频电磁场放射分析仪	EMR300	进口		1	380000	380000		2004.12.14	职业卫生所
82	放疗自动扫描水箱		进口		1	200000	200000		2004.12.27	放射所
83	氨基酸分析仪	ED-50	进口		1	800000	800000		2004.10.01	理化所
84	原子荧光分光光度计	AF-610A	国产		1	108000	108000		2004.11.01	理化所
85	全自动微生物分析系统		进口		1	640000	640000		2004.08.13	微生物所
86	摄像机	SONY-2100			1	21600	21600		2004.07.05	有害生物所
87	荧光显微镜	BX51TRF	进口		1	156000	156000		2004.07.02	免疫规划所
88	Ⅱ级生物安全柜	NU-425-400E	进口		1	120000	120000		2004.07.02	免疫规划所
89	三洋超低温冰箱	MDF-382E	进口		1	89000	89000		2004.07.19	免疫规划所

续表

序号	设备名称	规格型号	产地	生产厂家	数量（台套）	单价（元）	金额（元）	合同号	购置时间	科室
90	液相—质谱联用仪		进口	美国	1	2749000	2749000		2004.08.13	理化所
91	DNA纯化仪	Frac－950型	进口		1	696000	696000		2004.08.13	病毒所
92	X、γ射线（累计）测量仪				1	29377	29377		2004.08.01	放射所
93	a、b表面污染检测仪				1	34623	34623		2004.08.01	放射所
94	X射线巡测仪				1	27278	27278		2004.08.01	放射所
95	环境X、γ剂量率仪				1	45116	45116		2004.08.01	放射所
96	放疗剂量仪				1	183606	183606		2004.08.01	放射所
97	医用X线论断质量保证检测仪				1	460900	460900		2004.08.13	放射所
98	锌原卟啉测定仪	2002			1	57300	57300		2004.08.13	职业卫生所
99	超纯水仪				1	47040	47040		2004.08.13	病毒所
100	生物安全柜	SG603TX	进口		2	160000	320000		2004.08.13	病毒所
101	病毒载量测定装置	COBASAM-PLICOI	进口		1	540000	540000		2004.08.13	艾滋病所
102	－85度低温冰箱	MDF382	进口	三洋	1	80000	80000		2004.06.01	病毒所
103	冷冻/石蜡两用切片机	KD－1508A	国产		1	25920	25920		2004.10.01	病毒所
104	Ⅱ级生物安全柜	BSC－1500Ⅱ 100%外排			1	35600	35600		2004.05.01	病毒所
105	气相色谱（含HP计算机、打印机）	6890N	进口	美国安捷伦	1	355000	355000	20041210	2005.03.18	职业卫生所
106	正置金相显微镜	XJZ－1A	国产	重庆光电	1	10000	10000	KRD050225－2	2005.02.25	职业卫生所
107	－85度低温冰箱	MDF－M4086 S408L	进口	日本三洋	1	50000	50000		2005.03.15	职业卫生所
108	1/万－1/10万电子天平	GR202	进口	日本AND	1	18800	18800	KRD050225－5	2005.02.25	职业卫生所

续表

序号	设备名称	规格型号	产地	生产厂家	数量（台套）	单价（元）	金额（元）	合同号	购置时间	科室
109	显微镜	CX31 - RTSF - 2	进口	日本	1	19800	19800	KRD050225 - 4	2005.02.25	职业卫生所
110	动静态配气仪		国产	北京	1	26000	26000	KRD050225 - 3	2005.02.25	职业卫生所
111	甲醛测定仪	2 - 300P	进口	美国	1	32000	32000	KRD050225 - 1	2005.02.25	职业卫生所
112	便携式红外线 CO_2 分析器	GXH - 3010E	国产	北京分析仪器厂	1	10780	10780	KRD050624	2005.07.19	职业卫生所
113	便携式红外线 CO 分析器	GXH3011A	国产	北京分析仪器厂	1	19800	19800	KRD050624	2005.07.19	职业卫生所
114	酶标仪	550	进口	美国	1	38000	38000	KRD050106	2005.03.24	免疫规划所
115	洗板机	1575	进口	美国	1	39000	39000	KRD050106 - 2	2005.03.24	免疫规划所
116	防污脉动真空蒸汽灭菌器	FWMG - D.17	国产	连云港	1	101520	101520	20041225	2005.01.20	卫生毒理所
117	半自动生化分析仪	EPPendorf - 6124	进口	德国	1	51500	51500	20050420	2005.04.19	职业卫生所
118	阿洛卡便携 B 超	SSC - 298	国产	上海	1	120000	120000	20050407	2005.04.18	地方病所
119	低温冷冻离心机 23300 转/分	- 40 度 Biofugestratos	进口	德国	1	64000	64000	20050516	2005.05.16	艾滋病所
120	低温冷冻离心机 15000 转/分	- 40 度 Biofugestratos	进口	德国	1	46000	46000	20050516	2005.05.16	艾滋病所
121	水浴锅	TW - 12	进口	德国	2	12000	24000	KRD050331 - 1	2005.04.04	艾滋病所

续表

序号	设备名称	规格型号	产地	生产厂家	数量（台套）	单价（元）	金额（元）	合同号	购置时间	科室
122	显微图像分析系统	ZK－MIAS	国产	LG 电脑 1 台爱普生彩打 1 台光镜 1 台显微软件 1 套	1	15800	15800	20050303	2005.03.03	医研所
123	匀浆器		进口	德国	1	20500	20500	20041119	2005.11.19	药研所
124	倒置显微镜	TE－2000V	进口	日本尼康	1	93000	93000		2005.11.05	细消所
125	全自动高压灭菌器	樱花 56L ASV3023	进口	日本樱花	2	53250	10650		2005.11.12	细消所
126	荧光显微镜	ACX－41－32PH	进口	日本奥林巴斯	1	135000	135000		2005.06.19	病毒所
127	水中微生物膜过滤装置	sartorlus 16831	进口	德国	1	49660	49660		2005.07.18	微生物所
128	微波消解炉	XT－Ⅲ	国产	上海	1	29000	29000	050909－1	2005.09.20	职业卫生所
129	超纯水仪	Academie	进口	美国	1	55000	55000		2005.11.09	职业卫生所
130	高精度恒温恒湿培养箱	KBF720	进口	德国宾德	1	125000	125000		2005.07.04	理化所
131	全自动高压灭菌器	樱花 56L ASV3023	进口	日本樱花	1	53250	53250		2005.11.12	卫生毒理所
132	倒置显微镜	Nikon TE2000－V	进口	日本尼康	1	93000	93000		2005.11.08	卫生毒理所
133	洗板机	M1575	进口	美国伯乐	1	39000	39000	KDR050624	2005.08.16	细消所
134	超纯水仪	Academic	进口	美国密里博	1	55000	55000		2005.11.09	理化所

续表

序号	设备名称	规格型号	产地	生产厂家	数量（台套）	单价（元）	金额（元）	合同号	购置时间	科室
135	全自动高压灭菌器	樱花 56L ASV3023	进口	日本樱花	1	53250	53250		2005.11.05	微生物所
136	真空冷冻干燥机	ALPHA1－2	进口	德国 CHRist	1	101200	101200		2005.11.08	细消所
137	自动凝胶成像仪	柯达 100E	进口	美国	1	98000	98000		2005.11.08	细消所
138	倒置显微镜	TE－2000V	进口	日本尼康	1	93000	93000		2005.11.08	艾滋病所
139	倒置显微镜	TE－2000V	进口	日本尼康	1	93000	93000		2005.11.08	免疫规划所
140	个人及全身振动监测仪	HAVPOR		Quest 公司	1	145000	145000	20051101A	2005.11.01	职业卫生所
141	全自动血凝仪	TRT－4	进口	德国 BE 公司	1	42000	42000	20051108	2005.11.08	药研所
142	光密度计	07－443	进口	瑞典华瑞奥利科	1	16900	16900	D2W20051107010	2005.11.07	放射所
143	高速冷冻离心机	SIFMA3－18K	进口	德国 SIFMA 公司	1	79000	79000		2005.11.14	病毒所
144	全自动高压锅	H＋P75S	进口	德国	1	165000	165000		2005.11.14	免疫规划所
145	全自动酶标分析仪	858	国产	上海	1	18000	18000		2005.11.14	微生物所
146	全自动洗板机	828	国产	上海	1	12000	12000		2005.11.14	微生物所
147	高精度恒温恒湿培养箱	KBF720	进口	德国宾德	1	125000	125000		2005.07.04	微生物所
148	显微镜	CX31－32C02 奥林巴斯	进口	日本	1	16640	16640	20051116－01	2005.11.17	放射所
149	频谱分析仪	AWA6218B	国产	杭州	1	16500	16500	050909－2	2005.09.28	职业卫生所

续表

序号	设备名称	规格型号	产地	生产厂家	数量（台套）	单价（元）	金额（元）	合同号	购置时间	科室
150	微差计	8705 型	进口	美国	1	10800	10800	050909－3	2005. 09. 28	职业卫生所
151	烟尘浓度测定仪	应用 3012H（11）	国产	青岛	1	37240	37240	050909－4	2005. 09. 28	职业卫生所
152	振动测定仪	VI－100	进口	美国	1	32000	32000	050909－5	2005. 09. 28	职业卫生所
153	噪声频谱测定仪	quest 2900	进口	美国	1	70155	70155	050909－6	2005. 09. 28	职业卫生所
154	个体噪计量计	noisepro	进口	美国	10	19860	198600	050909－7	2005. 09. 28	职业卫生所
155	综合温度指数仪	QT－32	进口	美国	1	17650	17650	050909－8	2005. 09. 28	职业卫生所
156	粉尘采样器	aircon－2	进口	美国	5	28200	141000	050909－10	2005. 09. 28	职业卫生所
157	防爆空气采器	Giair－5（1－5L/min）	进口	美国	4	11522	46088	050909－11	2005. 09. 28	职业卫生所
158	超纯水仪	Academic	进口	美国密里博	1	55000	55000		2005. 11. 09	免疫规划所
159	高效液相色谱仪	Alliance2695	进口	美国活特斯	2	660000	1320000		2005. 11. 10	理化所
160	气相色谱仪	Traoc GC Ultia	进口	美国热电	2	449500	899000		2005. 11. 10	理化所
161	原子吸收分光光谱仪	Z－2000	进口	日本日立	1	530900	530900		2005. 11. 10	理化所
162	负 152 度超低温冰箱				1	144000	144000		2005. 11. 10	病毒所
163	离子色谱仪	ICS－2500	进口	美国戴安	1	798000	798000		2005. 11. 10	理化所
164	低温高速冷冻离心机				3	85518	256554		2005. 11. 10	库存（毒免药）
165	紫外可见分光光谱仪	UV－1550	进口	日本岛津	1	153940	153940		2005. 11. 10	理化所

续表

序号	设备名称	规格型号	产地	生产厂家	数量（台套）	单价（元）	金额（元）	合同号	购置时间	科室
166	快速溶剂萃取系统	ASE200	进口	美国	1	615000	615000	2005HJP1001	2005.11.10	理化所
167	原子吸收分光光度计	Z-5000	进口	日本日立	1	496000	496000		2005.04.11	职业卫生所
168	原子吸收分光光谱仪	Z-2000	进口	日本日立	1	530900	530900		2005.04.11	职业卫生所
169	动物饮（超纯）水机	UPK-Ⅲ-20	国产	成都优普	1	22000	22000	0000526	2005.07.20	卫生毒理所
170	流量校正系统	Gilibrator-2	进口	美国SENSISYNW	1	23000	23000	HR050525JK	2005.05.25	职业卫生所
171	自动蛋白免疫印迹仪		进口	瑞典	1	226000	226000	BLOT20051102	2005.11.25	艾滋病所
172	温控自动进样器	Agilont G1327A	进口	美国安捷伦	1	173000	173000	EVEN-153	2005.06.16	药研所
173	半导体智能柱温箱	Agilont G1316A	进口	美国安捷伦	1	33000	33000	EVEN-153	2005.06.16	药研所
174	双通道数模转换器	35900E	进口	美国安捷伦	1	19300	19300	EVEN-153	2005.06.16	药研所
175	蒸发光散射检测器	600200ES	进口	美国安捷伦	1	145400	145400	EVEN-153	2005.06.16	药研所
176	八道生理记录仪		进口	澳大利亚	1	162243	162243	2005039	2005.12.06	药研所
177	JVC 摄像机	X5AC	进口	日本	2	11140	22280	20051212	2005.12.12	应急办
178	旋转蒸发仪	LABORAOTA4001	进口		1	38000	38000		2005.06.01	理化所
179	肺功能测试仪	HI-801	进口	日本捷斯特	1	118000	118000	2006-8-2	2006.08.02	职业卫生所
180	大鼠无创血压计	PBR-1	国产	北京	1	11800	11800	2006-7-31	2006.07.31	卫生毒理所

续表

序号	设备名称	规格型号	产地	生产厂家	数量（台套）	单价（元）	金额（元）	合同号	购置时间	科室
181	均质器		进口	西班牙	1	23000	23000	2006－8－31	2006. 08. 31	微生物所
182	－85 度低温冰箱		进口	美国热电	1	68500	68500		2006. 08. 01	病毒所
183	高精度恒温恒湿培养箱	KBF720	进口	德国	1	130000	130000	HBJK20051104－2	2006. 12. 01	
184	水中微生物膜过滤装置		进口	德国Sartoriu	1	49660	49660		2007. 03. 15	细消所
185	氢气氮气空气发生器	TP3000	国产	北京分析仪器厂	1	16000	16000	onland－2007－0312B	2007. 03. 16	职业卫生所
186	氢气氮气空气发生器	TP3000	国产	北京分析仪器厂	2	16000	32000	onland－2007－0312B	2007. 03. 16	理化所
187	高精度恒温恒湿培养箱	KBF720	进口	德国BINDER	1	130000	130000	HBJK－20051104－2	2007. 03. 21	有害生物所
188	全自动制冰机	LQP－B－4	国产	上海安亭科学仪器厂	1	16500	16500	onland－2006－0720C	2007. 03. 21	病毒所
189	高速冷冻离心机	TGL－16G－A	国产	上海安亭科学仪器厂	1	19800	19800	onland－2006－0720C	2007. 03. 21	病毒所
190	流式细胞仪	Facscalibur	进口	美国BD	1	1340000	1340000	HBJK20051104－3	2007. 03. 25	艾滋病所

续表

序号	设备名称	规格型号	产地	生产厂家	数量（台套）	单价（元）	金额（元）	合同号	购置时间	科室
191	低温冰柜	－152 度	进口	日本三洋	1	144000	144000		2007. 03. 26	免疫规划所
192	生化培养箱		进口	美国先导	3	29500	88500	onland－2006－1011E	2007. 03. 30	病毒所
193	密集柜		国产	洛阳偃师	2	35850	71700		2007. 04. 03	质检处
194	荧光显微镜	来卡	进口	德国	1	148931	148931		2007. 04. 05	药研所
195	荧光显微镜	来卡	进口	德国	1	148931	148931		2007. 04. 05	结核所
196	荧光显微镜	来卡	进口	德国	1	148931	148931		2007. 04. 05	艾滋病所
197	生物安全柜 30% 外排	SG－403	进口	美国贝克	2	65800	131600		2007. 04. 08	病毒所
198	生物安全柜 30% 外排	SG－403	进口	美国贝克	3	65800	197400		2007. 04. 08	艾滋病所
199	生物安全柜 30% 外排	SG－403TX	进口	美国贝克	2	118000	236000		2007. 04. 08	病毒所
200	PCR 仪	DTC－200	进口		1	294650	294650		2007. 04. 08	病毒所
201	荧光显微镜		进口	日本尼康	1	98000	98000		2007. 04. 08	病毒所
202	摄影荧光显微镜		进口	日本尼康	1	168000	168000		2007. 04. 08	病毒所
203	－85 度低温冰箱	－85 度 MDF	进口	日本三洋	1	50000	50000		2007. 04. 08	病毒所
204	高速冷冻离心机	W08P151848WF	进口		1	173000	173000		2007. 04. 08	病毒所
205	二氧化碳培养箱		进口	美国热电	1	52000	52000		2007. 04. 08	病毒所
206	酶标仪	550	进口	美国伯乐	1	38000	38000		2007. 04. 08	病毒所
207	洗板机		进口	美国伯乐	1	40000	40000		2007. 04. 08	病毒所

续表

序号	设备名称	规格型号	产地	生产厂家	数量（台套）	单价（元）	金额（元）	合同号	购置时间	科室
208	生物安全柜 100% 外排	SG－430TX	进口	美国贝克	2	118000	236000		2007. 04. 08	细消所
209	台式高压锅	YXQDY－250	国产	上海	2	10540	21080		2007. 04. 08	细消所
210	立式高压灭菌器	LMQC4060V	国产	山东新华	1	43600	43600		2007. 04. 08	细消所
211	高压灭菌器	卧式	国产	上海医用核子	1	34500	34500		2007. 04. 08	细消所
212	生物安全柜 30% 外排		国产	苏州净化	1	29600	29600		2007. 04. 09	细消所
213	生物安全柜 30% 外排		进口	美国热电	1	87000	87000		2007. 04. 10	卫生毒理所
214	二氧化碳培养箱		进口	美国热电	1	52000	52000		2007. 04. 10	卫生毒理所
215	生物安全柜 30% 外排		国产	苏州净化	1	29600	29600		2007. 04. 09	放射所
216	厌氧培养箱		进口	美国热电	1	88000	88000		2007. 04. 09	微生物所
217	全自动高压锅		进口	日本樱花	2	53250	106500		2007. 04. 09	艾滋病所
218	脉冲场电泳仪	CHEFMAPPER	进口	美国伯乐	1	328000	328000		2007. 04. 19	细消所
219	原子荧光分光光度计	AF－S－230E	国产	北京科创海光	1	116000	116000	HBAH06090314001－0502－SB－11	2007. 04. 15	职业卫生所
220	热释光剂量仪	TLD3500	进口	美国热电	1	400000	400000	HBAH0609031400105 02－SB－12	2007. 04. 15	放射所

续表

序号	设备名称	规格型号	产地	生产厂家	数量（台套）	单价（元）	金额（元）	合同号	购置时间	科室
221	全自动生化分析仪	SYNCHRON CX5 PRO	进口	贝克曼库尔特	1	711000	711000	HBAH06090314 0010502-SB-13	2007.04.15	卫生毒理所
222	膳食纤维素测定仪	GDE + CSF6	进口	意大利VELP	1	189000	189000	HBAH06090314 0010502-SB-15	2007.04.15	理化所
223	全自动脂肪测定仪	SER148/6	进口	意大利VELP	1	190000	190000	HBAH06090314 0010502-SB-20	2007.04.15	理化所
224	流动注射分析仪	Quickchem8500	进口	美国哈希公司	1	782000	782000	HBAH06090314 0010502-SB-17	2007.04.15	理化所
225	等离子发射光谱-质谱联用仪	Dsape elan drc-e	进口	美国PE	1	1760000	1760000	HBJK20051104-1	2007.04.15	理化所
226	超声波粉碎机		进口		1	40000	40000		2007.04.15	药研所
227	定量 PCR 仪	Stratagene mx3000P	进口	美国	1	370000	370000		2007.04.26	病毒所
228	红外分光光度计	Spectrum100	进口	美国泊金埃尔默	1	339000	339000		2007.05.08	理化所

续表

序号	设备名称	规格型号	产地	生产厂家	数量（台套）	单价（元）	金额（元）	合同号	购置时间	科室
229	动静洗三合一染毒柜	8050－1	国产	天津合普有限责任公司	1	46700	46700		2007.05.25	卫生毒理所
230	动式染毒控制仪	8050－1B	国产	天津合普有限责任公司	1	49500	49500		2007.05.25	卫生毒理所
231	染毒废气处理装置	8050－PQ	国产	天津合普有限责任公司	1	25300	25300		2007.05.25	卫生毒理所
232	染毒屏蔽柜	8050－PB	国产	天津合普有限责任公司	1	43500	43500		2007.05.25	卫生毒理所
233	冷冻石蜡两用切片机	KD－1508III/B	国产	浙江金华科迪	1	27800	27800		2007.05.25.	病毒所
234	山特UPS电源	C10KVA	国产	深圳	1	25500	25500		2007.06.12	理化所
235	复印机	AR－M451N	国产	中日合资夏普	1	48500	48500	HBGP200701022	2007.06.18	办公室
236	高压灭菌器	ASV－3023	进口	日本樱花	3	58000	174000		2007.06.18	病毒所
237	全自动荧光法微生物鉴定/药敏分析系统	ARISZX	进口	英国先德	1	686000	686000	20051104－4	2007.07.06	细消所
238	全自动荧光酶标仪	syngergyz	进口	美国Biotek	1	367000	367000		2007.07.06	艾滋病所
239	酶标仪	GF－M2000	国产	山东高密精仪厂	1	38000	38000		2007.07.10	微生物所

续表

序号	设备名称	规格型号	产地	生产厂家	数量（台套）	单价（元）	金额（元）	合同号	购置时间	科室
240	毛细管电泳仪	MDQ	进口	美国贝克曼	1	633000	633000	HBTD-07027-2	2007.07.24	理化所
241	微波消解仪	MARS	进口	美国CEM公司	1	198000	198000	HBTD-07027-1	2007.09.03	理化所
242	水质连续自动检测系统	HYDROLAB	进口	美国哈希公司	1	199600	199600	HBAH06093140010502-SB-21	2007.09.06	理化所
243	便携式γ能谱仪	GR-135	进口	美国SAIC	1	232000	232000	HBAH06093140010502-SB-9	2007.09.11	放射所
244	双向蛋白电泳仪	Ettan IPGphor-DIGE	进口	美国GE公司	1	1200000	1200000	HBTD07027-3	2007.10.10	病毒所
245	低本底γ谱仪	GEM40	进口	美国GEM	1	695000	695000		2007.10.10	放射所
246	酶标仪	TECAN	进口	奥地利	1	80000	80000		2007.12.31	艾滋病所
247	高千伏X线机	FH-21HR	进口	日本岛津	1	492000	492000		2008.01.24	职业卫生所
248	三洋高压锅	50L	进口	日本三洋	1	58000	58000		2008.02.24	免疫规划所
249	万能视频成像装置	LY-HPCCD	国产	成都励扬精密机电	2	16000	32000		2008.03.17	病毒所

续表

序号	设备名称	规格型号	产地	生产厂家	数量（台套）	单价（元）	金额（元）	合同号	购置时间	科室
250	低本底 αβ 测量仪	BH1216Ⅲ型	国产	中核北京核仪器厂	1	195000	195000	HBTD－07122－24	2008. 04. 22	放射所
251	Ⅱ级生物安全柜	1285 型	进口	美国热电	1	56500	565000	HBTD－07122－1	2008. 04. 28	微生物所
252	Ⅱ级生物安全柜	1285 型	进口	美国热电	3	56500	169500	HBTD－07122－1	2008. 04. 28	免疫规划所
253	Ⅱ级生物安全柜	1285 型	进口	美国热电	2	56500	113000	HBTD－07122－1	2008. 04. 28	艾滋病所
254	Ⅱ级生物安全柜	1285 型	进口	美国热电	1	56500	56500	HBTD－07122－1	2008. 04. 28	细消所
255	Ⅱ级生物安全柜	1285 型	进口	美国热电	3	56500	169500	HBTD－07122－1	2008. 04. 28	病毒所
256	二氧化碳培养箱	MOC－18AIC	进口	日本三洋	1	49000	49000		2008. 04. 23	病毒所
257	微波灰化装置	PHOENIX	进口	美国 CEM	1	180000	180000		2008. 05. 15	理化所
258	微波消解仪	MARS	进口	美国 CEM	2	249000	498000	HBTD－07122－11	2008. 05. 15	理化所
259	吹扫捕集装置	Tekmarvelocity	进口		1	186000	186000	HBTD－07122－8	2008. 05. 16	理化所
260	总有机碳测定仪	IOCⅡ	进口	德国	1	342800	342800	HBTD－07122－10	2008. 05. 17	理化所
261	全自动高压灭菌器	SX－500（58 升）	进口	日本 TOMY	2	52500	105000	HBTD－07122－2	2008. 07. 08	免疫规划所

续表

序号	设备名称	规格型号	产地	生产厂家	数量（台套）	单价（元）	金额（元）	合同号	购置时间	科室
262	全自动高压灭菌器	SX－500（58升）	进口	日本TOMY	2	52500	105000	HBTD－07122－2	2008.07.08	病毒所
263	多功能快速检测仪	BGHMB	进口	美国博泰克公司	1	120800	120800	HBTD－07122－22	2008.07.09	微生物所
264	定量采样机器人	RRK－SR－1	国产	北京人人康	2	195000	390000	HBTD－07122－21	2008.07.09	环境卫生所
265	AND电子天平	GR202	进口	1/万－1/10万	2	19900	39800	2008－7－11	2008.07.11	理化所
266	环境计量率仪	6150AD－b FD－3013B	进口	德国6150AD－b	1	137600	137600	HBTD－07122－25	2008.07.08	放射所
267	个人计量报警仪	PM1208 PM1621	进口	俄罗斯	3	11000	33000	HBTD－07122－26	2008.07.08	放射所
268	热释光剂量仪	BR2000D	国产	西安西核彩桥科技	1	92000	92000	HBTD－07122－27	2008.07.08	放射所
269	激光可吸入粉尘浓度连续测试仪	LD－3CH	国产		1	24500	24500	2008－7－11	2008.07.11	环境卫生所
270	电视（生物）解剖镜	尼康SMZ1500	进口	尼康公司	1	205000	205000	HBTD－07122－23	2008.07.28	有害生物所
271	制备色谱仪	D600	进口	美国沃特公司	1	925000	925000	HBTD－07122－17	2008.06.28	理化所
272	电位滴定仪		进口		1	200000	200000		2008.07.08	理化所
273	超临界萃取仪		进口		1	465000	465000	HBTD－07122－14		理化所

续表

序号	设备名称	规格型号	产地	生产厂家	数量（台套）	单价（元）	金额（元）	合同号	购置时间	科室
274	自动汞快速检测仪	DMA－80	进口	意大利Milestone公司	1	378000	378000	HBTD－07122－15	2008.07.12	理化所
275	自动凝胶分馏收集器	USAJ2	进口		1	728000	728000	HBTD－07122－7	2008.07.26	理化所
276	全自动蛋白测定仪	rap：dn cube	进口	德国Elenentan	1	439000	439000	HBTD－07122－5	2008.07.26	理化所
277	热解析（进样系统）	AUTOCan12	进口	美国安普公司	1	848000	848000	HBTD－07122－19	2008.07.29	理化所
278	全自动固相萃取系统	DEX4790GX－274ASPEC	进口	美国	1	1090000	1090000	HBTD－07122－9	2008.07.29	理化所
279	水中贾第鞭毛虫和隐孢子虫检测系统		进口	美国	1	880000	880000	HBTD－07122－20	2008.08.06	微生物所
280	PCR 仪	MX3000P	进口	美国STRATAGENE	1	400000	400000		2008.08.01	细消所
281	显微镜	CX41RF－5	进口	日本OLYMPCLS	1	30000	30000		2008.08.01	细消所
282	二氧化碳培养箱	MCO－18AIC	进口	日本SANYO	1	40000	40000		2008.08.01	细消所
283	离心机	5417C	进口	德国eppendorf	1	30000	30000		2008.08.01	细消所
284	荧光显微镜	80i	进口	日本尼康	1	98000	98000		2008.08.20	微生物所

续表

序号	设备名称	规格型号	产地	生产厂家	数量（台套）	单价（元）	金额（元）	合同号	购置时间	科室
285	投影机	普乐士 U8－3000SF		日本	1	21900	21900		2009. 01. 19	办公室
286	ATP 比浊仪	DENSIMAT 常温	进口		1	15000	15000		2009. 02. 25	微生物所
287	智能药敏鉴定分析系统	KB 型			1	43000	43000		2009. 03. 11	微生物所
288	智能抑制菌圈测量分析系统	800 型			1	43000	43000		2009. 03. 11	微生物所
289	WHONET 导入系统				1	29000	29000		2009. 03. 11	微生物所
290	多导心电图机	ECG－9130P	进口	日本光电	1	49000	49000		2009. 04. 20	地方病所
291	超纯水仪	Milli－Q－A	进口	法国	1	45000	45000		2009. 05. 06	微生物所
292	eppendorf 离心机	5810R	进口	德国	1	85518	85518		2009. 05. 31	药研所
293	eppendorf 离心机	5810R	进口	德国	1	85518	85518		2009. 05. 31	卫生毒理所
294	eppendorf 离心机	5810R	进口	德国	1	85518	85518		2009. 05. 31	免疫规划所
295	荧光显微镜		进口	日本	1	128000	128000		2009. 05. 31	病毒所
296	立式高压锅	LMQ. J	国产	中国山东	1	16800	16800		2009. 05. 31	艾滋病所
297	紫外可见分光光度计	uv2450 (PC)	进口	日本岛津	1	189000	189000		2009. 05. 31	地方病所
298	薄层色谱仪	热电	进口	美国热电	1	36000	36000		2009. 05. 31	药研所
299	气相色谱		进口	日本岛津	1	386000	386000		2009. 05. 31	有害生物所
300	真空冷冻干燥机		进口		1	101200	101200		2009. 06. 19	病毒所
301	－86 度低温冰箱	ULF－1386－3－L	进口	美国热电	2	46000	92000	HBZJJK0913	2009. 06. 19	病毒所
302	二氧化碳培养箱	HR	进口	美国热电	1	31000	31000	HBZJJK0911	2009. 06. 24	医研所

续表

序号	设备名称	规格型号	产地	生产厂家	数量（台套）	单价（元）	金额（元）	合同号	购置时间	科室
303	二氧化碳培养箱	BB15	进口	美国热电	1	31000	31000	HBZJJK0911	2009.06.24	放射所
304	二氧化碳培养箱	BB15	进口	美国热电	4	31000	124000	HBZJJK0911	2009.06.24	病毒所
305	吹氮浓缩装置	N－EVAP24孔	进口		1	47000	47000	HBZJJK0908	2009.06.23	理化所
306	自动凝胶成像分析仪	D55－26M－Auto	进口		1	91000	91000	HBZJJK0914	2009.06.23	病毒所
307	12 导全自动分析心电图机	ECG－9130P	进口	日本光电	1	42000	42000	HBZJJK200920	2009.07.08	职业卫生所
308	全自动电位滴定仪	809titrando	进口	瑞士万通	1	198000	198000	HBZJJK0907	2009.07.08	职业卫生所
309	全自动电位滴定仪	809titrando	进口	瑞士万通	1	198000	198000	HBZJJK0907	2009.07.08	理化所
310	酶标仪、洗板机	H850	国产	上海安泰	1	46000	46000		2009.08.19	医研所
311	多导生理记录仪	ML87018/30	进口	澳大利亚	1	128000	128000	HBZJJK200919	2009.08.31	医研所
312	全自动荧光酶标仪、洗板机	SYnerg2	进口	美国 Bio Tek	1	395000	395000	HBZJJK200917	2009.08.31	免疫规划所
313	原子吸收		进口	美国瓦里安	1	659800	659800		2009.11.16	理化所
314	超纯水仪		进口	法国密里博	3	52800	158400		2009.11.16	理化所
315	精密培养箱	MIR－262	进口		2	22800	45600		2009.11.19	细消所

续表

序号	设备名称	规格型号	产地	生产厂家	数量（台套）	单价（元）	金额（元）	合同号	购置时间	科室
316	基因扩增仪	9700	进口		1	128000	128000		2009. 12. 29	病毒所
317	超纯水仪		进口		1	52800	52800		2009. 12. 29	病毒所
318	超纯水仪		进口		1	52800	52800		2009. 12. 29	艾滋病所
319	气相色谱—质谱—质谱仪		进口	美国	1	2160000	2160000		2009. 12. 29	理化所
320	气相色谱仪		进口	美国安捷伦	1	498000	498000		2009. 12. 29	理化所
321	紫外可见分光光度计		进口	德国耶拿公司	1	115000	115000		2009. 12. 29	药研所
322	紫外可见分光光度计		进口	德国耶拿公司	1	115000	115000		2009. 12. 29	医研所
323	紫外可见分光光度计		进口	德国耶拿公司	1	115000	115000		2009. 12. 29	有害生物所
324	紫外可见分光光度计		进口	德国耶拿公司	1	115000	115000		2009. 12. 29	卫生毒理所
325	倒置生物显微镜	LEICA - LED	进口	德国莱卡公司	1	87000	87000	HBZJ09N19604	2010. 04. 20	药研所
326	高温恒温培养箱	MIR - 154	进口	三洋公司	4	23000	92000	2009ZJ02 - A	2010. 05. 17	细消所
327	高温恒温培养箱	MIR - 154	进口	三洋公司	4	23000	92000	2009ZJ02 - A	2010. 05. 17	微生物所
328	高温恒温培养箱	MIR - 154	进口	三洋公司	1	23000	23000	2009ZJ02 - A	2010. 05. 17	药研所
329	高温恒温培养箱	MIR - 154	进口	三洋公司	2	23000	46000	2009ZJ02 - A	2010. 05. 17	职业卫生所

续表

序号	设备名称	规格型号	产地	生产厂家	数量（台套）	单价（元）	金额（元）	合同号	购置时间	科室
330	高温恒温培养箱	MIR－154	进口	三洋公司	1	23000	23000	2009ZJ02－A	2010. 05. 17	结核所
331	高温恒温培养箱	MIR－154	进口	三洋公司	6	23000	138000	2009ZJ02－A	2010. 05. 17	病毒所
332	孵蛋器	S84	进口	德国宾德公司	2	45000	90000	JK0901	2010. 05. 18	病毒所
333	组织脱水机	TT1020	进口	德国莱卡公司	1	176000	176000	HBZJJK0916	2010. 05. 18	卫生毒理所
334	组织包埋机	EG1150	进口	德国莱卡公司	1	116000	116000	HBZJJK0915	2010. 05. 18	卫生毒理所
335	荧光分光光度计	F－7000	进口	日立公司	1	240000	240000	HBZJJK0903	2010. 05. 18	理化所
336	荧光分光光度计	F－7000	进口	日立公司	1	240000	240000	HBZJJK0903	2010. 05. 18	地方病所
337	1/万电子分析天平		进口	德国塞多利斯	1	13400	13400		2010. 05. 18	地方病所
338	倒置荧光显微镜	IX51	进口	日本奥林帕斯	1	126000	126000	HBZJJK0912	2010. 05. 19	病毒所
339	便携式红外分析仪	Sapphirt 型	进口	德国 thermoscient	1	518200	518200	卫生厅调入	2010. 05. 25	职业卫生所
340	个体低流量采样器	LFS－113	进口	美国 SENSIOYNE	1	53800	53800	2009BJ525	2010. 05. 25	职业卫生所
341	原子荧光分光光度计	AFS－8220	国产	北京吉天分析仪器厂	1	96000	96000	HBZJ0－09N196/05	2010. 05. 26	地方病所

续表

序号	设备名称	规格型号	产地	生产厂家	数量（台套）	单价（元）	金额（元）	合同号	购置时间	科室
342	车载移动 X 线机	XMQ5160XYL	国产	南通亿东医疗器械	1	1398000	1398000	HBZJJK0918	2010. 05. 31	职业卫生所
343	超低温冰箱	ULT－138－3－V	进口	美国热电公司	2	46000	92000	HBZJ09N196/03	2010. 07. 05	艾滋病所
344	超低温冰箱	ULT－138－3－V	进口	美国热电公司	2	46000	92000	HBZJ09N196/03	2010. 07. 05	病毒所
345	循环水冷却器	SH150－900	国产	北京莱伯泰科	1	14000	14000		2010. 07. 06	理化所
346	1/万电子天平	BSA224S	国产	北京塞多利斯	1	15600	15600	HBDH070114	2010. 07. 16	有害生物所
347	定量 PCR 仪（实时荧光）	7500	进口	ABI	2	491000	982000	10US11NMKA0211025	2010. 07. 28	病毒所
348	定量 PCR 仪（实时荧光）	7500	进口	ABI	1	491000	491000	10US11NMKA0211025	2010. 07. 28	免疫规划所
349	PCR 扩增仪	9700	进口	ABI	1	127000	127000	HBZJK09N19605	2010. 07. 28	病毒所
350	PCR 扩增仪	9700	进口	ABI	1	127000	127000	HBZJK09N19605	2010. 07. 28	细消所
351	自动血球分析仪	POCH－80i	进口	日本东亚	1	49000	49000	NTEJ010828	2010. 08. 28	职业卫生所

续表

序号	设备名称	规格型号	产地	生产厂家	数量（台套）	单价（元）	金额（元）	合同号	购置时间	科室
352	台式高速冷冻离心机	Fresco21	进口	美国热电公司	3	47000	141000	BAHXLX201004 01	2010. 08. 28	病毒所
353	全自动全波长酶标仪	Epoclc TM	进口	美国 Biter 公司	1	129000	129000	HB2010041 3 - 1	2010. 09. 15	病毒所
354	全自动洗板机	Elx50 TM	进口	美国 Biter 公司	1	37000	37000	HB2010041 3 - 2	2010. 09. 15	病毒所
355	全自动全波长酶标仪	Epoclc TM	进口	美国 Biter 公司	1	129000	129000	HB2010041 3 - 1	2010. 09. 15	药研所
356	全自动洗板机	Elx50 TM	进口	美国 Biter 公司	1	37000	37000	HB2010041 3 - 2	2010. 09. 15	药研所
357	核酸提取仪	Zephyr	进口	美国 Calioer	2	580000	1160000	HB2010020 6	2010. 10. 15	病毒所
358	气相色谱仪	7890A	进口	美国 Arilent 公司	1	658000	658000		2010. 10. 29	理化所
359	超低温冰箱	MDF - U4186S	进口	日本三洋	2	56500	113000		2010. 12. 29	食品所
360	纯水仪	milli - Q	进口		1	56000	56000		2011. 03. 02	地方病所
361	制冰机	ZBS - 20	国产		1	16500	16500		2011. 03. 28	细消所
362	比浊仪		进口		1	15500	15500		2011. 03. 28	细消所
363	纯水仪	milli - Q	进口		1	57000	57000		2011. 03. 28	细消所
364	数显分散器（匀浆机）	IKA T25	进口	德国 IKA 公司	1	16000	16000		2011. 05. 23	理化所

续表

序号	设备名称	规格型号	产地	生产厂家	数量（台套）	单价（元）	金额（元）	合同号	购置时间	科室
365	呼吸机（成人/儿童）	V：V0－40	进口		1	68000	68000		2011.06.13	病毒所
366	除颤监护仪	BeneHeartd6	进口		1	69000	69000		2011.06.13	病毒所
367	监护仪	MEL－1000	国产	麦瑞集团公司	1	12000	12000		2011.06.13	病毒所
368	低温冰箱	MDF－U5412	进口	三洋公司	2	27500	55000		2011.06.13	病毒所
369	低温冰箱	MDF－U338－C	进口	三洋公司	2	15500	31000		2011.06.13	病毒所
370	生物分析仪	Agilent2100	进口	安捷伦公司	2	296000	592000		2011.06.15	病毒所
371	尿液分析仪	H－500	国产	迪瑞公司	1	14800	14800	JK20110706	2011.07.07	职业卫生所
372	纯水仪	milli－Q	进口		1	57000	57000		2011.08.03	地方病所
373	全波长酶标仪	Syaergy	进口		1	446500	446500		2011.10.10	病毒所
374	液体处理系统	sciclone	进口		1	1095000	1095000		2011.10.10	病毒所
375	机械臂	TusisterⅡ	进口		1	1096000	1096000		2011.10.10	病毒所
376	全自动DNA/RNA分析系统	LGX	进口		1	495800	495800		2011.10.10	病毒所
377	条形码扫描仪	Cycle	进口		1	195000	195000		2011.10.10	病毒所
378	ATP荧光检测仪	Noralum	进口	美国	1	46000	46000		2011.10.10	理化所
379	液相原子荧光联用仪	AF－610D2	国产	北京瑞利仪器厂	1	292000	292000	HBJKS20101202	2011.11.15	理化所
380	吸入染毒系统	Hope－MED8050	国产	天津合普	1	274000	274000	HBJKS20101201	2011.11.15	卫生毒理所
381	一体病理组织漂烘仪		国产	天津合普	1	12000	12000	HBJKS20101201	2011.11.15	卫生毒理所
382	实验动物饲养笼具		国产	苏州唯亭姑秀	1批	158242	158242	HBCDCTP20101226	2011.11.15	卫生毒理所

续表

序号	设备名称	规格型号	产地	生产厂家	数量（台套）	单价（元）	金额（元）	合同号	购置时间	科室
383	实验动物饲养笼具		国产	苏州唯亭姑秀	1 批	36406	36406	HBCDC2010122611	2011. 11. 15	卫生毒理所
384	电子天平	AL－204S	进口	梅特勒（中国）	1 架	11450	11450	JK2011－11－20	2011. 11. 28	地方病所
385	振荡水浴槽	SW22	进口		3	28000	84000		2011. 12. 20	理化所
386	电解消解仪	SF36itouch	国产	莱伯泰科	1	44500	44500	SJZ11－12－15	2012. 03. 21	理化所
387	冰柜	BC/BD－146HC	国产	青岛海尔	1	16740	1674		2012. 03. 29	免规所
388	十二导全自动心电图机	ECG－1350P	国产	日本光电上海	1	41000	41000	ABY11/106	2012. 04. 05	病毒所
389	乳腺 X 机性能模体	M12	进口	瑞典奥利科公司	1	39000	39000	DZW2011101101	2012. 04. 09	放射所
390	CR、DR 性能模体	CRDR－26	进口	瑞典奥利科公司	1	30000	30000	DZW2011101101	2012. 04. 09	放射所
391	乳腺电离室	6000－529	进口	美国长迪诺	1	19000	19000	KDN2011－1011－1	2012. 04. 09	放射所
392	高压电离室 ICU 检仪	451P	进口	美国 Fluke	1	30000	30000	HC2011－122601	2012. 04. 09	放射所
393	电离巡检仪	451B	进口	美国 Fluke	1	30000	30000	HC2011－122601	2012. 04. 09	放射所
394	低温恒温培养箱	MiR－254	进口	日本三洋公司	1	62500	62500	HBJK20111207	2012. 05. 14	细消所

续表

序号	设备名称	规格型号	产地	生产厂家	数量（台套）	单价（元）	金额（元）	合同号	购置时间	科室
395	臭氧分析仪	49i－DINAB	进口	美国热电	1	103800	103800	HBJK20111206	2012.05.14	细消所
396	超高效液相色谱仪		进口	美国沃特斯公司	1	898000	898000	HBJK201102	2012.05.15	理化所
397	超高效液相色谱仪		进口	美国沃特斯公司	1	896000	896000		2012.05.15	理化所
398	超高效液相色谱—四级杆质谱/质谱联用仪		进口	美国沃特斯公司	1	3580000	3580000	HBJK201101	2012.05.15	理化所
399	等离子体发射光谱仪		进口	美国安捷伦	1	786000	786000	HBJK2011－12/05	2012.05.15	理化所
400	台式高速冷冻离心机		进口	德国Sigma	3	156800	470400	HBJK2011N319/03	2012.05.15	理化所
401	低温恒温培养箱	MIR－254	进口	日本三洋公司	1	62500	62500	HBJK20111207	2012.05.14	微生物所
402	倒置显微镜	CKX41	进口	菲律宾奥林帕斯	1	78850	78850	HBJK2011N319	2012.07.09	病毒所
403	超低温冰箱	EXF24086V	进口	美国热电	1	56250	56250	HBJK201111204	2012.07.09	理化所
404	超低温冰箱	EXF24086V	进口	美国热电	2	56250	112500	HBJK201111204	2012.07.09	病毒所
405	超低温冰箱	EXF24086V	进口	美国热电	1	56250	56250	HBJK201111204	2012.07.09	食品所

续表

序号	设备名称	规格型号	产地	生产厂家	数量（台套）	单价（元）	金额（元）	合同号	购置时间	科室
406	超低温冰箱	EXF24086V	进口	美国热电	1	56250	56250	HBJK201111204	2012. 07. 09	细消所
407	超低温冰箱	EXF24086V	进口	美国热电	1	56250	56250	HBJK201111204	2012. 07. 09	药研所
408	全自动病毒载量检测仪	cobasAP/PM	进口	北京罗氏	1	1535000	1535000	HEBCDCHIV2012008	2012. 08. 20	艾滋病所
409	高通量多样品研磨机	Xianou－24	国产		1	21800	21800		2012. 08. 22	病毒所
410	尿液分析仪	H500	国产	中国沈阳	1	14800	14800		2012. 10. 22	职业卫生所
411	听力计	AD22GB	进口	丹麦	1	49800	49800	2. 0121E＋11	2012. 10. 07	职业卫生所
412	电脑、打印机		国产		1	35200	35200	2. 0121E＋11	2012. 10. 07	职业卫生所
413	低温保存箱	DW－40W255	国产	青岛海尔	2	11000	22000		2012. 12. 04	病毒所
414	海尔10P柜机	KFRD－260LW/730A	国产	青岛海尔	2	18500	37000	2012JK1129	2012. 12. 05	质检处
415	投影仪	PT－BX51	进口	松下（三洋）	1	19500	19500		2013. 02. 18	办公室
416	全自动高压灭菌器	MLS－3780	进口	松下（三洋）	1	62500	62500	HBJK2012C/01	2013. 03. 13	微生物所
417	全自动高压灭菌器	MLS－3780	进口	松下（三洋）	1	62500	62500	HBJK2012C/01	2013. 05. 09	微生物所

续表

序号	设备名称	规格型号	产地	生产厂家	数量（台套）	单价（元）	金额（元）	合同号	购置时间	科室
418	致病因子溯源平台		国产	北京中科助腾	1	990000	990000	HBJK 2012 A/05	2013.05.09	微生物所
419	全自动高压灭菌器	MLS－3780	进口	松下（三洋）	3	62500	187500	HBJK 2012 C/01	2013.05.28	病毒所
420	全自动高压灭菌器	MLS－3780	进口	松下（三洋）	2	62500	125000	HBJK 2012 C/01	2013.05.28	细消所
421	全自动高压灭菌器	MLS－3780	进口	松下（三洋）	1	62500	62500	HBJK 2012 C/01	2013.05.28	寄防所
422	全自动高压灭菌器	MLS－3780	进口	松下（三洋）	1	62500	62500	HBJK 2012 C/01	2013.05.28	结核所
423	实时荧光定量PCR仪	light cycler96	进口	瑞士罗氏公司	1	390000	390000	HBJK 2012 A/02	2013.06.17	微生物所
424	凝胶色谱气相色谱/四级杆质谱仪	QP2010ultra	进口	日本岛屿津	1	1692800	1692800	HBJK 2012 A/03	2013.06.17	病毒所
425	高效液相色谱四级杆串联质谱仪	TSQAccess MAX	进口	美国热电	1	2590000	2590000	HBJK 2012 A/01	2013.07.01	理化所
426	α谱仪系统		进口	美国热电	1	590000	590000	HBJK 2012 A/06	2013.07.02	放射所
427	三气培养箱	CB210	进口	德国宾得公司	1	148000	148000	HBJK 2012 A/04	2013.07.08	微生物所
428	真菌毒素浓缩仪	M Evap	进口	新加坡	1	102350	102350	HBJK 2012 B/01	2013.07.08	理化所

续表

序号	设备名称	规格型号	产地	生产厂家	数量（台套）	单价（元）	金额（元）	合同号	购置时间	科室
429	高温高压微波消解仪	MARS6	进口	美国CEM 公司	1	318000	318000	HBJK 2012 B/11	2013. 07. 09	职卫所
430	全自动电泳仪	QIAxeel	进口	瑞士 Qiagen	1	449800	449800	HBJK 2012 B/06	2013. 07. 16	微生物所
431	高分辨多功能显微镜	MDI9702	进口	美国尼康公司	1	334000	334000	HBJK 2012 B/10	2013. 07. 29	微生物所
432	全自动电泳仪	QIAXcelAdvanced	进口	美国凯杰公司	1	449800	449800	HBJK 2012 B/06	2013. 07. 31	微生物所
433	旋转蒸发仪	RV10	进口	德国 IKA 公司	1	75800	75800		2013. 08. 05	理化所
434	全自动酶联荧光免疫分析仪	SynergyZ	进口	美国 Aiotek 公司	1	368300	368300		2013. 08. 05	微生物所
435	电子血压计	HBP9020	国产	大连欧姆龙公司	1	24000	24000		2013. 08. 12	地方病所
436	白金坩埚	30ml 30g ± 0. 1	国产	天津夫马衡基	4	12800	51200		2013. 08. 21	职卫所
437	台式高速冷冻离心机	5417R	进口	德国艾本德	3	46500	139500		2013. 09. 02	微生物所
438	多参数监护仪	MEC－1000	国产	深圳迈瑞	1	12000	12000	20130712	2013. 09. 05	病毒所
439	呼吸机	V：Vo－40	进口	GE 公司	1	73000	73000	20130711	2013. 09. 05	病毒所
440	除颤仪	BcheHearcd6	国产	深圳迈瑞	1	69000	69000	20130713	2013. 09. 05	病毒所
441	薄层色谱扫描仪		进口	瑞士卡玛公司	1	363800	363800	HBJK 2012 A/08	2013. 08. 30	理化所

续表

序号	设备名称	规格型号	产地	生产厂家	数量（台套）	单价（元）	金额（元）	合同号	购置时间	科室
442	脉冲场电泳仪	CHEF-MarexA	进口	美国伯乐公司	1	378000	378000	HBJK 2012 A/07	2013. 09. 10	微生物所
443	蛋白印迹仪	SYsten20	进口		1	132000	132000		2013. 09. 16	艾滋病所
444	半自动生化仪		国产	深圳雷杜	1	19300	19300		2013. 09. 16	艾滋病所
445	核酸提取仪	LaboTurbo24	进口	美国 Tiagen	1	298000	298000	HBJK 2012 N/156	2013. 09. 23	病毒所
446	荧光定量 PCR 仪	Mx3005P	进口	美国安捷伦	1	499000	499000	HBJK 2012 N/156	2013. 09. 23	病毒所
447	PCR 仪	9700	进口	美国 ABI 公司	1	56000	56000	HBJK 2012 N/02	2013. 09. 23	免规所
448	倒置显微镜	ckx41	进口	日本 OLPas	1	135000	135000		2013. 09. 23	免规所
449	二氧化碳培养箱	311	进口	美国热电	1	49800	49800		2013. 09. 23	免规所
450	微量冷冻离心机	TGL－16G	国产	上海医用离心机厂	1	11980	11980		2013. 09. 23	免规所
451	大容量冷冻离心机	TGL－20	国产	上海医用离心机厂	1	52000	52000		2013. 09. 23	免规所
452	水标本浓缩仪		国产		1	39800	39800		2013. 09. 23	免规所
453	水浴箱	W1320	国产	Saivisl AB	1	10000	10000	HBJK 2013 N/89	2013. 09. 23	免规所
454	全自动核酸提取仪	QLScube	进口	德国 QIAGEN	1	303000	303000		2013. 09. 25	免规所

续表

序号	设备名称	规格型号	产地	生产厂家	数量（台套）	单价（元）	金额（元）	合同号	购置时间	科室
455	全自动实时毛细管电泳仪	Labchip	进口	美国 Caliper 公司	1	315800	315800	HBJK 2012 N/10	2013. 09. 25	免规所
456	低温保存箱	MDF－U5412	进口	日本松下/三洋	2	33000	66000	20130926－B	2013. 09. 29	病毒所
457	程控烘箱	600ADWG3	进口	德国美墨尔特	1	30000	30000	2012B/13	2013. 09. 30	微生物所
458	程控恒温水浴培养箱		进口	德国美墨尔特	2	29500	59000	2012B/13	2013. 09. 30	微生物所
459	放疗剂量计	UnidosE	进口	德国 PTW 公司	1	225000	225000	HBJK 2013/X2	2013. 10. 10	放射所
460	二维水箱	MP2	进口	德国 PTW 公司	1	924200	924200	HBJK 2013/X2	2013. 10. 11	放射所
461	研究级显微镜	50i	进口	日本尼康株式会社	1	168800	168800	AIDS 2013/05	2013. 10. 11	寄防所
462	全自动微波消解系统	S60	国产	北京莱伯泰科	1	393600	393600	HBJK 2012 B/14	2013. 10. 15	理化所
463	十二道数字心电图机	ZQ－1212	国产	武汉中旗	2	22000	44000		2013. 10. 29	地方病所
464	气相色谱仪	Agrelent789DB	进口	美国安捷伦	1	643400	643400	HBJK 2012/12	2013. 10. 30	理化所
465	冷冻干燥机	CS55－4Pro	进口	丹麦丹佛斯	1	200350	200350	HBJK 2012 B/02	2013. 11. 05	理化所
466	冷冻干燥机	CS55－4Pro	进口	丹麦丹佛斯	1	200350	200350	HBJK 2012 B/02	2013. 11. 05	微生物所

续表

序号	设备名称	规格型号	产地	生产厂家	数量（台套）	单价（元）	金额（元）	合同号	购置时间	科室
467	凝胶成像系统	G－BoxEF	进口	英国	1	137000	137000	HBJK2012A/07	2013.11.05	微生物所
468	CT剂量仪主机及检测附件	比拉那160型	进口	RTI	1	59000	59000	HBJK2013/X1	2013.11.05	放射所
469	CT核磁共振检测模体	catphan600/7 6－907－908	进口	美国福禄克	1	336000	336000	HBJK2013/X1	2013.11.05	放射所
470	全自动凝胶成像仪	G－BoxF3	进口	丹麦yngeme	1	105000	105000	AIDS2013/03	2013.11.21	艾滋病所
471	全自动凝胶成像仪	G－BoxF3	进口	丹麦yngeme	1	105000	105000	AIDS2013/03	2013.11.21	细消所
472	酶标仪/洗板机	SynergyZClx50	进口	美国Biotek公司	1	395200	395200	AIDS2013/04	2013.11.21	艾滋病所
473	全自动样品稀释仪	3000＋icAP	进口	美国百泰科	1	391000	391000	HBJK2012A/03	2013.11.21	理化所
474	全自动核酸提取仪		进口	瑞士	1	685000	685000	AIDS2013/02	2013.11.22	艾滋病所
475	高通量PCR仪		进口	美国伯乐公司	1	1100000	1100000		2013.11.22	微生物所
476	恒温培养箱	SANYOMIR262	进口	日本三洋	1	24800	24800		2013.11.22	细消所
477	尼康显微镜		进口		1	47000	47000		2013.11.22	免规所
478	超低温冰箱	MDF－U3386S	进口	日本三洋	1	58000	58000		2013.11.22	免规所
479	外排生物安全柜100%	BCG－601	进口		1	165000	165000	AIDS2013/06	2013.12.28	艾滋病所

续表

序号	设备名称	规格型号	产地	生产厂家	数量（台套）	单价（元）	金额（元）	合同号	购置时间	科室
480	高压灭菌器	MLS－3780	进口	日本三洋	1	65100	65100	AIDS 2013/05	2013.12.28	艾滋病所
481	研究级显微镜	50i	进口	日本尼康株式会社	1	168800	168800	AIDS 2013/05	2013.12.28	艾滋病所
482	脉冲场电泳仪				1	378000	378000	HBJK 2012 A/07	2013.12.28	微生物所

安全保卫工作综述

【概况】2013年5月，中心安全保卫处由后勤服务中心保卫科调整为独立处室，是中心承担安全管理工作的职能部门，主要负责维持中心正常治安秩序，防止违法犯罪和灾害事故的发生，保护中心财产和职工人身安全，确保各项工作顺利开展。

【健全各项制度和预案】中心是石家庄市安保、反恐、消防安全重点单位。成立之初，重新建立了安全生产组织机构，健全了安全保卫工作制度，制定了消防、反恐、安全保卫等各类突发事件应急预案。拟制了《安全（生产、消防）责任书》，以中心主任为第一责任人、分管领导及处（所）室领导实行一岗双责制，层层负责。把《每日安全巡查记录》作为日常工作中常态化管理，仔细巡查，认真记录。最大限度地预防和减少突发事件及其造成的损害，维护中心正常的工作秩序和稳定，保障中心全体职工的生命财产安全。

【消防安全工作】本着“预防为主，防消结合”的工作方针，重点加强消防法律法规的宣传教育培训、消防器材设施的维修保养。（一）制作消防“四个能力”建设宣传牌，张贴宣传消防安全知识挂图；做好消防户籍化管理工作和消防工作日报制工作；组建志愿消防队，并对志愿队员进行了消防安全培训；对中心干部职工进行消防安全知识培训；组织中心全体职工进行消防应急疏散演练和使用灭火器灭火操作演练；组织在岗在职人员进行“消防安全知识答题”活动；通过理论培训和实际演练，增强了全员的消防安全意识和相关法律知识，提高了防护技能，确保一旦发生火灾等安全事故，能够迅速有序疏散，最大限度减少人员。（二）主动联系裕华区公安消防大队来我单位检查指导；邀请富强大街消防中队到我单位实验大楼进行消防演练，熟悉防区具体情况；安全保卫处、质检处、后勤服务中心联合对中心实验楼、办公楼和单身宿舍进行安全检查。（三）与消防维保单位签订消防维保合同，每月对中心实验楼消防设施设备、器材定期进行维修保养。检查过程中存在的隐患问题及时处理：（1）投资3850元对办公楼、单身宿舍、生物安全实验楼、库房灭火器进行维修保养；（2）投资1650元在新建库房处配备整套消防器材；（3）投资5850元维修消防水系统，更换一台稳压泵和部分阀门；（4）投资7700元维修实验楼、门岗、配电室、食堂220具灭火器。

【安全保卫工作】（一）加强保安人员管理，每半个月检查保安人员巡更系统记录情况，修订保安人员职责和岗位职责，配备警用器材，要求每一位保安都要熟悉突发事件的处理程序，熟练掌握各类消防设施的使用与维护，提高保安服务水平，增强服务意识。（二）做好“公卫医师考试”考场安保工作。（三）悬挂以“强化安全基础，推动安全发展”安全生产月为主题的条幅。与中心各处（所）室签订《安全（生产、消防）责任书》，严格落实责任制。（四）制作安全用火用电标志牌，在单身宿舍进行张贴。（五）做好十八届三中全会期间安保、消防及反恐工作，按照公安部门要求，制定十八届三中全会反恐怖应急预案，部署所有安保人员进入三级备勤，严格落实门卫制度、严格检查出入中心人员及车辆。（六）将日常检查中发现的安全隐患问题及时处理解决：（1）投资5.1万余元对实验大楼监控摄像机系统进行升级改造；（2）投资6200元更换单身宿舍监控主机系统；（3）投资9711元用于办公楼电梯内安装两部监控摄像机和动物房监控室增加硬盘录像机系统；（4）投资6432元新增新建库房处3部监控摄像机；（5）投资2.5万余元对中心实验楼进行防雷检测；（6）对南门电动伸缩门系统进行维修10余次，维修监控系统20余次，更换损坏的监控摄像头。

【其他安保工作】（一）积极配合上级领导和相关单位的安全检查工作，迎接河北省卫生厅安全生产大检查活动督导检查组、石家庄市公安局反恐办、裕华区公安分局反恐办、裕华区公安消防大队、裕华路派出所，以及裕华路街道办事处安监站来我单位进行安全检查，共10次。（二）做好每年一次的防雷检测和消防检测工作。（三）认真落实安全生产大检查活动的各项工作，制定安全生产大检查活动方案，每周向卫生厅办公室汇报“卫生系统大检查工作信息周报表”。在安全生产大检查活动期间，与裕华路街道办事处签订《安全生产、食品安全、消防责任状》，与裕华区公安消防大队签订《消防安全承诺书》，并进行张贴公示。（四）加强与公安机关联系，为新建楼建筑工地施工人员办理居住证，加强管理，做好防范工作。出入办公区的人员一律凭证进出，联系业务人员必须登记，无关人员严禁进入办公区。（五）加强出入单位车辆的管理，出入办公区的车辆，严格落实门卫登记制度，并规范办公区机动车停放，划定黄色停车线，制作车辆出入证56张。（六）妥善解决民事矛盾纠纷7次。

后勤服务管理工作综述

【总务保障】全年共完成各种维修保养工作2400余次；2013～2014年办公区、宿舍区冬季及时取暖工作；全年完成实验室地面、墙壁清洗保洁约1万平方米；完成实验楼、办公楼电梯维保合同签订、整修、日常维保、年检和实验楼西货梯水淋后修复工作；完成地方病职工宿舍卫生间整修、上水管更换和南楼线路更换工作；搭建临时彩钢板房12间361平方米，浇筑水泥地面570平方米；完成实验楼中央空调清洗、除垢工作，清洗风机盘管435个、风道4200平方米，冷却塔2座、新风机组15台；保养制冷机组1台，更换压缩机1台；更换低压监控表35块，实现高低压电脑监控；更换生物安全实验室楼空调压缩机电机1台、应急电源蓄电池40块，安装电热水器2台；完成实验楼排污站配电箱更换外移工作；完成办公楼、职工食堂自来水加压工程；完成实验楼1层大厅7.3平方米和收发室3.2平方米彩色显示屏更换工程；完成中心办公区花卉摆放工作；全年共采购各种办公用品和物资400余次，出库1200余次，采购发放劳保用品570人次科室14个；完成卫生应急演练和拓展训练物资保障工作，采购储备应急物资48种；完成制式应急装备服装招投标采购工作；

【车辆保障】完成各项车辆保障任务；保障各种勤务和突发应急公共卫生事件用车5530余台次，安全行车91万余公里；双休日节假日累计加班1310天；完成全省对口帮扶健康巡讲工作、卫生厅全省卫生系统安全生产大检查、中层干部东阳坡西柏坡参观培训租借中巴车2辆、大客车2辆；完成中心应急队员2批在保定易县进行的拓展训练、全省疾控系统技能大比武和应急演练车辆6台等工作的车辆保障工作；严格执行中心的《车辆使用管理规定》，严格落实公车管理的有关规定，严禁公车私用，司机实行24小时值班制度和派车单制度；办理完成了5台车的报废、13台车历史遗留问题的审计工作；车辆管理实行单车核算、定点维修保养、定点加油；请裕华交警大队对全体驾驶员进行了交通法规培训，经常对驾驶人员进行安全驾驶和交通法规教育以及疫情防护知识培训，并给每台车配备了灭火器。

【职工食堂管理】认真落实食堂卫生制度，每天小扫除、每周大扫除，定期灭蟑灭鼠；加强了就餐卡管理，严格控制了外单位人员就餐，对本单位临时人员的就餐卡进行实名登记；完成职工1866人次、手拉手、外来学习人员80人次就餐补助发放工作，完成中层干部赴东阳坡参观学习2天120人次就餐保障工作；结合我单位工作特点，与应急办共同摸索野外应急条件下的就餐保障模式；圆满完成全年的职工就餐保障工作。

【物资库房和职工食堂建设】建立健全基建组织，提高基建投资防控水平，制定相应管理措施，加强投资控制意识，制定了投资控制预案；现场勘查测量调整与小区老干部签订了协议，并最终确定项目地点；完成选址后，多次协调规划局办理完成规划许可证、平面图公示、二次勘察报告等相关工作；完成组织召开项目初步设计评审会、项目初设审批和施工图纸设计、审查、工程量清单编制工作；完成项目监理、土建招标等合同签订工作；完成支付2次施工费、2次监理费、1次设计费、评审费、审查费、检测费、石家庄市基础建设综合收费、农民工保证金、省直建筑市场交易服务费等工作；完成消防、人防、抗震、防雷等申报审批工作；完成施工许可证、渣土处置证、运输许可证的办理工作；完成平房拆除、垃圾清运、场地平整、施工场地围挡、施工临建、水电接入、监理和施工单位入场等开工前各项准备工作。进入施工阶段后，抓安全、质量、进度，完成基坑开挖、支护、验槽、垫层浇筑、基础防水、地下室浇筑封底，完成阶段性目；加强对监理单位管理，发挥其主体监管作用，研究起草制定《河北省疾病预防控制中心建设项目监理单位管理办法》（试行）。强化施工单位安全责任意识，落实安全责任，督促落实各项安全措施，施工单位项目部签订《安全文明施工承诺书》。配合工期质量要求安排专人值班，在重要环节和关键点上加强监督管理。

【保定后勤服务工作】1. 2012年2月23日，为离退休人员活动室配备了戴尔780电脑并安装了网线。2. 2014年3月19日、21日召开两次住户天然气安装征求意见会。5月份开始收款9月4日玉兰大街生活区通气。10月9日裕华路生活区付款，10月25日通气。其他两个生活区正在运作中。3. 中国科普期刊研究会第三届理事会于2013年5月12日至15日，在湖北宜昌召开。我单位《医药前沿》杂志社作为第二届理事会常务理事单位应邀出席。我单位《医药前沿》杂志社被选为第三届理事会常务理事。4. 7月10～12日，《医药前沿》杂志社社长（主编）崔泽，执行主编梁占恒参加了河北省新闻出版局在石家庄市举办了期刊社社长、主编岗位培训班，5. 2014 年出版《医药前沿》杂志36期。在去年成立《医药前沿》杂志社有限公司的基础上，今年继续完善了公司手续。核换了新的出版证、营业执照增添了杂志出版项目，办理了新的机构代码、国税、地税税务证。

内部审计工作综述

【预算项目内部审计开展情况】2013 年共完成维修、安装项目审计 7 项，涉及资金共计 46.7 万余元，审计核减预算共计 5.45 万元，综合核减比例为 11.67%，出具审计报告 7 份，已全部批示；完成修缮改造项目审计 11 项，涉及资金共计 54.14 万余元，审计核减预算共计 4.91 万元，综合核减比例为 9.1%，出具审计报告 11 份，已全部批示；对 6 个基建项目进行了成本测算，出具了成本测算情况报告，涉及金额共计 31.32 万余元；此外，2013 年还对应急服装采购、宣传栏制作等 4 项其他项目预算情况进行了审核，出具了审计报告，涉及资金约 40 余万元。

【对外签订合同审核情况】2013 年共对 23 项一般服务性合同进行了审核，有针对性地提出了修改意见，其中个别合同修改篇幅较大，形成审核报告 23 个，总计涉及合同金额 335 万余元；全年审核科研协作协议 21 项，其中大部分给出了修改意见，总计涉及协议资金约 858 万余元；审核“食品安全风险监测仪器设备政府采购项目”合同两批共 19 个合同、“脊灰实验室检测设备政府采购项目”合同两批共 7 个合同、“艾滋病检测设备政府采购项目”10 个合同，审核涉及合同资金共计 1823.54 万元；全年审核生物制品疫苗及注射器采购合同共三批，即对“麻疹疫苗及注射器采购项目”4 个合同、“应急疫苗采购项目”14 个合同、“扩大免疫规划用疫苗及注射器采购项目”19 个合同进行了审核，审核涉及合同资金总计约 9054.44 万元。

【内部审计人员继续教育情况】2013 年内部审计处两名工作人员分别完成了 36 学时的高级会计师继续教育学习；一名工作人员完成了 24 学时的会计师继续教育培训。此外，审计处三名工作人员均完成了年度审计人员继续教育学习及资格认证工作。

老干部管理工作综述

【概况】中心有离休、退休及内退干部职工共 382 人，其中：离休干部 31 人，退休职工 256 人，内退职工 95 人。年内退休 19 人，去世 2 人。

【老干部政治待遇落实】在理论学习和实事政治学习方面，保证老干部有必读的书目、必看的报纸、必阅的文件，按规定为离休干部和退休干部发放书报费，配发理论学习书目，订阅党报党刊，满足老干部的政治学习需求。定期组织传达学习党和政府以及省老干部局、省卫计委和中心的有关文件。组织离退休党员干部参与中心开展的各项学习教育活动，中心重大活动均有老同志代表参加。每季度组织一次党员集中学习活动，针对老干部关心的热点问题讲实情、讲政策，与老干部沟通、交换意见，丰富老干部学习内容，开拓老干部的视野，并以座谈学习等形式，统一思想，提高觉悟，保持思想常新。落实联系老干部走访慰问制度。在做好平时慰问住院和年老体弱足不出户的老干部外，“春节”“七一”“中秋节”前，领导带队登门到户慰问全体离休干部、生活困难老党员及重病卧床老同志。

【老干部生活待遇落实】认真贯彻落实河北省出台的有关离退休干部职工的一系列政策。严格按照政策规定按时足额发放离休干部各项生活补贴；离休干部医药费按规定期限报医保中心审核报销，及时发放给老干部；及时安排离休干部看病用车；坚持入院探望制度，对 31 名生病住院老同志，及时代表组织到医院进行探望；对 11 名家庭困难的退休职工和遗属发放困难补助共 5000 元；组织全体退休及内退职工进行健康体检；组织中心“四方面人”进行健康体检；为全体离退休干部办理电话及书报费报销 70923 元；为 8 名满 70 岁退休职工办理敬老证；为 6 名退休职工申报慢病医疗；积极协助 2 名去世职工家属办理丧葬事宜，及时发放丧葬费和抚恤金；为 2 名年满 80 岁的老同志祝寿；为全体退休及内退职工办理社保卡登记；为 2012 年度病逝职工核发生活补贴。定期走访问候有思想包袱、身体状况差、行动不便的老同志，帮助老同志解决生活上遇到的具体问题；经常与后勤服务中心协调解决老同志住房的水电、暖气等维修工作；对老同志信访反映的问题，及时协调处理，并做好解释安抚工作。

【老干部文化活动开展】春节前，在石家庄、保定两地分别举办离退休老干部迎新春座谈会；5 月 10 日，组织老同志参观“2013 中国（河北）国际老年产业博览会”；5 月 15 日，陪同省卫计委赵瑜副主任、厅离退休干部处领导到井陉县洞阳坡，专程看望在那里绿化荒山十余年的中心退休干部吕日新同志；5 月 17 日，组织石家庄、保定两个办公区的全体离退休老同志到河北省沧州市吴桥县“吴桥杂技大世界”进行参观游览。5 月 23 日，参加在省体育馆召开的省直（中直）单位第二十届离退休干部健身运动会；重阳节前，组织离退休职工参观游览石家庄（保定）植物园；11 月份，参加省老干部局“缅怀伟人 同心筑梦”纪念毛泽东诞辰 120 周年诗词朗诵歌咏会。

【老干部支部建设】注重加强老干部党支部的组织、思想、制度建设，从政治上、思想上关心和爱护老干部。认真组织离退休党员干部参与中心开展的各项学习教育活动。每季度组织一次党员集中学习活动。先后召开 6 次支委会，分析离退休党员思想情况，研究加强和改进支部工作措施。认真组织离退休党员参加中心政治教育活动，将中心配发的群众路线教育学习书籍发放给全体党员，并利用支委会，组织学习宣传十八大精神及群众路线教育活动内容。10 月 11 日，组织支部委员到洞阳坡与退休后继续创业、造福当地百姓、老有所为的典型吕日新同志座谈，在山上召开主题支委会。坚持党支部例会和集体学习制度。按时足额收缴党费共 12684 元，党费提留使用由支委会集体决定，用于学习和开展活动。

【老干部工作拓展】坚持工作例会制度，及时学习传达上级有关老干部工作的政策文件、会议精神，进行交流探讨，不断提高老干部工作者的政策水平和服务保障工作能力。注重加强老干部工作的宣传，以简报等形式报道老干部工作动态 9 篇，并向省卫计委老干部处报送信息。

省疾控中心2013年获得荣誉统计

序号	获奖部门	所获荣誉名称	颁发单位	颁发时间
1	性艾所/高干队	全国艾滋病防治工作先进集体	人力资源和社会保障部国家卫生和计划生育委员会	2013年10月
2	性艾所/高干队	2012年度艾滋病病毒感染者/病人随访管理和治疗工作质量奖	中国疾控中心	2013年2月
3	性艾所/高干队	2012年度艾滋病高危人群干预工作质量奖	中国疾控中心	2013年2月
4	省疾控中心	全国疾控系统“八桂杯”太极拳邀请赛“优秀组织奖”	中国疾控中心	2013年3月
5	碘缺乏病实验室	国家级碘标准物质定值单位	国家碘缺乏病参照实验室	2013年11月
6	理化检验所	全国巾帼文明岗	中华全国妇女联合会全国妇女“巾帼建功”活动领导小组	2013年3月
7	省疾控中心	全省卫生系统“群众满意的医疗卫生机构”	省卫生厅	2013年4月
8	省疾控中心	省直“职工经济技术创新暨合理化建议活动优秀组织单位”	省直工会	2013年7月
9	省疾控中心	省直干部职工健步走展示活动“最佳团队奖”	省直工会	2013年10月
10	中心党委	支持妇女工作的先进基层党组织	省直妇工委	2013年3月
11	结核病防治所	省直“巾帼文明岗”	省直妇工委	2013年3月
12	财务处	河北省卫生系统规划财务管理知识技能竞赛团体一等奖	省卫生厅	2013年3月
13	健教所	2012年度全国创建无烟医疗卫生系统三等奖	国家卫生和计划生育委员会宣传司	2013年9月
14	健教所	《远离烟草，珍爱生命家庭篇》2012年中央补助地方健康素养促进行动项目优秀公益广告作品三等奖	国家卫生和计划生育委员会宣传司	2013年9月

续表

序号	获奖部门	所获荣誉名称	颁发单位	颁发时间
15	健教所	《培养健康生活方式，远离心脑血管疾病》2012年中央补助地方健康素养促进行动项目优秀公益广告作品二等奖	国家卫生和计划生育委员会宣传司	2013年9月
16	办公室	河北省机关档案工作目标管理4A级	省档案局	2013年
17	第一、七、八党支部	2012年度厅直先进党支部	厅直机关党委	2013年7月
18	中心工会	2012年度省直“基层工会财务管理规范化建设先进单位”	省直工会	2013年4月
19	中心工会	省直“基层工会经审工作规范化建设先进单位”	省直工会	2013年5月
20	中心工会	省直《女职工劳动保护特别规定》知识竞赛优秀组织奖”	省直工会	2013年8月
21	中心工会	省直“职工劳动竞赛先进单位”	省直工会	2013年11月
22	中心工会	全省工会系统财务工作先进单位	省总工会	2013年11月
23	中心工会	省直“全员健身活动先进单位”	省直工会	2013年12月
24	中心女工委	2011~2012年度“省直基层工会女职工工作规范单位”	省直工会	2013年3月
25	中心女工委	2011~2012年度省直先进工会女职工委员会	省直工会	2013年3月
26	中心妇委会	省直“先进妇委会”	省直妇工委	2013年3月
27	营养所	2010~2011年宣传贯彻《营养改善工作管理办法》先进集体	中国营养学会	2012年5月

省疾控中心2013年个人获得荣誉统计

序号	获奖个人	所获荣誉名称	颁发单位	颁发时间
1	崔　泽	全省卫生系统创先争优暨“修医德、强医能、铸医魂”指导工作先进个人	省卫生厅	2013年5月
2	崔　泽　戴明启　鲍　文	2012年省直“安康杯”竞赛优秀组织者	省直工会	2013年5月

续表

序号	获奖个人	所获荣誉名称	颁发单位	颁发时间
3	李　琦　戴明启　李文俊	2012 年度厅直优秀党务工作者	厅直机关党委	2013 年 7 月
4	李　琦　李文俊	全国疾控系统“优秀论文二等奖”	中国卫生思想政治工作促进会疾控分会	2013 年 7 月
5	高立志	省直“立足岗位查隐患我为安全生产献一计”活动优秀组织者	省直工会	2013 年 12 月
6	张振国	河北省“我最喜爱的健康卫士”	省卫生厅	2013 年 4 月
7	郭鹏云　鲁九珍	2012 年度省直基层工会财务管理规范化建设先进个人	省卫生厅	2013 年 5 月
8	赵宏儒	全国疾控系统“八桂杯”太极拳邀请赛“个人展示风采奖”	中国疾控中心	2013 年 3 月
9	夏晓红	省直职工乒乓球比赛代表省卫生厅荣获女子团体第二名	省直工会	2013 年 4 月
10	夏晓红　李素琴	分获省直职工乒乓球比赛 A 组女子单打二、三名	省直工会	2013 年 4 月
11	卢　安	2012 年度省直职工经济技术创新暨合理化建议活动先进个人	河北省直属机关工会工作委员会	2013 年 7 月
12	左贵峰	2012 年度厅直“青年岗位能手”	厅直机关团委	2013 年 5 月
13	宗　华　阎青梅　程蔼隽	2011～2012 年度“省直先进女职工”	省直工会	2013 年 3 月
14	鲍　文	2011～2012 年度省直“先进女职工工作者”	省直工会	2013 年 3 月
15	鲍　文	全国疾控系统“八桂杯”太极拳邀请赛领队赛第四名	中国疾控中心	2013 年 3 月
16	鲍　文　司永光	全国疾控系统优秀论文三等奖	中国卫生思想政治工作促进会疾控分会	2013 年 7 月
17	安　鸿	2012 年度石家庄地域科技统计工作先进个人	石家庄市科学技术局	2013 年 1 月
18	王颖童	2012 年度省直“优秀团干部”	团省委	2013 年 5 月

续表

序号	获奖个人	所获荣誉名称	颁发单位	颁发时间
19	卢　安　蒋东升　师　鉴　郭鹏云　鲍　文　邸凤莲　闫青梅	省直“职工经济技术创新暨合理化建议活动积极分子”	省直工会	2013 年 7 月
20	崔　泽　程蔼隽　吕运田　赵辉生　王英豪　韩艳淑　刘树力　王金木　郝延江	2012 年度厅直优秀党员	厅直机关党委	2013 年 7 月
21	张富才　窦永志　李志伟　鲍　文　宗　华	省直“立足岗位查隐患我为安全生产献一计”活动优秀积极分子	省直工会	2013 年 12 月
22	张联英　王　峰　段建斌	从事结核病防治专业技术工作 30 年	中国防痨协会	2013 年 10 月
23	陈海峰　方志金　张会民　李俊娟　李国刚	从事结核病防治专业技术工作 20 年	中国防痨协会	2013 年 10 月
24	郭晓亮	中国控烟贡献奖	中国控制吸烟协会	2013 年 12 月
25	朱俊卿	2013 年脑卒中高危人群筛查和干预项目先进个人	国家卫生计生委脑卒中筛查与防治工程委员会	2013 年 11 月
26	达利亚	2012 年度全国无偿献血奉献奖金奖	卫生部、中国红十字总会、解放军总后勤部卫生部	2013 年 10 月
27	郭　玉	新疆脊灰疫情防控工作先进个人	卫生部	2013 年 3 月

省疾控中心2013年职工在省级以上社会团体、专家委员会任职情况统计

序号	姓名		社团或专家委员会名称	社团或专家委员会职务
1	崔　泽	1	河北省预防医学会	副会长
		2	河北省医院协会	常务理事
		3	中国卫生经济学会公共卫生经济专业委员会	委员
		4	中华预防医学会伤害学会	副会长
		5	河北省糖尿病协会	副会长
		6	中华预防医学会伤害预防与控制分会	常务委员
		7	河北省老年医学会	副会长
		8	河北省卫生经济学会	副会长
		9	河北省医师协会	副会长
		10	河北医科大学	硕士生导师
		11	河北联合大学	硕士生导师
		12	《中华疾病控制杂志》	编委
		13	《河北医药》编委会	副主委
		14	《医药前沿》	主编
		15	河北健康养生文化产业促进会	常务理事
2	李　琦	1	国家卫生标准委员会	委员
		2	卫生部疾病控制专家委员会	委员
		3	国家科学技术奖	评审专家
		4	中华医学会科普分会	理事
		5	全国基层公共卫生学组	常委
		6	中华预防医学会流行病学分会	青年委员
		7	省政府应急管理专家	
		8	河北省糖尿病防治协会	副会长
		9	河北省预防医学会	常务理事

续表

序号	姓名		社团或专家委员会名称	社团或专家委员会职务
2	李　琦	10	河北省医学会医学生化学会	候任主委
		11	河北省生化与分子生物学会	常务理事
		12	河北省灾害防御协会	常务理事
		13	河北省医学检验实验室质量管理学会	常务理事
		14	河北医科大学	硕士生导师
		15	河北联合大学	硕士生导师
3	李建国	1	国家食品安全风险评估专家委员会	委员
		2	中华预防医学会劳动卫生与职业病分会（第七届）	常务委员
		3	国家卫生计生委职业卫生标准专业委员会（第七届）	委员
		4	中华预防医学会环境卫生分会（第七届）	委员
		5	中国卫生监督协会放射卫生分会（第一届）	副会长
		6	中华预防医学会第二届伤害预防与控制分会	委员
		7	中国健康教育学会企业分会	常务理事
		8	中国学生营养与健康促进会	常务委员
		9	河北省保健食品化妆品协会（第一届）	常务理事
		10	河北营养学会	副理事长
		11	河北医学会卫生学分会（第六届）	主任委员
		12	河北省医师协会（第二届）	理事
		13	河北医科大学	兼职教授
		14	河北大学医学部	兼职教授
		15	河北省应对气候变化专家委员会	委员
4	陈素良	1	中华预防医学会消毒专业委员会	副主任委员
		2	中华预防医学会医院感染专业委员会	委员
		3	国家卫生计生委卫生标准委员会	委员
		4	河北省预防医学会消毒与医院感染控制委员会	主任委员
		5	河北省卫生计生委艾滋病控制专家委员会	主任委员

续表

序号	姓名		社团或专家委员会名称	社团或专家委员会职务
5	蒋东升	1	中国环境诱变剂学会（第五届）	理事
		2	中国环境诱变剂学会抗诱变剂和抗癌专业委员会	委员
		3	河北省环境诱变剂学会	副会长兼秘书长
		4	河北省预防医学会	副秘书长
		5	河北省毒理学会	理事
		6	河北省医学会卫生学分会	副主任委员
		7	中华预防医学会伤害预防与控制第二届委员会	委员
		8	中华预防医学会卫生毒理学分会学第四届委员会	委员
		9	河北省对外交流友好协会	理事
		10	河北省实验动物学会	副理事长
		11	河北省医师协会	理事
6	张建新	1	中华医学会	理事
		2	中华医学会信息学会	常务理事
		3	中国药理学会	理事
		4	河北省医学会	副会长
		5	河北省药理学会	副理事长
		6	河北省医学会信息学会	主任委员
		7	河北省药学会	常务理事
		8	河北省医学会心血管病专业委员会	副主任委员
		9	《河北医药》编委会	主任委员
7	夏晓红	1	国际心脏学会中国分会	执行委员
		2	中国病理生理学会心血管分会	秘书
		3	河北省生理学会	副理事长
		4	河北省医学会	副秘书长
		5	河北省医学会老年分会	副主任委员

续表

序号	姓名		社团或专家委员会名称	社团或专家委员会职务
8	张世联	1	河北省医学生物化学分会	主任委员
		2	河北省医学检验质量管理学会	副会长
		3	河北省生物化学与分子生物学会	常务理事
		4	河北省医学会	理事
		5	河北省卫生计生系统病原微生物实验室生物安全专家委员会	副主任委员
9	朱小波	1	河北省医学会卫生学分会	候任主委
		2	河北省营养学会	常务理事
		3	河北省预防医学会	理事
		4	河北省医师协会	理事
10	郭鹏云	1	河北省卫生经济学会	理事
		2	中国卫生经济学会公共卫生专业经济委员会	委员
11	卢　安	1	河北省医改专家咨询委员会	委员
		2	中国高等教育学会预防医学研究会	常务理事
12	高贵军	1	中华预防医学会预防医学情报专业委员会第四届	常务委员
		2	中国卫生信息学会公共卫生信息专业委员会第三届	常务委员
		3	河北省卫生信息协会第一届理事会	常务理事、副秘书长
		4	河北省预防医学会第五次会员代表大会	理事
14	师　鉴	1	河北省预防医学会	理事
		2	河北省突发事件卫生应急专家咨询委员会	委员
		3	河北省灾害防御协会	理事
15	张振国	1	河北省医学会预防接种异常反应鉴定专家库	专家
		2	河北省预防医学会	常务理事
		3	中华医学会预防接种异常反应鉴定专家指导委员会	委员
16	齐顺祥	1	河北省医学会微生物与免疫学分会第五届委员会	副主任委员
17	孙印旗	1	中华预防医学会消毒学分会青年委员会	委员
		2	中华预防医学会消毒学分会传染病消毒与预防性消毒学组	委员
		3	河北省预防医学会消毒与医院感染控制委员会	常务副主任委员兼秘书长
		4	河北省预防医学会	理事

续表

序号	姓名		社团或专家委员会名称	社团或专家委员会职务
18	赵玉良	1	河北省医学会微生物与免疫学分会第五届委员会	委员
19	赵宏儒	1	河北省预防医学会	理事
		2	河北省预防医学会消毒与医院感染控制专业委员会	常务委员
		3	中国疾病预防控制中心性病艾滋病预防控制中心艾滋病防治专家	
		4	河北省医学会第一届预防接种异常反应鉴定专家库	成员
20	张玉琪	1	河北省预防医学会	理事
		2	河北省性学会	理事
21	刘洪斌	1	河北省预防医学会	理事
22	黄　钢	1	中华预防医学会媒介生物学及控制分会	委员
		2	中国卫生有害生物防制协会	理事
		3	《中国媒介生物学及控制杂志》	编委
		4	《中国卫生杀虫药械杂志》	编委
		5	河北省昆虫学会	常务理事
		6	河北预防医学会媒介生物学及控制分会	副主任委员
		7	河北省爱卫会除四害专家委员会	主任委员
23	张联英	1	中华医学会结核病分会结核病控制委员会	委员
		2	河北省防痨协会	常务理事兼秘书长
		3	河北省预防医学会第二届结核病控制委员会	副主任委员
24	朱俊卿	1	中华预防医学会慢性病预防与控制分会	委员
		2	中华预防医学会伤害预防与控制分会伤害监测专科委员会	委员
25	马　景	1	中华医学会地方病学分会第八届委员会	委员
		2	河北省地方病协会	副会长兼秘书长
26	刘毅刚	1	中国卫生监督协会环境卫生与健康专业委员会	委员
		2	河北省爱卫会爱国卫生专家委员会	委员
		3	河北省爱卫会农村改厕分委会	主任委员
27	李素琴	1	河北省预防医学会学校卫生专业委员会	常务副主任

续表

序号	姓名		社团或专家委员会名称	社团或专家委员会职务
28	赵春香	1	中华预防医学会职业病专业委员会	委员
		2	中国职业安全健康协会职业卫生专业委员会第四届委员会	委员
		3	中华预防医学会航海医学分会	委员
		4	中华预防医学会卫生监督协会职业卫生监督分会第一届委员会	委员
		5	中华预防医学会卫生检验专业委员会职业卫生检测学组	委员
		6	河北省医学会卫生学分会	常委
29	周开建	1	中华预防医学会放射卫生专业委员会	委员
		2	中国卫生监督协会放射卫生专业委员会	委员
		3	《中国辐射卫生》编辑委员会	委员
30	程蔼隽	1	河北省老年医学会	理事
31	常凤启	1	第一届食品安全国家标准审评委员会	委员
		2	中华预防医学会第五届卫生检验专业委员会	委员
		3	中华预防医学会卫生检验专业委员会第四届食品卫生理化检验专家委员会委员	委员
		4	国家保健食品审评专家委员会	委员
		5	国家化妆品审评专家委员会	委员
		6	国家新资源食品审评专家委员会	委员
		7	河北省预防医学会理化检验分会	副主任委员
32	申志新	1	第一届食品安全国家标准评审委员会微生物分委员会	委员
		2	第六届卫生部化妆品标准专业	委员
		3	国家食药局化妆品审评专家委员会	委员
		4	国家食药局保健食品审评专家委员会	委员
		5	第一批国家级食品检验机构资质认定评审员	评审员
		6	国家果类及农副加工产品质量监督中心食品质量专家委员会专家组	副组长
		7	河北省预防医学会	理事
		8	第一届河北省食品安全地方标准审评委员会	委员

续表

序号	姓名		社团或专家委员会名称	社团或专家委员会职务
32	申志新	9	国家食品药品监督管理局首批餐饮服务食品安全专家（应急组）	专家
33	徐　颖	1	原卫生部化学品毒性鉴定中心专家库	专家
		2	河北省职业病诊断专家库（职业中毒、职业性耳鼻喉病）	专家
		3	中国环境诱变剂学会致突变专业委员会	专业委员
		4	河北省毒理学会	副理事长
		5	河北省环境诱变剂	理事
		6	河北省质监局实验室资质认定	评审员
34	张勤增	1	河北省药理学会	常务理事
		2	河北省毒理学会	常务理事
		3	河北省老年学会	常务理事
		4	河北省实验动物分会	委员
35	武　智	1	河北省中医药学会	副会长兼秘书长
		2	河北省中西医结合学会	秘书长
		3	河北省针灸学会	秘书长
		4	中华中医药学会科技奖励专家库	评审专家
36	刘长青	1	河北省营养学会	理事
		2	河北省卫生学分会	委员
37	郭　玉	1	河北省医学会预防接种异常反应鉴定专家库	专家
38	张富斌	1	河北省医学会预防接种异常反应鉴定专家库	专家
39	韩艳淑	1	中华预防医学会消毒学分会	常务委员
		2	中华预防医学会消毒学分会消毒药械与技术学组	秘书
		3	河北省预防医学会消毒与医院感染控制委员会	副主任委员
		4	第七届国家卫生标准委员会消毒专业标准委员会	专家委员
40	李保军	1	河北省性学会	理事
41	陈海峰	1	中国防痨协会科学技术委员会	委员
		2	河北省防痨协会	常务理事兼副秘书长
		3	河北省预防医学会第二届结核病控制委员会	副主任委员

续表

序号	姓名		社团或专家委员会名称	社团或专家委员会职务
42	张会民	1	河北省防痨协会	常务理事兼副秘书长
		2	河北省预防医学会第二届结核病控制委员会	副主任委员
43	孙纪新	1	中国控制吸烟协会	理事
		2	中国高血压联盟第四届理事会	理事
		3	河北省老年医学会	理事
		4	河北省抗癫痫协会	理事
44	宋立江	1	河北省卫生学分会	委员
45	梁　勇	1	《医学动物防制》第八届编委会	常务编委
		2	河北省检验医学管理协会	理事
46	袁树华	1	河北省爱卫会爱国卫生专家委员会	委员
		2	河北省爱卫会农村改厕分委会	副主任委员
		3	河北省疾病预防控制专家委员会	委员
47	刘玉欣	1	国家保健食品审评专家委员会	委员
		2	国家化妆品审评专家委员会	委员
48	关文英	1	第一届河北省食品安全地方标准审评委员会	专家
		2	河北省食品检验机构资质认定评审员	评审员
49	冀荷香	1	河北省体检协会	委员
50	杨苍珍	1	中华预防医学会放射卫生专业委员会放射性疾病诊断学组	委员
		2	中国遗传学会	委员
		3	河北省临床医学工程学会	委员
51	李兴琴	1	河北省医学会实验动物学分会	常务委员
		2	河北省毒理学会	理事
52	呼亚伟	1	河北省毒理学会	理事
53	姜　红	1	河北省药理学会	理事
		2	河北省毒理学会	理事
54	解丽君	1	河北省药理学会	常务理事
		2	河北省毒理学会	理事

续表

序号	姓名		社团或专家委员会名称	社团或专家委员会职务
55	路　丽	1	河北省消毒杀虫灭鼠研究协会	常务理事
		2	河北省防痨协会	理事
		3	河北省预防医学会第二届结核病控制专业委员会	常务委员
		4	中国防痨协会主办的《结核病与肺部健康杂志》	编委
		5	河北省卫生厅结核病防治专业专家委员会	成员
56	赵辉生	1	河北省防痨协会	常务理事
57	李国刚	1	河北省防痨协会	理事
		2	中华医学会结核病分会基础学组	委员
58	李俊娟	1	河北省防痨协会	理事
59	徐　华	1	河北省防痨协会	理事
60	方志金	1	河北省防痨协会	理事
61	樊丽红	1	河北省防痨协会	理事
62	王丽芳	1	河北省防痨协会	理事
		2	河北省职业病诊断专家库	专家
63	曹运星	1	河北省防痨协会	理事
64	段建斌	1	河北省防痨协会	理事兼副秘书长
65	栗　华	1	中华预防医学会伤害预防与控制分会伤害监测专科委员会	委员
		2	中华预防医学会健康教育与促进分会第二届委员会	委员
66	张新亮	1	中国控制吸烟协会	理事
		2	中国控制吸烟协会青少年控烟专业委员会	理事
		3	中华预防医学会伤害预防与控制分会	理事
		4	河北省中西医结合学会	理事
		5	河北省针灸学会	理事
67	李　静	1	河北省医学会预防接种异常反应鉴定专家库	专家
68	崔玉杰	1	河北省预防医学会消毒与医院感染控制委员会	委员
		2	中华预防医学会消毒学分会医院消毒与感控技术学组	委员
69	孙克勤	1	河北省预防医学会消毒与医院感染控制委员会	委员
70	王　茜	1	河北省预防医学会消毒与医院感染控制委员会	委员

续表

序号	姓名		社团或专家委员会名称	社团或专家委员会职务
71	栗　华	1	中华预防医学会伤害预防与控制分会第一届伤害监测专科委员会	委员
		2	中华预防医学会健康教育与促进分会第二届委员会	委员
72	王　刚	1	河北省爱卫会爱国卫生专家委员会	委员
		2	河北省爱卫会环境卫生分委会	主任委员
73	张京战	1	中华预防医学会放射卫生专业委员会青年委员会	委员
		2	河北省临床医学工程学会	理事
74	李立萍	1	中国药理学会	会员
		2	河北省毒理学会	会员
75	郝　娜	1	中国药理学会	会员
		2	河北省毒理学会	会员
75	李国风	1	中国药理学会	会员
		2	河北省毒理学会	会员
		3	河北省微循环学会	委员

主要业务工作进展

河北省疾病预防控制中心年鉴

公共卫生信息管理

【概况】 公共卫生信息工作主要由中心公共卫生信息所承担。

其主要职责是：管理、维护河北省五级疫情与突发公共卫生事件报告网络、传染病与突发公共卫生事件报告系统及专病报告传染病相关应用系统；承担网络直报信息统计与分析；传染病常规分析报告，全国传染病疫情、突发公共卫生事件信息收集，提供数据质量评价报告；河北省医疗机构传染病与突发公共卫生事件漏报调查和检查指导；承担12320卫生热线管理。《河北省疾控机构基本信息系统》管理和维护，中心科技文献信息服务系统建设、管理与维护；图书、报刊订阅与管理；编印《河北疾病预防控制信息》；河北省疾病预防控制机构网络平台建设规划；建设、管理及综合维护河北省疾病预防控制信息网络系统及相关系统；中心局域网、计算机网络运行维护及安全管理；组织网络系统软件引进、开发、更新和升级；管理维护更新中心网站；承担/参与有关网络技术和计算机应用技术培训、教学、技术指导与应用性研究工作。现有职工12人（1人借调河北省卫生计生委红十字会），其中正高级职称2人，副高级5人，中级3人，初级2人。

【法定传染病报告】 按现住址统计，全省共报告法定传染病28种280305例，死亡223例，报告发病率384.6376/10万，报告发病率同比下降10.16%，死亡率0.3060/10万，病死率0.08%死亡率、病死率分别上升27.43%和33.33%。报告乙类传染病19种132338例，报告发病率同比下降0.80%，死亡率、病死率分别上升23.75%和25.00%，丙类传染病9种147967例，同比下降17.15%，死亡率、病死率分别上升66.67%和112.50%，无甲类传染病报告。发病数居前五位病种依次为：手足口病56761例，乙型肝炎56248例，其他感染性腹泻56022例，肺结核35917例，流行性感冒21082例，上述病种占全省报告传染病总发病数80.64%。死亡数居前五位病种依次为：艾滋病71例，狂犬病54例，肺结核35例，手足口病24例，乙型肝炎17例，分别占全省报告传染病死亡总数31.84%、24.22%、15.70%、10.76%、7.62%。病死率居前五位病种依次为：狂犬病，艾滋病，流脑，乙脑，甲型H1N1流感。

【疫情监测】 执行24小时值班、网络浏览制度及疫情报告处置制度，每日统计分析传染病疫情和突发公共卫生事件报告并完成日分析报告。撰写2012年河北省法定报告传染病、突发公共卫生事件分析报告及网络报告管理工作重点、全省公共卫生信息网络直报情况通报。完成2012年度疫情月监测分析和疫情周报、日报分析。每日、周、月向省卫生计生委疾控处、应急办和中心领导及有关科室报告疫情信息，提供疫情资料查询。每月向省卫生计生委疾控处提供全省法定报告传染病疫情信息，向各市疾控中心反馈疫情信息。

【网络建设与管理】 12月20日，全省传染病及突发公共卫生事件网络直报系统虚拟专网（VPN）建设项目开标，河北远东通信系统工程有限公司中标；维护杀毒服务器、VPN服务器、网络核心设备，保障中心网络畅通；对局域网计算机实行实名制管理，实行IP地址与计算机MAC地址绑定，解决IP地址冲突问题，解决私自铺设网线增加电脑，防止内部资料外泄；更新网络杀毒系统，维护、维修网络，新增终端节点50多个；保障国家到省以及省到各市视频会议系统正常运行，全年共召开视频会议20余次；12月1日，中心互联网光纤接入由原来30M扩容到70M。

【情报信息管理】11月1日，将河北疾控网外网服务器迁入中心机房，由网通租用托管改为自管模式，更新维护河北疾控网（www. hebeicdc. com），对网站改版升级，设45个栏目，网站后台设置若干备选数据库，如设置H7N9禽流感、党的群众路线教育活动专栏等，全年更新信息约3600条，访问次数达91万余人次。安装内网服务器，省卫生计生委领导通过网闸可直接切换到中心内网服务器查阅中心内部信息，且内、外网彻底物理隔离，保证内网的安全性；年内浏览量达69446人次，平均日更新12条左右。开展河北省疾控机构基本信息系统填报工作，完成培训、视频会议、督导，以及2012年度基本信息系统填报和2012年度基本信息统计分析报告。编发《河北疾病预防控制信息》11期，翻译文献10篇；为中心订阅杂志、报刊等300余种，收发报纸3000份、各种信件1400份、各种刊物、杂志300多份；年内图书服务器扩容8T，安装万方数据期刊库并于11月15日正式运行。

【12320卫生热线管理】3月14日和5月8日，江西省和新疆维吾尔自治区卫生厅分别来河北省石家庄市12320卫生热线服务中心参观考察；7月，配合国家12320管理中心制作12320卫生热线宣传画册，提供14幅具有历史意义的图片及文字资料；10月，全省开展12320卫生热线建设现状调查工作；协调石家庄12320，完成国家免疫规划中心预防接种满意度电话调查；实时为卫生行政部门提供舆情监测信息，通过12320电话及时化解社会矛盾，为政府决策提供科学依据。

附

全省传染病疫情概况

根据国家“疾病监测信息报告管理系统”，河北省有11个设区市，176个县（市、区、开发区），系统注册网络直报单位3252个，其中疾控机构200个（含企业和开发区）、医疗机构2867个（县级以上医疗机构698个、乡镇社区级医疗机构2166个、村级医疗机构3个）、监督机构185个。所有注册网络直报单位均具有报告突发公共卫生事件权限和功能，注册的200个疾控机构和2867个医疗机构（共计3067个）中，有3031个单位（疾控机构200个、医疗机构2831个）被系统赋予报告传染病权限和功能。全省法定报告传染病和突发公共卫生事件资料均按“现住址”统计分析。

39种法定报告传染病，甲类无报告，乙类报告19种，丙类报告9种。全年共报告28种280305例，死亡223例，报告发病率384.6376/10万，死亡率0.3060/10万，病死率0.08%。与2012年同比，报告发病率下降10.16%，死亡率和病死率分别上升27.43%和33.33%。发病数居前五位病种依次为：手足口病56761例，乙型肝炎56248例，其他感染性腹泻56022例，肺结核35917例，流行性感冒21082例，上述病种占全省报告传染病总发病数80.64%。死亡数居前五位病种依次为：艾滋病71例，狂犬病54例，肺结核35例，手足口病24例，乙型肝炎17例，分别占全省报告传染病死亡总数31.84%、24.22%、15.70%、10.76%、7.62%。病死率居前五位病种依次为：狂犬病，艾滋病，流脑，乙脑，甲型H1N1流感。详见表1。

表1　2012年法定传染病发病数、死亡数、病死率前10位病种排序

位次	发病		死亡		病死率（%）	
	病　种	发病数	病　种	死亡数	病　种	病死率
1	手足口病	56761	艾滋病	71	狂犬病	79.41

续表

位次	发病		死亡		病死率（%）	
	病　种	发病数	病　种	死亡数	病　种	病死率
2	乙　　肝	56248	狂犬病	54	艾滋病	17.15
3	其他感染性腹泻病	56022	肺结核	35	流　　脑	5.88
4	肺结核	35917	手足口病	24	乙　　脑	0.85
5	流行性感冒	21082	乙　　肝	17	甲型H1N1流感	0.55
6	痢　　疾	12388	丙　　肝	7	出血热	0.43
7	流行性腮腺炎	11673	出血热	6	戊　　肝	0.11
8	梅　　毒	7432	乙　　脑	2	丙　　肝	0.098
9	丙　　肝	7132	甲型H1N1流感	2	肺结核	0.097
10	布　　病	5103	痢　　疾	1	手足口病	0.04

【甲类传染病】本年无报告，2008年以来连续6年无报告。

【乙类传染病】报告19种：艾滋病、病毒性肝炎、甲型H1N1流感、麻疹、流行性出血热、狂犬病、流行性乙型脑炎、登革热、细菌性和阿米巴性痢疾、肺结核、伤寒和副伤寒、流行性脑脊髓膜炎、百日咳、新生儿破伤风、猩红热、布鲁氏菌病、淋病、梅毒和疟疾。无病例报告7种：传染性非典型肺炎、脊髓灰质炎、人感染高致病性禽流感、炭疽、白喉、钩端螺旋体病和血吸虫病。全年报告发病132338例，死亡198例。报告发病率181.5956/10万，死亡率0.2717/10万，病死率0.15%。与2012年同比，发病率下降0.80%，死亡率和病死率分别上升23.75%和25.00%，与2012年报告病种相同。报告发病率上升病种有13种：流行性乙型脑炎（+4580%），甲型H1N1流感（+2485.71%），麻疹（+828.95%），登革热（+400%），流行性出血热（+99.71%），疟疾（+54.29%），艾滋病（+48.92%），百日咳（+45.83%），布鲁氏菌病（+25.50%），伤寒+副伤寒（+20.88%），梅毒（+19.74%），狂犬病（+3.03%），淋病（+0.21%）。发病率下降病种有5种：病毒性肝炎（-0.03%），肺结核（-6.23%），痢疾（-13.59%），猩红热（-31.34%），新生儿破伤风（-69.23%）。流行性脑脊髓膜炎发病率与2012年持平。见图1。

发病数居前五位病种依次为：乙型肝炎56248例，肺结核335917例，痢疾12388例，梅毒7432例，丙型肝炎7132例，占全省乙类传染病总发病数90.01%。有死亡病例报告传染病7种，死亡数居前五位病种：艾滋病71例，狂犬病54例，肺结核35例，乙型肝炎17例，丙型肝炎7例，占全省乙类传染病总死亡数92.93%。病死率居前五位病种依次为：狂犬病，艾滋病，流行性脑脊髓膜炎，流行性乙型脑炎，甲型H1N1流感。详见表2。

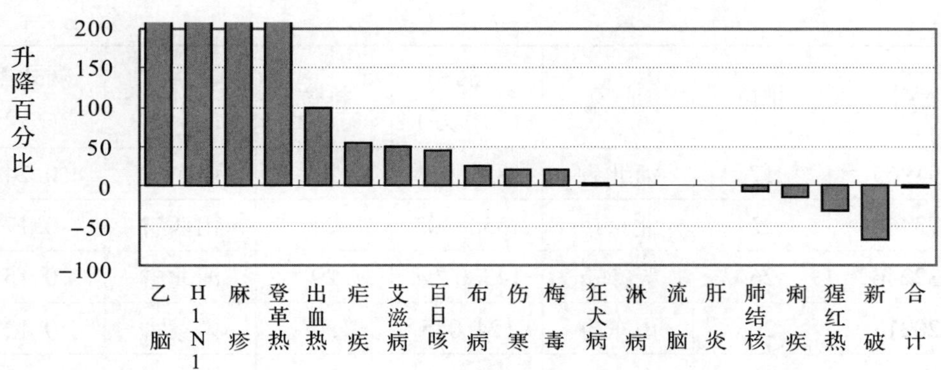

图1　2013年河北省乙类传染病发病率与上年同比（%）

表2　2013年乙类传染病发病数、死亡数、病死率前10位病种排序

位次	发病		死亡		病死率（%）	
	病　种	发病数	病　种	死亡数	病　种	病死率
1	乙　肝	56248	艾滋病	71	狂犬病	79.41
2	肺结核	35917	狂犬病	54	艾滋病	17.15
3	痢　疾	12388	肺结核	35	流　脑	5.88
4	梅　毒	7432	乙　肝	17	乙　脑	0.85
5	丙　肝	7132	丙　肝	7	H1N1流感	0.55
6	布　病	5103	出血热	6	出血热	0.43
7	猩红热	1770	乙　脑	2	戊　肝	0.11
8	出血热	1384	H1N1流感	2	丙　肝	0.098
9	淋　病	953	痢　疾	1	肺结核	0.097
10	戊　肝	883	梅　毒	1	乙　肝	0.03

河北省报告乙类传染病发病数在31个省份中排第8位，高于全国报告平均发病数；报告发病率第26位，死亡率第31位，病死率第29位，均低于全国报告平均发病率、死亡率和病死率。见表3。

表3　2013年河北及周边省乙类传染病发病数、发病率、病死率在全国排序

地区	发病数	排位	地区	发病率（/10万）	排位	地区	病死率（%）	排位
河南省	227747	2	山西省	296.8598	5	北京市	0.72	6
河北省	132338	8	内蒙古	295.0538	6	河南省	0.62	8
山东省	120136	9	河南省	242.1295	14	辽宁省	0.31	16
山西省	107191	11	辽宁省	209.5352	17	天津市	0.31	17

续表

地区	发病数	排位	地区	发病率（/10 万）	排位	地区	病死率（%）	排位
辽宁省	91965	17	河北省	181.5956	26	山东省	0.24	23
内蒙古	73464	22	北京市	155.8305	28	山西省	0.17	27
北京市	32246	26	天津市	143.0704	29	河北省	0.15	29
天津市	20218	29	山东省	124.045	30	内蒙古	0.12	31
全　国	98626	平均	全　国	225.7991	平均	全　国	0.53	平均

季节分布　发病季节高峰不明显，3～8 月份发病较多，占乙类传染病发病总数 54.28%，3 月份最高，报告发病 12289 例，发病率 16.9726/10 万。与 2012 年比，2 月份报告发病率明显降低，1 月份明显增高（其原因 2012 年春节和 2013 年春节分别是 1 月份和 2 月份。见图 2、表 4。

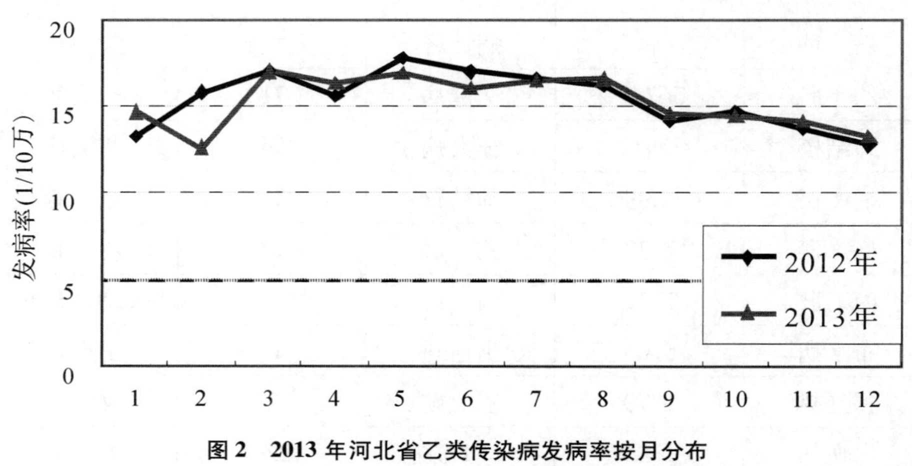

图 2　2013 年河北省乙类传染病发病率按月分布

表 4　2013 年乙类传染病与 2012 年同期发病的季节分布比较

月份	2013 年		2012 年		与 2012 年同比升降%	
	发病数	死亡数	发病数	死亡数	发病数升降	死亡数升降
1	10636	16	9571	11	11.13	45.45
2	9111	13	11433	10	-20.31	30.00
3	12289	12	12290	14	-0.01	-14.29
4	11824	17	11272	13	4.90	30.77
5	12241	13	12852	10	-4.75	30.00
6	11562	12	12313	11	-6.10	9.09
7	11904	20	11978	16	-0.62	25.00
8	12007	18	11706	15	2.57	20.00

续表

月份	2013 年		2012 年		与 2012 年同比升降%	
	发病数	死亡数	发病数	死亡数	发病数升降	死亡数升降
9	10524	25	10222	26	2.95	-3.85
10	10450	25	10586	16	-1.28	56.25
11	10194	10	9894	5	3.03	100.00
12	9596	17	9284	13	3.36	30.77
合计	132338	198	133401	160	-0.80	23.75

乙类传染病各月发病数与上年同期升降比较，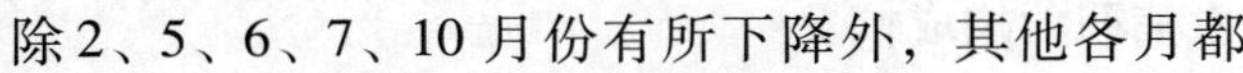除2、5、6、7、10 月份有所下降外，其他各月都有不同程度上升。见图3。

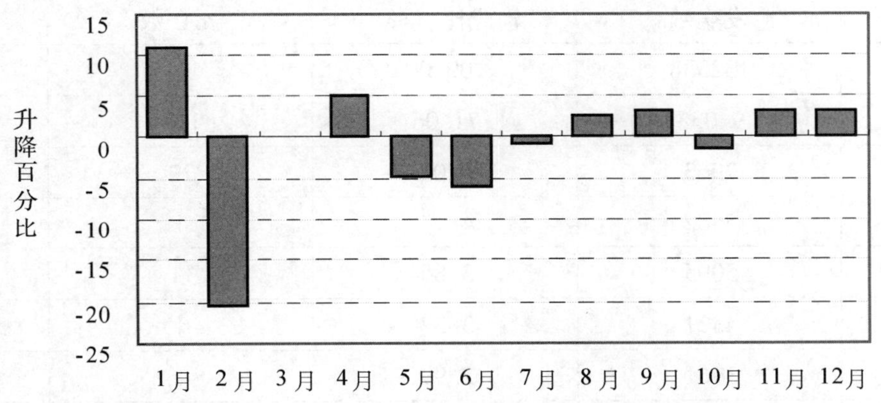

图3　2013 年河北省乙类传染病各月发病数与上年同比（%）

地区分布　全省 11 个设区市，均有病例报告。报告发病率前 6 位设区市依次为：沧州、承德、唐山、张家口、邯郸、邢台，6 市报告发病率超过全省平均值（181.5956/10 万）。见表5。

表5　2013 年各市乙类传染病发病数、发病率排序情况

地区名称	发病数	位次	地区名称	发病率（1/10 万）	位次
保定市	18298	1	沧州市	240.9010	1
邯郸市	17478	2	承德市	205.3749	2
沧州市	17474	3	唐山市	202.2521	3
唐山市	15518	4	张家口市	194.6392	4
石家庄市	14873	5	邯郸市	188.1151	5
邢台市	13209	6	邢台市	183.5361	6
张家口市	8557	7	廊坊市	179.0400	7

续表

地区名称	发病数	位次	地区名称	发病率（1/10 万）	位次
廊坊市	7942	8	秦皇岛市	164.5357	8
承德市	7191	9	保定市	161.4300	9
衡水市	6819	10	衡水市	155.5532	10
秦皇岛市	4977	11	石家庄市	143.2344	11

职业分布 病例分布以农民为主，其次为家务及待业，不详和工人，上述人群发病数占乙类传染病总报告发病数的 81.22%。见表 6。

表 6 2013 年乙类传染病发病职业构成情况

职业	发病数	构成比（%）	死亡数	构成比（%）
总计	132338	100.00	198	100.00
农民	94038	71.06	117	59.09
家务及待业	7963	6.02	22	11.11
不详	5482	4.14	4	2.02
工人	5095	3.85	11	5.56
散居儿童	4321	3.27	4	2.02
学生	3961	2.99	4	2.02
离退人员	3887	2.94	12	6.06
干部职员	1659	1.25	5	2.53
其它	1651	1.25	7	3.54
商业服务	976	0.74	6	3.03
幼托儿童	895	0.68	1	0.51
民工	681	0.51	1	0.51
教师	630	0.48	1	0.51
牧民	427	0.32	0	0.00
医务人员	269	0.20	1	0.51
餐饮食品业	223	0.17	1	0.51
海员及长途驾驶员	71	0.05	1	0.51
公共场所服务员	56	0.04	0	0.00
渔（船）民	46	0.03	0	0.00
保育员及保姆	7	0.01	0.00	

年龄、性别分布 病例数主要集中在20~64岁组，104187例，占总发病数的78.72%。其中25~29岁组发病最多15651例，占乙类传染病总发病数的11.83%。病例中男性77745例，女性54593例，男女发病数之比为1.42∶1（2012年为1.51∶1）。报告发病率最高为65~69岁组，报告发病率为326.9876/10万，其次70~74岁组，25~29岁组。男性和女性发病率最高均为65~69岁组。男性发病率为206.3914/10万，女性发病率为155.0656/10万，男女发病率之比约1.33∶1（2012年为1.41∶1）。

【丙类传染病】报告9种：流行性感冒、流行性腮腺炎、风疹、急性出血性结膜炎、斑疹伤寒、黑热病、包虫病、其他感染性腹泻、手足口病。报告发病147967例，死亡25例；报告发病率203.0419/10万，死亡率0.0343/10万，病死率0.017%。与2012年同比，报告发病率下降17.15%，死亡率和病死率分别上升66.67%和112.50%。发病率上升病种有3种：急性出血性结膜炎（+10.95%），其他感染性腹泻病（+8.94%），流行性感冒（+1.68%），发病率下降病种有5种：流行性腮腺炎（-45.63%），手足口病（-31.27%），斑疹伤寒（-29.74%），包虫病（-25.00%），风疹（-6.43%），黑热病发病率与2012年持平，见图4。

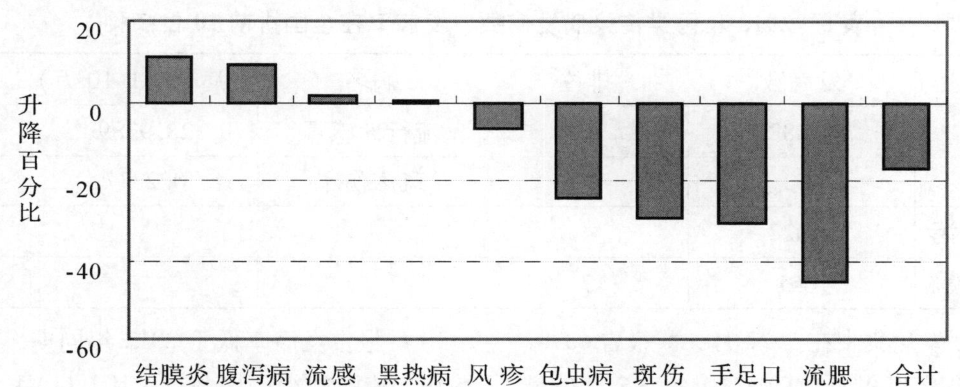

图4 2013年河北省丙类传染病发病率与上年升降比（%）

按照发病数高低排序：手足口病56761例，其他感染性腹泻56022例，流行性感冒21082例，流行性腮腺炎11673例，急性出血性结膜炎1651例，风疹611例，斑疹伤寒163例，包虫病3例，黑热病1例。死亡病例情况：手足口病死亡24例，其他感染性腹泻1例。

报告丙类传染病发病数在31个省份中排第7位，高于全国平均报告发病数；报告发病率排第15位，低于全国报告平均发病率。全国及周边省份发病排序情况，见表7。

表7 2013年河北及周边省丙类传染病发病数、发病率在全国排序

地区	发病数	排位	地区	发病率（1/10万）	排位
山东省	151756	6	天津市	426.6070	5
河北省	147967	7	北京市	413.7681	6
河南省	147567	8	河北省	203.0419	15
北京市	85621	16	山西省	157.3683	20
辽宁省	60942	19	河南省	156.8861	21

续表

地区	发病数	排位	地区	发病率（1/10万）	排位
天津市	60286	20	山东省	156.6939	22
山西省	56823	22	辽宁省	138.8517	26
内蒙古	28555	26	内蒙古	114.6856	28
全　国	108353	平均	全　国	248.0691	平均

从全国及周边省份发病情况看，发病数排前3位病种以手足口病、其他感染性腹泻和流腮为主，第4位病种以流感为主；而北京和天津的其他感染性腹泻报告发病数排第1位。

全省报告丙类传染病发病数在全国各省中排前10位病种有4种：流行性感冒、斑疹伤寒、其他感染性腹泻、急性出血性结膜炎；报告发病率在全国各省中排前10位病种有2种：流行性感冒、斑疹伤寒；全省报告流行性感冒病例数占全国报告总数16.23%，斑疹伤寒病例数占全国报告总数8.20%。见表8。

表8　2013年丙类传染病发病数、发病率在全国排前10位病种

病名	发病数	排位	病名	发病率（1/10万）	排位
流行性感冒	21082	1	流行性感冒	28.9289	1
斑疹伤寒	163	2	斑疹伤寒	0.2237	4
其他感染性腹泻	56022	4			
急性出血性结膜炎	1651	7			

季节分布　发病集中在5~7月，共报告63702例，占丙类传染病报告总数的43.05%，6月份最多，23951例，发病率32.2767/10万。1~8月、10月报告发病率低于2012年同期，主要是手足口病、流腮减少的缘故。9月、11月、12月报告发病率与2012年同期基本持平。见表9。

表9　2013年各月份丙类传染病发病及死亡数与2012年同期比较

时间	2013年		2012年		与2012年同期比升降%	
	发病数	死亡数	发病数	死亡数	发病数升降	死亡数升降
合计	147967	25	178588	15	-17.15	66.67
1月	6310	0	7874	0	-19.86	
2月	5104	0	7584	0	-32.70	
3月	7050	1	8579	0	-17.82	
4月	10646	2	14348	1	-25.80	100.00
5月	19473	2	33470	3	-41.82	-33.33
6月	23951	5	29880	1	-19.84	400.00
7月	20278	5	22956	3	-11.67	66.67

续表

时间	2013 年		2012 年		与 2012 年同期比升降%	
	发病数	死亡数	发病数	死亡数	发病数升降	死亡数升降
8 月	12677	4	12620	1	0.45	300.00
9 月	9616	3	8890	2	8.17	50.00
10 月	9698	1	10620	2	-8.68	-50.00
11 月	12958	2	12496	2	3.70	0.00
12 月	10206	0	9271	0	10.09	

丙类传染病各月发病数与 2012 年同比，1～7 月、10 月份发病数均下降，8 月、9 月、11 月、12 月有不同程度的上升。见图 5。

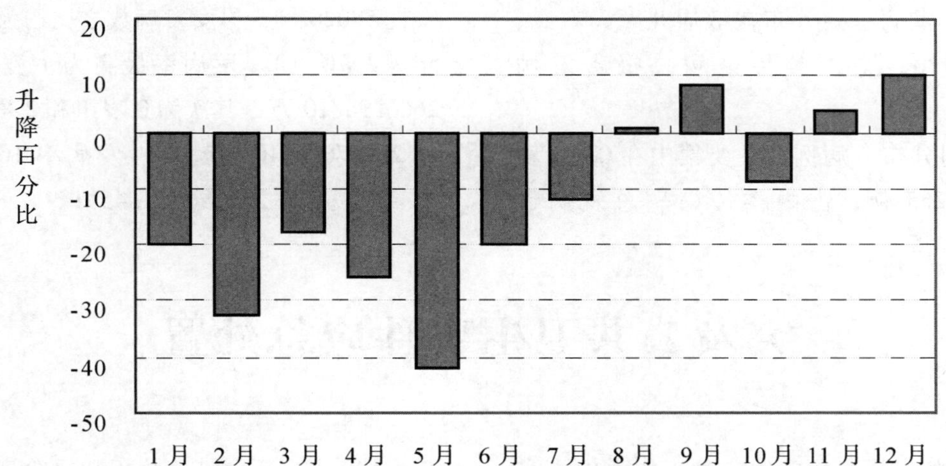

图 5　2013 年河北省丙类传染病各月发病数与上年同比升降

地区分布　全省 11 个设区市，均有病例报告。报告发病数前五位设区市依次：石家庄、邯郸、保定、沧州和唐山，占全省报告丙类传染病总数 73.94%。报告发病率排前 5 位的设区市依次为：石家庄、邯郸、廊坊、沧州和承德。全省平均报告发病率 203.0419/10 万。见表 10。

表 10　2013 年各市丙类传染病报告发病数、发病率排序情况

地区名称	发病数	位次	地区名称	发病率	位次
石家庄市	35854	1	石家庄市	345.2919	1
邯郸市	22404	2	邯郸市	241.1335	2
保定市	21719	3	廊坊市	220.0916	3
沧州市	15808	4	沧州市	217.9331	4
唐山市	13627	5	承德市	193.1798	5

续表

地区名称	发病数	位次	地区名称	发病率	位次
廊坊市	9763	6	保定市	191.6110	6
承德市	6764	7	唐山市	177.6060	7
邢台市	6729	8	秦皇岛市	141.4273	8
衡水市	5608	9	衡水市	127.9282	9
张家口市	5413	10	张家口市	123.1251	10
秦皇岛市	4278	11	邢台市	93.4979	11

与2012年同比，秦皇岛和廊坊市报告发病率有所上升，其余市有不同程度下降。

职业分布 发病主要分布在散居儿童、农民、幼托儿童和学生，占丙类传染病总报告发病数94.51%。

年龄、性别分布 病例数主要集中在0～3岁组，共报告71265例，占丙类传染病总发病数48.16%。其中，1岁组发病最多29172例，占丙类传染病总发病数19.72%。病例中男性89941例，女性58026例，男女发病数之比约为1.55∶1（2012年为1.70∶1）。发病率最高为1岁组，发病率为2666.98/10万，其次为0岁组和2岁组。男性发病率238.7684/10万，女性发病率164.8167/10万。男、女发病率之比约为1.45∶1。

突发公共卫生事件应急处置

【概况】突发公共卫生事件应急工作由中心突发公共卫生事件应急办公室承担，其主要职责是组织制定中心突发公共卫生事件应急预案和技术方案、建立应急处理专家库和卫生应急专业队伍、技术培训和演练、突发公共卫生事件现场调查和处置、与国家、兄弟省（市）同行和其他部门间的沟通协作、重大传染病和突发公共卫生事件的分析和预测、日常风险评估等工作。现有工作人员8名，其中硕士研究生2人，本科生6人；正高级职称1人、副高级职称2人、中级职称1人、初级职称1人。

【人感染H7N9禽流感防控】成立人感染H7N9禽流感防控工作领导小组，起草河北省人感染H7N9禽流感应急预案（试行），发放《人感染H7N9禽流感防控工作资料汇编》（第一版、第二版）120本。开展疫情分析和风险评估，召开培训会，启动信息专报制度，编发信息专报57期1797份。加强不明原因肺炎病例监测和排查，统计重点区域禽类高危职业暴露人员155225名，检测病例标本6931份，结果均为阴性。召开媒体沟通会，在报纸、网络、电视台等媒体刊登/播报稿件90余篇/次，印制宣传折页、宣传册10.85万份（册），协同河北省委宣传部、河北省新闻出版局等多家单位在石家庄火车站举办科学防控H7N9禽流感公益宣传活动，普及疫情防控知识。现场处置廊坊人感染H7N9禽流感疫情，7月21日发现河北省首例确诊病例，开展了流行病学调查，检测标本335份，检出外环境标本阳性1份；廊坊三河市一小区多人感染H7N9禽流感微博事件，调查医疗机构48家，排查就诊病例34854例，消除社会恐慌。全国共报告确诊病例139例，疫情呈减缓趋势。

【防灾减灾应急准备】 3月22日，协助省卫生计生委起草《河北省防震减灾卫生应急工作总体方案》和《河北省防震减灾卫生防疫工作方案》，组建4支40名防震减灾卫生防疫队，16名专业人员参加省卫生计生委监督处组建的河北省防震减灾卫生监督队。协助省卫生计生委在鹿泉市、秦皇岛市和石家庄市3次举办了河北省自然灾害卫生应急实战拉练和演练。针对四川雅安地震发生，4月20日，组建24名专业人员组成的两支抗震救灾防疫队并开展灾后卫生防疫技术培训。河北卫视现场直播“冀川心连心－四川雅安芦山抗震特别节目”，中心党委书记李琦作为应邀嘉宾做客演播室现场，就震灾引发的公共卫生问题及如何做好灾后卫生防疫工作接受了栏目组的专题采访。

【突发公共卫生事件处置】 全省共报告突发公共卫生事件18起，同比下降35.71%，发病563人，同比下降33.76%，死亡2人，同期比减少1例。18起事件中较大事件2起，一般事件16起，石家庄市报告最多为8起（占总报告数的44.44%），廊坊市4起（占总报告数的22.22%）。主要以传染病事件为主，共15起（占总报告数的83.33%），突发中毒事件3起（占总报告数的16.67%，食物中毒2起，急性职业中毒1起）。人群主要以学校为主，发生在各类学校的14起（占总报告数的77.78%），涉及17292人，发病533人，无死亡。处理举报疫情电话事件15起，现场参与处置徐水不明原因发热事件、香河第一小学风疹疫情暴发事件、张家口蔚县手足口病事件、衡水麻疹疫情、唐山迁安市杨店子镇杨店子初级中学食物中毒事件、保定H5N2禽流感疫情等。接到北京市和江西省的协查函，派人现场调查处置人感染H7N9禽流感和霍乱疫情。

【风险评估】 每月定期召开突发事件公共卫生日常风险评估对可能出现的突发公共卫生事件进行研判，完成日常风险评估报告12份，春节和“两会”期间，组织召开3次专题评估会。完成廊坊市（广阳区、三河市）、承德市（隆化县、围场县）国家突发事件公共卫生风险评估试点终期评估工作，终期总结分别上报省卫生厅和国家疾控中心。

【卫生应急能力评估】 在全省开展卫生应急能力评估，按照卫生应急能力评估标准，对省市县三级卫生行政部门、疾病预防控制、卫生监督和医疗机构在体系建设、应急队伍、装备储备、培训演练、宣教科研、监测预警、应急处置、善后评估等方面进行评估，录入调查问卷2068份，其中省级11份、市级121份、县级1936份。完成全省卫生应急能力评估数据库汇总和数据分析，撰写自评报告、分析报告和改进报告。

【卫生应急综合示范县创建】 9月27日至11月5日，对第一批申报河北省卫生应急综合示范县（市、区）的平泉县、双滦区、安国市、正定县、永年县、丰宁满族自治县、石家庄市桥东区、围场满族蒙古族自治县、高邑县、枣强县10个县（市、区）进行评估，同时报请承德市平泉县为国家级卫生应急综合示范县，10月24～26日，国家卫生计生委复核评估组对平泉县进行现场复核评估并顺利通过，国家级卫生应急综合示范县达到5个（蠡县、邢台县、鹿泉市、辛集市和平泉县）。

【队伍建设】 根据工作需要，调整中心应急队伍。完善应急预案，修订应急处理预案（2006年版）、制发应急队伍管理办法。强化培训，协助省卫生厅举办全省自然灾害卫生应急培训、全省传染病防控和爱国卫生工作等培训班。协助省卫生厅在鹿泉市举办省直卫生应急队伍自然灾害演练（3月28日）、参加秦皇岛全省防汛防震减灾卫生应急拉练（6月27日）、全国卫生应急演练视频观摩（9月25日），组织全省疾控系统在保定易县奇峰山训练基地开展野外生存拓展训练（9月2～5日和10～13日）、参加在石家庄市民兵训练基地举办的河北省防震减灾卫生应急实战演练（11月21日），提高实战能力。

生物制品供应管理

【**概况**】生物制品供应管理工作由中心生物制品供应管理所承担，其主要职责是负责全省生物制品的定购、供应及管理，参与疫苗使用效果评价和重大免疫接种异常反应及事故处置。现有工作人员 14 名，其中硕士 1 名、本科 3 名、大专 8 名。主任医（技）师 2 名、高级工程师和政工师各 1 名、主管医师 1 名。

【**冷链运转情况**】按计划下发扩大免疫规划用注射器 2127 余万支、疫苗 2978 余万支（粒或人份），其中脊髓灰质炎疫苗 1383 万粒、乙肝疫苗 1276400 人份、无细胞百白破疫苗 4596992 支、白破疫苗 508000 支、卡介苗 625800 支、乙脑疫苗 2231300 支、A 群流脑 1094000 支、A + C 群流脑 1835050 支、麻风二联 1444000 支、麻腮风疫苗 1370400 支、甲肝疫苗 968847 支、麻疹疫苗 631500 支。任务完成率 100%，运送里程 27 万余公里。

【**质量控制**】设置了专门的质量管理员、验收员、养护员和质量信息管理人员，定期对质量制度的执行情况考核、检查。年终对全年的质量体系执行情况进行内部审核，发现问题及时解决，保证疫苗整个流通环节的安全性。

【**出入库管理**】及时索要供货单位相关资质证明文件，建立供货单位档案。每批次疫苗均索要批签发报告复印件、检验报告、随货同行的出库单，疫苗运输温度记录，对所有到货疫苗填写收货记录、验收入库通知单，建立验收记录。所有入库疫苗凭验收入库通知单填写入库记录。对所有疫苗按照批号进行管理，并开具疫苗出库单，按照疫苗出库单开具的品种、数量、批号等，由保管员予以出库、复核，确认品种、数量、批号、生产单位等无误后出库，并填写出库复核记录。

【**储存运输**】对疫苗分区并按品种、批号等码放，每品种、批次均配备货位卡，记录出、入库的时间、数量，保证储存的安全，疫苗运输过程中记录疫苗运输温度，包括启运时间、温度、行驶里程、启运时的温度、到达时间、温度，接收人签字等内容。一式两份，一份交客户、一份存档备查。

免疫规划管理

【**概况**】免疫规划管理工作由中心免疫规划管理所承担，其主要职责是负责全省儿童疫苗的免疫规划管理、常规免疫接种率监测、儿童疫苗可预防疾病（包括脊髓灰质炎、麻疹、新生儿破伤风、乙型肝炎）监测和常规免疫接种率监测、免疫服务实施督导、技术培训、国内外合作项目等工作。现有工作人员 15 人，其中硕士研究生 4 人，大学本科 11 人，高级专业技术人员 7 人，中级专业技术人员 1 人。

【**基础免疫接种**】强化常规免疫接种服务，落实“城市日接种、农村周接种”制度，共报告接种第一、第二类疫苗 62 种 24035824 人次，“五苗”报告接种率继续保持 98% 以上，乙肝疫苗首针及时接种率 97.31%，新增乙脑减毒疫苗接种率 97.42%、甲肝疫苗接种率 93.17%、流脑疫苗接种率 98.22%。

【巩固无脊髓灰质炎成果】在全省组织开展2012/2013年度脊髓灰质炎强化免疫工作，共接种适龄儿童7512120人，两轮接种率98%以上；急性弛缓性麻痹（AFP）监测系统报告病例398例，15岁以下儿童非脊灰AFP病例报告发病率3.12/10万；省脊灰实验室在379例756份AFP病例粪便标本中分离出脊灰病毒14株，定型准确率100%；在邯郸峰峰矿区、丛台区、廊坊大城县开展脊髓灰质炎中和抗体水平检测，采集8个年龄组168份血清标本，脊灰中和抗体Ⅰ、Ⅱ、Ⅲ型阳性率分别为95.8%、97.6%、94.6%，检测结果显示，健康人群对脊灰病毒形成了免疫屏障。完成邯郸、邢台、沧州、廊坊4市24份脊髓灰质炎减毒活疫苗效价检测，疫苗效价合格率100%。10月21日，调查处置邢台市威县1例AFP高变异株病例，采集7份患儿接触者标本，检测结果为非脊灰肠道病毒1份，其余6份均为阴性。

【实施消除麻疹行动】在全省开展麻疹类疫苗查漏补种月活动，摸底调查8月龄～14周岁儿童203055人，第一、第二剂次麻疹疫苗补种率分别为98.22%、98.18%；在36个重点县开展强化免疫，实种儿童数801009人，常住和流动儿童补种率均达到97%以上；按发病日期和现住址统计，麻疹监测信息报告管理系统共报告确诊病例353例，病例主要分布在石家庄、保定、邯郸、唐山，主要为散居儿童，报告发病率0.48/10万。检测麻疹疑似病例咽拭子标本256份，检测出麻疹病毒阳性毒株7份，阳性率2.34%。开展麻疹实验室职能考核，发放血清140份，检测麻疹风疹复核血清226份，麻疹实验室顺利通过世界卫生组织现场考核。开展麻疹人群抗体水平监测和免疫成功率监测，检测初免血清365份，麻疹疫苗免疫成功率97.8%。

【疑似预防接种异常反应（AEFI）监测】县、乡级AEFI监测覆盖率分别为100%和95.86%，及时报告率、及时调查率、分类率、3日内调查表报告率分别是99.40%、98.63%、99.93%、94.54%，报告卡完整率、调查表完整率均为100%。报告病例9732例，主要为0～2岁组人群，占报告总病例数的93.09%，报告例数居前四位的疫苗依次是百白破（无细胞）、乙脑（减毒）、麻风、流脑A群，未报告发生群体性疫苗接种反应。

【新生儿破伤风监测】新生儿破伤风监测系统共报告新生儿破伤风疑似病例4例，确诊4例，报告发病率0.004‰，无死亡病例。病例调查率100%，未发现发病率大于1‰的县。

【乙型肝炎监测】乙型肝炎监测系统共报告乙型肝炎病例68例，其中9例为≥15岁不合格病例，15岁以下急性新发乙型肝炎病例59例，报告发病率0.49/10万，调查处理率高于60%。15岁以下急性新发乙型肝炎病例中接种过乙肝疫苗的占59.32%，第一针乙肝疫苗在出生后24小时及时接种的占57.63%。开展乙肝人群抗体水平监测和免疫成功率监测，乙肝疫苗免疫成功率为84.4%。

【流脑和乙脑监测项目】项目监测试点医院报告年内脑膜炎和脑炎病例346例，监测试点医院采集337例（97.4%）病例血或脑脊液标本，实验室用PCR方法检测出流脑3株，肺炎链球菌2株，B型流感嗜血杆菌1株；乙脑IgM抗体阳性4例，其他均为阴性。

【免疫规划信息化建设】172个县（区）2325个乡（镇）实施儿童预防接种信息管理系统，2013年出生儿童个案录入700388例（共录入个案10943953例），除张家口外，录入率均达到或超过95%。沧州、石家庄、保定市启动世窗免疫规划信息管理系统，邯郸、邢台、衡水市启动疾信通免疫规划信息管理系统，完成沧州市世窗免疫规划信息管理系统和邯郸市疾信通免疫规划信息管理系统的省级审核。

【国家免疫规划督导评估】组织全省所有县级开展免疫规划工作自查，省级对11个市34个县（区）34个乡170个村政策落实、经费投入、预防接种门诊建设、冷链装备等情况进行督导评估，采用批质量保证抽样方法，每个乡（镇、街道）调查2～3岁适龄儿童42名，共调查1428名适龄儿童，建卡率100%，建证人数1427人，建证率99.93%，儿童全程接种率97.55%。

性病艾滋病防治

【概况】性病艾滋病防治工作由性病艾滋病防治所和高危行为干预工作队共同承担，主要职责是全省性病艾滋病预防控制业务规划、技术方案制定和组织实施、性病艾滋病监测、检测及基本资料收集整理与报告、性病艾滋病健康教育、自愿咨询检测、高危行为干预、病人和感染者流行病学调查与随访、抗病毒药品管理管理等综合管理，为基层提供技术培训和指导，为各类人群提供技术服务。现有工作人员18人，其中正高级职称5人、副高级职称3人、中级及以下10人。拥有流式细胞仪、全自动病毒载量仪等设备。

【疫情态势】截止2013年底，河北省累计报告现存活感染者/病人3180例，其中感染者1894例，病人1286例。死亡968例，疫情覆盖全省11个设区市的172个县（市、区）。全国排第22位，疫情处于低流行状态。

【艾滋病病毒感染者发现与管理】一是疫情报告。2013年新报告现住址病例978例，其中感染者680例，病人298例，死亡病例121例。男性849例，女性129例，男女性别比为6.58∶1。性途径传播感染占97.5%，其中同性62.5%，异性35.3%。二是感染者管理。所有新报告病例均完成网络报告和首次随访，网络直报及时率达100%，个案流调率达100%。2013年，河北省完成随访且接受CD4检测的感染者和病人3001人，完成率99.6%；新报告和既往病例配偶检测987例，完成率99.4%；既往病例非阳性配偶检测652人，完成率99.8%。

【哨点监测与自愿咨询检测】一是哨点监测。河北省70个国家级监测哨点覆盖人群包括暗娼、男男性接触人群、青年学生、长卡司机、孕产妇、性病门诊就诊病人、吸毒者、流动人口等，2013年监测32400人。其中检测出HIV抗体阳性130人，丙肝抗体阳性309人，梅毒抗体阳性446人。二是自愿咨询检测。河北省自愿咨询检测工作覆盖了全部172个县（市、区），累计建立自愿咨询检测门诊505个，其中在疾控部门建立了186个自愿咨询检测门诊，在医疗机构建立了189个自愿咨询检测门诊，在妇幼保健机构建立了130个自愿咨询检测门诊。2013年检测前咨询152110人次，检测151889人次，其中高危人群149115人次，占检测人群的98.1%。完成年初检测咨询128038人次的目标，目标完成率118.6%。发现艾滋病病毒阳性393人，阳性结果告知100%；梅毒检测146313人，发现阳性700人。

【高危人群干预】河北省、市、县三级组建高危行为干预工作队184个，人员1788人。2013年累计干预覆盖各类高危人群196万人次，其中暗娼272933人次、男男性接触者98427人次，性病就诊者59783人次，吸毒者4797人次，外来务工人员1438293人次，其他人群87975人次。河北省月均干预暗娼22746人，月均覆盖率为92.0%；月均干预男男性行为者9833人，月均覆盖率为83.4%。三个吸毒人群美沙酮维持治疗点累计治疗434人，正在治疗214人，维持治疗年保持率78.4%。抗－HIV抗体检测235例，发现阳性0例；抗－HCV检测181例，发现阳性148例；梅毒检测233例，发现初筛阳性6例。

【抗病毒治疗】截止2013年底，累计实施免费抗病毒治疗2183人，正在治疗1777人，其中，成人累计治疗2146人，正在治疗1745人，儿童累计治疗47人，正在治疗32人。开展抗病毒治疗工作的县扩展到164个。2013年免费为感染者和病人进行了CD4细胞检测5327人次，病毒载量检测1232人份。病人抗病毒治疗比例和病毒载量检测比例分别为96.6%和98.7%。

【实验室建设】截止2013年底，河北省共建立艾滋病检测实验室556个。其中艾滋病检测确证中心实验室1个；艾滋病检测确证实验室11个；艾滋病检测筛查中心实验室12个；艾滋病检测筛查实验室532个，其中县级疾控艾滋病筛查实验室172个，采供血机构15个，医疗机构345个。2013年共检测各类人群3718734人次。

【示范区建设】11个示范区2013年累计执行中央经费260万，开展项目活动600余项，共建立38个艾滋病初筛实验室，建立自愿咨询检测门诊33个，累计提供艾滋病抗体检测667385人，为95名艾滋病人提供了抗病毒治疗，干预暗娼102456人次、男同5916人次、性病就诊者22273人次、外来务工479160人次。2013年总结出“流动人口“361”干预工作”、“打造“政府搭建平台，部门合作唱戏”的艾滋病防控工作机制”、“四化促管理，服务有保障”艾滋病感染者/病人管理”等多个经验模式。

【艾滋病项目】一是河北省执行中央转移支付艾滋病防治项目。河北省执行中央2012年艾滋病防治项目，资金总额3793万元，覆盖11个设区市，172个县（市、区）。涉及哨点监测、监管场所监测、免费咨询检测、宣传教育、高危行为干预、性病防治、免费抗病毒治疗、艾滋病病毒感染者及病人随访等内容。对我省监管场所内的40443名监管人员进行了艾滋病抗体检测，完成了151889人份的自愿咨询检测，干预暗娼和同性恋者371360人次，累计抗病毒治疗2193人，随访感染者3137人，对3059人进行了CD4检测，实施美沙酮维持治疗434人。印制预防艾滋病健康全家人折页等宣传品120.395万份。二是全球基金艾滋病项目。2013年全球基金艾滋病项目进入关账期，项目覆盖11个设区市和41个县（市、区），按照县、市、省逐级关账要求，项目县在2月28日前完成关账，项目市在3月31日，省本级在4月30日完成关账，全省关账结束后，由招标选定的外部会计师事务所开展关账审计，经审计我省项目基本达到关账要求，经费使用合理，同意关账。全球基金艾滋病项目在6月30日圆满关账。

【性病防治】2013年报告性病病例12900例，其中梅毒8162例、淋病999例、尖锐湿疣3238例、生殖器疱疹254例、生殖道沙眼衣原体感染246例。4个国家级性病监测点共监测报告2354人，其中梅毒1337例、淋病82例、尖锐湿疣772例、生殖器疱疹79例、生殖道沙眼衣原体感染84例。性病疫情总漏报率为5.30%。

【业务培训】2013年，河北省完成中央转移支付项目要求的培训任务和其他项目培训，共举办抗病毒治疗、行为干预、自愿咨询检测、项目管理、督导评估、实验室检验人员和性病诊疗人员上岗等培训班14期，培训2053人。

【信息报送】2013年，市级收集、整理、上报信息464篇。中国疾病预防控制中心网站和期刊、省级简报和网站及其他网站采用或转载328篇次，其中省级简报市、县信息采用158篇，中国疾控中心、中国性艾中心网站、中国艾滋病防治信息等网站、期刊采用38篇，河北疾控网、河北疾控报、河北新闻网等网站、期刊采用或转载132篇。2013年，编印《河北省艾滋病防治信息简报》9期。

病毒病防治

【概况】病毒病防治工作由中心病毒病防治所承担，该所是河北省“医学病毒学重点学科”，拥有全省唯一的生物安全三级实验室（BSL－3）以及五个生物安全二级实验室（BSL－2），全部实验室面积约2000平方米。有ELISA工作站、核酸提取仪、实时荧光定量PCR仪、双向蛋白电泳仪等各类大型仪器、价值约2000余万元。主要职责为：拟定病毒性传染病防治规划、方案，组织开展重点病毒性传染病的监测、分析；负责法定病毒性传染病的流行史与现状资料的收集、建档；负责相关菌毒种检验、鉴定和管理、保存、供应，掌握菌型或毒株分布及变迁；为基层提供技术培训、指导和服务，督导各项防治措施落实；负责相关工作对外交流、合作和科学研究，总结推广经验等；现有职工19人，其中正高级职称11人，副高级职称1人，中级职称1人，初级职称6人；硕士研究生13人，本科生6人；硕士研究生导师3名。

【手足口病】2013年全省累计报告手足口病56826例，报告发病率77.98/10万，其中重症病例215例，死亡24人。病例主要集中在我省的中南部和东部地区。保定、沧州、石家庄病例数居全省前三位，占报告病例总数的55.69%。男性33844例，女性21592例，男女比例1.57∶1。0～3岁婴幼儿是高发人群，报告病例数38142例（68.80%）。报告病例以散居儿童为主，44619例（80.49%），其次为幼托儿童。与2012年同期相比，报告病例、重症病例分别下降31.30%和71.52%，死亡病例上升60.00%。实验室检测样本5603例，阳性3331例，阳性率59.46%。普通病例检测5468例，阳性3216例（58.81%）；重症死亡病例135例，阳性115例（85.19%）。普通病例病原构成与去年不同，其他肠道病毒从22.08%上升至48.63%，CoxA16型从44.56%下降至8.89%；重症死亡病例仍以EV71为主，占83.48%。用RD和Hep－2细胞对361份手足口病临床标本（咽拭子和肛拭子）进行肠道病毒分离，共分离112株，HEV7162株，CoxA1618株，其他肠道病毒32株。序列分析显示EV71依然是C4a亚型，CA16以B1b亚型为主，其他肠道病毒以CVA6为主。

【病毒性流感】1. 流感样病例监测，全省28所监测点医院每天登记分年龄组的流感样病例数和门诊病例就诊总数，2013年第1周至52周监测门诊病例总数3048017例，流感样病例数55539例，流感样病例就诊百分率1.82%。儿科门诊病例1723786例，流感样病例27836例，流感样病例就诊百分率1.61%；内科门诊病例1324231例，流感样病例27703例，就诊百分率2.09%。内科诊室报告流感样病例就诊百分比高于儿科诊室，不同于往年流感样病例监测情况。28所监测点医院采集流感样病例咽拭子标本12306份，12家网络实验室对12142份标本进行核酸检测，阳性957份，阳性率7.88%。阳性标本以新甲1亚型为主，725份，（75.76%），甲型H1N132份（2.94%），季节性A（H3N2）亚型180份（18.81%），A型未分型6份（0.55%），混合型2份（0.21%），B型49份（5.12%），A未分型1份，占0.10%。用MDCK细胞对880份咽拭子标本进行流感病毒分离培养，分离流感病毒383株。甲型H1N1320株，A（H3N2）亚型57株，B型Yamagata系5株，B型Victoria系1株，所有毒株送国家流感中心复核。12家网络实验室均开展了病毒分离工作，8家网络实验室分离毒株数达到国家要求标准。2. 流感暴发疫情处理，河北省共报告流感暴发疫情2起，累计发病81人，波及人口3253人，罹患率分别为

9.56%和1.00%。采集咽拭子标本23份，经PCR快速检测B型阳性23份，MDCK细胞培养B型Victoria系流感病毒阳性8株，全部上送国家流感中心进行复核鉴定。3. 流感病毒核酸检测能力考核，我省12家网络实验室连续5年全部顺利通过中国疾病预防控制中心组织的流感病毒核酸检测能力考核。

【肾综合征出血热】1. 人间疫情监测，全省报告病例1390例，比上年（687例）上升102.33%。病例主要集中于秦皇岛市和唐山市，两市合计1286例（92.52%）。

病例分布于全省77个县（市、区），占全省县（市、区）总数的43.75%。死亡病例分布：唐山丰南区、秦皇岛昌黎县、卢龙县邯郸临漳县、永年县、承德宽城县各1例。报告死亡6例，比上年（2例）增加4例。

2. 宿主动物监测，11市根据出血热发病情况至少选择1个县（区）作为监测点，共布夹47007夹次，捕鼠1045只，平均鼠密度为2.22%。检测鼠肺标本1135份，抗原阳性79份，平均鼠带毒率为6.96%。4个国家级监测点鼠密度监测：居民区布夹9300夹次，捕鼠249只，平均鼠密度为2.68%；野外布夹7100夹次，捕鼠46只，平均鼠密度为0.65%。鼠带毒率监测：检测居民区鼠肺标本539份，抗原阳性25份，平均鼠带毒率为4.64%；野外鼠肺标本41份，全部阴性。鼠种构成以褐家鼠为主，其次为小家鼠，居民区和野外的优势鼠种均为褐家鼠。定量PCR方法检测急性期血清标本62份及荧光检测阳性的鼠肺12份，结果均为家鼠型（Ⅱ型）。

【病毒性腹泻监测】卢龙县医院和卢龙妇幼保健院是河北省病毒性腹泻监测点哨点医院，采集5岁以下腹泻住院患儿粪便标本206份。检测结果轮状病毒抗原阳性74份，阳性率为35.92%，G分型以G9为主，P分型以P8为主；杯状病毒阳性49份，阳性率为23.79%，以诺如2型病毒为主；肠道腺病毒阳性32份，阳性率15.53%。；混合感染30例，以轮状病毒和腺病毒混合感染为主（30.00%），其次为轮状病毒和诺如Ⅱ混合感染（20.00%）。

【病毒性肝炎】6个县区共报告乙肝病例414例，慢性肝炎362例（87.4%）、急性肝炎38例（9.2%）、未分型14例（3.4%）。监测点内的医疗机构，报告乙肝病例的ALT检测率达到100%是石家庄的桥东区、无极县；保定市的满城县和承德的双桥区。未能明确诊断为慢性乙肝病例的抗－HBcIgMl：1000检测率≥90%有石家庄的桥东区、无极县、承德市的承德县（100%）和双桥区（90.5%），保定市的南市区（6.9%）和满城县（20%）检测率较低。

【狂犬病监测】全省报告狂犬病60例，同比上升1.69%。除秦皇岛市外各市均有病例报告，石家庄市、保定市发病数增长明显，邯郸市、承德市也有上升，其他市发病数下降或持平。各市对56例狂犬病临床诊断病例和疑似病例进行了个案流行病学调查，狂犬病暴露预防处置门诊共上报13845例暴露后预防处置信息。

细菌病防治与消毒

【概况】细菌病防治与消毒工作由中心细菌病防治与消毒所承担，主要工作职责是拟定全省细菌性传染病监测与防治计划并组织落实；分析掌握细菌性传染病流行规律，开展疫情预测；开展甲类传染病首发病例、细菌性传染病暴发以及不明原因疾病的调查处理；开展消毒产品的鉴定和抽检样品检测，指导医院、托幼机构等公共场所消毒工作，基层技术培训和指导等。现有职工 13 人，主任医师 4 人，副主任医师 4 人，主管医（技）师 5 人；博士学历 1 人，硕士 4 人，本科 6 人，其他学历 2 人。

【霍乱监测】全年无霍乱病例报告。乡镇卫生院和县级及以上综合医疗机构从 5 月 1 日起启动肠道门诊开展腹泻病例登记和标本检索，市和重点县级疾控中心开展外环境标本监测。全省肠道门诊共登记腹泻病人 45986 例，病例检索 28264 例，检索率 61.46%，检测外环境标本 7985 份（外环境水 2727 份、水产品 2846 份、市售食品 2412 份），均未检出霍乱弧菌。7～9 月份，11 个市监测点（1～2 个县/市）对所辖农村婚（丧）宴、家庭举办宴席（流动饭店）的食品（重点是海产品，直接入口的凉拌菜）和水（饮用水，蔬菜、水产品洗涤用水等）监测，采集标本 806 份（饮用水 99 份，洗涤水 154 份，海产品 194 份，凉拌菜 288 份，餐具 44 份，其他类 27 份），未检出霍乱弧菌。唐山市丰南区国家级霍乱监测点共采集腹泻病例粪便标本 364 份，检测霍乱弧菌、副溶血弧菌、拟态弧菌、河弧菌、气单胞菌和类志贺菌共 6 种致泻性弧菌，均未检出相关致病菌。对我省 9 个年度（1986～1987 年、1994～2000 年）分离的霍乱菌株进行复苏、鉴定，完成 116 株。此外，对 1300 份腹泻病例粪便标本进行出血性大肠杆菌、痢疾杆菌和伤寒副伤寒杆菌等病原检测，未检出上述病原菌。

【肠道传染病防治督导】7～8 月，省疾控中心组织对 11 个市、华北石油以霍乱为主的肠道传染病防控工作督导，制定了河北省 2013 年肠道传染病防治工作督导方案，共督导疾控机构 30 所、县级及以上医疗机构 41 所、乡镇卫生院（社区服务中心）31 所。督导内容包括疾控机构培训和演练、物资储备、监测、宣传等，医疗机构主要包括预检分诊、门诊设施、制度等。并反馈了督导结果。

【霍乱疫情处置】8 月 10～14 日，派 4 人次先后到廊坊三河市协助开展 1 起霍乱疫情协查工作，进行了现场调查、危险因素评估和实验室检测等。省实验室对三河市从食物和外环境分离出的 5 株疑似菌株进行鉴定，结果 3 株为溶藻弧菌，2 株革兰氏阴性球杆菌。

【流行性脑脊髓膜炎病例报告和监测】全省报告流行性脑脊髓膜炎（流脑）病例 17 例，死亡 1 例，发病率 0.0233/10 万，死亡率 0.0014/10 万，病死率 5.88%。与上年（发病数 17 例，死亡 0 例，发病率 0.0235/10 万，死亡率 0.0000/10 万）相比，发病率下降 0.85%，死亡率上升。共流调疑似病例 20 例，按本省 19 例病例统计，16 例病例采集了脑脊液标本，17 例病例采集了血液标本，分离出脑膜炎奈瑟氏菌（Nm）B 群 4 株、C 群 1 株。排除 2 例，临床诊断 3 例，实验室诊断 14 例。在实验室诊断的 14 例病例中，B 群 5 例、C 群 6 例、W135 群 2 例。对 15 例病例的 143 名密切接触者进行了调查，共采集了 125 份咽拭子标本进行检测，共分离出 Nm21 株。2 例 B 群病例来自磁县同一家庭，为我省首次发生的一起 B 群流脑聚集性疫情；武安市报告的 W135 群病例，为我省首次发现的流脑 W135 群病例。

【健康人群带菌监测】统一购置 3300 块流脑培养基，在流脑流行季节开展健康人群带菌监测。采集咽拭子标本 2616 人份，检出 56 株 Nm 疑似菌株，带菌率 2.14%。监测结果显示，流脑带菌仍以未分群占绝对优势（25 株，占 44.64%），W135 群、B 群较多（分别为 14 株、12 株，占 25% 和 21.43%）。

【流脑菌株复核鉴定】省中心实验室对各市上送的 85 株 Nm（来源于病人 4 株/密切接触者 22 株/健康人群 59 株）进行复核鉴定，62 株确认为 Nm（其中 B 群 25 株/C 群 5 株/W135 群 17 株/Y 群 1 株/未分群 14 株）；向国家送检菌株 43 株（来源于病人 3 株/健康带菌者 40 株；B 群 19 株/C 群 1 株/W135 群 13 株/Y 群 1 株/未分群 9 株；2012 年 1 株

/2013 年 42 株），送检数量全国第一。

【**流脑菌株耐药监测**】对 42 株流脑菌（B 群 18 株/C 群 1 株/W135 群 13 株/Y 群 1 株/未分群 9 株）用 K－B 纸片和 E－test 方法进行了 12 种抗生素敏感性试验。结果显示，所有菌株对阿奇霉素、氯霉素、利福平、美罗培南和米诺环素均敏感；对磺胺甲基异恶唑均耐药；对环丙沙星（34 株耐药/2 株中介/6 株敏感）、萘啶酸（38 株耐药/4 株敏感）高度耐药；对青霉素（25 株敏感/16 株中介/1 株耐药）和氨苄西林（23 株敏感/19 株中介）敏感性降低，首次出现了对头孢曲松（41 株敏感/1 株不敏感）和头孢噻肟（41 株敏感/1 株不敏感）不敏感菌株（来自病例的 1 株 B 群菌株）。

【**流脑病例标本分型分析**】对 14 例 Nm 病例标本（3 株菌株/4 份血清/7 份脑脊液，B 群 4 例/C 群 8 例/W135 群 2 例）开展了多位点序列分型（MLST）分析，结果如下：ST－4821 克隆群 5 例（B 群 2/C 群 3），待定 9 例。对 6 份 Nm 病例标本（5 株菌株/1 份血清，B 群 4 例/C 群 2 例）进行了 ProA 基因检测和分析。

【**急性脑膜炎脑炎监测项目**】接收石家庄市送检的 426 例脑膜炎脑炎病例标本 505 份（脑脊液 160 份/血清 312 份/血块 26 份/全血 7 份），完成 412 例病例标本 459 份（253 份脑脊液/205 份血清/1 份全血）Nm、肺炎链球菌（Sp）和流感嗜血杆菌（Hi）Real－timePCR 检测工作，结果 NmB 群阳性 3 例、NmC 群阳性 1 例，NmW135 群阳性 1 例，Sp 阳性 5 例，b 型 Hi（Hib）阳性 1 例，阴性 448 例。

【**布鲁氏菌病病例报告和处置**】全省报告布鲁氏菌病（布病）病例 5103 例，死亡 0 例，发病率为 7.002/10 万，与上年（发病率 5.616/10 万）同比上升 24.70%。开展个案调查 5340 例。全省报告布病爆发疫情 11 起，涉及张家口和保定 2 个市 5 个县 10 个乡 11 个村（场），共流调 2305 人，采血 355 人份进行布病抗体检测，血清学阳性 38 份，确诊新发布病病人 12 例。

【**布鲁氏菌病监测**】张家口市张北县、阳原县，承德市围场县、邢台市邢台县 4 个国家级监测点在 43 个乡镇 99 个村（场）开展现场监测，共调查职业高危人群 4379 人，采集血标本 1573 人份，阳性 262 份，血检阳性率 11.65% ～24.76%（平均为 16.66%），确诊新发病例 81 例，血培养 339 人份，培养出 4 株羊 3 型布氏菌。省级布病监测点在 11 个市 16 个县（市、区）开展，共流调 17419 人，采血 2970 份，血清学阳性 200 份，血检阳性率 6.73%，确诊新发布病病例 67 人。开展病原学监测，对 31 株布氏菌进行了鉴定，其中羊 1 型 1 株，羊 3 型 22 株，待定 8 株。

【**布鲁氏菌病重点人群筛查**】对 13493 名重点人群开展血清学筛查，确诊新发布病病例 884 人。其中主动筛查 10828 例，阳性 803 人，平均阳性率 7.42%，确诊新发病人 329 例，旧病例 267 例，隐性感染者 194 例；门诊筛查 2665 例，确诊新发病人 555 例、旧病例 59 例，隐性感染者 16 例。

【**布鲁氏菌病健康教育**】制发《河北省人间疫病健康教育方案》和《重点人群行为干预方案》，共印制布病宣传品 17000 份，订制布病干预包 4000 万余套，完成重点人群干预 4000 余人，重点人群健康知识知晓率为 84.00%，健康行为形成率为 71.81%。

【**布鲁氏菌病防治项目**】2013 年中央补助地方布病防治项目经费共计 140 万元，用于国家级布病监测点监测、高危人群筛查、实验室诊断、宣传教育、疫情处理和督导等工作。制发《河北省 2013 年中央补助地方布鲁氏菌病防治项目工作方案》，对 2013 年中央补助地方布病防治项目进行了安排部署，省督导 3 个市 6 个县（市、区）工作，项目要求的各项工作内容均完成。

【**健康人群 Hi 调查**】与中国疾控中心传染病所合作，于 1 月 22 日在石家庄市开展了健康人群 Hib 现场调查工作。在栾城县第一中学和栾城县柳林屯乡郎村共调查≤5 岁、6～10 岁、11～20 岁、21～45 岁和 >45 岁 5 个年龄组人群 315 人，采集咽拭子标本630份（2支/人），其中315份标本接种培养基，进行Hib培养、分离和鉴定，另315份标本进行Real－timePCR检测，实验室检测工作由国家和省实验室共同完成。

【脉冲场凝胶电泳试验和检测】开展PFGE试验准备和相关菌株（5株菌）检测，建立了PFGE实验操作SOP，在规定的时间内提交了考核标本的实验结果。中心向PulseNetChina工作委员会提交了申请报告，12月29～30日，由PulseNetChina工作委员会副主任委员、中国疾病预防控制中心传染病所等5位专家组成的评审组对我中心细菌病原监测实验室进行了现场评审，确定通过实验室认可。

【超级细菌监测】对承德市采集的4份标本（病人肛拭子、杯子拭子、门把手拭子和病历本拭子各1份）进行了产新德里金属β－内酰胺酶1（NDM－1）泛耐药细菌（基因）检测，结果均阴性。对2012年分离的3株携带NDM－1基因的阴沟肠杆菌进行了基因序列比对等进一步检测和分析。此外，开展毒素基因检测，对6株宋内氏志贺菌（2011年保定暴发分离菌株）进行了毒力基因PCR检测。

【健康相关产品检测和鉴定】对省卫生监督局抽检的妇女经期卫生用品（卫生巾/卫生护垫）开展了微生物指标（细菌菌落总数、真菌菌落总数）检测工作，于5月3日按时完成全部10份样品24个项目的检测任务，并出具了检测报告。共鉴定32份消毒产品，包括消毒剂28份396项次，抗/抑菌产品2份24项次，一次性使用卫生用品2份4项次，共完成424项次试验，检验准确率100%，出具报告及时率100%。

【消毒质量监测】制发《2013年河北省医疗机构消毒质量监测方案》和《2013年河北省托幼机构消毒质量监测方案》。全省共监测医疗机构3131所（省级8所，市级91所，县级255所，乡级636所，个体2141所），监测各类样品26983份，合格24809份，合格率91.94%；共监测托幼机构592所（公立238所，私立354所），监测各类样品9208份，合格8641份，合格率93.84%。

【实验室质量控制】完成中国疾控中心传染病所2012年12月18日下发的7份考核样本的检测（包括菌株鉴定、血清分群/分型、抗原形式和毒力基因等项目）和结果上报工作，中国疾控中心对结果进行反馈，考核结果为优秀，并下发证书。完成中国疾控中心传染病所12月11日下发的3株沙门菌考核样本的检测工作，按要求进行了血清分型（O抗原、H抗原）和至少13种抗生素的药敏实验（K－B法和/稀释法），检测结果已上报。完成了中国疾控中心环境与健康相关产品安全所下发的2013年省级技术支撑机构消毒产品检测实验室间比对质量控制3份消毒液对枯草杆菌黑色变种（ATCC9372）芽孢的杀灭效果检测和结果上报等工作。

【业务培训】11月4～6日，举办全省霍乱防控技术师资培训班，对50余名省、市级疾控中心负责霍乱监测的流行病和实验室人员进行了《全国霍乱监测方案》（2012年版）和《霍乱防治手册》（第六版）宣贯和霍乱实验室检测技术、细菌性痢疾、伤寒副伤寒菌株鉴定技术等理论和操作技能培训。

结核病防治

【概况】河北省结核病防治工作由中心结核病防治所承担，其主要职责是制订全省结核病防治规划、工作计划、经费预算等，并组织实施。对全省肺结核患者发现、治疗、管理工作进行技术指导和评价，收集、核对、上报、分析和反馈结核病防治信息，开展结核病疫情监测，结核病突发公共卫生事件调查与处理；实施和推广国家结核病实验室诊断标准和操作规程，开展分枝杆菌的涂片、分离培养、药物敏感试验等，对结核病实验室工作进行技术指导、评价；开展市级结核病防治机构和医疗机构业务培训；组织开展结核病健康促进活动；制订抗结核药品和设备的需求计划，协助完成药品和设备招标、采购，及时供应和调剂药品和设备账目；组织开展结核病防治应用性研究工作。现有职工14人，其中本科及以上学历11人，专科3人；正高职5人，副高职5人，中职4人。分督导培训、统计监测及药品管理、健康教育与信息管理、实验室、其他5个专业组。

【指标完成情况】检查可疑肺结核症状者160179例（可疑者就诊率2.2‰），接受痰涂片检查142205例（初诊患者查痰率88.7%），拍摄胸片153704例（初诊患者胸片拍摄率95.9%）。登记活动性肺结核患者33409例，其中涂阳病人14728例，活动性肺结核患者登记率为46.5/10万。登记的17887例涂阳肺结核患者，经过6~8个月短程化疗，治愈17269例，治愈率96.5%，系统管理活动性肺结核患者35903例，系统管理率98.9%。登记44184涂阳肺结核患者的密切接触者，对35249例进行筛查，筛查率99.7%。全省非结防机构网络报告肺结核患者或疑似肺结核患者14269例，综合医疗机构发现的肺结核患者的总体到位率为94.5%。全省所有市、县采用抗结核固定剂量复合剂，以市为单位抗结核固定剂量复合剂使用覆盖率达到100%。

【结防体系建设】开展新型结核病防治体系建设试点工作，石家庄、邯郸、唐山、沧州、承德市5个设区市疾控中心的结防门诊和深泽县、涉县、馆陶县、广平县、邯郸县、卢龙县、高阳县、迁安市等9个县级疾控中心结防门诊分别移交当地定点医院，分别占总数量的45.45%和6%。

【实验室建设】省级完成PCR实验室建设，136个县中65个县级建立了生物安全二级结核病实验室。11个设区市全部开展痰培养工作，8个市级实验室开展耐多药肺结核患者筛查和药敏试验，41个县级开展痰结核菌分离培养，实验室建设完成国家指标要求的47.7%。

【耐多药结核病防治】开展耐多药可疑者检测，检测耐多药可疑者1462例，检测率55.7%，8个市级对1448例痰培养阳性患者进行药物敏感性实验，发现患者81例。正定县、鸡泽县、广宗县、张北县4个国家级结核病耐药性监测项目点承担全国结核病耐多药动态监测工作，共纳入病例554例，其中初治病例520例，复治病例34例，并进行痰涂片镜检和分离培养检查，其中522例患者已有培养结果，阳性率44.44%。

全球基金项目耐多药领域覆盖邯郸、石家庄、保定市，自2009年项目启动到2013年12底，累计登记MDR－TB可疑者3226例，培养3211例，发现耐多药病人334例。

【结核病宣传】3月21日，省疾控中心组织参加河北省卫计委、在承德市兴隆县中心广场举办的3月24日第18个世界防治结核病日宣传活动，宣传主题是“你我共同参与，消除结核危害”。现场发放宣传资料和知识咨询，并向优秀结核病防治志愿者颁发荣誉证书，承德医学院结核病防治志愿者代表全省结核病防治志愿者进行宣誓。累计在新浪网和腾讯网发布微博1900条，解答公众相关疑问900条。开展“百千万志愿者结核病防治知识传播行动”，招募志愿者1000余名。

寄生虫病防治

【概况】寄生虫病防治工作由中心寄生虫病防治所承担，其主要职责是起草全省寄生虫病监测与防治计划，开展技术培训、督导、评估和考核，突发疫情的现场处置和实验室鉴别诊断。有工作人员5人，4人具有专业技术职称，其中主任医师1人，主任技师1人，副主任技师1人，主管技师1人。

【疟疾病例管理】按照现住址和录入时间统计，共报告疟疾病例56（57）例，同比上升了62.86%，年龄在19～57岁间，季节性不明显，均为输入性病例，重点人群为非洲归国人员。全省卫生医疗机构接诊报告疟疾病例（含间日疟、恶性疟和疟疾未分型病例）35（34）例，及时报告率、个案调查率等相关指标均为100%。

【疟疾病例漏报调查】选取出现疟疾病例最多的定州和接诊病例最多的石家庄市裕华区开展漏报调查，社区漏报调查共入户走访603人，未发现疟疾漏报病例。医疗机构漏报调查分别检查2所县级以上医院8月份门诊登记病人873人和6583人，没有发现疟疾和疑似疟疾病例，检验科血检登记本没有血检阳性标本，证实漏报率为零。

疟原虫血

【疟原虫血检】在全省开展不明原因发热病人疟原虫血检43932人次（保定最多为7307例），完成全年任务的122.03%，除秦皇岛海港区、张家口怀来县、邯郸市临漳县、沧州市肃宁县外，其余168个县血检率均达到0.5‰的要求。全省县级疾控机构对县级医疗机构疟原虫血片镜检复核共33270例，复核11个设区市上送的待复核阴性血片2899张，结果符合率100%。

【传疟媒介调查】选择去年未捕捉到中华按蚊的张北县、宣化县、隆化县、宽城县和安新县开展传疟媒介调查，其中安新县8月进行了1次调查，捕捉到中华按蚊45只，另外4个县在7、8、9月进行调查，每月上旬和下旬各调查1次，共捕捉到蚊虫1569只，除宽城捕捉到2只朝鲜伊蚊和1只日本伊蚊外，其他均为淡色库蚊，与去年调查结果基本一致，说明我省淡色库蚊为优势蚊种，仅在水资源较充沛的沿海、水库、湖泊等附近能够捕捉到少量的中华按蚊，与20世纪70年代之前我省优势蚊种为中华按蚊相比，发生显著变化，当前即使有输入性疟疾患者输入我省，发生二代病例的风险极小。

【土源性线虫病监测】42（43个）个县开展土源性线虫病监测，完成土源性线虫粪便标本检测40250份，感染率为0.97（0。98）%，同比下降10.09%，均为轻度感染。其中蛔虫、钩虫、鞭虫和蛲虫检出率分别为0.83%、0.012%、0.007%、0.13%，未检出其他土源性线虫卵。服药驱虫人数为394例，447人次。土源性线虫病感染率大于1%的为秦皇岛（3.14%）、衡水（2.80%）、邢台（2.42%），显示全省沿海和经济落后的少数地区感染率偏高。沧县刘家庙乡西代村国家级监测点采集粪便标本1016份，检出蛔虫卵1份，对131名3～12岁儿童进行蛲虫卵检查，未发现感染者，采集环境土壤标本40份未检出蛔虫卵。8年来监测结果显示，沧县监测点居民蛔虫感染率在0～0.3%，3～12岁儿童蛲虫感染率0～6.0%，生活环境土壤未检测到蛔虫虫卵。

有害生物防治

【概况】有害生物防治工作由中心有害生物防治所承担，其组要职责是指导市、县疾控机构开展主要病媒生物种群密度与季节消长监测，组织实施全省病媒生物抗药性监测，送检卫生用杀虫剂产品的生物效果检测和评价，全省病媒生物防制的技术指导和业务技能培训等。现有职工7名，其中研究生2人，本科4人，正高3人，中级1人，技师2人，其他1人。有媒介昆虫饲养室、卫生杀虫剂生物测定室、模拟现场实验室、昆虫抗药性测定室、病媒生物标本室。

【病媒生物示点县监测】全省病媒生物监测示点县有44个，其中43个按照示点的种类上报监测数据，1个示点县（肥乡）未上报监测数据，示点县监测开展率97.73%，同比提高2.39%。开展三项或四项病媒监测的县区33个，占全部示点县的75%，同比提高73.69%。

【市级病媒生物监测】在11个设区市开展蚊、蝇、蟑、鼠四项监测，市病媒生物监测点实设616个，监测点设置完成率100%，监测数据实报6402组，监测数据上报完成率100%，监测点设置完成率和监测数据上报完成率均与上年持平。

【县级病媒生物监测】全省应开展监测的县（区）数138个，实际开展监测的县（区）数127个，县（区）病媒生物监测开展率92.03%，同比提高了23.30%。开展三或四项病媒生物监测的县（区）87个，开展率63.04%，超过年初60%的预计指标，同比提高了74.00%。全省各县（区）病媒生物监测点实设1025个，监测点设置完成率67.52%，同比提高了37.21%；各县（区）监测数据实报7357组，监测数据上报完成率55.53%，同比提高了34.85%。

【病媒生物抗药性监测】全省有9个设区市疾控中心具备了病媒生物抗药性监测试验室，其中8个市（沧州市未监测）开展了抗药性监测工作，2个市（邢台、廊坊）不具备病媒生物抗药性监测试验室，未开展病媒生物抗药性监测工作。病媒生物抗药性监测完成率53.41%，石家庄、邯郸、秦皇岛、唐山4个市完成抗药性监测任务指标，全省第二轮（三年一轮）抗药性监测累计完成率52.73%。

实验室质控。6月，收到上海疾控中心寄来的粘蝇板样品盲样，参加病媒生物实验室间盲样比对试验，试验结果在盲样检测实验室间比对控制范围内。开展饵剂、电热蚊香片、气雾剂3种剂型卫生杀虫剂室内药效试验与模拟现场试验。

地方病防治

【概况】地方病防治工作由中心地方病防治所承担，其职责是河北省碘缺乏病、地方性氟中毒、克山病和大骨节病防治监测及地方病突发事件应急处理，病情监测与评价、干预措施监测与评价以及综合防治措施与评价，盐碘、尿碘、水碘、水氟、尿氟等监测样品实验室检测，地方病健康教育与健康促进、技术咨询、业务指导、人员培训及防治科研等工作。现有职工 8 名，其中高级职称 5 人，中级职称 1 人，初级职称 2 人。有原子荧光分光光度计、紫外可见分光光度计、离子计、尿碘消解仪、高纯水机、万分之一电子天平等仪器设备 20 余件。

【“十二五”规划中期考评】在全省开展2011～2012 年地方病防治“十二五”规划执行情况评估自查，财政部门每年安排 100 万专项经费。创建食盐安全村 45000 个，累计投入 12.67 亿元用于农村地区改水，受益人口 253.42 万人，累计完成改水工程 7537 个，改水率 73.8%，2012 年监测改水工程 27 个，正常运转率 85.2%。投入近 300 万元开展宣传和健康教育活动，发放宣传材料 1383 万份（册）、咨询 400 余次、播放科普片和公益广告 237 次、受教育小学生 43287 人、家庭主妇 23428 名。建立覆盖全省的碘缺乏病实验室和氟中毒实验室外质控网络，省市县三级碘缺乏病实验室连续 13 年国家外质控考核结果均为优秀。碘缺乏病碘盐覆盖率、合格率、合格碘盐食用率分别在 98%、97%、95% 以上，学生尿碘中位数维持在 100～300μg/L，8～10 岁儿童甲状腺肿大率 2.82%，达到国家 5% 以下的标准。2011 和 2012 年开展克山病监测，潜克检出率分别为 2.84% 和 0.25%，搜索近 3 年县级医疗机构病例，筛查结果显示无急性、亚急性克山病发生。2011 年和 2012 年开展大骨节病病情监测显示，全省 X 线检出率以村为单位未超过 5%，达到国家控制标准，大骨节病病情处于低流行态势。

11 月 8 日至 12 日，国家地方病防治“十二五”规划中期考评组重点对河北省碘缺乏病、水源性高碘及饮水型地方性氟中毒病区病情现状、防治措施落实情况及监测、健康教育等工作开展情况进行考评，抽查结果显示，2 个县碘缺乏病地区 40 户家庭食用盐碘盐覆盖率 100%，12 个县高碘地区 20 户家庭食用盐全部为无碘盐，40 位家庭主妇健康调查碘缺乏病防治知识知晓率 99.5%。

【碘盐监测】检测全省分装或批发企业以及加碘盐场 679 批次，批质量合格率 99.71%，盐碘均数 27.66mg/kg。4～6 月，在全省 167 个含非高碘乡县（市、区）监测居民户食用盐 49020 份（合格份 47051，不合格碘盐 1191 份，非碘盐 778 份），非碘盐率 1.78%、碘盐覆盖率 98.22%（167 个县（市、区）均大于 90%，151 个县（市、区）大于 95%）、碘盐合格率 97.35%（县级达到 100%）、合格碘盐食用率 95.61%（167 个县（市、区）90% 以上），均达到国家消除碘缺乏病要求的标准。在 30 个县（市、区）172 个高碘乡（镇）共监测居民户盐 6840 份，无碘盐 6484 份，无碘食盐率 94.8%，其中 27 个县（市、区）无碘食盐率 90% 以上，2 个县无碘食盐率 80%～90%，1 个县无碘食盐率 40%～50%。

【水源性高碘监测】在 5 个市 15 个县开展水源性高碘监测，采集高碘乡居民饮用水样 43 份，水碘含量 237.5μg/L。采集 8～10 儿童尿样 1475 份，尿碘中位数 369.0μg/L。15 个乡儿童尿碘中位数在 129.0～611.0μg/L，其中 11 个乡儿童尿碘中位数在 300μg/L 以上，高碘地区大部分儿童碘营养仍处于过剩状态。B 超检查 8～10 岁儿童 1475 名，肿大率 5.36%。其中水碘高于 300μg/L 的 7 个乡中检查 701 名，水碘中位数 150～300μg/L 的 6 个乡中检查 553 名，水碘中位数小于 150μg/L 的 2 个乡检查 221 名，肿大率分别为 8.42%、2.89%、1.36%。监测结果显示，水碘中位数低于 300μg/L 的高碘地区不存在甲状腺肿大流行，高于 300μg/L 的高碘地区存在甲状腺肿大流行。

【氟中毒监测】在 15 个降氟改水工程正常运转且水氟含量符合国家标准的村检查 8～12 岁儿童 1229 人，检出氟斑牙患者 296 例，检出率 24.1%，氟斑牙指数 0.49。13 个村改水工程水氟超标或工程不能正常运转甚至报废，共检查 590 名 8～12 岁儿童，检出氟斑牙患者 274 例，检出率 46.4%，氟斑牙指数 1.04。在 2 个水氟含量超过国家标准的村对 8～12 岁儿童 120 人进行氟斑牙检查，检出氟斑牙患者 86 例，检出率 71.7%，氟斑牙指数 1.33。

在10个改水工程正常运转且水氟含量符合国家标准的村检查501人氟骨症患病情况，检出氟骨症病例42人，检出率8.4%，尿氟几何均值为1.23mg/L。13个村改水工程水氟超标或工程不能正常运转甚至报废，检查603人，检出率5.14%，尿氟几何均值2.8mg/L。监测2个水氟含量超标的未改水村，X线拍片101人，检出率7.9%，尿氟几何均值2.8mg/L。

【大骨节病监测】对全省7个大骨节病病区县进行第二轮病情自查。共检查25个乡71个村7～12岁所有在校学生拍摄右手X线片3692张，其中张家口市743张，承德市2969张，未检出I度及以上病人，沽源县查处1例X线阳性病例，为干骺端改变，平均X线检出率0.08%，全省X线检出率以村为单位均未超过5%。

【实验室外质控考核】省、11个设区市、12个县（区）级（石家庄7个县、廊坊市3个县、沧州市1个区、唐山市1个县）24个尿碘实验室参加国家级质控考核，国家碘缺乏病实验室采用Z比评分法进行考核评价，反馈率、合格率均为100%。省、11个设区市30个县级盐碘实验室参加国家级质控考核，采用参考值±不确定度的方法进行考核评价，反馈率、合格率均为100%。142个县级盐碘实验室参加省级考核，反馈率100%，合格率98.6%。省、11个设区市、辛集、定州市、10个县级氟实验室参加国家级质控考核，反馈率、合格率100%。23个县级氟实验室参加省级考核，检测结果不合格县3个、可疑1个，其余全部合格。11月国家碘缺乏病参照实验室授予包括河北省在内的17个省市疾控中心为国家级碘标准物质定值单位。

【宣传活动】5月15日，由省卫生厅主办，省、市、县三级卫生、供销、盐业、盐务等部门参加的第20届防治碘缺乏病日宣传活动在承德市兴隆县中心广场举办，活动主题是“科学补碘，保护智力，成就梦想”，省疾控中心制作宣传摆放展牌6块、发放宣传折页、宣传画、手提包等宣传品5000多份，接受群众现场咨询百余人次，省卫生厅副厅长梁占凯、省疾控中心主任崔泽等参加现场宣传活动。现场，河北电视台、承德电视台等多家新闻媒体进行采访报道。现场宣传结束后深入兴隆县大杖子乡车河堡村和南道村开展儿童甲状腺肿大调查和小学生健康教育宣讲，触诊2所小学8～12岁儿童118人，B超检查8～10岁儿童59人，为700村民发放宣传画等健康大礼包。

【课题研究】3月7～8日，河北、山西、江苏、山东四省在中国疾控中心传染病预防控制所就合作课题“碘相关疾病的预防与干预研究”进行论证，达成初步合作意向，项目分两期执行，第一期内容为水碘筛查和尿碘检测，第二期为现场人群研究。河北省第一期分型测定160余份水样的水碘。

【会议和培训】5月29～30日，在石家庄市召开全省地方病防治业务工作暨2012年医改地方病防治项目总结会；8月27～28日，组织召开全省地方病防治专业委员会会议，研讨地方性甲状腺肿、氟斑牙与氟骨症、大骨节病X线检查及克山病病例诊断等有关问题；9月25～26日在石家庄市举办全省地方病防治业务骨干培训班，培训班通报2013年全省碘缺乏病质控考核结果、地方病防治“十二五”规划考评复核情况等，培训碘缺乏病防治、克山病监测及诊断新标准、大骨节病消除考核验收办法、EpiInfo数据库应用以及科研立项和科技论文写作等内容。

慢性非传染性疾病防治

【概况】慢性非传染性疾病防治工作由中心慢性非传染性疾病防治所承担，其主要职责是心脑血管疾病、肿瘤、糖尿病、精神疾病、牙病等慢性非传染性疾病（慢性病）防治研究，开展慢性病行为危险因素监测、患病监测、死因监测及专项调查，指导社区慢性病防控、健康教育工作，负责心理健康促进和伤害危机干预研究，指导全省高血压、肿瘤、糖尿病、牙病防治工作，全省各级疾病预防控制中心专业人员和社区卫生防病人员业务培训和技术指导。现有职工 12 人，其中正高职称 4 人，中级职称 2 人，初级职称 2 人，硕士研究生 4 人，本科 3 人，大专 1 人。

【国家基本公共卫生服务项目】在 11 个设区市 172 个县区开展国家基本公共卫生服务慢性病患者健康管理工作，基层卫生服务机构慢性病综合防治覆盖率 99.83%，高血压患者建档 595.84 万人，管理 571.89 万人，管理率 68.68%（城市 61.65%、农村 70.16%），规范管理 522.35 万人，规范管理率 91.34%（城市 92.07%、农村 91.21%）；Ⅱ型糖尿病患者建档 174.78 万人，管理 165.76 万人，管理率 52.56%（城市 61.11%、农村 51.42%），规范管理 149.20 万人，规范管理率 90.01%（城市 87.29%、农村 89.61%）。2012 年度高血压、糖尿病患者健康管理效果评估结果显示，参加规范管理高血压人群血压达标率 52.20%，较 2011 年提高 5.30%，参加规范管理糖尿病患者空腹血糖达标率 67.20%，较 2011 年提高 4.10%。

【全民健康生活方式行动】在 11 个设区 165 个区县开展全民健康生活方式行动，占区县总数 93.75%，超过国家及省制定的 70% 计划任务目标；创建全民健康生活方式支持性环境 1128 个，室外支持性环境 419 个，创建无烟环境 910 个，快乐 10 分钟活动覆盖 11 个设区市 96 所学校，培训健康生活方式指导员 2132 人。围绕“世界卫生日”“世界高血压日”等活动日，利用广播、电视等大众媒体开展宣传教育活动，全省出动专业人员 1.52 万人次，发放宣传品 304 万份，制作宣传展牌、条幅 17691 块（条），接受咨询 9.8 万人次，举办讲座 508 场，电视播出 348 期，广播稿和报纸发表 408 篇。

【癫痫病防治】在 8 个项目县开展癫痫筛查及患者免费治疗与随访管理，覆盖人口 453 万，累计筛查癫痫患者 7522 例，达辖区人口总数 1.66‰。执行项目县入组 4135 人，达辖区人口总数 0.85‰。新筛查癫痫患者 2168 例，免费治疗并随访管理患者 3856 例，分别完成任务量的 86.72%、115.80%。

【慢性病发病和死亡监测】慢性病监测示范点 18 个，覆盖人口 364 万，定期收集、汇总、质量控制全省各慢病监测点高血压、心脑血管病、糖尿病、肿瘤等新发病例和死亡病例报告数据。全年报告高血压新发病例 8950 人（发病率 245.83/10 万），心脑血管病新发病例 8375 人（发病率 230.03/10 万），糖尿病新发病例 4434 人（发病率 121.79/10 万），恶性肿瘤新发病例 2299 人（发病率 63.15/10 万）。死亡顺位依次为心脑血管病、恶性肿瘤、高血压、糖尿病。

【死因监测】全国疾病死因监测点由 8 个县区扩展至 30 个，每月对登记、终审、死亡时间和死亡疾病直接、间接、根本死因进行审核、质量控制和统计分析。共报告死亡个案 71009 例，粗死亡率 506.92/10 万。死因顺位前 5 位依次为循环系统疾病、肿瘤、损伤和中毒、呼吸系统疾病、内分泌、营养和代谢疾病。年度常规质量分析显示，大部分监测点审核率在 80% 以上，27 个监测点死因编码比例在5%以下。

【全国伤害监测】全年收集伤害病例27338例，其中秦皇岛市第一医院12359例、海港医院5669例、公安医院2287例，藁城市中西医结合医院5349例、增村中心卫生院803、常安乡卫生院871。报告病例男性17363例，女性9975例，男女性别比1.74∶1。前5位伤害原因依次是跌倒/坠落、机动车车祸、钝器伤、非机动车车祸、中毒，构成比分别为47.80%、18.23%、13.99%、7.25%、5.48%，男女性伤害原因不同。藁城产品伤害监测点共收集伤害病例7023例，其中产品伤害3502例，占全部伤害的49.86%，典型案例122例，占全部伤害的1.74%，占产品伤害的3.48%，监测资料分析显示，道路交通工具是最主要的产品类型（占70.78%）。

【国家科技支撑项目】在10个项目区县开展国家十二五科技支撑心血管病流行病学调查项目，制定河北省项目实施方案，举办项目启动培训班，5月15日开始，10个项目区县陆续开展调查员二级培训并启动现场调查工作，5～6月，完成晋州、内丘等8个项目区县现场督导，截至2013年底，共完成19000人样本人群基本信息摸底调查，完成总任务量100%。在行唐县开展国家十二五科技支撑脑卒中流行病学调查项目，完成300余户、1006人的脑卒中筛查与诊断复核任务，初筛脑卒中患者127人，复核确诊53人。5个脑卒中流行病学调查项目点共完成19000人的初筛问卷、复核确诊调查，完成精神卫生流行病学1250人现场调查，组织口腔专业机构医生完成3个监测点1800人的牙列状况等口腔健康检查工作。

【中国慢性病及其危险因素监测项目】5个设区市8个监测点开展中国慢性病及其危险因素监测项目，完成8个监测点32个乡镇（街道）、96个村政村（居委会），4800户慢病危险因素家庭问卷调查，完成总任务量的100%。新增中国慢性病及其危险因素监测点5个，制定下发2013年河北省中国慢性病及其危险因素监测实施方案，完成培训和1～2阶段抽样和上报反馈工作。

职业卫生与职业病防治

【概况】职业卫生与职业病防治所工作由中心职业卫生与职业病防治所承担，其职责：为卫生行政部门拟定全省职业卫生与职业病防治规划、标准修订、研制提供技术支持；开展职业病诊断、职业健康监护及评价；开展重点职业病监测和专项调查、职业健康风险评估；负责全省职业病报告管理；开展职业病防治科学研究；开展职业病防治法律法规和防治知识的宣传教育；开展职业人群健康促进；开展职业病危害因素检测与评价等工作。现有职工15人，其中正高3人，副高1人，中级及以下11人。硕士3人，本科7人。

【职业病报告】截至2013年12月31日，全省共报告各类新发职业病773例，其中尘肺病718例，尘肺病现患20757人，累计尘肺病人33478例；报告农药中毒1917例。对3110家企业444922名职业病危害作业人员进行职业性健康检查，检出人数4287人（疑似1652人、禁忌证2635人），检出率0.96%；对386家企业8442个职业病危害因素作业点进行检测，合格点数7752个，合格率91.83%。

【职业病哨点监测】全省共5个职业病哨点监测项目县/市，分别为石家庄市藁城市铅中毒哨点项目、唐山市的迁安市矽肺病哨点项目、廊坊市香河县苯及其苯系物中毒哨点项目、保定市徐水县铅中毒哨点项目、承德市平泉县矽肺病哨点项目（新增），共完成健康体检8191人，其中粉尘作业3394

人，苯作业 1527 人，铅作业 3270 人。共检出职业禁忌证 117 人，检出率 1.43%，疑似职业病 132 人，检出率 1.61%，血铅增高 212 人，检出率 2.59%，血常规异常 509 人，检出率 6.21%。

【职业健康体检及职业病诊断】完成神华集团沧州电厂、曹妃甸实业公司等 6 个企业 1844 人职业健康检查，包括内科、血压、五官、心电图、X 线胸片、B 超、肺功能、听力检测、血常规、尿常规、血液生化检测分析等 20 个项目共计 2 万余个数据。受理 1 人次尘肺病复查/初诊申请，组织 1 次尘肺病例讨论、诊断工作，接受职业病诊断相关事项咨询 30 余次。编制职业健康状况调查技术报告、《职业病防治知识手册》。

【职业病危害检测】完成北京爱德信科技发展有限公司全功能信号屏蔽器微波辐射检测，42 份消杀产品的检测分析、审核及报告编写，共出具数据 800 余个，项目涉及 pH、稳定性、有效氯含量、有效碘含量等。

【质量控制】全省职业病诊断资质机构共有 39 家，职业健康检查资质机构 215 家。中心通过了职业健康检查资质、职业病诊断资质续展。对全省职业健康检查、职业病诊断资质机构进行血铅盲样检测和高千伏 X 线胸片质量考核。全省应参加血铅考核机构 163 家，领取盲样的机构 146 家，111 家机构上报检测报告，52 家机构放弃考核，参加率 68.10%，合格率 36.81%（较 2010 年提高了 8%）。全省应参加高千伏 X 线胸片质量考核机构 202 家，参加率 86.14%。共收到高千伏胸片 1725 张，经专家评定一级片 63 张、二级片 444 张（较 2010 年下降 15.61%），优良率 29.39%；三级片 803 张，四级片（废片）415 张。检定仪器 125 台，完成质控项目 37 项，仪器期间核查 8 项。参加职业病防治机构实验室间比对，项目为血铅、尿镉；参加国家疾控中心职业卫生检测能力考核，项目为乙苯、四氯乙烯、锡并获得满意结果。

【业务培训】举办全省重点职业病监测哨点工作及培训会、职业健康检查机构技术骨干培训、全省职业健康体检、职业病诊断机构高千伏投照胸片技术培训、全省职业健康体检、职业病诊断机构实验室检验技术培训 5 期培训班，培训全省 210 家职业健康体检机构、36 家职业病诊断机构 1024 人次。主要内容为：职业健康检查相关法律法规、粉尘作业职业健康检查、化学毒物作业职业健康检查、物理因素作业职业健康检查、职业健康检查质量控制、职业健康检查报告编制、案例讨论、X 线高千伏胸片投照技术、实验室生物样品检验、临床检验等。

环境卫生监测与评价

【概况】环境卫生监测与评价工作由中心环境卫生监测与评价所承担，其职责为生活饮用水卫生监督监测、农村改水工程水质卫生监测、农村环境危害因素监测、空气污染（雾霾）人群健康影响监测等，开展“农村面貌提升行动”等爱国卫生活动。现有职工 7 人，高级职称 5 人，中级职称 2 人。

【农村饮用水卫生监测】11 个设区市 68 个农村饮用水卫生监测点检测集中式供水点 541 处，上报数据 2164 条，分散式供水点 94 处，上报数据 188 条。监测数据显示，农村水源以深井地下水为主（501 个），占总水源数的 89%，分散式水源主要以浅井居多占 95%；供水方式以水质未处理的居多占 78%，有消毒设施的占总监测工程的 14.87%；监测点丰水期和枯水期出厂水和末梢水合格率均超过 60%，出厂水合格率略高于末梢水，分散式供水合格率65.56%，影响水质合格率主要因素是氟化物和微生物指标超标，消毒方式以二氧化氯和紫外线为主。

【农村饮水安全工程水质卫生监测】制定下发《2013年河北省饮水安全工程水质卫生监测方案》，对全省850处改水工程进行监测及网络直报。农村饮水安全工程水质卫生监测项目覆盖11个设区市81个县（区），水源类型以地下水为水源的集中式供水工程占97%，集中式供水覆盖人口占77%，饮用分散式供水的人口占23%；水处理工艺中未处理的占90%，未处理的供水工程覆盖人口占71%；集中式饮水安全工程以小型集中式供水工程为主，以地下水为水源的饮用人口达99.4%，有完全处理工艺的工程占2%，有消毒设备的供水工程占7%，使用二氧化氯消毒的占71.7%；枯水期、丰水期出厂水水质合格率分别为60.24%56.24%，末梢水水质合格率分别为57.88%53.76%，影响水质合格率的指标主要是氟化物、氯化物、微生物指标；饮水安全工程水质合格率44%，饮用人口合格率43%；18个县上报高氟村2103个，已改水的高氟村1391个占66%，已改水工程中，正常运转的占97%，间歇供水占3%，报废工程1处。

【生活饮用水卫生监督监测】扩大生活饮用水卫生监测网络覆盖范围，11个设区市68个县纳入监测网，监督监测范围扩大到全省的50%。对市政水厂、城市自建集中式供水单位、二次供水单位、农村学校自建设施供水单位等1121个被监督单位共2238个采样点，分丰、枯水期对采样点水质进行检测。

【农村环境卫生监测项目】启动河北省2013年农村环境卫生监测项目，制定《2013年河北省农村环境卫生技术方案》，监测范围为11个设区市45个县900个行政村。主要工作内容为基本情况调查，包括收集监测县、监测点的人口学资料、环境卫生情况、环境卫生管理、村容村貌等基础信息；垃圾来源、种类、数量、处理方式等情况污水来源、种类、数量、排放方式、处理方式等情况；农村户厕类型、使用管理、粪便无害化处理情况；选择监测户的厨房内进行鼠类密度、蝇类密度和蟑螂密度监测，选择监测户住宅周围环境进行蚊虫密度监测；农药的购买、使用与存放情况；土壤寄生虫和重金属污染等监测。自2013年起，项目工作由省疾控中心负责执行。10月底召开全省技术培训会议，布置工作任务、技术和网络直报培训。

【空气污染（雾霾）人群健康影响监测】制定了河北省2013年空气污染（雾霾）人群健康影响监测工作方案，指导3市1县7个监测点开展前期准备工作，协调购买设备，组织参加国家培训。11月下旬组织召开了启动会，进行了再培训。石家庄市、唐山市、保定市以及辛集市等监测点陆续开始采样监测及调查工作。

【环境卫生事件处置】1月7日，处理山西苯胺污染水源致邯郸停水事件，现场调查铁西水厂，出具卫生应急处置指导意见；1月15日，调查处置邢台市沙河市水源污染事件，将白塔镇权村饮水卫生状况调查报告上报省卫生厅；9月7日，调查处置衡水市武强县东北助剂化工有限公司污染事件，对采集的水样进行全分析。3月8日，在承德市兴隆县车河堡村开展水环境污染状况调查，采集水样10份，出具调查报告上报省卫生厅。

【爱国卫生】起草《河北省农村改水改厕技术方案》，负责农村改厕技术培训授课，协助省爱卫办对改厕项目县进行督导和验收，开展“新农村建设”、“农村面貌提升行动”等爱国卫生活动。

放射卫生防护

【概况】 放射卫生防护工作由中心放射防护所承担，其职责是全省核事故和辐射事故卫生应急处置，电离辐射危害的监测、评价和预防控制，参与放射病预防控制应用性科学研究，推广先进技术，参与拟订国家放射卫生相关标准，医用辐射机构放射诊疗卫生防护监测，食品和饮用水放射性检测，建设项目职业病危害放射防护评价，放射工作人员职业健康监护工作，提供技术指导、专业培训和咨询服务，大型医用设备应用质量评审，河北省乙类大型医用设备应用质量检测。现有职工 11 人，高级职称 6 人，中级职称 1 人，初级职称 2 人，其他 2 人。

【放射卫生防护检测与评价】 完成全省放射诊疗机构的 LA、MRI、CT 机、医用诊断 X 射线机等设备性能检测共 147 台次，其中 LA9 台次、MRI49 台次、X 射线机 3 台次、CT86 台次；放射工作人员个人剂量检测 789 人次；放射工作场所防护检测 5 次；完成生活饮用水总 α 总 β 放射性指标检测 8 份，完成建设项目职业病危害预评价 5 项。

【大型医用设备管理】 组织召开全省乙类大型医用设备配置审批论证会，对全省 11 个市 183 家医疗单位申请配置的 253 台乙类大型医用设备进行论证，协助卫生厅发放《配置许可证》248 份，组织召开全省 CT、MRI 应用技术评审会，共评审 391 台，全部出具评审报告。并完成放射乙级、职业健康体检（放射）、职业病诊断（放射）资质续展和《医疗机构执业许可证》法人更换等工作。

【科研项目】 参加卫生行业科研专项课题“辐射危害控制与核辐射卫生应急处置关键技术研究及其应用”研究项目，按照国家项目协议、任务书及实施方案全面开展工作。截至 2013 年底，放射诊断患者典型剂量测量 1861 例，完成比例 103.39%。选择 41 家医院，其中，普通及数字 X 射线摄影患者剂量测量 1161 例，CT 检查患者剂量测量 400 例，乳腺 X 射线摄影患者剂量测量 300 例。放射诊疗设备质量控制检测 110 台，完成比例 100%，其中，放射诊断设备检测完成 83 台，放射治疗设备完成 21 台，核医学设备完成 6 台。

【取得资质情况】 全省共有放射工作单位 2313 个，放射工作人员 12235 人，射线装置 4340 台。11 个设区市、华北石油疾控中心、职防（院）所共取得放射病诊断资质 2 项、健康体检资质 11 项、放射防护检测与评价资质 11 项、建设项目职业病危害（放射防护）资质 10 项、职业人员个人剂量监测资质 10 项、放射工作场所防护检测资质 21 项。

学校卫生防病

【概况】 学校卫生防病工作由学校卫生防病所承担。其职责是负责与教育部门沟通，开展学生常见病、多发病监测和防治工作，学生食堂的食品安全监测，指导和培训全省学校卫生工作。现有职工 5 人，其中大学以上学历 4 人，研究员 2 名，主任医师 2 名，主管技师 1 名。

【中小学生健康监测】在165所学校开展中小学生健康监测，对92020名中小学生视力低下、患龋齿、肥胖和营养不良状况进行专题调查，其中小学生39399人，中学生24204人，高中生28417人，城市55654人，农村36366人。城市学生视力低下率（60.48%）高于农村（47.94%），学生视力低下状况随学习阶段变化而升高。农村学生患龋率（23.95%）高于城市学生（17.27%），小学生患龋率（29.72%）明显高于初中生（18.65%）和高中生（15.25%）。城市学生肥胖率（10.50%）高于农村学生（5.48%），小学生肥胖率（9.82%）高于初（7.35%）、高中学生（6.71%）。初中生营养不良状况（7.98%）略高于小学生（6.78%）和高中生（6.22%），农村学生（7.38%）高于城市学生（5.37%）。

【学校生活和教学环境监测】按照学校生活和学校教学环境监测内容和卫生监测指标要求，有条件的市级疾控中心开展了培训并入校监测。石家庄市的监测结果显示，学校黑板合格率达标，教室人均面积合格率为44%，课椅符合率11%。

理化检验

【概况】卫生理化检验工作由中心理化检验所承担，其主要职责是承担保健食品、食品、食品添加剂、食品包装材料、化妆品、生活饮用水及涉水产品、消杀药品、食物中毒及污染事故处理分析、食品安全风险监测、政府委托抽检、行政部门抽检、食品安全应急监测等样品理化项目的卫生学检验，保健食品的功效成分监测和检测方法研究；北戴河暑期服务任务；组织实施全省食品中化学污染物和有害因素监测；基层培训和技术指导。现有职工16人，其中主任技师3人，副主任技师3人，中级3人，初级7人。

【各类检品检测】完成各类检品2182份24397项次。其中临时检品217份3803项次，包括水及涉水产品161份、食品及保健食品30份、食品添加剂2份、消杀药品10份、其他13份，其他检品1965份20594项次，包括食安办委托抽检样品23份、卫生监督抽检10份、城市饮水监测123份、食品中化学污染物和有害因素监测1802份。

【食品中化学污染物和有害因素监测】河北省食品安全风险监测—食品中化学污染物和有害因素监测网覆盖全省11个设区市12个监测点（省疾控中心和11个设区市疾控中心）86个县（市、区）。监测食品包括粮食及其制品、蔬菜及其制品、肉与肉制品、乳与乳制品、植物油及其制品、酒类、饮料等主要食品24类10467份，超标率0.16%，监测样本合格率99.84%。监测食品污染物涉及农药、兽药、真菌毒素、有机污染物、元素、食品加工过程产生的污染物、食品添加剂、非食用物质、禁用药物和包装材料迁移物10大类141项。全年任务完成率109%，其中常规监测样品4867份，完成率118%。专项监测样品5882份，完成率103%。上报食品安全风险监测专报15期。

【白酒中塑化剂专项监测】对275份省内超市及市场零售白酒样品中18种邻苯二甲酸酯类物质（塑化剂）开展食品安全风险监测，共测得阳性85份，阳性检出率30%。检出的污染物涉及邻苯二甲酸二甲酯（DMP）、邻苯二甲酸二异丁酯（DIBP）、邻苯二甲酸二丁酯（DBP）、邻苯二甲酸二（2－乙基）己酯（DEHP）。

【食品中工业染料专项监测】对省内超市及市场零售辣椒和花椒样品中酸性橙Ⅱ、碱性橙Ⅱ、罗丹明B、苏丹红Ⅰ、苏丹红Ⅱ、苏丹红Ⅲ、苏丹红Ⅳ、碱性橙21、碱性橙22等9种工业染料类物质233份样品开展食品安全风险监测，共测得阳性样品2份，阳性检出率为0.86%。2份阳性样品均为散装，1份为花椒中检出罗丹明B，1份为辣椒面中检出碱性橙Ⅱ。

【畜肉类中瘦肉精专项监测】对11个设区市所辖县（市、区）的超市和农贸市场等地采集的245份畜肉类（猪、牛、羊肉及其肝组织）样品开展了食品安全风险监测，监测项目为瘦肉精（包括沙丁胺醇、克伦特罗、莱克多巴胺、苯乙醇胺、特布特林、妥布特罗、非诺特罗、福莫特罗、异丙喘宁），检出6份，检出率2.4%。

【食品中铬专项监测】在11个设区市37个县（市、区）的超市和农贸市场等场所开展食品中铬风险监测，监测食品主要有肉皮冻、灌汤包、水晶肘子、水晶肠、雪糕、奶糖、棉花糖、阿胶及阿胶相关食品、发酵乳、浓汤宝和其他类等11类，共监测样品378份，其中66份肉皮冻样品16份铬超标，超标样品监测值范围在1.03～4.44mg/kg，涉及保定、邯郸、廊坊、秦皇岛、沧州5个设区市的11个县（市、区）。其他10类食品未发现铬超标现象。

【虾中硝基呋喃类代谢物专项监测】对11个设区市在所辖县（市、区）的超市和农贸市场等地采集的210份虾样品开展食品安全风险监测，监测项目为硝基呋喃类代谢物（氨基脲、1－氨基－2－内酰脲、3－氨基－2－恶唑烷基酮和5－吗啉甲基－3－氨基－2－恶唑烷基酮），其中10份样品中检出3－氨基－2－恶唑烷基酮，检出率4.8%。硝基呋喃类药物已被列入食品中可能违法添加的非食用物质名单。

【肉与肉制品中硝基呋喃类代谢物专项监测】对11个设区市在所辖县（市、区）超市和农贸市场等地采集的169份猪肉、80份牛肉、54份羊肉、50份猪肝等共353份样品开展监测，监测项目为硝基呋喃类代谢物（氨基脲、1－氨基－2－内酰脲、3－氨基－2－恶唑烷基酮和5－吗啉甲基－3－氨基－2－恶唑烷基酮），2份猪肉样品中检出3－氨基－2－恶唑烷基酮，检出率0.6%。

【虾中氯霉素专项监测】对11个设区市在所辖县（市、区）超市和农贸市场等地采集的206份虾样品开展食品安全风险监测，监测项目为氯霉素，2份样品中检出氯霉素，检出率0.97%。氯霉素类药物已被列入食品中可能违法添加的非食用物质名单。

【鲜活淡水鱼中硝基呋喃类代谢物专项监测】对11个设区市在所辖县（市、区）的超市和农贸市场等地采集的草鱼、河鲈鱼、黑鱼、鲫鱼、鲤鱼、鲢鱼、罗非鱼、胖头鱼、其他淡水鱼和武昌鱼等10种鲜活淡水鱼221份样品开展食品安全风险监测，监测项目为硝基呋喃类代谢物（氨基脲、1－氨基－2－内酰脲、3－氨基－2－恶唑烷基酮和5－吗啉甲基－3－氨基－2－恶唑烷基酮），5份样品中检出3－氨基－2－恶唑烷基酮，2份样品中检出氨基脲，总检出率3.2%。硝基呋喃类药物已被列入食品中可能违法添加的非食用物质名单。

【鲜活淡水鱼中孔雀石绿专项监测】对11个设区市在本辖区超市、食品商店、集贸市场和农贸市场销售的218份鲜活淡水鱼开展食品安全风险监测，监测项目为禁用药物孔雀石绿和隐性孔雀石绿，11份样品隐性孔雀石绿阳性，检出率5.0%。孔雀石绿和隐性孔雀石绿已被列入食品中可能违法添加的非食用物质名单。

【鸡肉中硝基呋喃类代谢物的专项监测】对10个设区市在所辖县（市、区）超市和农贸市场等地采集的289份鸡肉样品开展食品安全风险监测，监测项目为硝基呋喃类代谢物氨基脲（SEM）、1－氨基－2－内酰脲（AHD）、3－氨基－2－恶唑烷基酮（AOZ）和5－吗啉甲基－3－氨基－2－恶唑烷基酮（AMOZ），7份样品检出AMOZ，2份样品检出AOZ，1份样品检出SEM，总检出率3.5%。

【委托监测】省食安办接到群众举报，在某品牌植物油中可能添加塑化剂、在产蛋家禽的饲料中可能添加三聚氰胺，从而可能在禽肉中含有三聚氰胺。省疾控中心对可疑样品进行了买样，在市场中采集两份植物油（鲁花5S压榨一级花生油）和9

份禽肉类样品（鸡、鸭、鹅、鹌鹑肉），食用油监测塑化剂、产蛋禽肉监测三聚氰胺，及时上报数据。

【邯郸市政供水水质监测】2012 年 12 月 31 日，位于山西省长治市潞城境内的山西天脊煤化工集团股份有限公司苯胺罐区一条输送软管破损造成苯胺泄漏事故，污染物流入浊漳河，影响下游邯郸用水。邯郸市主城区自 1 月 5 日因泄露污染事件导致大面积停水。1 月 14 日，省疾控中心接到邯郸送来的水样，完成水样 64 项分析，并出具检测报告。随后两周内又对邯郸水样进行了两次监测。

【秦皇岛暑期食品安全评价】完成 10 份白酒中 18 种塑化剂、10 份红酒中二氧化硫、30 份乳制品中黄曲霉毒素 M1、三聚氰胺和铬的检测；完成 15 份腐竹、豆腐干中碱性嫩黄、碱性橙、酸性橙Ⅱ和 20 份含乳饮料中蛋白质、三聚氰胺和铬的检测；共涉及 85 份样品 385 项次。及时上报监测数据，为北戴河暑期食品安全提供技术保障。

【技术培训】3 月 25 ~ 28 日，在石家庄市军兴宾馆举办全省食品中化学污染物和有害因素监测技术学习培训班，11 个设区市、华北石油疾控中心主管主任、86 个县采样点的采样人员等共 161 人参加培训；5 月 22 ~ 24 日，在邯郸市举办牛奶中硫氰酸钠检测技术培训班，重点对离子色谱原理及其在食品安全风险监测中的应用、离子色谱法测定牛奶中硫氰酸钠检测技术、固相萃取技术在食品风险监测分析中的应用和拉曼光谱、红外光谱技术原理及在食品安全快速检测中的应用进行培训；9 月 28 ~ 30 日在石家庄举办仪器设备原理与操作技能技术培训班，对离子色谱、原子荧光、ICP（电感耦合等离子体发射光谱仪）、ICP - MS（电感耦合等离子体—质谱仪）等技术原理、应用、操作与维护进行培训。

所有承担监测任务的实验室，除省和石家庄、唐山、秦皇岛市疾控中心具备液相色谱—串接质谱联用仪（HPLC - MS/MS）外，其他 8 个设区市疾控中心均不具备，故这 8 个市不具备开展非食用物质、禁用物质和限用物质风险监测的能力。

卫生微生物检验

【概况】微生物检验所承担卫生行政部门等政府委托的与卫生监督执法相关的食品、生活饮用水、化妆品、日用品、涉水产品及其他相关产品和生产、生活、环境卫生质量的卫生微生物学检验及专项抽检、委托检验和仲裁检验；承担全省食品微生物及其致病因子风险监测工作；研究分析我省食源性致病菌风险趋势和规律，提供风险预警建议；提供技术培训和指导；承担食物中毒、食源性疾病、水源性疾病、突发公共卫生事件的病原学检验任务；负责全省食源性致病菌菌株的收集、鉴定、保藏和管理。现有职工 8 名，其中高级职称 4 人，中级职称 4 人。

【各类样品检测】共完成各类样品 96 份 1705 项次，包括食品样品 57 份 221 项次，保健食品样品 17 份 1404 项次，生活饮用水及涉水样品 22 份 80 项次。

【监测方案制定】起草制定 2013 年河北省食品微生物及其致病因子监测方案、城市流动早餐点专项监测方案、2013 年北戴河暑期食品安全风险专项监测方案，省卫生厅、省工业和信息化厅、省商务厅、省工商行政管理局、省质量技术监督局、省食品药品监督管理局共同发布；编制《2013 年河北省食源性致病菌监测技术指南》，包括 2013 年食品微生物及其致病因子监测概况、监测结果报告和质量控制要求、各类食品监测方案、采样要求、监测指标及检验要求以及 2013 年河北省城市流动早餐点专项监测工作方案、食源性致病菌数据库操作流程、质量控制等六部分。

【食品微生物及其致病因子风险监测】评估消费量大、流通广的食品中主要食源性致病菌在市级水平上的污染情况和定量资料，全面评价全省流通环节食源性致病菌流行情况。承担全省食品微生物及其致病因子监测工作的检测机构有省疾控中心、11 个设区市和 31 个县级疾控中心，监测点覆盖 11 个设区市 86 个县（区），对超市/食品店、农贸市场、学校周边、网购和餐饮等 10 大类类食品采样，监测 16 项微生物指标。共监测 4997 份，完成国家监测计划的 137.7%，完成我省监测计划的 122.2%。10 类食品均检出食源性致病菌致病菌，婴幼儿食品和乳与乳制品污染率较高，分别为 16.5% 和 12.8%，平均污染率为 5.5%。共检出食源性致病菌 275 株，污染食品最多的是蜡样芽孢杆菌和金黄色葡萄球菌，蜡样芽孢杆菌检出最多为 127 株，占致病菌总数的 46.2%；其次是金黄色葡萄球菌 64 株，占致病菌总数的 23.3%；创伤弧菌、STEC（产志贺毒素大肠埃希氏菌）、诺如病毒、异尖线虫等 4 种微生物指标均未检出。

【城市流动早餐点专项监测】共监测食品 387 份，完成全省计划的 117.3%。监测指标包括菌落总数、大肠埃希氏菌计数、沙门氏菌、金黄色葡萄球菌、致泻大肠埃希氏菌等 5 项食品微生物指标。监测结果表明，大部分食品没有细菌和大肠埃希氏菌污染，致泻大肠埃希氏菌未检出，沙门氏菌检出 1 株，金黄色葡萄球菌检出 11 株，致病菌总污染率 3.1%。

【暑期专项监测】省疾控中心和北戴河区疾控中心共同承担监测任务，监测时间为 6、7 月份。共监测熟肉制品和袋装即食类水产品各 80 份，完成率 100%。监测地区为秦皇岛市北戴河区，重点关注中央和省直疗养区域各类消费食品。监测场所包括特供环节和宾馆、饭店、超市、农贸市场及其他场所。监测项目为沙门氏菌、志贺氏菌、金黄色葡萄球菌、产志贺毒素大肠埃希氏菌和副溶血性弧菌。检验方法《2013 年河北省食源性致病菌风险监测技术指南》。

【应急检测】完成邯郸市水污染事件 3 份水样品中贾地鞭毛虫和隐孢子虫的应急检测、冀州市农牧局委托检验的 2 份病死猪肉和唐山市曹妃甸区公安局委托检验的 39 份病死猪肉中沙门氏菌、大肠杆菌 O157: H7、金黄色葡萄球菌、志贺氏菌、单核细胞增生李斯特氏菌的检测。

【技术培训】4 月 13～16 日，在石家庄举办 2013 年河北省食品微生物及其致病因子监测技术培训班，就 10 类食品的采样、检验、数量分配、网络直报以及菌株的保存及上送等内容培训，考试优秀率 99%；10 月 12～15 日，在石家庄举办 2013 年食品微生物风险监测工作中期总结暨技术培训会，重点就监测点数量分配、采样时间和环节、数据网络直报和微生物指标检验方法注意事项、质量控制、监测结果统计分析培训。

【质量控制活动】重新对常见食源性致病菌的生物安全进行风险评估；修改微生物所《安全管理手册》（2013 版），对《公共场所集中空调通风系统卫生规范》（WS394－2012）的 7 个指标进行新标准能力确认，参加国家认可委组织的室间质量控制活动，完成葡萄球菌肠毒素、菌落总数、沙门氏菌定性、副溶血性弧菌定性和定量检测 5 项认可项目的能力验证，结果均为满意。

健康教育

【概况】健康教育工作由中心健康教育所承担，其主要职责是承担全省健康教育工作的计划、组织、指导、实施和评价；组织协调相关业务所室开展传染病、慢性病、地方病、职业病、食品安全及突发公共卫生事件媒体宣传和大众传播活动；受卫生计生行政部门委托承担中央补助地方健康素养促进行动项目和全省无烟卫生计生系统创建工作的组织实施，提供技术支撑。现有职工 12 人，其中研究生 1 人，本科生 6 人；高级职称 1 人，中级职称 4 人，初级职称 3 人。

【健康素养与重点人群吸烟相关行为监测项目】完成河北省城乡居民健康素养监测问卷 3885 份，重点人群吸烟相关行为监测问卷 3007 份，是全国 31 个省市中第一批完成监测任务的 13 个省市之一。6 月底，配合国家卫计委督导组完成我省唐山遵化、保定曲阳两个监测点的重点人群吸烟相关行为调查复核，8 月份完成全省 10 个市 13 个监测点的重点人群吸烟相关行为调查复核工作。

【公益广告项目】与河北电视广告发展总公司合作完成两部公益广告的拍摄制作，其中慢性病防治二维动漫公益广告 1 部，烟草控制四部曲形象代言广告 1 部，分家庭篇、公共场所篇、疾病篇和学校篇，聘请河北电视台著名主持人温朋达为我省首位控烟形象大使。我省制作的“培养健康生活方式，远离心脑血管疾病”和“远离烟草、珍爱生命—~家庭篇”公益广告在壹等奖空缺的情况下，分获国家卫生计生委宣传司优秀公益广告贰、叁等奖，系公益广告作品获奖最多的 2 个省份之一。9 至 10 月完成公益广告投放，通过河北电视台广告经营管理中心完成省级投放，以石家庄市、唐山市电视台和栾城县、遵化市电视台为市、县级投放点，省、市、县三级电视台累计投放公益广告 720 次，其中省、市、县级电视台月投放分别为 130 次、160 次、120 次，达到省、市、县三级每月不少于 120 次的投放要求。

【健康巡讲项目】结合卫生科技活动周及中心“手拉手”对口帮扶活动，在全省组织开展以“疾控服务百姓，共建健康生活”为主题的疾控科技下乡暨对口帮扶健康巡讲活动，组建包括传染病、慢病、地方病、食品安全、环境卫生、职业卫生、健康教育等在内的 20 大类 36 名公共卫生专业健康教育巡讲专家库，开展以健康教育巡回讲座、健康咨询、专家座谈、专家义诊等为主要形式的对口帮扶和健康巡讲 50 余场次，5000 余名基层卫生专业骨干和社区居民参加培训，2000 余人接受健康知识普及。发放健康传播材料 1 万余份，接受义诊咨询 500 余人次；全省各级健康教育机构以健康巡讲项目为依托，组织开展健康巡讲活动 1000 余场次，累计受益人群 50 余万人。

【烟草控制项目】分别在石家庄栾城县、邢台市柏乡县、秦皇岛市青龙县创建 18 家县级无烟医疗卫生示范基地，开展实名制问卷调查，第一次基线调查人数 1177 人，吸烟率 8.24%，项目实施后效果调查人数 1159 人，吸烟率降至 6.73%。2 次共对 192 家无烟医疗卫生系统创建工作抽查暗访，首次将乡镇卫生院控烟工作纳入暗访范畴，平均得分为 61.5 分和 76.3 分，达标率分别为 53.2%、55.7%，结果显示，部分医疗机构无烟环境禁烟标识等布置不到位、室内放有烟具、室外吸烟区设置不合要求、引导标识不明显、控烟宣传材种类少、未开设戒烟门诊。河北省第三次全国创建无烟医疗卫生系统暗访评估综合考评排名位列全国第 7 位，获得 2012 年全国无烟医疗卫生系统创建工作三等奖。在第 26 个世界无烟日期间，组织全省 11 个设区市 634 家单位签署“拒绝烟草广告、促销和赞助承诺书”。

【2013 年中央补助地方健康素养促进行动项目】10 月份，协助省卫生厅召开河北省执行 2012 年中央补助地方健康素养促进行动项目总结暨 2013 年启动会，启动居民健康素养监测和青少年烟草流行监测、公益广告、健康促进医院、健康巡讲项目。完成 8 个设区市 14 个县（区）居民健康素养监测和青少年烟草流行监测项目抽样、省级督导、问卷复核，完成 6527 份青少年烟草流行监测和 3783 份居民健康素养监测问卷的省级质控。确定 3 个市及其所辖县为公益广告市县投放点。调整健康教育与健康促进专家库，组建 10 类卫生专业健康教育巡讲专家 97 人，确定 3 个市为健康促进试点医院。

【媒体宣传】以突发公共卫生事件和重点传染病、季节性多发病为重点，组织召开人感染 H7N9 禽流感防控、灾后卫生防疫、应对雾霾天气、流感防控、结核病、夏季肠道传染病与手足口病的防治及消毒技术、虫媒传染病、肠道传染病、食品营养与安全、免疫接种、糖尿病防治、季节性传染病等媒体沟通会 10 次，组织专家做客电视台演播室访谈类节目或接受媒体专访 150 余次，在报纸、网络、电台、电视台等新闻媒体刊登宣传稿件 395 篇/次。以全国儿童预防接种宣传日、全国《职业病防治法》宣传周、全国防治碘缺乏病宣传日、世界无烟日、世界艾滋病日等各种主题卫生宣传日为契机，组织开展健康教育宣传活动 9 次，现场展出展板 80 块，发放健康教育传播材料 20 余万份。

【三下乡服务活动】1 月 17 日，参加涞水县文化活动广场河北省文化、科技、卫生“三下乡”省直单位集中示范活动，

现场展出展板 6 块，发放宣传折页、挂图、小册子 10000 余份，作业本 2000 本，手提袋 500 个，健康生活方式支持工具（油壶、限盐勺、围裙）50 套。接受咨询 500 余人次，向涞水县疾控中心捐赠了价值 5 万元的疫苗。

【图文资料管理】全年承担照摄相任务 320 次，拍摄照片 8000 余张，其中有效照片 1800 张；摄像 700 分钟。完成 11 期对外橱窗宣传栏的设计制作和维护更新，开发设计传播材料 4 种，宣传展板 30 张。收集各类信息资料、疾病防控知识、中心工作动态，组织编撰《河北疾控报》20 期 20 余万字发送到全国 500 多家单位。

【摄影、书画作品征集评选】在全省开展“纪念河北卫生防疫六十年”摄影、书画作品征集评选活动，收集全省疾病预防控制系统报送的书画作品 43 幅，摄影作品 833 幅。邀请省内专家对摄影与书画作品进行评选，入选摄影作品 150 余幅，美术作品 20 幅（含宣传画 6 幅），书法作品 18 幅，共评选出壹等奖 4 名，贰等奖 8 名，叁等奖 12 名。

【人员培训】联合中汇行佳能 EOS 俱乐部在中心开展“数码课堂”培训活动 3 期，累计培训 150 余人次。组织省、市、县级健康教育专业人员就烟草控制技术及中央补助地方健康素养促进行动项目培训两次，累计培训 270 余人次。协助省卫生厅、省爱卫办组织召开“河北省医疗卫生系统 2013 年度控烟工作会议暨培训班”，培训控烟管理人员及业务骨干 70 余人次。

卫生毒理

【概况】卫生毒理工作由中心卫生毒理所承担，其具体职责为食品、保健食品、消毒产品、农药、

化学品、涉水产品、化妆品等相关产品的卫生毒理学检测和安全性评价。所内设有生化血液检测、细胞学检测、细菌突变检测、遗传毒性检测、毒性病理、功能学检测及动物实验室等实验室。其中动物实验室总面积982平方米，屏障环境面积443平方米，普通环境面积124平方米。配有脉动真空灭菌器、动静式吸入染毒柜和静式吸入染毒柜、全自动生化分析仪、双单色器紫外可见分光光度计、血细胞分析仪、酶标仪、二氧化碳培养箱、高压蒸汽灭菌器、超低温冷藏箱、切片机、组织脱水机、包埋机等，其中20万元以上仪器4台件。现有职工9名，其中正高职称5人、副高职称2人、中级职称1人；硕士学位2人、大学本科6人。

【卫生毒理学检测】完成保健食品、消毒剂、化妆品、普通食品、农药、化学品、涉水产品及其他类产品104份，出具相关检测评价报告。通过省卫生厅组织的生物实验室安全认证、国家认可委组织的三合一认证现场评审。

河北省中医药学会

【概况】河北省中医药工作由河北省中医药学会承担，其主要职能是开展中医药学术交流、中医药继续教育、组织重点学术课题研究和考察、主办河北中医（期刊）、推荐优秀中医药人才、开发和推广中医药科技成果等。河北省中医药学会被省科协评为“示范学会”，挂靠河北省疾病预防控制中心。现任会长：孙万珍，秘书长：武智（专职），学会办公室专职人员：于清。

【改选换届】1月18日在石家庄市凯旋门大酒店召开河北省中医药学会张仲景学术思想研究会改选换届暨学术交流会，曹东义当选第二届主任委员。7月11日在石家庄市召开河北省中医药学会妇科专业委员会换届暨妇科疑难病培训班，杜惠兰当选主任委员。7月14日在石家庄市召开河北省中医药学会老年病专业委员会换届暨学术研讨会，孙立新当选第三届主任委员。10月18日在沧州市民族会馆召开河北省中医药学会眼科专业委员会换届暨学术研讨会，张铭连当选第五届主任委员。10月18日在邯郸市召开河北省中医药学会营养治疗管理药膳专业委员会换届暨学术研讨会，刘建设当选第二届主任委员。11月29日在石家庄市召开日河北省中医药学会肾病专业委员会、青年中医专业委员会换届暨学术研讨会，陈志强当选肾病专业委员会主任委员、丁英钧当选青年中医专业委员会主任委员。12月9日在石家庄市颐园宾馆召开河北省中医药学会皮肤病专业委员会换届暨第三次学术会议，李玲娥当选第二届主任委员。

【会议和培训】1月5日在石家庄市开滦大饭店召开第六届第二次会长办公扩大会议，汇报2012年中医药学会工作，部署2013年工作，安排二级专业委员会社会组织清理整顿工作，学会会长、副会长、秘书长、副秘书长等参加会议。6月6日在河北省医疗气功医院召开第六届常务理事会第二次会议，传达中华中医药学会常务理事会和全国中医药学会秘书长工作会议精神，总结2012年中医药学会工作，部署2013年工作。审议并表决通过《河北省中医药学会分支机构管理办法》草案，李恩教授做“人体科学与未来医学”专题报告。河北省卫生厅原副厅长高春秋、河北医科大学教授李恩、河北省医疗气功疗养院副院长刘亚非等参加会议。10月12日在石家庄市召开风湿骨病专业委员会2013年度学术会议，北京大学人民医院苏茵教授、北京协和医院风湿免疫科李梦涛教授、北京大学第三医院刘湘源教授、李常虹博士、河北省中医药研究院张国恩教授、白求恩国际和平医院李振彬教授、解放军医药杂志郑淑瑛副主编等以风湿病学新进展、临床科学研究方法与协作、论文写作等做专题报告，河北省各市、县级医院、部队医院、大专院校、科研和医疗单位140余人参加，交流论文27篇，涉及风湿病多病种中西医结合基础及临床治疗等方面研究。

【科技成果奖】受省中医药管理局委托，开展河北省中医药学会科学技术奖评审工作，评出2012年度河北省中医药学会科学技术奖215项。根据河北省科协关于开展2013年度河北省科协学会能力提升计划项目审报工作的要求，河北省中医药学会进行了审报，并被评为综合示范学会。11月9日在石家庄市召开科学技术奖十周年成果总结表彰大会暨第二届河北中医药发展高层论坛（为省科协重点资助项目），对河北省中医药学会科学技术奖十年来的工作进行总结和表彰，授予唐山市中医药学会等十个单位“优秀组织奖”、吴以岭院士“科技成果特别贡献奖”、杨牧祥教授、李佃贵教授、张一昕教授“科技成果贡献奖”。

【科研项目推荐】按照中华中医药学会要求，推荐上报中华中医药学会科技奖5项，分别为神威药业集团有限公司刘铁军舒筋通络颗粒、河北以岭医院王殿华参茸强肾胶囊治疗外伤性截瘫的临床研究、河北省妇幼保健中心李江中西医结合治疗对感染性腹泻患儿相关因子表达的影响、河北省儿童医院张英谦大黄对肠屏障受损的保护作用研究、河北医科大学李渡华中药归经学说及其临证应用规律研究。

河北省中西医结合学会

【概况】河北省中西医结合学会于1981年10月成立，挂靠在河北省疾病预防控制中心，业务主管单位是河北省科学技术协会、河北省中医药管理局，登记管理机关是河北省民政厅，接受河北省科学技术协会、河北省民政厅、河北省中医药管理局的业务指导和监督管理。上级学会是中国中西医结合学会。

【学会换届】10月13日，召开河北省中西医结合学会第六次会员代表大会，进行换届选举，举手表决选举了理事会，产生146名理事，64名常务理事。由常务理事选举产生了会长、副会长、秘书长。李佃贵教授任会长，赵文清、孔祥骊、段云波、李琦、杜惠兰、郭登洲、王艳君、陈志强、石仲仁、王立新、吕佩源、杨淑莲、李炳茂、贾振华、胡书芬、胡万宁任副会长，秘书长武智；换届改选不孕不育专业委员会、妇科专业委员会、呼吸病学专业委员会；增补了老年病专业委员会、络病专业委员会、儿科专业委员会委员名额。

【学术交流与培训】1月19日，召开河北省第三届胸部微创研讨会，就胸部疾病的微创治疗研讨和交流，邀请山西省医学会胸心外科专业委员会胸腔镜学组主任委员白晓鸣、长治医学院附属和平医院胸外科主任连长虹等省内外专家教授参加；4月5~7日在石家庄世贸广场酒店召开中国饮食文化变迁与消化疾病演变学术研讨会，探讨饮食与疾病之间的关系及健康的饮食方式；5月10~12日，举办河北省中西医结合学会第二届呼吸专业委员会2013年学术年会暨第三届河北省气管镜介入诊疗学习班，全省60余家医院的呼吸、介入、急诊、中医、检验、ICU、普通内科、护理等300余人参加；11月30日在石家庄市百年印象国际酒店召开第一届晋冀鲁豫血液病高峰论坛，邀请北京、天津和晋冀鲁豫地区知名血液病专家专题讲座和交流；11月22~24日，召开小儿呼吸系统疾病介入及内科诊疗新进展学习班暨河北省中西医结合学会儿科专业委员会学术研讨会，就儿童呼吸道病毒感染诊疗进展、儿童抗菌药物的合理使用、支气管镜在儿童呼吸疾病诊疗中的应用、儿童肺功能检测及临床应用、重症支原体肺炎的诊治进展、儿童中成药的合理应用等6个学术专题进行讲座，特邀中华医学会儿科分会主任委员、儿科专家申昆玲教授，国内外著名专家陆权教授及焦安夏教授、万莉雅教授、安淑华教授、耿少怡教授等参加。8月9日，在河北以岭医院举办“三高”预防与治疗科普知识讲座，普及“认识高血压、高血糖、高血脂的三高人群”和“如何来预防和治疗高血压、高血糖、高血脂”等知识。

【科研项目推荐】共推荐科研项目4项，分别为河北医科大学杜惠兰的“补肾调经法改善卵巢功能的基础研究”，河北医科大学第四医院刘亚娴的基于“通噎膈，开关之剂，屡效”探讨启膈散抗肿瘤机理的研究，河北以岭医院高怀林的通心络结合自体外周血干细胞治疗糖尿病足临床及对氧化应激的研究，河北省沧州中西医结合医院王旭初的四子种王胶囊治疗精核蛋白异常弱精子症研究，其中杜惠兰教授：“补肾调经法改善卵巢功能的基础研究”获得中国中西医结合学会科学技术奖三等奖。

河北省针灸学会

【概况】河北省针灸学会于1986年10月成立，挂靠在河北省疾病预防控制中心，业务主管单位是河北省科学技术协会、河北省中医药管理局，登记管理机关是河北省民政厅。上级学会是中国针灸学会。第三届会长康锁彬，秘书长武智（专职），副秘书长张彬。

【学术活动】4月20日，在河北医科大学中医学院召开河北省针灸学会刮痧专业委员会成立大会暨刮痧实用技术培训班，佘延芬教授当选为主任委员。6月6~7日在北戴河召开河北省针灸学会第三届第四次常务理事会，传达2013年中国针灸学会全国秘书长工作会议精神和中国针灸学会文件，总结2013年学会工作，修订《河北省针灸学会分支机构管理办法》。河北省针灸学会会长、副会长、常务理事等22人参加。8月24日，河北省针灸学会经筋诊治专业委员会在保定市第二医院召开布道经筋研讨会，康锁彬教授作“经筋病刺法与研究发展”专题报告、李江舟教授作“浅谈筋伤病的层次治疗”专题报告。9月6日，在保定慈和医院举办针灸在急救方面的应用与普及讲座，讲座主题是针灸在治疗晕厥、虚脱、癫痫、休克、昏迷、小儿晕厥等方面的取穴和治疗方法。4月28日至5月4日，台湾中华传统经络保健协会召开第十届海峡两岸中医药论坛，主题是“传承文化、弘扬瑰宝、促进交流、共同提高”，本次论坛就现代中医药事业现状、打造两岸中医药交流合作平台、建立两岸中医药交流合作等议题进行探讨与交流，并到台北荣民总医院交流。

河北省护理学会

【概况】河北省护理学会1978年恢复成立，2012年7月第八届理事会成立，选举产生理事149

名，常务理事49名，理事长1人，常务副理事长1名，副理事长6人，秘书长1人，常务副秘书长1名，副秘书长5人，办公室设专职人员2人。目前有省级会员19107人，国家级资深会员21人，国家级普通会员6390人，团体会员4个。

【专业委员会会议】1月18～19日，在石家庄市召开八届二次常务理事扩大会议会议，总结2012年工作，部署2013年工作，各市学会、各专业委员会工作交流，经不计名投票，评选出石家庄市、保定市、沧州市三个市级护理学会为先进学会，护理管理、手术供应室和静脉输液三个专业委员会为先进专业委员会。5月3日下午在石家庄召开河北省护理学会第八届专业委员会工作会议，公布了专业委员会名单，宣读第八届专业委员会工作职责，布置专业委员会工作，147位主任委员、副主任委员、顾问、秘书参加。18～19日召开河北省护理学会第八届专业委会员成立大会暨医院护士岗位管理创新发展论坛，第八届专业委员会设19个专业委员会8个专业学组，专业委员会委员624人，河北省医院护士岗位管理试点医院护理部主任、护士长40人参加了会议。推荐中华护理学会第二十六届专业委员会委员17名，《中华护理杂志》编委4名、《中华护理教育》编委6名。

【护理专业培训】开展护理专业培训和学术交流，组织国家级项目2项，省级项目22项，其中培训班16个，学术交流8次，培训护理人员5030人次，收到论文900余篇，交流91篇，推荐到中华护理学会170篇。11月7～13日，在石家庄市举办PICC专业技术培训班，采取理论学习与临床技术模拟示范教学相结合的方式，主要内内容为PICC专项技术新进展及标准化操作流程，113人参加了培训，综合考评合格的96名学员获得由河北省护理学会颁发的《河北省PICC专业技术培训合格证书》。

【护理技能竞赛】12月20日，协助河北省卫生计生委开展全省护理技能竞赛初赛（基础理论考试）选拔工作，主要对象为全省三级综合（专科）医院，以执业注册10年以内的护士为主，分为1～5年基本技能组和5～10年临床带教组，由医院推荐2名，从护士执业注册管理信息系统中随机抽取2名，全省共50家医院398名护理人员参加，在全省按照地区就近原则设立了3个考点4个考场，依据基础理论考试成绩，27家医院60名选手参加了现场考核。8月15～16日，在石家庄举办全省消毒供应中心护理人员理论授课竞赛，评选分为初评、试讲和大会宣讲三个阶段，采取双盲网评和现场评价相结合的方法层层筛选确定名次和奖项，全省40家三级医院57份课件参加了竞赛，共评出一等奖1名，二等奖2名，三等奖3名，优秀奖6名。

【国际护士节活动】5月11日下午，召开纪念“5·12”国际护士节暨《护士条例》实施5周年座谈会，河北省卫生厅医政处副处长刘丽，河北省护理学会理事长高荣花等45人参加。5月12日上午，河北省护理学会、石家庄市护理学会联合在建明小区开展志愿护理服务活动，围绕5.12“防灾减灾日”，向广大市民宣传普及灾害预防和救护知识，介绍常见意外伤害的救治方法、救护技术。河北省人民医院、河北医科大学第一医院、河北医科大学第二医院、河北医科大学第三医院、河北医科大学第四医院、石家庄市第一医院参加义诊。

【科研项目推荐】按照中华护理学会和河北省科学技术协会的通知要求，组织开展“中华护理学会科技奖”、“河北省自然科学学术创新成果奖”评审和推荐工作，评审申报材料，推荐上报中华护理学会科技奖4项，河北省自然科学学术创新成果奖3项，其中荣获中华护理学会科技奖三等奖1项、河北省自然科学学术创新成果奖2项。

河北省地方病协会

【概况】河北省地方病协会成立于2011年12月26日，是经省卫生厅同意、省民政厅批准成立的非营利性社团组织，其宗旨是团结全省地方病防治工作者及社会各界热心于地方病防治事业的人士，协助政府积极开展地方病防治工作，促进我省地方病防治事业的发展，为提高全省人民的健康水平服务。

【业务培训】8月，与中国地方病协会合作在秦皇岛市举办全国基层地方病防治人员专业培训班，全国二十多个省（市）的300名代表参加。天津医科大学内分泌研究所、卫生部碘缺乏病防治专家组组长陈祖培教授、贵州省疾病预防控制中心安冬副主任、山西省地方病防治所王正辉主任授课，培训碘缺乏病和地方性氟中毒防治基本理论、近期社会和媒体普遍关注的我国人群碘营养、碘营养与甲状腺疾病的关系等热点问题及地方病防治进展等内容。

【常务理事会】5月29日，河北省地方病协会一届二次常务理事会议在石家庄市召开，全省11个市及省会单位的常务理事参加会议。由常务副会长曹继平主持，并对2012年河北省地方病协会工作进行总结，就2013年协会工作重点进行安排。水利部门和盐业公司常务理事介绍我省饮水型地方性氟中毒重病区改水状况和食盐加碘及新标准执行情况。与会人员对2012年工作总结及2013年重点工作讨论，并提出修改意见。

河北省防痨协会

【概况】河北省防痨协会成立于2010年5月24日，主要职责：开展学术交流；重点学术课题研讨和科学考察；为本省结核病控制工作的发展战略和技术政策和决策提供咨询及合理化建议；传播先进技术，普及防痨知识，编辑出版专业性学术性文集、科普刊物、书籍及一般文献资料；推广防痨技术成果、最新技术和先进经验。现有理事119名，常务理事23名。设有协会秘书处，驻会工作人员3名，均为大专以上学历，其中主任医师1名，中级职称2名。协会有团体会员单位178个，其中医疗机构14个，疾控机构164个，注册会员总数为1576名。

【宣传活动】3月21日，参加河北省卫生厅在承德市兴隆县中心广场举办的第18个世界防治结核病日宣传活动，宣传主题是“你我共同参与，消除结核危害”。现场慰问基层一线结防人员和贫困肺结核患者，参加百千万结核病防治志愿者签名活动。全年利用新浪网和腾讯网解答公众答疑900余条。开展了“百千万志愿者结核病防治知识传播行动”。

【学术会议】12月7日，在邯郸市冀南宾馆召开河北省防痨协会第四届常务理事第四次会议，通报河北省防痨协会2013年学术大会筹备工作，讨论、总结协会工作，22名代表参加；12月8日在邯郸市召开2013年河北省防痨协会学术会，总结22年来河北省结核病防治工作，对295名从事结核病防治工作30年的专业技术人员及319名从事结核病防治工作20年的专业技术人员进行表彰。北京市胸科医院李亮副院长和高孟秋主任分别就结核病感染控制和抗结核药物不良反应发现及处理做专题讲座，全省各市、县结核病医疗和防治单位的结防人员 200 余名参加。

【重点人群肺结核患者筛查】为全面落实“十二五结核病防治规划”，加强重点人群结核病防治工作，与司法、教育等部门合作，开展重点人群肺结核患者筛查工作，利用结核病项目流动体检车深入监狱、学校等单位进行重点人群肺结核患者筛查，查出的疑似或活动性肺结核患者，按照属地管理原则，由当地结核病定点医疗机构提供药品进行免费治疗。